周东华 —— 主编

文以载道

——杨之华集

天津出版传媒集团

天津人民出版社

图书在版编目（CIP）数据

文以载道：杨之华集 / 周东华主编 . -- 天津：天
津人民出版社，2023.2
ISBN 978-7-201-19205-5

Ⅰ . ①文… Ⅱ . ①周… Ⅲ . ①妇女工作－中国－文集
Ⅳ . ①D442.6-53

中国国家版本馆 CIP 数据核字(2023)第 059724 号

文以载道：杨之华集
WENYIZAIDAO：YANGZHIHUA JI

出　　版	天津人民出版社	
出 版 人	刘　庆	
地　　址	天津市和平区西康路 35 号康岳大厦	
邮政编码	300051	
邮购电话	(022)23332469	
电子信箱	reader@tjrmcbs.com	

责任编辑	吴　丹	
特约编辑	郭晓雪	
封面设计	卢炀炀	

印　　刷	天津新华印务有限公司	
经　　销	新华书店	
开　　本	710毫米×1000毫米　1/16	
印　　张	26	
字　　数	350千字	
版次印次	2023 年 2 月第 1 版　　 2023 年 2 月第 1 次印刷	
定　　价	60.00元	

编委会名单

序　言

蒋光慈(赤)于1926年预言:"我相信中国妇女终有解放的一日","之华女士的个人,将在中国妇女解放运动史上占一很光荣的位置。"[①]此言不虚。

1900年出生于萧山坎山三岔路村(今萧山区瓜沥镇三岔路村)的杨之华,本应如传统中国社会的其他女孩子一样,受缠足失学包办婚姻等封建礼教压迫。但从小被村民叫作"小猫""野大姑娘"的杨之华,用"哭"当武器,为自己赢得了"不缠足、有书读、自由婚恋"的命运:她在家中私塾读《三字经》开蒙、入萧山县城小学、读杭州女子职业学校、杭州女子师范学校,再到上海《星期评论》社游学、短暂就读于上海体育师范学校……读着读着,杨之华说:"五四运动的革命风暴,使我睁开眼睛","受到传播社会主义思想的上海进步刊物——《星期评论》的影响,我的思想起了变化,再也不愿死读书、读死书了"[②]。读书觉醒的"五四"新女性杨之华,在上海学新文化、骑自行车;回坎山办文明婚礼;进衙前农村小学校当老师,点亮农民子女"心底灵光";在报纸上公开发表文章,论述女子职业、社交与恋爱问题;关心时事,向往进步。

20世纪20年代初的上海大学是中国共产党主导办学的革命学校,中共早期领导人瞿秋白任社会系主任。1924年1月21日,挣脱不幸婚姻锁链的杨之华被上海大学社会系录取,开始了"从这一岸到那一岸"

---

① 蒋光赤:《妇女运动概论序》,载杨之华:《妇女运动概论》,上海亚东图书馆1927年版,第4页。

② 杨之华:《回忆秋白》,人民出版社1984年版,第1页。

的新生。她说:"俄国革命的声波传布到东方。中国五四的火焰燃烧了青年的心窝。世界新旧两岸突现在我们的眼前。后面是黑暗暮色可怖,前面是白色晨光未明。然而明知道夜尽昼来,还是应该前进。"在上海大学,杨之华收获了忠贞不渝的爱情、信仰、同志和志业:爱人瞿秋白、共产主义信仰、同志向警予、妇女解放志业。期间,杨之华还积极参加萧山同乡会活动。杨之华1922年入团、1924年入党。在宣传妇女解放、领导上海丝厂女工罢工、组织五卅运动等活动中,她有关妇女解放、妇女运动的理论和实践大大提升,逐渐成为职业革命家和妇女运动领袖之一。1927年,她出版《妇女运动概论》一书,被誉为中共第一部马克思主义中国化的妇女运动研究专著和宣传手册。

1925年,上海公共租界工部局警务处《警务日报》中称"共党分子瞿秋白的老婆杨之华"[1]。杨之华与瞿秋白结婚后,将女儿名字改为"瞿独伊",一家三口共同为党的事业、为人民的解放而努力。1928年,杨之华带着瞿独伊和瞿秋白分道抵达苏联,参加中共"六大"。一家三人在莫斯科享受了难得的天伦之乐,此后则更多是"两地书"。瞿秋白革命、瞿独伊上学、杨之华学习和工作。在苏联,杨之华见到了著名的国际无产阶级妇女运动领袖蔡特金,这位"老母亲"告诉她:"中国妇女也将会和苏联妇女一样,走着同一的道路,并获得彻底的解放。"[2] 1942年杨之华被反动派盛世才投入新疆监狱。杨之华,在女狱中坚持斗争。敌人审讯时问她:"你牺牲生命也要同他们在一起?"杨之华回答:"一个人为革命为真理死而无怨死。"[3] 1946年,杨之华、瞿独伊和狱友们被中共中央营救出狱,回到延安,重新投入党的怀抱。解放战争时期,杨之华继续从事妇女解放工作。

---

① 上海市档案馆编:《五卅运动》第2辑《上海公共租界工部局〈警务日报〉摘译(1925年2月10-9月30日)》,上海人民出版社1991年版,第46页。

② 杨之华:《不能忘记的日子》,《中国妇女》1956年第3号,第7页。

③ 中共乌鲁木齐市委党史资料征集小组编写:《抗日战争时期中国共产党人在新疆监狱的斗争史料(送审稿)》,1984年4月,第208页。

1949年10月1日，中华人民共和国成立，瞿独伊用俄文向世界播报了开国大典盛况；杨之华登上天安门城楼，出席见证了开国大典这一重要的历史时刻。杨之华出席了中华人民共和国成立之初几乎所有的政协、人大和党代会，为中华人民共和国的建设和发展奉献力量。杨之华当选为全国总工会妇女部部长，成为中华人民共和国工会女工工作的开创者，她提倡"女工工作是整个工会的工作，而不是单纯女工部的工作"，"女工工作的中心任务应该是动员与组织女工积极参加生产竞赛，帮助女工大胆提出自己在生产上的经验及合理化建议，培养及教育女工学习管理企业，男女工团结在一起，为维持、恢复与发展中华人民共和国经济建设，为国家财政好转而奋斗。"① 她还当选为全国妇联副主席，推动《婚姻法》制定贯彻、撰写妇女权益、女工工作文章，提出"使民主妇联能通过工会充分的发挥贯彻以生产为中心、以女工为基础的既定方针"，② "以国家颁布法令和具体措施来保证妇女参加生产的各种有利条件，而妇女自己以新的态度来对待自己的劳动，把自己的智慧、心灵和才能都放到劳动中去，以自己的劳动果实为最大的安慰。"③ 杨之华接待来访外国友好妇女团体、率团出访苏联、朝鲜等国，推动了中华人民共和国成立初期国际妇女运动事业的发展。

1973年10月20日晚，杨之华在弥留之际，告诉瞿独伊"我和独伊是母女加同志""独伊，你和小文要永远乐观！永远跟党干革命，要准备迎接更大的考验！"④ 深夜，杨之华含冤病逝，享年73岁。

1977年7月16日上午10时，北京革命公墓在八宝山礼堂举行杨之华骨灰安放仪式，中共中央组织部代表中央给杨之华的一生盖棺定论：

---

① 杨之华：《一年来的女工工作概况和今后任务》，《新中国妇女》第15期，1950年10月，第24页。

② 杨之华：《一年来的女工工作概况和今后任务》，《新中国妇女》第15期，1950年10月，第25页。

③ 杨之华：《全世界女工一条心》，《中国妇女》1956年第8号，第19页。

④ 陈福康、丁言模：《杨之华评传》，上海社会科学院出版社2005年版，第455页。

"杨之华同志参加革命以后,在毛主席、党中央的领导下,几十年来,她对党、对人民,忠心耿耿,努力学习马列著作和毛主席著作,坚持原则,敢于斗争。工作积极热情,团结同志,密切联系群众,勤勤恳恳地为人民服务,为争取中国工人和妇女的解放,为中国人民的解放事业和伟大的共产主义事业贡献了自己的一生。"①

杨之华说:"满天风雨使人愁! 我希望从黑云中钻出一条微光来,照彻了世界的罪恶,降下一阵大雨来,洗清了一切的龌龊。"② 回顾杨之华的一生和她的志业,她出身于萧山坎山一个富有家庭,敢于冲破封建礼教束缚,在"五四"新文化运动中成长。1920年开始接触社会主义思想,1921年后成为中共领导下第一所农民子弟学校——衙前农村小学校的教师、1922年加入社会主义青年团,是浙江团组织最早的成员之一。1924年经瞿秋白、施存统介绍入党,是中共中央妇女部第二任部长,中共"五大"第二位女性中央委员。在白色恐怖年代坚持不懈从事妇女解放工作;1942—1946年在新疆,身陷囹圄的杨之华宣称"一个人为革命为真理死而无怨"。1949年中华人民共和国成立后,杨之华先后担任全国妇联副主席、全国总工会妇女部部长、中监委候补常委、全国人大常委会常务委员等职。李先念称她为"忠诚的战士、杰出的女性",蒋光慈说"之华女士本身就是一妇女运动的象征"!

萧山区瓜沥镇三岔路村杨家老宅,是杨之华的出生地。2021年5月,为庆祝中国共产党百年华诞、纪念中国妇女运动先驱者杨之华120周年诞辰,中共萧山区瓜沥镇党委政府将修缮后恢复故居面貌的杨家老宅,布置成为杨之华故居纪念馆,展现杨之华"有骨气、有立场"的一生和杨之华与中国妇女解放的百廿芳华,弘扬杨之华"光荣的女性、女性的光荣"精神! 与此同时,瓜沥镇党委政府委托杭州师范大学历史学系周东华教授和他的团队,将杨之华公开发表的论著,汇编成册。

---

① 陈福康、丁言模:《杨之华评传》,第457页。
② 杨之华:《由上海募捐而得之教训》,《民国日报·觉悟》,1921年3月30日,第1版。

　　杨之华的写作，从1921年3月30在上海《民国日报》发表《由上海募捐而得之教训》一文起，一生公开发表有关工人运动、妇女解放、中共党史人物、工会及女工事业等文章80余篇。这些文章中，22篇收录于《回忆杨之华》(上海市妇联妇运史料组编，安徽人民出版社1983年版)一书。瞿独伊和李晓云编注《秋之白华：杨之华珍藏的瞿秋白》(人民文学出版社2018年版)一书，收录了小说《豆腐阿姐》。本书辑录了杨之华论著67篇，除前述两书收录的23篇外，特别收录杨之华1927年出版的《妇女运动概论》(上海亚东图书馆1927年版)一书，以及杨之华发表于《民国日报》《布尔塞维克》《救国时报》《新中国妇女》《中国妇女》等报刊上的文章。此外还收录俄国解密档案中杨之华撰写的邵力子的履历和政见。

　　文以载道。谨以此文集庆祝中国共产党百年华诞，纪念萧山近现代史上伟大而光荣的中国共产党党员、中国现代妇女运动先驱者、中共早期领导人瞿秋白夫人、共和国勋章获得者瞿独伊母亲——杨之华同志，以此缅怀她的生命、爱情、信仰和志业的伟绩。

周东华

2021年10月1日

目录

中　篇　中华人民共和国成立初期女工事业

下　篇　百年党史与人物回忆

上篇　现代中国妇女解放运动

由上海募捐而得之教训

人说春光明媚,我说春光惆怅;人说富人有钱,我说穷人有钱;人说外国人待中国人不好,我说中国人待中国人尤其不好。

满天黑云不肯开,万恶世界常存在! 这几天的风呀,雨呀,都含有怒气似的。那草、树被狂风怒雨吹动了,也就悲哀地抽动着。水底波浪,也刻刻翻出愁的万感。我们生在这种环境中间,情感也就不振极了,精神也就不振极了,好像终日他要睡觉似的,又仿佛没有一块儿是光明的处所,可以让我们去走! 唉! 人常说春光好,究竟好在哪里呢?

我在两星期以前到义赈大会去跳舞,看见屋子里满挂着灾民的照相,同时又听得军乐的声音,心里悲壮交集了,于是也就愿意去募捐助赈。三月十九号,我们学生就分队到各处替北方灾民做乞丐,无论遇着甚么人,都向他们讨钱。我到了一爿洋行里,向几个茶房劝捐几个铜圆,他们给了我,又告诉我说:"请你们到楼上去,因为康白度是有钱的人"。当时我希望一定有多少钱可以得到了,就欢欢喜喜地跑上了楼,看见一个身上穿着骆驼绒的袍,外国铁机缎的马褂,像是一个富翁,一旁又坐着一个和他同样华丽的少年,正在那里讨论发财的事情。我就立在他们的背后说,"请先生助些银给灾民"。他们立刻收起兴高采烈的神情说:"你们出去罢! 一次一次地来捐钱,怎么了呢!"我仍旧向他们陈说灾民的苦况,他们不得已拿出四角钱来,疾忙回了两角到他自己袋里去。我就垂头丧气地走下了楼,出了他们的门。但是富贵的人们,还是一样地避开我们,或者嫌恶我们,正像那门内的人一板印就!

走到一条里口,却有一个小讨饭,穿的是又破又脏的衣服,摇摇摆摆地走过来,拿了两个铜圆来给我说:"助助灾民。"另外还有几个老而且穷的老太太们,从伊们破袋里拿出几块钱来给我们。

我募了一日的捐,遇着慷慨而穷的人也很多,遇着那种楼上的人也很多。唉!穷人反慷慨,富人反吝啬,这到底是怎么一回事呢?难道真是富人的金钱,不是从光明的地方来,还须从不光明的地方去吗?

中国人自己看轻自己,自己灭亡自己,倒反怨外国人不好,但好的中国人又在哪里呢?为甚么我们竟不曾遇见几个呢?中国人真好,又怎么会有外国人待我们不好呢?而且从事实上论,到危险穷苦的时候,还是要平日憎恶的人来赈他,来助他,而且他们也愿爱,也愿救!外国人果真不好,中国人果然好吗?

满天风雨使人愁!我希望从黑云中钻出一条微光来,照彻了世界的罪恶,降下一阵大雨来,洗清了一切的龌龊。甚么族界,种界,国界,何分之有呢?

但这是空想,要彼实现,还须中国人努力!还须人类共同努力咧!

（《民国日报·觉悟》1921年3月30日,第1版）

我不去,叫太太去

我们村里有一个女子,名叫小宝儿,伊的家穷,而且伊的父亲是个赌博大家。钱用尽了,拿他六岁小宝儿就卖给白家太太做丫头。很可怜! 小宝儿年幼无能终日地着打骂,又饿得肚子里像夏天的知了虫一样的空。后来伊年纪长大些,事也懂做些了;但是伊的太太暴虐的手段却也更高了些。有时伊多吃碗饭,就要听骂声;有时伊到门外去一趟,就要说伊偷东西给别人,伊如果不肯承认偷,受打更利害些。小宝儿的性情很强,打的时候,伊和太太说,"你可记得老爷打你的时候痛得怎样?"太太听了,又气,又怒! 从喉咙口迫出一句说,"你是丫头,我是太太,老爷打我的和我打你的不同,你莫管我!"小宝儿听了微微地一笑。

小宝儿长到了十八岁,在春天时候,跟太太到庙里去烧香,忽然遇着了一个男子年约三四十岁。他是在庙里帮苦忙的,看了白家太太来了,就拿茶点去给伊们吃。"呵呵! 太太你来了,你认识我吗? 我是你的丫头的姊夫。"小(宝儿)听着,暗暗地奇怪,快活! 觉得:我自幼年以来,从来不会听见家里的消息,他果真是我宝儿的姊夫,这就可以去打听打听看了。忽然听太太叫了一声:"小宝儿他是你的姊夫,你可以来认识认识。"伊高兴极了,就跑过去问他:"你知道我姊姊的名字吗?"他答伊说:"伊名叫大宝儿,我名叫双剑,伊嫁了我两年就生病死了。现在我是一个单独的人,种几亩田度度生活,有时到这庙里来帮帮忙。"

白太太回家之后,想:小宝儿年长了,有好的人家,就可以给伊出嫁了,这也是我的责任。伊就联想到前日在庙里的时候,听小宝儿的姊夫的口谈,好像是一个可以配得小宝儿的人,并且老亲接亲,格外好些。

过了两天,双剑拿了一只鸡、一包糖、一包桂圆、来望太太。太太得了白食，心里越发快活了。"双剑！你来！我正有事要和你商量！"双剑说，"太太有什么事讲出来，我无有不从的。况且我今天来，也有点小事要和太太商量。"

太太说："我的小宝儿今年已经十八岁了，我想给伊配一个好的新郎，也了却一桩大事。你现在独一个人，家里没有人料理是很苦的，你欢喜小宝儿来替你料理吗？"双剑听了，喜色满面，想吃天鹅肉了："太太，这样的恩待我，我真感激极了！约三天后拿聘金来，今天时候不早，我要回去了。"

双剑回去之后，太太就告诉小宝儿："我已经替你定亲了，新郎就是你的姊夫。"小宝儿回转头来就跑，暗中去打听乡村里的人，双剑是怎样的人？据他们说起来："大宝儿被双剑打死的，双剑是一个万恶的人。"小宝儿得了消息后告诉太太："我不愿嫁给双剑，因为他是很凶恶的。"太太不信，"你年轻人晓得什么？我选的一定好的，况且聘金已经收了，结婚期也定了，你不要去听别人的话。乖点！我去替你买嫁装①。"

太太去买嫁装，小宝儿便急得生病卧在床上。

病还没好，婚期已经到了。太太买了两只箱子，做了多少件衣服，当小宝儿要去的时候，太太又拿回来半数还要多。

小宝儿从窗缝里望见花轿到了，放在堂前。伊的心里将怎样苦痛，伊恨极了，就连哭连骂说："我幼年无知，被父亲卖到这里来做丫头，吃了十多年的苦。你做太太的靠着老爷夺来的民脂民膏来过活，所以被老爷打骂都甘心！我虽是一个奴仆，倒不愿来享受这种特福。唉！你是和我同性的，自己寻了苦痛不够，还要拉别人来比你受得更利害些：这是什么意思？做女子的自己要看轻自己，虐待自己，怪不得男子来看轻女子，来虐待女子了。太太呀！你虽然愿意被老爷来虐待，把（给）老爷去做奴隶；但是我不愿意被双剑去虐待，给双剑去做奴隶的。因为我做了十多

---

① 嫁装：嫁妆。

年的奴隶已经足了，受了你虐待的手段也够了。"小宝儿话未说完，太太又叫人来催伊上轿。伊将泪揩干，怒目地说："我不去，叫太太去"。

（《民国日报·觉悟》1921年9月4日，第3版）

小友！听我话！

　　小友！小友！我最亲爱的小友！世界上自有光明和正直的路径，你为什么要走黑暗和沉闷的路，去找不快的生活？你是一个聪明的人，不可反被聪明误。你现在不快的生活还没有成熟，努力回头还不迟呢！小友！小友！我是你最亲爱的小友！愿望你听我几句忠告！

　　　　　　　　　（《民国日报·觉悟》1921年10月17日，第4版）

社交和恋爱

有几个少年身穿新的衣服,头戴新的帽,脚穿新的鞋,他们口里所说的言语,和笔里所写的文章,更是大新而特新、大出风头而特出风头。他忽然走过来问我:"你和某人的关系别人都晓得了。晓得你们已经恋爱了咧!"我只付之一笑。来问我的人如果是聪明一点的,自然立刻可以晓得我这笑的意义。我笑的是什么?就是笑他全身的"新",却只新在外,旧在内。新新旧旧混合起来竟比旧的还要旧,比污浊的更污浊。他又继续地问我道:"你和某人既是确实的恋爱,说说也不妨。"我又冷笑了一回。于是他更弄得莫名其妙了!

现在号称为新文化运动的人们究竟有得几个是真的,戴着假面具的真多得很呵!如果这样下去,只有破坏的人,没有改造建设的人,前途可真危险极了!

男女社交在社会上自然是很重要的问题。自五四运动以来,提倡公开的人也很多。可是终不易实行。为什么不易实行呢?依我个人想起来,是因社交男女自己造成了障碍。一面说要社交公开,一面又做得不要社交公开。自相矛盾,自己搬了石堆,充塞了自己进行的路。社交的阻碍处全在此。

第一,男女初交际的时候,或者多谈几句话,或者多通几封信,有时同到公园里去玩玩,有时同在一处看看书,旁人就说某某已经恋爱了,其实他们并不恋爱,只是个平常的朋友。就中颇有一些人因受了外界的猜疑和刺激,反动地就由朋友而转移到恋爱,又由恋爱而转移到性交,又由性交而转移到破裂,更由破裂而转移到苦痛,以至由苦痛而转移到分离:恋爱到分离的历程非常地快。为什么这样快呢?就是他们的根基弄错了。因为这样的恋爱，并非是真的恋爱，这全是一个外来的反动力所激成的形式。起初已被人反动地支配着而不得自由，所以决然不得以永久继续。然而分离实不是社会的好现象，不过是旧式婚姻制度下面不得已时候举行的一种方式。如果随便可以性交，随便可以分离，那就是下等社会，野蛮时代。在男女社交公开里也显现出这种低劣的结果，真真难怪旧社会里的老先生们厌恶呵！

以上所说的是因受历史上束缚很深的人，向来看不惯男女交际的，一旦看见男女交际了，觉得很奇怪，因而激成男女社交的结果。这可以说是客观上的障碍。第二，是主观上的障碍。就是男女交际的时候，本身的误差。男子一见了生疏的女子，觉得有奇怪而特别的滋味，女子见了男子亦是这样。无论何处何时都不知不觉地发出不好的态度，以为交际的目的，就是恋爱。差不多一见面就吊膀子，用种种手段来引诱人，忘记了所谓人格智识，专想达到恋爱速成的目的。哪晓得恋爱究竟是否这样构成的？并且这样是否两性合理的结合？永久的结合？错了呵！这样结合，丝毫没有恋爱的臭（嗅）味可言，简直只是兽欲罢了！有这样兽欲式的社交，无怪旧社会里老先生们不愿他们的子女到交际场所去，而痛骂新文化运动中的人们为不合理了！

第三，还有一种人，误解对方面的意义，以为言语和思想，稍表同意，就可恋爱。从不知观察对方面的意思怎样，只知一味要求成为恋爱。如有一方面不愿意，便成了单相思。为了单相思成病、变疯、自杀的不知有多少。脑子灵敏点的呢，偶然还能及早觉悟。这种误解社交的青年们也很容易引起人的悲观与寂寞，并且使得一般人不敢去交际。

以上都是阻隔异性社交公开的障碍。

恋爱是神圣的，不是可以当作口头谈的。恋爱是人格的结合，误解人格的观念，把部分与全体相混，没有理解人格的意义的，是不配说"恋爱"两字的。

我很看重自己的人格，并且同时又看重别人的人格。如果我和某人真有恋爱，别人说我恋爱也不妨。否则我非痛骂那看轻人的人格的人们不可。我的意志，哪个可以来动摇我？哪个可以来勉强我？哪个敢来支配我？我握有我支配自己的权限，更没有被人支配我的余地。

　　我要忠告青年们觉悟起来，不可随便看轻自己和别人的人格，不可有破坏心对付新文化运动，免得演成进行中的难题。我希望青年对于男女社交问题多多讨论，并希望多多批评！

一九二二·七·十四

（《民国日报·妇女评论》第 51 期，1922 年 7 月 26 日，第 1 版）

对于"争论'社交和恋爱'"的争论

自己不会拿锉刀,就要别人的斧头脱柄,自己没有相恋的恋人,就要破坏别人的恋爱,自己没有力量支持文化运动,就去投降在反对的旗帜底下,这种人还有资格骂别人是"伪善",是"低能儿"吗?自己去内省一下,还得自食其唾!

前一个星期,《时事新报·学灯》栏登着一位先生做的《对于〈妇女评论〉"社交和恋爱"一文的争论》,我本来早想答复,因为那几天我身体不很好,没有精神答付(复);所以迟到现在。

那篇争论文章的用意何在,凡是晓得我和这位先生的事实的人们,都知道的。他的用意就是破坏、私利两种:老实说出来,自己恋爱不到,就借题谩骂人们,破坏人们;破坏的目的逃不出自私自利。这位先生有一段文章说,"破坏的人必有他的建设理想,建设的人,也必具备破坏的手段。"我自己对于人从来没有什么手段不手段,都是很忠实地对于别人,所以我很相信别人对于我也该是很忠实——不料这位先生对于我用一种手段来欺人、来破坏。他来破坏,必有他的建设理想,他要建设他的理想,必先具备破坏的手段,这都是他自己告诉我们的。原来他的用意是这样吗!我今天才知道!

恋爱、是要得双方愿意的,在第三者没有干涉的余地。别人来干涉,简直丝毫用不着。现在最可恨的就是要勉强人的恋爱,勉强人恋爱的人,完全没有了解恋爱的意义,没有了解恋爱的意义的人,配不上讲恋爱有条件或没有条件。

这位先生有一段文章主张恋爱和时间的长短没有关系,只要能互相了解,互相敬爱。这诚是不错,可是他自己所做的和说的完全不同。

为什么呢？就是他对于我的事实可以证明。

　　我向来对于男女朋友都很忠实，不相信在朋友中有虚伪的态度。所以我一向对于这位先生也是这样。不料这位先生不了解我的意思，要求我和他恋爱，因此我就和他说明我不愿意和他恋爱的意思。更不料他竟违反我的诚意，在外面宣布我和他恋爱了。我知道他这样，我时常和他争论。他又在他的朋友前说的"我是因为某种缘故要利用他，所以去引诱他"，另一方面仍旧有很亲密的信写给我，要求我答允和他恋爱，和我的夫离婚。他说："我是实实在在爱你，盼望你赐给我恋爱，我是很荣耀的，你终要可怜我，发点慈悲心救我。"我因为晓得他被单恋所蒙蔽得发昏了，所以我只好置之不理，并且用很冷峭的态度对付他。而他呢，一方面因此恨我骂我毁谤我，一方面还是不了解我：这都是实实在在的事实。他对于恋爱，既不了解，又不敬重，这种自相矛盾的说话，怎么可以使人忍耐得住？况且他自己所做的文章有一段说，"恋爱的要求是一种人生的必要，是生命力发慌的表现，如爱祈神拜佛，他总是爱祈神拜佛，断不因为神佛不灵应，就不祈求；要种花养鸟的总要种花养鸟，断不因为花鸟对他不起，就不种花养鸟；恋爱也是一样，断不因为所爱的人的怎样，而竟不爱……"这段话就可以证明他对于恋爱的主张自相矛盾的地方：他所做的文章前面主张恋爱有条件，后面主张没有条件；并且可以表明他对于恋爱，丝毫不懂，未免太看轻恋爱了！人不是神佛，也不是花鸟；人是有知觉的，有思想的，有人格的，不是一件东西，可以随人左右。怎么人可以去和泥塑木雕、没有知觉的东西相比呢？恋爱必须得双方面的愿意，否则勉强人做不愿意做的事的人，简直没有看重别人的人格，看轻别人的人格就是看轻自己的人格呀！

　　"吊膀子"是不生产者以虚伪的、没廉耻地诱骗异性的专有名词，所以社会上都认吊膀子是两性间一种恶行为，而这位先生竟把吊膀子当作恋爱！他说，"我们知道现在社会上有一些男女青年们专门靠着几件特制的漂亮衣服或特别习练的言动以引诱异性，在一般人就说这是吊膀子了。但是豪富也是一样可以引诱异性，知识、名望、人格等也可以引诱异性,因此我可以归纳而知道吊膀子的恶谥是一般新旧道德家或知识阶级所赠予于一般无相当知识的无产阶级的恋爱方式的骂名了。"真正无相当知识的无产阶级的人,可怜他们一天到晚做工都来不及,还有什么工夫去吊膀子?这位先生凭空拖了无产阶级来掩护他公然鼓吹吊膀子的主张,并且把知识、名望、人格蕴崇在漂亮衣服、特别言动堆里,不但污蔑了知识、名望、人格,简直污蔑了纯洁的无产阶级。这类作品,原只该在黑幕小说的后身的出版品上发表,却是使一般无产阶级者看穿了有时主张一种社会主义者的真相,并且使一班向来以这位先生做朋友做同志的寒心,这是我初料万万想不到这位先生会有这样言动的。"新式拆白党"这一个名词,社会已经从事实上制定这称号了,我希望一般青年,有则改之,无则加勉,切不可以自己的言动去凑合这一个新名称呵!

我们对于新文化运动,总要有一种支持的力量。人的思想时时要改变,社会的因袭刻刻伸出毒爪要攫人,所以人的错误是免不来的,不过错误到本身的时候,自己很难了解,这时有比自己理解力强的人来指导了,只就应当自觉,因为一时的迷妄,很容易断送远大的前途。

现在有一些人,在表面上看起来,很像有奋斗的力量;可是他因为一时的错误做出种种不合理的事来妨碍人的自由,自己不去省察自己,还要谩骂别人;这种不自觉的人,当然要被公平人所阻止言论了。因为不妨碍别人的自由才算自由,自由要负自由的责任,凡是愿意自由的人都应当了解这个意义,我们很不愿意一种错误的人不知自改,还要引诱人和他同一条路走,挂了新的招牌,做出旧的行为,自己像发狂地主张兽欲主义,用了专制的手段,妨碍别人的自由,这样下去,恐怕在新社会上没有立身的余地吧!不过我很希望这种人,能自改变,仍旧做一个有力的好分子,否则因为不能立在新社会上发言,就投降到反对的旗帜底下,这是何等的脆弱!何等的不幸!

一九二二年八月十一日

(《民国日报·妇女评论》第55期,1922年8月23日,第2版)

离婚问题的我见

世界上这么多的人,是没有两个人的趋向——生命之流——一点不差的,各有各的好处,各有各的坏处,有的喜欢动的,有的喜欢静的,有的喜欢吃的,有的喜欢穿的,有的喜欢念书的,有的喜欢办事的。再进一层分析讲,动有动的不同,静有静的不同,同是念书,有的喜欢治文学,有的喜欢治科学,办事也是这样。人人的性情、思想、意志、行为,总不相同,即使有点相同,也绝不是完全同的,不过有几部分同罢了。但这有几部分同的人亦就很少了,差不多只有千中之一二。所以人类中常有冲突。

朋友、兄弟、姊妹、夫妇中的爱情,久而久之终不免于发生破绽,便是为此。有了破绽,自然彼此都表现出不满意的态度,到了不满意的地步,自然彼此不得不分离。可是朋友、兄弟、姊妹要分离,也还容易解决;夫妇间的关系却更密切一点,所以比较地是难解决的!所以离婚问题是一个难解决的问题。

现社会男女间关系,自认为恋爱的也不少了。可是是否是真正恋爱,却是一个疑问。倘或不是因真正的恋爱而结合,那与包办的买卖的掠夺的婚姻有什么两样?不真实的恋爱和不自由的婚姻应有离婚的自由,是丝毫无疑的了。由真实恋爱而结婚的怎么样呢?我想也可以。不然同床异梦,是要发生那种不道德不自然的行为来的。恋爱的发生和消灭,原都不可思议,也非人所能左右。恋爱像生命,失恋的就是失了生命!我们看社会上有许多男子不爱他的妻子,他就可以去嫖娼取娶妾,而女子终自陷于枯寂、悲惨、苦痛的囚笼,像失去知觉一样,害死在男子手里的女子不知有多少!或者不死的,伊因受礼教习惯的束缚,永不敢提出离婚的条件来和伊的男子分离。或者情愿同别人私通。这是什么意思呢？这样，还是直截痛快地离婚好得多吧！还是一方面尽伊们自己的力量去做，一方面社会帮助着伊们。

第一段讲的就是人的趋向不同，因趋向不同所以夫妇中终不免有相差的意见而相互的不满意，即使恋爱是自由的、自然的、长期的，也须得经过不满意的过程。因为他们最初时期中都不显露他俩本性的不同点，破露的几部分都是相同的。于是大家情感渐渐盛起来了。他们本身的误点，自己永看不出来，如别人可以看得出而不能够——或无力——去干涉，这便是破绽的根苗。不过真的恋爱，自然的恋爱，有观察力的恋爱，有永久性的恋爱，结婚后，虽破露出任何一方的误点来，大家终有原谅心存在。比较虚伪的，不自由的，不自然的，没有观察力的和没有永久性的恋爱的决心的，不容易一有破绽就破裂，也不过时间上比较延长些罢了。到了不得已的时候，还是应该出于离婚的一途。

因不满意要离婚，那么离婚的目的，是要满意。要满意是否再觅恋爱的对手呢？如说是的，那么旧的不满意，而新的就确实可以满意了吗？我想未见得罢！我上面已经说过一人的见识、意志、思想、行为都不和别人同，即使深没在情海里面也免不了要破裂，而曾经一度破裂的，他那关于见识、意志、思想、行为种种认识，便不比当初以盲目的恋爱为主的时期，第二度的分裂，当较第一度来得容易。所以我说离婚的目的非一定要有别恋的。就是经济不能独立，也不要紧，只要身体强壮，终有生活可度，一人有一人的天然力量，何必定要依靠别人，别受一番痛苦呢！？

一九二二年七月二十五日在沪上

（《民国日报·妇女评论》第56期，1922年8月30日，第1版）

旧伦理底下的可怜人

"门铃响了,恐怕是接来的医生到了罢!"

我的母亲叫我快出去招待。这时我的父亲和哥哥都有事出去了。我便引了医生到厅上,两人同时坐下。他问我道:"这几天你的嫂子病怎么样了? 我第一次来诊的时候,大致断定伊是受了气成病的"。他话还未完,我的父亲进来了,他急忙说:"先生去诊过没有?"医生说"不曾"。他又说:"我的好媳妇,从过门到现在,没有不服从我们的话,伊真是孝顺公婆,敬重丈夫的人呵! 伊的丈夫要怎样就怎样,从来不违背他的命令的。如今伊有病,我真急死了! 唉! 我老实说出来,真恨死:我的儿子自己不长进,他终嫌他的妻子不好看,不读书,常常要骂伊,笑伊,便是他的妻子忍气对他说,'我在家从父,出嫁从夫,我既然嫁了你终是你的妻子,终要靠你吃的,我生得不好,请你原谅我罢'! 我的儿子也还置之不理。每天下午出去,一直到晚上三点钟才回来。差不多天天到妓馆里去吃花酒,打麻雀。今天他又出去了"! 医生说:"这种贤德的媳妇真是天下难得,可惜不合现在的时代了……时候不早了,去给伊诊病罢。"于是我和医生同进房去。我见嫂子躺在床上,面孔里挂着泪痕,说道:"姑子,你来了,前三点钟我忽然喉中难过起来,一忽儿就吐出很多的血来,那时你的哥哥恰在房里,也看见了反怒气冲冲地说道:'你自己找出病来,也是应该的,我心里一点都没有什么,我已经有爱我的人! 不配你爱我! 我又要到我爱的人那里去了。'唉! 我真气死! 我这样服从他,他终不满意我,不晓得他所爱的人有像我一样服从他吗? 如果伊不是像我一样服从他,那我死都不肯干休伊!"我答伊道:"嫂子莫怪他,自己珍重身体罢! 现在医生到了,请医生诊病。"伊又哭道:"姑子,我还有一件事比这更伤心。就是去年我介绍我的妹妹雪春到了成都某小学里教书,现在接到了那个学校校长来信,晓得雪春和伊的同事李先生已经恋爱了。唉!真丑死!伊这样不正当,叫我怎样对得起父母呢!不但败坏我们娘家的名誉,也便败坏我夫家的名誉了。岂有此理,伊年纪轻轻的可以自由恋爱吗? 姑子!我虽然有病在身,可是我为了这事非赶出去骂伊一场不可,并且我定要打断了他们的前路!"医生听了就接着说:"现在婚姻制度不比从前的两性结合了,已非自由恋爱不可,他们的自由、幸福,你怎么可以去干涉呢? 可以去破坏呢? 就是你去也是无效果的。如果他们知道你现在的近况,苦痛到这样,都是因为你们的结合不自然、不自由的缘故,那就反被他们批评一场,并且非叫你离婚不可,你又怎么样呵?"嫂子听了,更发起气来,咳着说:"自由恋爱在现在终通不过的,除非妓女可以这样。如果雪春叫我离婚,那我终做不到的,男子这样是应该,女子怎么可以呢?"医生又说:"那么,你的夫去嫖娼,你又何必烦闷呢? 何必害得自身至于吐血呢? 并且我听外人传言说,'有一天你知道你夫眷恋妓女,和伊同在戏馆里看戏,你便到河里去自杀';如果是实,那么你又何苦去自杀呢"?

我呆呆地立在一旁听着,我想这位医生连我嫂子思想里的老毛病都动手医治起来了。

(《民国日报·妇女评论》第55期,1922年8月23日第4版)

谈女子职业

"女子度量比男子狭""女子妒忌心比男子深",这两句话是普通一般人的常谈。女子听见了这话,势必板起面孔和他们辩说:"我们女子决不能承认这两句话。即使有几个量小,性妒的人,哪里男子中便得没有吗?恐怕比女子更量小,更性妒得厉害些呵!"女子这样说也不错!可是女子说的和做的是一样的吗?如果是有,这说得到做得到的女子,又有几个呢?

向来女子的地位比男子卑贱,女子的生活比男子枯燥。卑贱,枯燥的根由在哪里呢?就因为女子不能独立,要依赖男子。不能独立要依赖男子的缘故在哪里呢?是因为女子受了社会上和历史上的束缚,总以为男子是有用的,应得自由、智识、权力、职业;而女子是无用的,不应得自由、智识、权力、职业。那些贵族式的女子,从外面看去,好像伊们也还荣耀、幸福,都是不自然的,无非是靠了男子一点儿光彩,伊们坐吃一生,做一个男子的寄生虫罢了。贫穷的女子从小受父母的束缚,嫁了男人又继续地受男子的支配。嫁不着好男子,就做到老,苦到老,不快的境遇到死还不了。伊们一身的生活,何等枯燥!何等不幸!

近几年以来提倡女子教育、鼓吹男女平等的人也很多,资本家和中产阶级的女子也有得到受教育的场所了。因受教育而得到高等职业,如银行、工厂、电话局、电报局等的,现在也有。这种女子的生活比较平常是好得多。可是能不能独立、一点都没有依赖人,却又是一个疑问。

"我从实际上观察来,女子往往不信自己有力量,不敢和男子去决斗。为什么呢?因为男子向来被社会看重,所以每个机关中的总权,终是男子独占的,女子不过做一个助手罢了。现在有许多在机关上做事的女子对于总权的男子非拍马屁不可,否则不能保持自己的饭碗。直接拍不进呢,就在总权最接近的人、最心爱的人那里去运动,而对于伊的女同事中却自傲自大、争权夺利,用种种手段来妒忌伊们、戏弄伊们,终之使得伊们不能上进,最好一切的权利,为伊所独有。你看这种人在社会上立得住呢? 立不住! 当然立不住了。为什么呢? 因为伊们这种行为明明告诉男子们:"我们没有力量,不能独立的,是依赖的,是量小的,是要妒忌的,我要保持我的地位非用这样手段不可。"一旦破露了伊们的丑行,被上看轻,被下攻击,伊们的事业便随而失败了。这种女子不但不能独立而且做一个社会的蠹虫,和一种没受过教育的人有什么两样呢?

我们女子中受过教育的得到好机会的时候,应该更拿一般普通没有受过教育的女子和被男子虐待的女子来想一想! 顾念伊们的苦痛,来增进我们的努力! 我们终要靠着自己的力量去做,不要仍旧去依赖男子;对于女子我们应当有互助的心,不要有妒忌心。因为只有自己的力量是靠得住的,用不着什么妒忌心。用了反而是阻碍女子职业的进行的。

女子无论在什么地位应当看重自己的人格,同时要看重别人的人格,有了职业的人更要注意! 人终靠自己的力的。正大光明地和男子竞争不也好么?

(《民国日报·妇女评论》第65期,1922年11月1日,第1版)

教育的首基

　　新旧社会衔接中，问题复杂得很，一般研究社会问题的最容易忽略而最应该注意的，要算幼童问题。社会近况，对于幼稚儿童，似乎委全责于幼童的父母；而做父母的，又从不好好地施以教养。我是女子，且先说女子对于幼童的责任：向来的习惯，男子在外时候多，女子对于子女比较男子接近些，不但在习惯上是如此，就是男女天性上亦大不同。所以做母亲的对于子女，应该要比男子来得注意。因为儿童就是社会上强有力的光线，家庭教育，是儿童根本上发电的原动力；如果电力不足，就是社会的黑暗。这样看来，岂不是男子对于子女绝对没有关系吗？——不然的，男子也同有关系，不过要讨论家庭教育问题，非先讨论男女两性结合问题不可。

　　中国男女两性结合，差不多都是不自然、不自由的，跳不出父母之命，媒妁之言的范围以外。所以女嫁了，男娶了，往往成为一对怨偶。以苦痛、怨恨作基础，站上一双只有反情作用的人，叫作夫妇。这样的夫妇，在绷着礼教或门阀的面子的，不敢公然离婚，任听男子娶妾嫖娼；女子或有外遇，或者被贞节的锁链缚住了不敢动弹，以致悲伤、疾病。女子在这种不好的境遇里面，就在自己的子女身上出气。心理上的怒、怨、恨都表现于自己的一举一动上。暴戾的，便加子女以恶打辱骂，慰藉无聊的，或者格外地溺爱子女。试为闭目设想，这样反动的行为，加于子女，不但没有家庭的乐趣，便是个人的生活，也何等枯燥！脑子里只伴着苦痛，思想也就不发达了，还有什么工夫去顾着子女的营养、寒暖及一切环境的清洁和适用呢？至于找方法来引导子女的动作，更没有工夫了。这种万恶的两性基础上面，子女何等不幸！儿童在模仿的时代中，凡父母的举动言语等等，刻刻模仿着，深印到脑子里面照样地描写；这时候如果遇到不是恋爱为根本的父母，便把小孩做成无足轻重的东西，既缺乏强健的体魄，又没有清爽的思想，更哪来高尚的感情呢？这样，不但小孩本身的不幸，就是人类社会的不幸呵！

不自然的、不自由的父母所育成功的小孩，也是不自然的、不自由的。倒过来看，若使男女婚姻结合是自由的、活泼的、有爱情的，那么所生育的子女，便是他俩爱情的结晶的表现，必不至于和前面所说的一样。在母亲的胚胎里面早印着活泼的思想、浓厚的感情了。我敢断言，家庭教育，根据于男女两性结合的关系很大。

我们自己能够生出来的子女，应该自己去负责任，决不可以随便生了出来，随便做自己的人。社会上有许多男子们、女子们，往往放弃自己的责任，只晓得生，不晓得负担教养的责任，男子或者有别种事业不能兼顾小孩们，而有许多懒惰的女子，生了几个小孩，怕自己辛苦，随便付托家长去管理，自己却和瓜蒂上落了一个瓜似的；这样的女子，既然自己不会养，何必一个一个生出来呢？贪懒的母亲，不负责任的母亲，实实在在比杀人的恶魔不如。要晓得女子贪了一时的懒，害了小孩真无穷呢！姊妹们！物质上的适意、快活，别人可以来帮助你，精神上的舒畅，要自己做出来的呢！一代的习惯、思想，在次一代的时候当然不适用；隔了几代更相差远了。人类总是进化的，不是退化的，年老者的不良的习惯和思想，已经过去不适用了，我们终不应该拿不适用的东西去送给可爱的子女们，阻止子女们的进化。姊妹们！你们自己培养出来的小孩比年老人培养出来的好得多呢！你们万不要忘记自己生出来的责任！

以上所说女子不负责任的弊病，一则出于女性孱弱，为一般大家庭制中所不免的事。所以我们主张已成夫妇的男女们，应当组织小家庭，衔着智慧的神的最高自然的使命，一方面注意着小孩，引导小孩向正直路上跑；一方面战胜过去时代的恶魔。因为他们要阻止人类的前进，不得不另造一个新的、利的工具来反抗。

前面有很美的世界呢，明亮而且清爽的，自由而平等的，我愿带我们的小孩们向前面跑。可是跑的路还没有筑好，要我们背负、怀抱着自己的小孩们去努力，才可达到目的。姊妹们！要爱你们的小孩，快来帮助你们的小孩去建筑那条平坦而且正直的新路呵！

一九二二年一二月二五日，衙前

（《责任》第6期1923年1月1日，第2—3页）

女同胞们快起来反对善后会议！

我们女子做了几千年的犯人，在黑暗的牢狱中过奴隶式的生活。实在苦不胜言，忍不能忍了！可怜我们年老的姊妹们被害了不知其数。我年小的姊妹和子女们，还在那里呼救！呼救的声音迫到我们青年的妇女耳边，难道我们听了这种凄惨的哭声有不痛于心吗？难道我们自身的苦痛继续传给我们活泼而可爱的姊妹子女们吗？唅！青年的姊妹们要谋未来的幸福，就是要解脱我们的锁链，打开我们的狱门。但是解锁链开狱门的责任是谁？青年的姊妹们，一切的责任是在我们的肩上。小的老的，都不能做先锋，做先锋的是我们青年的妇女！

我们既负解锁链开狱门的责任，但是应该怎样做起？姊妹们！我们要知道我们为什么要做犯人？要坐牢狱？要做奴隶？要受不平等的苦痛？是否我们的男同胞所赐给我们的？或者说，是否我们痛骂男子，反抗男子，就能保障我们的生命吗？得到我们的幸福吗？姊妹们，做妇女运动的对象决不在乎男子，而在乎社会制度。

以现在的社会制度情形看来，就能明白了！如果做军阀官僚的一般，假使没有军阀官僚的手段，一定不成其为军阀官僚了。做军阀的工具就是兵，兵向他要索饷的时候他不得不给，并且军阀之下的亲戚朋友向他要位置的时候，他也不能不给。其次在外交上的帝国主义者向他要权利，他也只好去敷衍。虽然卖国做帝国主义的走狗也情愿。我们为他设想，如果不是这样做，军阀本身的地位便没有了。站在他的地位，一定要剥削人民，压迫人民。在这种社会制度之下，一切人民做了制度的傀儡，尤其是女子！女子间接地受制度的压迫，直接地受男子的压迫，在重重压迫之下的女子所受到的苦痛很复杂。我们既然从复杂中知道我们的苦痛是社会制度不好的缘故，那我们先要消灭压迫我们的军阀,要消灭军阀,便要打破旧有的社会制度。

我们既然知道军阀的手段是要压迫人民的,更要压迫女子的,那现在放在我们面前的军阀官僚代表所组织的假国民会议如果实现了,岂不是一切被压迫的女子还要坐牢狱带锁链吗?什么女子参政、经济独立、教育平等,都是梦想!军阀官僚依旧登了台,做他们自己的把戏,谋他们自己的幸福;被压迫的人民,被压迫的女子,只好在台下看悲剧流痛泪!做国民的如果要希望这种军阀官僚代表所组织的国民会议来解决国事,不但没有得到利益,只有增加些痛苦!女同胞们!我们知道了我们痛苦的缘由,我们就要设法使我们所不需要的、有碍于人民的冒牌国民会议不能实现,否则我们要倒霉!

我们所需要的、所希望的国民会议,不是军阀官僚所组织的,是人民团体所组织的,就是孙中山先生所主张的国民会议及其预备会议。为什么呢?要解决国事当然要国民来解决。我们妇女既为国民一分子,当然有参加之必要。至于妇女有参加之可能只有孙中山先生所主张的国民会议。

不幸!军阀官僚所组织善后会议条例今已公布了,内容很明白。该条例所列的代表的资格:为元勋,为此次战争胜利之首领,为督军省长,为名流。试问我们久坐牢狱的女子在历史上的地位是怎样?

我们当然没有资格能参加,依旧要带锁链,要做犯人,一切生命权力都在军阀官僚的掌握中。如果他们要我们女子上法场枪毙,也只好随他们的意思。姊妹们,危险呵!我们的希望要出牢狱,如果军阀官僚所组织的国民会议及所谓善后会议实现,不但不能出牢狱而且要扩大牢狱的范围,坚固牢狱的门锁了。

姊妹们!我们要起来,现在时代需要我们了。要谋自己的利益。要相信自己已不是弱者。与一般被压迫的男同胞一齐携手奋斗。我们应做的工作,改革制度,力争我们需要的国民会议实现。若非代表人民谋利益的国民会议,我们要誓死反对。我们绝对不承认这一套宰割人民的旧把戏!

（《妇女周报》第66期,1924年12月27日,第4—5页）

保定女师学潮给我们的希望

现社会女子的地位,何等危险,何等残酷! 我们从前还希望从女子教育这一个工作上渐渐地挽救,不料在此女子教育萌芽的时候,不被军阀摧残,即受教育界中一部分自私自利的校长和教职员们的荼毒! 可怜! 保定女师的学生被校长教职员率领工役殴打,负伤者到现在还没有痊愈呢! 这样的惨剧,发现在二十世纪教育界的舞台上,真要叫我们绝望了!

不! 不! 不要绝望! 痛苦越深,希望也越大咧! 我们要知道,社会种种的现象,都是动的,不是永远不变的:在历史上我们女子,向来是处在被压迫的地方,女子一切的权力,都是在男子的掌握中,形式上女子是"人",实际上不过是一个被支配的工具罢了。在一部分的男子看起来,以为女子永远是一个泥块,要捏得长就长,短就短,方就方,圆就圆。哼,他们知道吗? 现在的泥块已经生了强硬的骨骼了! 将由被压迫被支配的地位,由自觉而进到自主的地位了。

老实说,他们施一寸的威权来摧残女子教育,在女子教育的本身,就得一尺的进步,因为我们的女子教育革新的精神,还在这摧残的一支火线上做基础;否则没有他们排演来这种醒奋剂似的惨剧,多数的女学生,还只是一心念死书,糊糊涂涂地过去呢! 多谢他们! 拿这样好的教训,来赐给我们,我们当怎样感激的领受呢! 虽然我们的苦痛一天多似一天;但是女子教育革新的希望也一天大似一天了。这次保定女师姊妹们的危险、哀惨,就是第一朵美丽而新鲜的花;伊的芬芳,将充满在中国,惊醒一般梦着的男女青年们!

春天的好花,谁不敬爱,但是所可敬爱的,还不是现在的开花,是将来结果后所散布的种子。因为要革新我们的女子教育,非我们女子自己振起精神来与敌者奋斗不可。女同胞们! 我们万不可为受了一些小小的伤刺就垂头丧气地抱消极主义了。我们要做的事还多着呢,我们又万不可再一心念死书,蹲在我们黑暗的路上的可怕的野兽正多着呢! 女同胞们,现在,正是速起的时候了。

(《妇女周报》第34期,1924年4月16日,第2—3版)

五一运动史中之爱与血

一八九一年法国五一节青年男女结队游行,时与军警冲突死伤的青年男女很多,其中有一对引导群众的青年男女:男的年十九岁,名多德孟季德洛特,手中拿着三色旗;女的年十八岁,名玛利亚卜伦德,手中拿着一只白茶花。当军警冲突最烈的时候,两人高唱纪念歌,向前跳跃。一个把手中的三色旗用自己的血溅红了,一个把自己的血溅在白茶花的枝上。可怜他们竟做了这次牺牲中的祭品。

最可注意的,有一个兵士涕泣大叫道:"我不能开枪,我的母亲在那里。"他是指群众示威队里有他的母亲在。

社会中种种的事实,可以找出许多人与人之间的矛盾,事与事之间的冲突。可是我们进一步想,如果矛盾到极点的时候,冲突到极点的时候,或者发现一种消灭矛盾和冲突的力量,但是这种力量,要自己去找——就是被压迫者的团体。

一对一对的青年男女的关系中,他们常常自己祈祷自己"为我俩的爱,为我俩人生的幸福,我们总要避免一切的危险"。在这种可宝贝的青年时代,人应该多享一点人生的滋味,尽量在清静幽雅的场所,发挥人生有"诗意"的滋味,尤其在春光明媚的时候,我们常常看到一对一对的青年男女在花园里散步呢!或许在这个时候,他们耳中听到战场中的枪炮声,他们必定发生许多矛盾的思想了——我们推想多德孟季德洛特和玛利亚卜伦德在一八九一年五一以前,何尝没有这享乐的思想呢!可是他们毕竟是矛盾中战胜出来的健将,找出很伟大的场所,发挥他们的自由和快乐。他们的流血何等美丽！他们的牺牲何等伟大！他们的人生,含多大的诗意！自私自利的青年男女,见到这五一中的一件事实,能无愧于心吗?

我们知道这一对青年男女确是有力量能在矛盾中、冲突中战胜,做全社会的一对引导的先锋。但是我们开眼一看,有得几个人能如此呢?我们只要听那个兵士说的话很明白了。"我不能开枪,我的母亲在那里。"在这呼声中,显出多少人与人之间复杂的矛盾呵！事与事之间利害的冲突呵！唉！社会上没有自觉的人,听见这一个兵士的呼声吗?

(《民国日报·觉悟》五一特刊,1925年5月1日,第16页)

五卅流血的真意义

这次五卅上海南京路的惨杀，引起了全国的重大注意和愤激。五卅的惨杀，是至前未有的事情，而这次民意的激昂，也是从来所未闻。不但这样，连全世界的被压迫民众也给我们以同样热烈的同情了。的确，这次的惨剧，在世界的历史上留下了一个很重大的意义！

可是自五卅到今天，已有十天了，我们用和平的方式去抵抗，不用武器，提出条件来叫他们来认。但是他们不但不肯容纳，反而变本加厉，惨杀市民日有所闻。如此我们除彻底地认识这次事情的前因后果外，又不得慎重考虑到他们——的心计了。他们惯诮我们中国人向来只有五分钟的热度；深知我们不能坚韧持久的，索性大施高压手段，屈服我们到底。把不安分的反抗的分子戕杀了，以为可引起我们的刺激我们的暴动，好在国际上说话有了根据。啊，他们多么凶狠！我们应如何彻底地认清我们的对象啊！

有许多头脑简单而且犯了近视病的人，在这次暴举中，表现其谬误的思想，不但在我的身边可以听到，就是要代表全国舆论的上海报纸，也有同样的论调给我们看到呢。我为要使他们对于这次惨杀案有彻底的认识，不得不纠正他们的谬误观念，由盲目的冲动中引导他们向着中国独立、民族自由的方向去，并使共同的再接再厉地去进行，以达到最后的胜利！

要晓得帝国主义对于弱小民族及殖民地的侵略的方式，除了经济的、文化的、政治的三种之外，武力侵略的方式，也是他们所必然应有的呀！这个例子不胜枚举，朝鲜、印度、安南、缅甸一见到这几个字，就能联想到他们所采用的各种必然的方式的。就是拿自己本国来讲，自鸦片之役以后，一直到现在，完全是我族受蹂躏的时期。呵！最近的百年史，不是记载他们以经济的政治的……来宰割中国的惨史吗？他们侵略中国有了这样长久的历史，而中国民众只是麻木不仁地受着压迫，不知道起来反抗，于是他们更胆大妄为了。大战之后，一方面帝国主义崩溃的征兆日益显然，一方面不得不苟延其寿命，因而压迫中国民众，越来紧急了。中国民众由此才漫漫（慢慢）儿有反帝国主义的心理和思想。最近一二年来，竟有大大的进步，五卅那一天，热烈的运动，同时竟引起一股市民群众热烈的同情。在这时他们为要立即消弭这种反抗运动起见，施行其武力政策，对于这因被侵略压迫而引起必然的反抗革命运动的先锋是必然的。所以五卅的流血是客观的原因造成的，不是头脑简单而且犯了近视病的人所说的"不过为捕房与市民的情感冲突，文明外国人太蒙昧做出这些惨剧来，……"的一番话呀。

不认明五卅的性质，如何可定五卅案工作标准：卖几个爱国学生的命吗？争上海人的体面吗？和工部局里几个英国人作对吗？都不是！只是要争国家的独立，和民族的自由。

（《民国日报·觉悟》1925年6月20日，第3页）

上海妇女运动

　　几十年以来，中国女子在社会上是被压迫的，被束缚的。直到五四运动，一般女子才被新潮流冲动了自身的问题。于是中国妇女运动就从此开始了，组织女权运动同盟会，女子参政协会等；但是参加这种运动的只是极少数的妇女，并且大半还是单看贵族思想的妇女运动。一般女学生虽然觉得需要这种运动，但是还没有觉悟到真正自身的权利。五四运动之后一般的所谓新文化运动之中便渐渐开始阶级的分化，妇女运动之中也是如此。这种妇女运动的阶级分化和最近几年的发展，上海地方，因为是实业文化的中心，所以差不多可以算是全国的缩影。我们要研究中国的妇女运动，不妨单就上海方面的情形说一说。上海的妇女运动里可以分几方面来说。

　　第一，上海差不多是帝国主义者的完全殖民地——基督教的势力也就比较的大，比较的长久。所以教会派的妇女在妇女运动中很占一些地位。教会本是帝国主义者的工具，教会派的团体女青年会、妇女节制会以及许多教会学校和他们办的种种慈善事业的团体，实际上都是帝国主义者的机关。我们并不要说所有教会妇女都是帝国主义的走狗，为教会而活动的分子中确是有几个人才，可是伊们不幸遇着了帝国主义的几个洋大人，被他们很文明的高等手段引诱去了，于是日夜替洋大人宣传、工作，其实伊们自己并没有觉得这是做亡国灭种的工作。为什么呢？因为帝国主义的野心固然很大，可是表面上的政策偏要假装文明。他们或者对于中国能用武力压迫，可是要减少中国百姓的反对，不得不用一种口唱博爱、平等、自由的基督教来欺骗,使得中国的文化更加落后,中国的百姓个个像家畜一般的能服从、能替他们做工作,尤其对于我们妇女更进攻得厉害!教会妇女的思想完全受帝国主义者的支配。帝国主义者不要中国人有解放的思想,所以伊们便来拥护中国的三从四德,或者宣传新式束缚的良妻贤母。帝国主义者要中国人受了他们的剥削而穷困流离,还要感恩报德,所以又使伊们替洋大人办慈善事业。所以在教会派势力之下的妇女运动,都不是真真认识妇女运动的意义。我们虽然决不笼统地反对一切教会里的中国妇女——伊们原是很可怜的,可是我们绝对地反对这种帝国主义侵略弱小民族的机关!

第二,上海一般的家庭妇女中最高等的,军阀官僚的家族;次之大商人的妻妾儿女,资产阶级的妇女。这两种妇女都靠男子吃、著、住的,终日无所事事,高兴了与男子玩玩游戏场,不高兴了到庙里去烧烧香念念佛。伊们自己没有多大希望;只不过祈祷伊的丈夫做官发财继续下去,常常得到丈夫的喜欢,给许多很美丽的衣服,很光亮的首饰,这是伊唯一的目的。至于社会如何?国家如何?一点也不知道,更不知世界上是怎样的情形。

但是其中有一部分的知识阶级——贵族妇女、政客,伊们知道对于自身的要求不满足的。但是伊们的希望怎样更使其满足?就是自身的参政问题,自身的名誉问题,于是组织所谓妇女协会、女子参政协会。所要组织团体的目的,只限于贵族的资产阶级的政治要求。不但一般劳动妇女的参政权伊们不管,便是女子们极粗浅的政治权利——结社、集会、罢工等的自由,伊们也决不帮助着来争。因此伊们所活动的,也只限于很小范围之内。至于一般妇女种种苦痛的切身问题好像觉得没有解决的必要。所以从组织到如今,所宣传的、所活动的,简直没有与一般多数平民妇女发生什么关系。第一,要知道如果把伊们的参政目的达到,伊们也和现在军阀一样的有势有利,那么一般妇女不但没有利益得到,恐怕反而要多加一层压迫!这样的妇女运动,根本上差误到了极点;第二,要知道不先去与一般平民妇女携手,打倒军阀帝国主义,解放中国民族,那里能够有这样容易,不劳而获的政权呢!

对于贵族式的妇女运动,自然是一般妇女所不满意的。然而一般女学生比较贵族妇女一定进步些、觉悟些。我们对于贵族妇女——政客,虽然已经失望,但是对于女学生还是希望着呢!可是现在的女学生中,教会派的不必说,非教会派的是怎样?有的专心致意地读书,将来好做一个学士或博士,或是官僚巨贾洋行买办、大学教授。多读点英文可与"外交家"来往做交际明星;多读点文学的作品以备与丈夫写写情书,这样目的达到了便满足了。有的女学生这或者是少数。大多数的女学生,还是受着旧道德以至"新道德"的毒(如胡适之之类的不参加新社会运动的"学说"),见了什么运动都怕,甚至于对于自己校里的纪念会、演讲会、学生会,都不要参加,唯恐碰着与五卅一样惨死,丧失自己的性命。这种的女学生更使我们失望了。但是女学生中决不都是这样。实际上大半都很明白,很有革命性的,至少模模糊糊地知道不满意宗法社会的制度、旧礼教的束缚以及周围环境的不好,时时觉得自己的痛苦、不自由,并且对于一般的贫苦妇女——工厂中女工、农家的妇女,表示一种同情。一方面不满意现在中国国内的军阀和国外的帝国主义的压迫,不过没有群众运动的训练和组织的机会,不能有明白觉悟和决心罢了。这种事实我们已经在去年十月间的国民会议促成运动中可以看得出来的。那时确有许多女学生能为群众的妇女利益而参加国民会议运动。她们所代表的既为群众,她们所组织的女界国民会议促成会,也能团结群众。女学生、家庭妇女、女工人都有参加。可见去年的北京政变、中山北上等政治上的变动已经使一般妇女,尤其是女工、学生,知道了妇女运动与政治斗争的关系。促成国民会议的意义就是要求妇女自力的解放,必先参加民族运动,并且主张取消一切不平等条约,因为只有民族能独立,妇女才能解放。

中国妇女运动的进步,开始于促成国民会议的运动。从此民族运动得到了妇女运动的生力军,而妇女运动本身也就发展起来。五卅运动中的牺牲果然很可痛心,然而在客观上是一个民族运动进步的明证。当南京路开枪后的第二、三两日,不但看见男学生的勇敢,同时看到从来在学校里"安心念书"的女学生,也在马路上手舞脚跳地高声呼着打倒帝国主义！收回租界！取消一切不平等条约！援助工人反对印刷附律等口号。在此次运动中,确实看见上海妇女运动随着民族运动的高潮而生长起来。

第三,尤其是从来为一般人所看不起的女工厂中的女工——无产阶级的妇女,更彻底地反对帝国主义和国内卖国贼——军阀了。伊们的勇敢比一切妇女来得利害；伊们的牺牲,比一切女学生来得大。伊们所吃的、住的、穿的,都靠自己两只手每日做出来的。伊们既没有平日的储蓄,更没有借钱的地方,可是罢工到三个多月之久,还是能够有坚持的精神,不过因为军阀的压迫,资产阶级的要挟,现在失业的女工不知有多少。可怜上有老父母,下有儿女弟妹,都为了伊的失业而减少他们的饭米,这是何等的悲痛！可是伊们的团结和奋斗的力量和阶级的觉悟,不但是妇女解放的最有力的武器,而且是全中国解放的保证。

我们从以上情形看来,自五四运动等促成国民会议运动一大段确是进步的,尤其自促成国民会议运动到五卅运动一个短期间,更扩大了妇女运动的范围。我们女子在这种潮流中应如何继续我们的运动？我们知道既扩大了妇女运动的范围,必引起敌人的注意,压迫我们的力量也同时增加了。可是压迫愈多,妇女运动的发展更快。我们应该加倍地努力,准备着敌人的压迫！

我们妇女所受的压迫本是非常之多,帝国主义者、国内的军阀、基督教会、中国宗法社会的遗毒——旧礼教,现在还有所谓文明的新道德。女同胞们！我们要脱离苦海,要走自由幸福的道路,我们便应该大家起来努力打破这重重压迫！可是如何才能打得破呢？——上海的妇女应该做全国妇女运动的先锋队,应该建筑一个妇女运动的大本营。就是组织能代表一切被压迫妇女做运动的团体。这种组织才能集中革命妇女的力量,参加反对帝国主义的民族解放运动,同时也就可以努力扩大革命的妇女运动到更广泛的群众中去。只有群众的、被压迫的人民的觉悟团结、组织及奋斗，才能得到自己的解放——我们妇女当然也是如此。

一九二五年十一月一三日

（《中国妇女》第 6 期，1926 年 1 月 30 日）

上海反段大会的感想

向来不问政治的中国妇女也能够参加这个大会,所谓毫无知识的女工竟能够对市民和士兵们说些很值得注意的话,最可以大奇怪的,向来很怕羞很软弱的女学生居然能够从野蛮兵士的枪腿刺刀中冲锋出来!这种事实,在中国的社会里是破天荒的第一次。

同胞们!女子天然没用吗?女子不能革命吗?我们自己相信在现在的社会里受了很多间接和直接的压迫,不过这都是给我们的教训。得到了这些教训,我们才能觉悟,才有勇气,才敢牺牲!为我们全世界被压迫妇女解放计,牺牲一切都是值得的!为我们中国民族独立、脱离帝国主义侵略计,我们所牺牲的更值得了!

我们觉得生活苦痛、不自由、不平等、不幸福,几千年来是被社会所压迫、所轻视的。尤其是一般劳工妇女,往往不能得到社会上丝毫的同情和可怜,但是现在知道压迫受得愈多,愈能够彻底的觉悟来与敌人奋斗,此次反段大会中女工所表现的力量可以做证明。一般女工对市民和兵士演讲:"我们做工人固然是苦,你们做兵的、做小商的哪里不是苦!我们都是受帝国主义和卖国军阀侵略和压迫。不要糊糊涂涂,不要怕!大家快些起来参加革命运动,打倒敌人的势力呵!"在这段简单的说话中,我们确确实实相信她们是勇敢和能够在妇女解放运动中做一个主力军。

美丽的幸福的乐园是要革命者的血建筑起来的,女子的解放,是要劳动者得着完全的解放之后才能有的。姊妹们!仅仅表同情于我们,不是我们有力的主力军,仅仅可怜我们其实表羞辱我们,这绝不是替我们谋幸福的伴侣,只有我们平民的男女同胞自己联合起来,向着旧社会制度奋斗,努力奋斗!

（原载《中国妇女》第二期,1925年12月）

广州国民政府肃清东江反革命军的意义

中国人民只怕战争，然而中国军阀因受帝国主义指使和欺骗，年年战争、月月战争了。中国是一个世界帝国主义的掠夺地，也是一个世界帝国主义的小战场，倒霉的———一般中国贫民！被战争所损害的不计其数。一般军阀为什么要战争？为了自身的地盘，为了帝国主义的使命，所以不得不尽力而为之。我们看！现在中国有觉悟的人民，不像以前一样只限于怕军阀们的战争了。他们已经为着自身的、群众的利益武装起来、团结起来，与他们的仇敌———国外帝国主义、国内军阀以及许多反动派斗争了，要实行革命，要征服全国军阀互斗的祸首。尤其是中国南部的广州国民政府已开始实力奋斗了，并且已从斗争中得到一部分的胜利了。

为着帝国主义的利益而互斗的军阀，他们这种战争之中不论谁胜谁败，都是我们人民的灾祸！与我们民众没有丝毫的关系！可是为着民众利益而奋斗的广州政府，这次肃清帝国主义的走狗陈炯明，便不单与南部的人民有密切关系，而且与全国人民都有关系。切实地说起来，广州政府的胜利，就是人民的胜利。广州政府的失败，就是人民的失败：因为东江战争中广州政府就是我们人民的先锋队，主力军！

同胞们！何以广州政府是人民的先锋队？是人民的主力军？我们知道帝国主义在中国政治上、经济上、宗教上操纵着一切的权威，中国是已不能成一个独立的国家，再加以一般军阀献媚于外人，愿做帝国主义的走狗，剥夺人民的脂膏，以保自己的福利。五卅事起，帝国主义与军阀勾结，到处实行屠杀爱国同胞，封闭爱国团体，解散一切民众的组织。这种情形之下，五卅案及一切外交，中国怎样能得胜利！所以沪案居然重查,汉案也没有结果,列强为所欲为。可是广东呢?不然!真因广州政府是人民的政府,与广州民众一致坚持反抗帝国主义。十六个月的总同盟罢工,几乎使香港变为荒岛,广东政府竟不许经过香港军商船进口。日船违令进口,政府军枪杀日本船员二名,日本只得一面向政府道歉,一面只请求抚恤死者二千元。可见英日帝国主义者在中国南部遂有所顾忌,不敢实行直接的屠杀政策。但是中国卖国的军阀到处有的。英帝国主义买通了走狗陈炯明,又买通了许多奸细,从中捣乱,反抗广州政府,以减人民的实力。如果陈炯明的反革命军战胜,如果广州政府因此败亡,那就英国帝国主义者很容易扑灭香港罢工,摧残剥削广东的工人农民了。可是广州国民政府有十几万的罢工工人和几百万的农民赞助着,尤其是为着陈炯明压迫的东江农民,以全力赞助肃清陈逆的战争,终竟战胜了这只帝国主义的走狗。英国帝国主义只能怪自己的走狗不中用,只能低头服气地向广州政府求和,请求开始停止罢工的谈判了。所以肃清东江的胜利显然是中国民族解放运动的第一步成功。这种胜利是中国被压迫民众的光明的灯塔。

中国妇女的解放,必须民族革命运动胜利才有可能。一般妇女在万恶的社会制度之下,政治上、经济上、职业上、教育上均不得与男子有同一的权力,甚至于做男子的附属品,过非人的生活,我们女子应该认识我们的压迫:是旧礼教,是帝国主义,是军阀。我们要解除自己的锁链就是要打破旧礼教,同时要打倒帝国主义和军阀。所以我们要参加到民族革命的战线中去,大家群策群力地来斗争。所以全中国被压迫的妇女,当然赞助国民革命的广州政府,当然对于肃清东江反革命的胜利,怀着庆祝的热忱。因为广州政府这次战胜陈炯明,就是中国民族解放运动的第一步胜利,当然也是中国妇女解放运动的第一步胜利。我们应该要庆祝这第一步的胜利,并且更勇敢地行向将来更伟大的胜利!

总之,我们要血洗五卅以来的耻辱,要求中国民族的解放,要求中国妇女的解放,我们必定要努力奋斗使广州的国民政府变成全国的国民政府,使东江男女平民的解放,变成全国男女平民的解放。

(《中国妇女》创刊号,1925年12月30日)

妇女运动之职任的我观

现在妇女运动的职任不外三点：第一，推翻旧礼教的制度；第二，促起最大多数劳动妇女的政治的、社会的觉悟，并且赞助她们的运动；第三，力争一般的平民妇女的政治的及其他一切的权利，激起一般妇女对于政治时局的注意。

一、现在中国的妇女，不论是哪一阶级，都还多多少少受旧礼教的压迫，我们身体缚着的许多锁链，如何能够解散它？我们在目前的社会里好比住在监狱里一样，既没有生气，又没有活路。姊妹们！我们应当深感这万恶的监狱再不能坐了，但是单是觉着还不够，应当因此而挺身出来做"人"，舍弃历史上的一切依赖性、虚荣性，来与社会制度奋斗。我们相信个人单独地去做，等于不做，因为力量太小了。我们要集中势力，联合在一个奋斗的团体里，筑起反抗旧社会、旧礼教的联合战线，对他们下一个总攻击！姊妹们！在目前的环境里，再不能自相猜忌、自相残杀了，不然我们的危险更大了！

我们全中国的妇女应当在行动上、在言论上时时刻刻反抗旧礼教的压迫，一致地援助被压迫者，因为我们自己都是受着压迫的。我们应当努力打破现在社会上的所谓舆论，造成我们革命的妇女界的新舆论，赞助自由的、无束缚的两性关系，要求平民妇女应得的一切权利。

二、我们要希望一般热心于妇女运动的女同胞多注意妇女实际问题，言行一致，以群策群力去解决妇女最感到苦痛的种种问题。在客观的环境上，当然不能在短期间解决一切妇女问题，况且妇女问题不是一个极简单的问题，而是最复杂的一个社会问题。然而我们的目标定了，要求经济上、教育上、法律上、社会上男女的绝对平等（国民党政纲）。

我们不管一切艰难，应当努力参加国民革命，望着这一条路上走去。

中国许多妇女之中，最感觉到不平等的痛苦的，便是一般在工厂里面无血色的劳动妇女，和终年辛苦没有一分钟休息的农家妇女。她们每天要做十四小时以上的工作，不论月经期间和生产的时候，都是要去工作的。还有许多已有子女的女工进厂去不能带领小孩，甚至喂乳的时候都没有。尤其日本纱厂对于女工十分苛刻，一天到晚不能坐着工作，因为坐了要疲倦。许多丝厂里的女工没有一刻可以吸到一口新鲜空气，只是在昏天黑地的屋子里做苦工，做得少，有差池，还要挨打、挨骂、扣工钱。这是何等痛心的事啊！这些妇女处于此困苦窘迫的条件之下，连吃饭穿衣都照料不过来。居然有些论妇女运动的人说："妇女的弱点，在于身体不强，以致教男子看不起，应当先从锻炼自己的身体起。"请问，这样劳动妇女，难道能在一天二十四小时之外另找得着第二十五点钟来体操？诚然不错，美国的顽固派借口女子身体薄弱，反对女子有参政权。然而现在妇女的身体事实上比较脆弱，这正是妇女应当要求平权和解放的理由之一。劳动妇女因此更加要要求减少工作时间、增加工资，更加要要求参政的权利——因为决不能等女子体格练强之后，再来要求，只有要求到了政治的、经济的、社会的一切自由，才能使女子的体力、智力等等得到应有的发展啊。

所以我们做妇女运动的人，第一步实际工作就要注意这个问题，要为下层妇女要求人的生活，要求平等的待遇。目前要着手做的一种，是调查劳动妇女的状况，尤其要调查五卅后失业女工的情形；其次我们应当如何救济她们，如何提高她们的地位！姊妹们，这是要我们大家起来努力才好！

三、现在处于列强的帝国主义及军阀之下的妇女，对于时局也不得不留意的。我们当然不像专唱高调、因参政运动而为个人利益的妇女一样。我们以为在这紧迫的时候，我们不能退后，不能当它不是我们目前所要做的事而处旁观的态度，应当站在妇女群众的利益上争我们应有的权利。我们既不满意现在的一般军阀为个人的地位，利用一切政权压迫民众,更不愿将来发现女官僚、女政客来做现在军阀们的后代子孙。为了一般平民妇女的政治权利,我们不得不起来奋斗。然而怎样奋斗?当然从宣传、组织两方面做去。去年中山先生北上,主张召集国民会议的时候,上海等各地均有女界国民会议促成会的组织,就是这个意义。国民会议运动之中,孙中山先生的政策和主张,因有女界促成会的努力而普及于一般妇女群众之中。这样的工作在未召集国民会议成功和女子发达到参政目的以前,是引导妇女群众积极参加政治斗争所必要的。如何能说这种团体的工作是"出风头"?是"虚荣性"?是"为一时的冲动而集合"?只有研究系及一切反对孙中山先生及国民党的人说得出这种话。况且从女界国民会议促成会运动之后,各地妇女运动都发展起来,到如今已经有上海各界妇女联合会、广州妇女解放协会、河南妇女协会等等。一般妇女已经觉悟自己要有组织的必要,已经领受了中山先生的政治主张。此后正要集中于这种团体于一般妇女解放运动工作之中,继续努力于参加国民会议的运动呢。

现在女子因历史上、环境上的关系,自信力量很薄弱的,可是不能因为力量薄弱而不做,尤其不能因为避免出风头的嫌疑而不做。社会实际所需要的、所应做的,只好逐步逐步地做去。

中国的妇女运动还在初期,各方面的批评讨论是很必要。我因为新近读《妇女周报》复活的一期,看见上面的议论,仿佛认为以前妇女运动都是不切实际的,却没有知道实际的推翻礼教、赞助劳动妇女、参加国民会议运动等等早已进行而且正在发展之中。这或者是《妇女周报》作者一时疏忽,至于在《民国日报》附刊的《妇女周报》里说女界国民会议促成会是出风头,是虚荣心,是为一时冲动而集合,未免有些悖谬,就是说实际工作时,却只指出女子体育等等,仿佛可以先将全体妇女的身体练好再要求参政,眼界也太狭隘。所以我写完这一篇的意见,拿极友谊的态度和《妇女周报》诸君讨论讨论。

一九二六年二月

(《中国妇女》第5期,1928年2月10日)

三八与中国妇女

一、"三八"的意义

三月八日国际妇女日，是劳动阶级妇女警醒自己，集合自己的势力，也就是全世界被压迫民族妇女联合战线，以参加世界革命运动求妇女解放的日子。这是我们妇女群众检阅妇女运动军队的日子。所以今天是黑暗世界的灯塔，照耀着我们妇女的光明之路！全世界被压迫的姊妹们，在伟大与壮烈的今天，应该如何纪念它！应该如何回忆着十五年前的今天！

在一九一○年，社会主义者第二次妇女国际会议在丹麦京城开会，决定三月八日这天的日子为国际妇女纪念日。次年德、美两国妇女即在该日举行群众的示威运动。在奥京维也纳有女工八万人参加，其标语为"女子参政权""女工保护"等。此后，三月八日遂成为各国妇女革命宣传与团结的日子。在一九一四年至一九一八年的世界大战期间，各国女社会主义者想在这天组织反对战争的示威运动，可惜都被警察严重的压迫制止了。只有挪威的妇女，在一九一五年做了一次大的运动。一九一七年三月八日圣彼得堡女工游街示威要求面包与和平，实为俄国革命之导火线。革命成功以后，三月八日在俄国为劳动妇女拥护无产阶级革命的胜利与赞助苏维埃政府建造新社会的日子。自一九二○年以后东西各国都承认三月八日为妇女国际运动的日子。这是三月八日的来历。我们知道妇女的解放与劳动妇女为很有关系的，并且妇女解放运动是国际性的，所以中国妇女运动应有国际结合的必要。

二、"三八"与中国女工

中国妇女在宗法社会种种束缚之下，又受帝国主义的剥削与军阀战争的祸害，尤其是贫苦的妇女，其所受的不自由、不平等的痛苦，比欧美各国妇女甚于百倍。看中国成千成万的女工，早晨四五点钟进厂，到晚六点钟出来，每天做十四钟头工作，所得工资，不能养活自己。于是，日工既不足她的生活，晚上再继续几小时，甚至没有饭后几分钟的休息，至于她们的儿女更顾不到管理了。因此，她们母子的生理上、精神上受到无限的痛苦、悲哀和恐怖。大多数女工的生活既然如此，中国平民的境遇，既然自小便在这种残酷的制度之下，体格的衰弱，性情的堕落，教育的缺乏，当然是不可免的了。她们除这种痛苦之外，还要受着社会不明白的人轻视，污蔑。

劳动妇女不是天生是应该做人家奴隶的，更不是没用的废人。她们贡献于社会的较一切妇女多些呢，更比一般依靠工人而生活的男子多些呢！她们因为社会经济制度逼迫到了不得已，每天除做工时间之外，那里还找得着读书的机会呢！她们所以没有知识，还是依靠她们生存的统治者使然的。然而五卅运动罢工中，已经看出她们与帝国主义抵抗的奋斗力量，比一切人都能坚持些。这是社会所共见共闻，谁也不能否认。并且她们在罢工中身受的种种压迫的经验里，从此认清帝国主义与军阀可恶，明白打倒帝国主义军阀的意义，知道要求废除一切不平等的条约。然而在一月二十二日《商报》上姚公鹤先生的一篇论文中，竟说："前月市民大会有若干女工随大众游行能高呼'打倒帝国主义''取消不平等条约'等口号的女工都是共产党所雇用，'得人钱财与人消灾'。"又说："知识阶级者经若干岁月之研究而始认清对外目标，造成游夏不能增减一字之各种口号，胡为鹦武（鹉）能言？一般女工并未经过长期训练与讲解，亦能大声疾呼人云亦云，此尚不能拟之《孟姜女过关》《五更调》等等小唱，言浅意赅或较易为妇女辈声入心通之所及，直'波罗蜜多'之不求甚解，为福于来生，同一可笑而已。共产倒（党）中究有若干'雇工式'者,局外人不得而知,然以市民大会中一日千里之神童式妇女准之,此辈人固不值我辈之作若何之研究讨论也。"这种不顾事实的论调,根本表示轻视女子,看了女子是非人,尤其对于社会上所谓卑贱的女工,竟当鹦鹉还不如。他以为"打倒帝国主义""取消不平等条约"等口号,女子是不配说的,尤其是配不上讲。并且姚君以为叫这种口号的人就是共产党所雇用的。这未免姚君太替共产党争体面,难道要"打倒帝国主义""废除不平等条约"就是宣传共产主义吗?难道这些口号除共产党所"雇用"的人该呼之外,别人就不该说、不能说吗?然而姚君这些谬论在文字上发表出来,横竖女工不能看到姚君的大作。姚君的言论可惜太迟了,不然在几世纪以前也许可以大出风头,幸而在目前的情形,他的话实在不适宜、太不高明了。或许这些话别有用意也未可知?以姚君的言论,从客观上来分析他,可以代表社会上一部分人轻视和污蔑。

因此,我们知道一般女工受厂主、工头家压迫之外,还受社会上这些丧心狂病的人的污蔑。中国女工因此格外谋自己阶级意识的增进和世界的无产阶级联合战线的建立。上海女工听见姚公鹤那种谬论无不切齿痛恨,而听见人家和他讲解日本劳动团体反对出兵满洲的声明书,都觉得自己阶级力量的团结之意义,这便是事实上的证据。

中国工会里的女工已经觉悟到自身的解放,非联合世界无产阶级不可。她们应当更能实际团结而有积极的行动。中国女工要争得自由、平等、幸福,只有把散沙一般的姊妹们组织起来,参加国民革命的队伍,并参加全世界被压迫妇女的联合战线,向世界压迫我们的、统治我们的阶级奋斗。只要女工自己觉悟便能懂得三八妇女纪念节的意义,便能继续打倒帝国主义和军阀,废除不平等条约的工作。我们受了社会上像姚君一类的轻视,更使姊妹们大家努力起来,不但限于口号并且要做实现这种口号的工作。中国的女工呵,你们要知道"三八"的意义,是全世界被压迫妇女联合示威,表示一致的反抗。只有这种一致的反抗能打倒帝国主义者对于你们的压迫,打倒他们对华的侵略势力,打倒他们自己的帝国主义的政府和资本主义的统治。那时社会主义才能开始建设，母性保护、女工孕育期间的休息、公共养育儿童的办法，才能有真正实行而不受妨碍的保护。

三、"三八"与中国女学生

中国妇女除大多数的劳动妇女以外，全体妇女都受社会制度所压迫的，但是我们要从这重重压迫里辟出一条生路来。这种重要责任，究竟谁来负担呢？难道一部分已觉悟的男子来解放我们吗？姊妹们！这是梦想！我们知道大多数劳动妇女是有战斗力的。只有她们，只有中国的无产阶级能负起这个责任。凡是有知识的、有觉悟的、革命的青年女子都应当站到平民里面去为她们服务，拿出自己的知识来帮助她们。这样，不愁中国国民革命不成功，不愁帝国主义不打倒，我们一般妇女才能得到最后的解放。

中国的女学生在经济地位上百分之九十九是仰给于父兄的。她们能得到相当的教育不知费了许多精力。许多女学生的家庭，重男轻女的思想已成了习惯。培养男子的才能是应该的，至于女子只要能写信、上账就够了，并且算已经优待了的。所以女子能入中学已经困难到万分，哪里还能升入大学以至于留学呢！这样，中国女学生永没有专门才能可以得到，所以女子在职业上已失了地位。女子始终是失业者，始终是要依靠她们的父兄或丈夫而生活的。就是以百分之一的资产阶级妇女看，虽然她们的经济地位比较高些，社会环境比较好些，能够得到相当的教育，然而她们仍就（旧）是依赖着家庭的。

一般女学生经济地位既然如此，她们的知识和思想，便不容得她们不觉悟起来，而渐渐参加革命的斗争。然而她们要达到自己的解放，必须：（1）观察妇女在历史上的地位，明白现在之所以被压迫的缘故——是社会私有财产制度和封建社会的遗毒——旧礼教所使然的；（2）应该放大眼光，牺牲个人的地位、目前的利益，投身到平民妇女中服务，为群众谋利益。这是知识阶级妇女应负的责任。看东西各国的知识阶级妇女中有许多女革命家，都是牺牲自己优越的家庭生活，忏悔父兄压迫劳动妇女的罪恶，献身于社会运动。况且劳动运动的开展，在历史上都是促进一般妇女的解放运动的。譬如俄国妇女的解放，始终是无产阶级革命后才得到的，便是一个明证。

过去的中国女学生，只知道个人的利益，打算个人的地位，与一般妇女和社会无所关系，甚至从来没有听到过伟大的三八国际妇女纪念节。或许听到了，也许像觉得与中国妇女没有什么关系。中国女学生应该忏悔过去的一切。姊妹们！我们的出路，只有参加劳动妇女运动，引导她们团结起来，参加革命队伍，第一步推倒封建社会的国内军阀，第二步与世界被压迫妇女携手，打倒全世界的统治阶级。

女学生们！不要看轻我们自己，甘心做个弱者。在五四运动中，北京等地的女学生已经有许多力量贡献到社会，使国民革命潮流一天一天地发展。在五卅运动中，许多最受痛苦的女工得到一部分女学生的宣传，她们竟从此开始了觉悟，她们自己现在已经成抵抗帝国主义的伟大的力量，并且使得一般觉悟的女工已经认清她们的敌人是谁！伴侣是谁！这些却是事实，我们不能否认的。然而我们更要努力前进，大家起来注意今年三八节后的工作！中国的女学生！你们应当赶紧团结组织起来，参加一切社会生活，参加学生会、参加妇女团体、参加国民革命。同时"往民间去"，为劳动妇女服务。你们只有经过中国无产阶级，才能和世界一般被压迫妇女联合战线，达到共产主义社会——真正的男女平等的社会。

四、"三八"与中国妇女运动

中国的妇女运动是辛亥革命的产儿，到了五四的时候，妇女运动才有切实的、反抗宗法社会旧礼教的力量，然而只有到了五卅运动，妇女解放的运动才得了现实的、有战斗力的先锋——中国的女工。中国妇女运动非常幼稚，只比得周岁的婴儿。在这周岁中，所受的磨难实在太多了，几乎成一个不健全的孩子。然而过了五卅的难关，中国妇女运动,如要求国民会议的选举权等,已经得了强有力的无产阶级妇女的先锋,它的发展到现在已普及一般劳动妇女。——妇女运动既是随着社会状况的变迁而产生的,也是随着国民革命的程度而发展。现在中国民众力量的集合,已使外国帝国主义和军阀有所顾忌,并且动摇他们统治的地位。同时,中国妇女运动也便引起他们的注意,如去年上海女界国民会议被租界当局禁止集会和北京"三八"运动之被军阀压迫。

所以我们认为中国妇女运动已经有革命的行动,老老实实地上了政治舞台。尤其是在五卅运动,是发现了妇女运动的生力军——劳动妇女。从此各地妇女团体便大大发达起来,如上海、北京各界妇女联合会、广东妇女解放协会、湖北、湖南、河南妇女协会。参加各地政治示威的劳动妇女,全国不下二百万人。而组织在全国工会及农民协会,妇女至少也五十万人了。然而觉得这种力量还是薄弱。因此,一面更加努力工作,一面要与全世界被压迫妇女联合起来,这才能谋到解放的目的。因为妇女运动,是被压迫的妇女对于统治阶级和压迫制度的斗争。世界的资产阶级一天不打倒,各国的宗法社会制度、男女不平等的制度,便一天不能打倒。中国妇女虽是世界最落后的妇女,然而她们如果能切实和世界劳动妇女携手,共同去奋斗,她们必定能得到胜利的。全世界的姊妹们!最落后的我们中国妇女!我们却应当赶紧向着伟大的灯塔所照耀的光明之路上走去——"三八"所指示出来的道路。欧美各国无产阶级(及)农民的妇女、世界各被压迫民族的妇女,大家联合起来,向帝国主义的世界资产阶级、军阀、宗法社会制度奋斗!"三八"大联合的意义,应当深入这幼稚的中国妇女运动。世界被压迫妇女解放万岁!三八妇女节万岁!

(原载《中国妇女》第8期,1926年3月8日)

杨之华关于上海劳动妇女运动委员会的工作报告

会议情形：

劳动妇女运动委员会本决定三日开会一次，但因各方面工作关系不能实行，自五日至十一日正式的开会两次（五日、十一日）。

第一次到会者：马挹清、苏同仁、邬因明、唐纯英、吴啬宝（小沙渡）、孔燕南、左秀英、赵阿二、文巧云、朱学娥、瞿素珍、姚英琴（曹家渡）、杨阿妹、郑劲旦、余贞（闸北）、宋三妹、之华。

1.报告组织劳动妇女运动委员会的意义。

2.通过劳动妇女运动宣传大纲——在讨论中女工同志提议在要求中补一条——即对于女工生理关系得有特假二天，不扣工资。

3.组织救护队、宣传队决议——决议每工人区域组织四队。

4.分配工作：

杨树浦——吴啬宝

小沙渡——唐纯英

浦东——马挹清

曹家渡——邬因明

引翔港——苏同仁

5.三八纪念问题：

A.推定之华议一宣传大纲。

B.自六日起各工人区域做宣传工作——在散工上工时举行飞行演讲或谈话会。

C.三八日上午在各工人区域开代表大会，如能召集群众会最好，下午每工厂应派代表四人赴上海妇女代表大会。

准备宣言传单,并要各部委自行筹备。

第二次会议(十一日)

到会者:邬因明、金月琴、苏同仁、吴啬宝、马挹清、唐纯英、沈惠芳、陈基如、朱英如、章英、之华。

1.各部报告三八运动情形:

引翔港——在三八以前不很注意准备,尤其部委没有注意,因召集会议,群众参加不多,不过只有四五十人。三八下午,同兴、永安、申兴各派代表出席参加普通妇女纪念会,传单预备三种,因时间来不及亦只有一种散发。引翔港举行纪念会的群众多系非同志,同志不参加的原因:即因部委不注意支部对于三八的工作,支部中的同志并没有起作用。这个问题要求区委特别注意,并且应该警告部委对于妇女运动太轻视。

杨树浦——区委未发宣传大纲以前,部委并不注意三八运动,因此对这运动的成绩不好。三八前一天开会,日工一次到的人数很少,夜工一次到一百多人,一般女工的心理非常恐惧不敢来参加。三八日有八厂派代表赴普通妇女纪念会的,传单只有二种。

自总罢工到现在,大学增加六十人,中学加一百人。大学部女工共有一百六十人。

曹家渡——宣传队及救护队都已组织。三八上午举行纪念会到二十多人,会议情形尚好,并有部委出席报告,传单因来不及没有。据以前的情形看,这次算是很好。

浦东——三八前一天与十余人开一次谈话会,第二天赴普通妇女代表大会不过只有二十余人(日华和烟厂),部委对于三八运动毫无注意!

闸北——只有丝厂举行纪念会,到会二十多人。

2.讨论:

A.准备女工参加市民代表大会问题

要求区委和部委特别注意各工会女工的当选,尤其要注意下层的组织工作,并且加以讨论女工的要求,务使女工能明了此次运动——自总罢工起直到现在的运动的意义。

B、宣传问题

决定各区域每天要召集女工开会,尽可能地召集,根据劳动妇女的宣传大纲详细解说。

C、发展同志

前次会议后决定自三八起一星期(红色星期)中一定各区要发展一百个同志,现在应该积极尽力。尤其要发展到无工会组织的工厂,如引翔港、裕丰、大康、杨树浦、公大以及丝厂和曹家渡方面的工厂。

D.训练女工问题

女工经常的训练实在太缺乏了,女工的人才问题很严重了,因此女工同志除支部会议以外,女工同志会议应每星期召集。注意切实材料,并且使女工多发问题,材料要求区委供给。尤其对于女工和工人之妻的训练和特殊的宣传。

E.支部中应指定妇女组织员问题

从过去的工作看,对于妇女方面工作,因支部不起作用,影响很不好,因此在这一星期中,各部委即开始实行,切实指定女工负责人(即支部妇女组织员)。

F.基如提议,各部委不注意妇女运动(如三八运动等),应以妇委名义向区委提出,要求区委警告各部委(通过)

G.劳动妇女运动委员会书记问题(分配工作)

之华因中妇工作关系,在最近期内不能负担上海工作,在亚璋未来以前,要陈基如担任,并且基如的工作,减轻引翔港方面的工作,多注意各区工作。这一问题经过讨论,特向区委提出,要求区委决定。

H.劳动委员会仍隔三日开一次会议

第三次会议定于十四日上午九时。

I.丝厂问题

决定应派人往虹口、新闸发展，指定分头进行。

区兄：

以上记录中的情形就是最近各区活动的经过情形。在此次三八运动，劳动妇委所做的工作，只有做二份宣传大纲及召集几次会议，其他因时间种种关系，不能有很好的成绩表现，这实在是负责人所抱歉的。我因要做中妇报告的关系，不能继续担负，希望区委允许我辞去。最后我代表劳动妇委提出一建议，在亚璋未来之前，最好亚璋的工作要陈基如负责，同时要她做上总及劳动妇委书记工作，她较章亮好些；章亮可调至丝厂或引翔港去做部分的工作，因为她的能力只能做部分的工作，请区委决定罢！

之华

（一九二六年三月）十一日

[中央档案馆等编：《上海革命历史文件汇集（中共上海区委宣传部组织部等文件）（1925年8月—1926年4月）》，中央档案馆、上海市档案馆，1986年，第158—163页]

中国妇女运动之过去与现在及其将来

　　中国是一个落后的国家，一切都落后些，尤其是妇女运动。我国妇女运动开始于辛亥革命的时候，当一九一一年第一次革命起事，有些女子参加在内，并且组织女子北伐队和红十字团在战地救护伤兵。后来临时政府成立，主张男女平等。保护国民利益的孙中山先生被举为中华民国临时大总统。一般高级的女子，向政府要求女子参政、教育平等、婚姻自由、废止蓄奴制和娶妾制等，并且广东临时省议会中，居然有几个女子被选为女议员，这是中国妇女得到些胜利的第一次。不幸广东政变，把女议员资格取消了，女子参政会也被解散。北部的妇女参政运动也在无形中消沉下去了。袁世凯等的北洋军阀战胜革命，代替清廷做帝国主义统治中国的代理人之后，妇女运动也就当然同受摧残。何况那时的妇女运动仅限于少数知识分子或女政客，并未有群众的基础呢。一九一九年五四运动的学潮中，女学生在学生运动中显露了些力量，与男学生共同奋斗，因此在中国一般人的心理渐渐注意到妇女问题。所谓婚姻自由、妇女解放、男女同学等等的论调，不断地在文学上表现出来。于是妇女运动在中国的思想上，惹起很大的影响。

　　自中国有几省采取省自治的制度后，一九二一年广东的省宪起草时，广东的女界领袖要求女子有参政权，于三月二十九日举行一次大示威运动，约有五六百人参加游行，并到省议会前请愿。她们虽然不能得到投票权，但她们却得到了参与市政的权利。在这一年秋季，湖南省宪成立时，王昌国女士竟被选为省议员。其他被选为县议员者，亦有十数人。浙江和四川两省的新省宪，也确定了女子有投票权，这是五四运动影响到妇女运动的第二时期。

　　一九二二年夏季，北京国立法政专门学校和北京高等师范的女学生相继发起了一个女子参政协进会和一个女权运动同盟会。不到数月，这两个团体的分会已在直隶、山东、江苏、江西、浙江、湖北、湖南、四川、广东、满洲等处成立。这些团体的目的，却与英、美、德诸国所提倡的女子参政、保护母性等是一样的。不过参政派的意见，谓政治问题为解决一切问题的枢纽，故女权运动只需着重于参政一点。而女权派承认参政运动的重要之外，还要注意财产、职业、婚姻、教育等问题。她们组织团体之后的工作，在上海方面值得我们注意的就是：

　　（一）曾要求北京清华学校考送女生出洋；

　　（二）致书总邮务司招考女生；

　　（三）代丝厂女工呼吁，致书丝茧总公所要求三条件：（1）每日工作时间不得过八小时；（2）十四岁以下的男女幼童都不得工作；（3）每星期须有一日休息。

　　除以上中国知识分子妇女所组织团体之外，还有基督教的妇女团体的活动。如基督教女青年会中，英美妇女会、妇女节制会等。她们过去的工作也有设立工儿院、取缔童工制，并宣传育婴卫生、节俭及禁止无益嗜好，如烟、牌、赌等。基督教初入中国时，曾经提倡放足，反对祀祖、溺女的宗法风俗，仿佛是进步的运动。但是自从新文化运动发生，教会的宣传便一转宣传贤母良妻主义、小家庭主义，竭力防止中国妇女的进步和革命思想，并与孔教合并，压迫妇女。同时他们还继续做慈善运动与道德运动，想以此结欢于中国社会，而掩护其反对民族解放运动之实。她们的帝国主义宣传，往往能以勾结中国的治者阶级，助长守旧派压迫妇女自由的力量。

　　以上的妇女运动之外，从一九二二年以来，向来所不注意的劳动妇女渐渐也参加社会生活，而开始群众的妇女运动。因为国际资本主义的发展，把数千年农业生产的中国日渐月累地近代工业化。他们在中国设立工厂，把成千成万的家庭中的妇女集合到工厂里去做苦工。中国的资产阶级也渐渐发展起来。女工们因为受了中外资本家的压迫，自然要起来奋斗。她们开始参加罢工运动还在一九二一年的浦东英美烟厂的罢工，随后全国工人运动的高潮里便不断地有女工参加，于是中国劳动妇女运动从此开端了。

在最近几年，中国国民革命运动，一天高似一天，因此，从国民革命的高潮中产生一种革命的妇女运动。一九二四年，当曹吴失败，孙中山先生北上，主张召集国民会议的时候，几年来很消沉的妇女运动，突然又暴发在这促成国民会议的运动之中。由上海发起组织女界国民会议促成会，参加这团体的学生、女工、教会妇女等数百人。不久各地相继成立，如北京、天津、保定、河南、湖北、青岛、浙江等处都有女界国民会议促成会。并且各地女界国民会议促成会各派代表到北京参加国民会议，促成全国大会。那时可以说全国的革命妇女都已集中于削除祸国军阀、废除不平等条约的口号之下。各地女代表一方面固然以促成国民会议的使命，在北京组织全国女界国民会议促成会，参加国民会议运动的战线，要求平民妇女参加国民会议。同时别方面，各地女界国民会议促成会代表的意见，为谋永久计，以为应由各地女界国民会议促成会中又产生永久的妇女团体，于是各地先后预备组织。于是一九二五年三月，全国各界妇女联合会便成立于北京。从此之后，中国的妇女运动便开了一个新时期。

以前的中国妇女运动大半是孤立的、偏见的、缺乏战斗力，而且没有群众的，不过有一种贵族的、教会的，以上层阶级少数妇女利益为目的而活动的。所以这种妇女运动，简直没有与一般妇女群众有很大的关系。但是到了一九二四年所产生的革命的妇女运动，确已参加到中国民族解放运动的队伍与社会发生了密切关系。并且有劳动平民的妇女参加。这要算是中国妇女运动的进步了。

当初，中山先生北上的目的本是实现民众的政权，但是段祺瑞对于中山先生的主张阳奉阴违，以外崇国信，谄媚于帝国主义之前；以善后会议拉拢各派军阀；以遥遥无期的国民代表会议欺骗国民，结果恢复最恶劣的安福政府。既以处处牵制接近民众的国民军，阴谋驱使杨希闵、刘震寰、陈炯明等破坏广州革命政府，又复放任奉系军阀的势力发展，以致演成后来种种祸国殃民及空前未有之五卅惨案。中山先生竟于一九二五年三月十二日逝世。民众既失去了最能保护人民利益的革命领袖，又增加了妨碍人民的、卖国的安福政府。于是资本帝国主义又得了一个意外的工具。日本帝国主义趁此便向中国民众进攻，镇压各地民众运动，惨杀工人。五卅屠杀的起因，实基于此。于是男女学生、男女工人共起反对沪、汉、粤、津的大惨剧。全国学生罢课、工人罢工、商人罢市的大运动里，各地的女学生及革命的妇女团体，都投身到民众示威运动，参加革命中的种种工作。这时候，上海有几个女学生也与男学生同时入狱。她们在上海外国政府的监狱里，还是不屈地口里唱着"打倒帝国主义，废除不平等条约，收回租界"等等的口号。在五卅后，各地革命的妇女组织宣传队到群众中演讲，帮助女工，训练女工，替她们组织纠察队、演讲队；另一方面为工人募捐。投身于女工群众的革命妇女，每日自晨五、六点钟起直到晚间九十点钟，还在那里服务。单就上海一隅而论，五卅后两三星期中积劳成疾者已达数十人，但其中没有一个人怠工偷懒的。因此，向来无知识的女工也知道应该以坚持罢工的手段来反抗帝国主义和军阀。她们自己都渐渐地能组织、能工作，工会中之女工领袖后来都成为工会运动中的中坚人物。从此国民革命中有了劳动妇女的生力军了。

五卅运动中最能牺牲，最能坚持的，还以工人为首。上海的罢工坚持到了三四月之久。工人每日只得很少的补助。女工家务的累尤其来得重，往往有典衣饰度日的。然而，如果不是总商会故意停止维持费，奉系军阀以强暴方法压迫，工人虽然饥寒交迫，至少还可以坚持半年几个月——因为我们在一般的观察和亲身的谈话之中，知道五卅运动中不但是男工，就是一般女工，也明白上海工人的奋斗，不但是为本身争刻不容缓的利益，并且担负着为中国一般平民争自由解放的重任。随后，上海罢工虽因摧残而终止，然而各地工人，尤其是广东，其次是天津仍在继续组织自己不断的斗争。这些地方的女工也都参加。各地的反奉、反日的示威运动中,女工总有很多的参加,并且还能演讲"劝商人觉悟,援助工人,全国一致团结起来,启封工会"等。在这种事实里,已表现她们有伟大的力量,贡献到国民革命了。

五卅运动因卖国军阀与帝国主义的勾结,以致到现在还没有结果,这是全国人民所痛心的一桩事!但全国学生、农民、工人、妇女的群众决不因此而消极,还是抱了积极的宗旨,继续与帝国主义和军阀奋斗。单就妇女运动而说,五卅之后也格外发达起来,一般妇女参加国民革命战线的,也越发多起来,这是因为得了五卅惨案的教训:(一)中国一部分女工已经觉悟,以后必须要参与政治运动;(二)尤其是中国无产阶级的妇女已经认清了谁是敌人,谁是朋友;知道要反抗强有力的世界资产阶级必须自己的团结,联络各国的工人;(三)妇女运动不是孤立的,而且应当参加民族解放运动,妇女运动只有参加于总的革命运动之中,才能得到尽量的发展;(四)妇女自身的组织,必须更加切实,更加民众化。

兹将三年以来所组织的妇女团体及其工作列表如下:

一九二四年至一九二六年中新组织妇女团体

组织时间	名　称	地　点	会　员	出版物	实际运动	分会及其地点
1924	妇女解放协会	广州	一千以上	《光明》	参加国民革命运动;劳动妇女运动及农妇运动	海丰(20余人),顺德(50余人),韶关(200余人),新会(30余人),梅县(200余人),琼崖(70余人),尚有惠州等处分会约有十四个。
1925	女界联合会	福建厦门	未详		女权运动	未详
1924	妇女联合会	广西梧州	数百人		参加妇女解放运动参加国民革命运动	未详
1925	各界妇女联合会	上海	五百以上	《中国妇女》旬刊	参加民族解放运动,劳动妇女及女学生运动	南市分会已成立其他尚在筹备期间

组织时间	名称	地点	会员	出版物	实际运动	分会及其地点
1924.11	妇女运动演讲会	上海	无定		每月召集一次,目的为使女学生获得研究妇女问题的机会	
1925	湖北妇女协会	湖北武昌	八百以上	《湖北妇女》半月刊	女工运动	
1925.12	广西女权运动同盟会	广西	未详	未详	十二月十日举行示威运动,到民政里请愿三条件:1.要求中国国民党第二次代表大会应有女权代表参加;2.凡男子中学须收容女学生;3.要求津贴妇女运动经费	
1923和25年	背景:各界妇女联合会,全国各界妇女联合会	北京			参加民族解放运动指挥各地妇女运动	
1926.11.1	女界联合会	河南	一百余人	无	办工读学校	
1925（未详）	女界联合会	湖南衡阳	三百以上	《妇女先锋》（总会）《湘南妇女》（分会）	女权解放运动	分会已成立衡阳、常德两处,其他尚在进行中
1925	青年妇女学艺社	湖南	二百以上	《青年妇女》	反对反动教育,研究学艺	
1926	安庆妇女联合会	安庆	未详			
1926.7.8	各界妇女联合会	浙江宁波	一百以上	未详		

组织时间	名　称	地　点	会员	出版物	实际运动	分会及其地点
1926	各界妇女联合会	天津	二百以上			
1925	女青年社	江西	未详			
1925	妇女协会	唐山		《唐山妇女》	参加一切妇女解放运动	
1925	女界联合会	青岛	七八十人		女工运动	
1925	妇女学术协进会	山东	一百以上		学生运动	
1925	女权运动大同盟	山东	未详		妇女解放运动	
1924	青岛电话局女子进德会	青岛	五十以上		女工运动	
1925	妇女运动社	南通	数十人		反对旧礼教	
1926.5	各界妇女联合会	南京	数十人			
1926.6	妇女联合会	苏州			在筹备期间	
1926.5	妇女联合会	吴江			在筹备期间	
1926.5	女界联合会	温州	一百左右			

　　表中的妇女团体已有廿六个,除廿六个团体之外,还有许多分会。因此我们知道中国妇女团体的增加实是妇女有结合的表现。她们的经济力量,万分艰难缺少,这大家都知道。然而在这艰难之中,她们还能做许多实际工作,不可不算她们是努力而奋斗的。参加以上运动的大概不外青年的女学生和女工。她们的组织渐渐地能群众化,她们的工作也和以前的女权派、参政派不相同,不仅仅是请愿和宴客,也不仅仅

是文字上的理论,偏于女性主义的高论。因为她们已经觉悟,不但要以妇女的资格谋自身解放,而且要以国民资格谋被压迫人民全体的解放。

可是我们应当知道,在目前的中国妇女运动,虽是比较得算是急进的、乐观的,但是一般妇女还是很消极、很隔膜,尤其是知识分子的妇女为甚。其所以消极而隔膜的原因:

(1)大多数妇女与社会不接近;

(2)陷于宗法社会教育或教会教育的很多;

(3)知识分子妇女之个人主义和心理太浓厚;

(4)环境的压迫非常严重;

(5)过去妇女运动的差误以致失信于一般知识妇女;

(6)妇女依赖性太重。

实地去做妇女运动的人,往往因以上几点原因感觉得不易进行。虽然知道运动要深入妇女群众才有效果,然而一般妇女因环境的压迫及旧礼教的束缚,不愿接受妇女运动的洗礼。当然中国妇女之中,有一小部分,简直是买办阶级或绅士阶级的心理,非常之恐惧革命的运动,我们可以不必说她。还有许多女学生,以知识为嫁丈夫的新式嫁妆,只打算将来的个人幸福,因此只知道读死书,甚至于报和杂志都不愿看。但其中亦有许多觉悟的女学生不愿像一般无聊的人一样。她们想组织团体——学生会或定购书报,但是学校当局以为这种学生是不好的,是过激的,常常监视她们,压迫她们。即使这种学校里偶然组织了学生会,也不过一个形式上的团体。因此,较觉悟的学生也因受学校当局的压迫和四围消极堕落的空气所包围而不能有所动作。

妇女运动之中必须要有先进的分子做中坚,渐渐地引导一般市民,以至于农村的妇女群众,进行一般的解放运动。如今多数知识的青年妇女,尚且如此,有这种消极的现象。妇女运动还不能有广大的发展,只有劳动妇女,随着工人、农民运动而发展罢了。在文化落后的中国妇女中,实在不容易找出几个能计划、能活动的人才,尤其是缺乏有政治知识的人才,于是办事上、计划上不免有许多缺乏和差误,以致不能迅速地引起一般妇女群众来注意。

中国妇女运动是很困难,然而我们必须有坚强的意志,从困难中找出生活。第一,我们应时时刻刻分析客观环境的情形;第二,我们应当努力组织训练如何能依照客观情形决定我们运动的方略和目标,继续不断地进行下去,达到最后的目的。

(原载《中国妇女》第12期,1926年4月20日)

中国妇女之状况与国民革命

一、宗法社会下之妇女

中国几千年来人民的生活建设在农业经济的上面,政治是封建的政治,伦理是宗法的伦理。在这种情形之下,绝大多数的人民自然是处于被压迫的地位,受不平等的待遇,强者、智者、富者的绅士阶级可以行施威权欺凌弱者、愚者,贫的平民阶级便是生成的鱼肉,敢怒而不敢抗。加以自十九世纪以来,世界资本帝国主义的势力扩张到中国,以经济、政治、文化的压迫,使中国成为半殖民地的国家。中国人民屡次的反抗,都归失败。虽然经过辛亥革命把专制政体推翻,一变而为共和,然而十四年以来,还是封建军阀把持政权,年年互相战争,祸国殃民,这些军阀士绅做帝国主义的工具,正在努力遏制摧毁一切的反帝国主义势力和革命运动,妇女的解放运动当然也在其内。中国的妇女也呻吟于这宗法社会和资本主义相糅杂、军阀统治和帝国主义相混合的社会制度之下,受重重叠叠的痛苦、压迫、剥削、束缚。

中国妇女自从家族制度成立,有了家庭的组织,便发生许多道德上、法律上、习惯上的不平等待遇。从前的儒教圣贤,如孔子、孟子,无不极力提倡对于女子的压迫和束缚,轻视女子,侮辱女子。《易经》上明明说:"女正位乎内男正位乎外。"《论语》上说:"唯女子与小人为难养。"当时的宗法社会的经济是如此——必须束缚女子于家庭奴隶的地位,绝对的尊崇父权和夫权。几千年来订定了种种规则,压抑束缚,蔽塞聪敏,使女子永无教育、永无能力,成为驯服的牛马和玩物,孟子说:"母违夫子,以顺为正,"简直看了女子没有人格。宋代的儒者又说"饿死事小，失节事大"。这些看轻女子的话，影响直到现在。社会中一般守旧顽固的人，还以此借口，为束缚女子的工具。可怜还有许多女子自己愿意承认着这种信条呢！尤其是一般市侩式的普通妇女。唉！这算是儒教正人心维纲纪的丰功伟绩。据说道德是人类共守的规律，可是男女同是人类，而所守的规律，为什么不同？这样，我们知道所谓道德，不过是欺骗女子杀害女子唯一的感器。

我们再看一看中华民国的法律上，规定非男子不能有选举权，至于被选举权更不必说了。在民法（总则之部）上，第二十六条限定妻之能力属于日常家事范围，而其他行为，一切都须得夫之允许，否则一概皆可取消。其次，民律草案继承之部，规定男子对于父之遗产有继承权，女子则不能继承。这种法律，无非偏重男统。其他对婚姻制度、童养媳制、蓄妾制度等的习惯法和风俗，也无不是压迫女子的。

数千年以来女子的生活，就被有形的或无形的法律道德等等所束缚，暗无天日。她们在家庭中终身为父为夫为子的奴隶。

二、资本主义之下的妇女

至于第四阶级的劳动妇女，她们所受的痛苦更甚于普通一般的妇女。

上海是为全国产业工人最发达的地方，知道了上海产业工人的状况，就可以明了各地状况是如何了。

一九二五年夏天，上海总工会所属的产业工人已达到二十一万的数目，加上还没有组织工会的工人，大概总在三十五万以上。这是因为上海的大生产发达，所以需要这样多的"工钱劳动者"。这种大生产的特点是扩充了"劳动"的"购买"与"出卖"的市场。因为大生产机关（工厂机器电力马达）的发达，货物增加与成本低廉的缘故，把一切手工业家庭工业经济的社会搥碎，这是一般资本主义国家里的共同现象。中国受帝国资本主义的侵入和自国资本主义发生的影响，也就发生这种现象。一般家庭工业者、手工业者以及因此而破产的农民都失望，她们加入"劳动力出卖的市场"里去。而资产阶级为发展自己利益计,需要最低廉的"劳动力",就是女工童工的劳动力。因为产业革命以来的生产事业中,工人不过做机器的附属品,动一动手,拨一拨机器就成了。用不到多大的劳力,所以这种工作妇女孩子都能做得来。而且妇女和孩子是易受威吓、欺骗,忍得住侮辱,抵抗力薄弱。且妇女和孩子不要负担家庭责任的为多数,只不过顾到一人的生活,所以索价就廉了。资产阶级何乐而不雇用这些廉价的"劳动者"?一般穷苦妇女也就因破产失业,被驱迫着到这"劳动力出卖市场"里走去,直到被雇用而进厂工作。现在上海二十一万产业工人中的调查,已经给我们知道女工差不多达到半数以上。

上海的大产业有纺织工业、缫丝、丝织工业、烟厂、针织工业、蛋厂、肥皂厂、印刷、铜[钢]铁机器厂、造船厂、海轮、铁路、自来水厂、电气厂等的工业(其他手工业、女裁缝、家庭雇佣等还不算在内)。在这许多产业里面,前面七种产业,都有妇女做工。而尤其以纺织工业,缫丝与丝织工业及针织工业(袜厂、毛巾等厂)需用多量的妇女,因为这种轻便工业是适合于妇女的工作。在这许多产业中女工约有十余万,其中以纺织、缫丝女工为最多,次为烟厂、蛋厂等。她们的生活非常之残酷,每天工作时间大概要有十二个钟头以上,每天的工资平均起来最高的七八角(少数的工头),最低的大多数不过一二角。她们做得少许不好一点或是晚到几分钟,或是和工头及管工回骂几句,就得扣罚工钱,常常被工头打骂。如果生得好看点女工,还要被男工头、巡捕、包探等强奸。有些不得已,只好忍辱偷生卖了劳动力还要牺牲皮肉,因为如果坚决拒绝,势必致于被他们开除,便没有饭吃。生得不好的女工,更容易被人欺侮。还有一桩黑幕,就是最高的工头要向以下的女工头借钱(不还的),而下的女工头要向她们所指挥之下的女工借钱。如果不答允,做工头的人,就以别种名义告诉厂主,将她开除。这种情形,尤以某某烟草厂为最多。有些女工还要负担着家庭中的老年的父母翁姑的生活,她们每天所得的工资,往往不够开支一天的用费,所以她们遇有做夜工的时候，很愿意地大家争得要做，即使自己不愿意，翁姑丈夫的威权，也迫着她们去做。然而她们的精力有限，到了第二天免不了要疲倦，以致被打骂！女工娠孕生产的时候大半不但没有医疗费，还要扣除工钱。有小孩的女（工），不准在工作时间哺乳。母亲做十二小时工，小孩便得饿十二小时。有些工厂里甚至于限制工人大小便的次数，尤其是女工。有一工厂大小便时，工人须领取"牌照"，而在三四千人的工厂里，这种"牌器"只有六块。工厂里，如纺织、缫丝、烟草等厂，空气都非常之坏，每年工人因此得肺病的，总在百分之七十以上。生活程度日日增高，但是没有听见那一个厂依着生活程度的增高而加添工资的！最可恨的，就是一般厂主利用女子没有抵抗力而格外加以侮辱剥削，男女工资大半是不平等的。一般社会上还要对于女工分外的贱视，譬如"湖丝大姐"一名称，差不多成了暗娼的别名，家族亲戚之中看到上海厂里做工的女人，都是最下等的贱妇。因此，女工待遇改良的运动，简直不能得社会上丝毫的注意和同情。这些"上等社会"从五四以来，也不知听了六七年来多少方面的劝告，如戴季陶先生所主张的劝告主义，其实已经行不少时候，始终只有女工自己起来奋斗，表示自己的力量之后（五卅及从前的纺织的工、厂烟厂等的罢工）现在才得很小很小的改良，社会上面才开始略略注意她们。帝国主义的基督教还要到工人区域及乡村里去，做所谓慈善事业、文化事业，欺骗女工农妇，做帝国主义的宣传，以新式的束缚妇女的思想，驯服他们所要的奴隶，帮助中国旧礼教的不及。

中国女子处在这种宗法社会与资本主义化的社会环境之下，所谓"人剥削人的社会制度"之下，过非人的生活：第一，多数的女子也同多数的男子一般，都为富豪所束缚、所压迫、所剥削；第二，女子为仰望以终身的丈夫、翁姑所束缚；第三，女子在道德上及知识上，又受一般社会和家庭所束缚。这三种束缚已足以致女子的死命。况且还要加上帝国资本主义的压迫和剥削，尽量压榨这些早已经带着锁链的妇女劳动者的汗血！

三、中国妇女与中国革命

中国的妇女既然处于这种状况之下,她的职任,当然便以要求一般妇女之职业上、教育上、法律上、政治上的平等和自由,要求劳动妇女生活待遇的改善为最低限度的政纲,为最近的目标。可是对于妇女的压迫,在现在的政治、经济状况之下,已经不是纯粹的宗法社会的旧制度;中国一般民众的压迫者——帝国主义和中国的统治者阶级——才是维持这种制度的主要力量,所以妇女运动必须参加国民革命运动。就是要先脱离各帝国主义的政治、经济的压迫,然后能达到初步的妇女解放。因为必须国民革命成功,然后政治上、法律上才能得到改革的可能,教育上、职业上才能实行大规模的新方针。劳动妇女的生活状况,才能因她们的阶级斗争而得到比较多的改善。况且全世界的妇女运动的开始和成功,在事实上与各国革命运动都有很密切的关系。以上已经讲过(原文如此,指沈剑龙),法国妇女运动的开始是由于"人权""自由平等"呼声的影响,是法国大革命的产物。英国妇女参政运动是由于"民权主义"运动的副产。美国妇女参政运动的发展由于革命运动中之奴隶解放运动的高涨。俄国妇女能得到完全的解放和平等,是由于十月无产阶级革命的成功。就是说到中国妇女运动的第一声,也是出发于辛亥革命的时候。最近的发展,也是近来国民革命运动高涨的结果。过去的历史已经明明白白告诉了我们,妇女运动不是单纯的女性主义的运动,而是联合其他被压迫民众共谋解放的革命运动。

所以说,在中国妇女必须以全力来促成国民革命的实现,谋中国民族独立。然而要国民革命能实现,必须使中国革命的女学生和大多数劳动妇女来参加反帝国主义和反军阀的战线,尽革命的义务,这才有达到妇女解放的可能。因此只有中国革命的胜利能和世界各国被压迫民族以及无产阶级合力奋斗,以彻底推翻帝国主义——资本主义,然后在社会主义建设的过程里,妇女才能渐渐地得到彻底的解放。

署名：之华

（原载《中国妇女》第4期，1926年5月10日。本文根据1927年出版之杨之华所著《妇女运动与国民革命》一书，1938年的再版本校订）

一九二六年上海丝厂女工罢工运动中之感想

我们常听人说工人的生活很苦,尤其是女工;在我们想象中也觉得工人一定没有安宁的生活。只要看她们手里拿着小篮从厂里散工出来的时候,她们的面色是黄而青白,她们的精神是很疲倦,她们走路时总是懒懒的。可是有小姐身份的人,不能跑到工人区域中去实地观察。况且女工们天还未亮,要跑去进厂工作了,这个时候所谓有身份的女子还在甜蜜的梦中! 她们放工的时候天已经墨黑了,这个时候,正是"高等华女"跳舞、看戏、吃大菜、坐汽车兜风的时候,那里管得女工是怎样精疲力尽地回家料理儿女家务呢!

我们学生,亦许也知道些女工的痛苦,至少,我们在"五卅"后,时常听见女工罢工;我时时刻刻想实地去看看这些为中国解放而奋斗的劳动女同胞。尤其是看了戴季陶、陈布雷等先生的主张之后(他们主张中国工人不应该反抗中国资本家,应该"以国家民族"利益为唯一目标)。我因此更想亲眼去看一看,为什么这些女工这样不安分,当初她们在日本英团纱厂里罢工,还有可说,如今罢工的事常常闹到中国厂里,究竟是什么缘因?

(一)丝厂女工生活状况

最近上海闸北七丝厂于六月六日罢工了。仿佛听说这是"华厂",我就邀了几个朋友到女工区域中去。但朋友中的一个,似乎觉得不愿去,她说,"我要看书。读书人的光阴很可宝贵的。我们为什么拿这些宝贵光阴放到这种地方去? 因为这种事对于我们没有多大的利益。"但是我觉得非去不可,就去了。跑到一个女士的家里,我说:"我来白相了。"她们正在吃午饭，我问她们："为什么今天你们吃午饭这样迟？现在已经三点钟了。"她们说："我们为了罢工的问题，今天还是晨三时出去，现在才回。小姐！我们的罢工是不得已。因为现在的白米每担要卖十七元，柴呀、菜呀，都一天一天地贵起来，就是我们这样矮小的房子也要加租加到十多元，虽然这间房子中住五家，但是分配起来，每家也要出三块多呢！小姐！我们从天还未亮在早晨三点钟起来梳好头，饭也来不及吃，就急急忙忙地进厂去。有的时候因为小孩要吃奶，或者路远，进厂稍稍迟一点，厂门便关了。一天不能工作，扣掉一天工资。我们在家里或路上听厂里气管一叫，好像魂灵也失了。天天早晨是这样惊心吊胆的呵。我们这样早去，直到晚上六时半才放工，吃午饭的时候不过几分钟，不管天时冷热，总是吃的冷饭，真是可怜！烧茧的污水拿来冲饭，吃好了就要继续工作，一天做十三四个小时工作，所得的工资，最多的不过四角二分，有的人只有二角。一天的工资，哪里够用！我们还有父母和小孩要吃饭呢。最可怜的就是我们稍不小心做出来的丝粗一点，或者细一点，就要罚钱。工头凶些，就罚二角，至少也要一角。如果我们还有病，请假一二日，那么工资一定扣了，不但要扣工资，而且不满一元或一角时候的零数，总是以小洋铜圆计算。有的时候，还要被工头打骂。小姐！我们真苦。这次罢工我们还要求小姐们的帮忙！"我们听了她的话，好象全身被冷水冲了一样，我们的血凝住着，我们实在觉得惭愧！被她们连声叫小姐、小姐，我听了不堪到了极点。暗暗地想着：不要做小姐，你们再不要叫罢！——后来等她们吃好饭，同了几个年约二十左右的女工到别个女工区域去。在路上，我问她们："你们每月能得到多少钱？"她们说："每月可得到十余元。我们自己要用，就要想法在这十余元一块钱揩油零用，还要积起来买件把衣服，其余的都要交给父母的。"其中有一个女工说："我的揩油只能够暗中揩油，如果被我哥哥、嫂嫂知道了，就要挨打，至少要被骂。"我又问她们："你们要念书吗？"她们的回答："如果有书读，我们快活死了，可惜我们没有福气。白天在工厂里，晚上回来还要烧饭、洗衣服、抱小孩，哪里还能读得成书！"这样说着走着，忽然听到背后有一位男子跟着。我已经知道了他是谁，但是一位女工回头一看，面颜突然青白了，她很聪敏地说："小姐，你们可以回去吃饭了。"我们没法，就假意买点心吃。吃好了，穿着军衣的男子也走了，因此我们再向某街道走去。一个女工说："明日早上恐怕有很多人要去上工，这些小鬼没义气。"另一女工插嘴道："我们再去邀几个女工来请你对她们说说，总得大家齐心才好。只怕没主意，有了主意，自然会齐心。"一家一家地走去，果然邀了十多个工人，这几个女工都很热烈地说道："我们抱义气。明日大家一定不去无条件的上工。"其中几个又说："今天晚上如果我们回家去，我们的爹娘一定要逼我们去上工，我们最好能够不回去。阿姊！你们那里可以许我去过夜吗？"有两位女工允许她们的要求并且要求我们帮助，当时看了她们可怜的样子实在触动了我们的赤心。三厂约有一千多的女工，无计划、无组织的罢工已经二日了，这样罢工的结果很难得胜利的。于是我们就替她们设法，每厂推举代表组织罢工委员会。后来她们之中忽然想起"去年的"上海总工会来了，许多人纷纷地到纱厂里去找"阿姊阿妹"，要寻总工会。我也就回家了。

（二）丝厂女工罢工缘因及宣言

此次丝厂罢工由元余厂开始，于六月六日起至十日，工潮扩大到七厂（即元余、盈余、德兴、九经、恒隆、预丰、大伦等），约女工三千余人。其罢工缘因，即平日在厂工作时间太长，工资零数以小洋发给，且时有扣罚及拖欠工资（三月工资到五月尚未发给），又因米价高了，所得工资每日两角至四角三，工资不够生活。六日午后二时起元余厂全体罢工，至九日罢工扩大。工人方面多已组织罢工委员会，以谋坚持进行。并于八日晚召集各厂工人代表会讨论一切，以七厂联名致函各团体请求援助。

（三）丝厂罢工时的斗争

十日晨，厂方一面派兵二排及警察弹压工人，一面各工头通知工人恢复工作。不料各工人不但不去上工，而且将警察的武器夺下。其中有几个年约二十余岁的女工分发传单，并沿途与工友们讲："如是没有达到我们的要求，永不上工。"当时有几位女学生从街上走过，却有许多女工上前通知学生，要学生快走。她们说："我们昨晚听人说，见学生就要捉，还要枪毙。"当时这种说话，我亦在旁边听到。这样我倒更注意女工们的行动了。走近她们，其中有几个女童工用力拉着我们的衣角，很恐怖地叫着："学生快逃！学生快走！兵要捉你去枪毙的！快！快！"我的衣服几被她们拉破。这时我见着她们的面色都变成白色了，两只可怕的眼睛包含了许多不敢流下的泪水。有一女工在旁边暗暗地叫着："学生快到我们家里来罢。"我听这样悲哀而慌忙地声音，我的心似碎似醉。我并不怕兵的捉，只怕这几位童工吓坏了。正在心里着急，忽听得一批女工跑过来叫着，"前面有一个女学生和三四个女工（被）捉去了。我们快聚集在一起开会，到警厅去请愿要求警厅将被捉的人放出来。"于是我就跑开，可是我的背后有一位便衣警察和一位武装兵士跟着我跑。约有三十分钟，对面遇见了我的女友某君，她就对我说："前面我看见有人被捉了。"聪敏的兵士就问她道："你叫什么名字？你在何处念书？请你写出来。"我的朋友就拿出日记本写，忽然她心里起了一种愤怒的感慨，将手中的笔和日记本掷在地下并叫着："我为什么要写名字给你！"这句话还未讲，忽听得拍拉一声，她脸上给那警察打得通红了。那警察大声地呵斥道："你敢！当着巡官这样没规矩！你！敢！走！到警所去！"当时有位女工看了，气得很，一鼓作气地奔上去，要想夺下那捉住的学生，但是……

许多女工在某空地集会，将排队要到警厅去请愿，忽然被几百武装兵士包围了。同时有位吃得很胖的男子跑来演说："你们要吃的、穿的、住的、银钱，谁给你们的？是厂里老板给你们的，难道你们愿自己饿死吗？我们做男工的也不过每天五码钱（即五角），你们女工有四码三可得，已经给你们太多了。你们如是能安心做工，做老板的将来一定有赏钱给你们，快去上工！"下面女工听了，就齐口叫着："瞎三话四，放屁！

工贼,穆志英的姘头……我们今天如果官厅不释放学生和工友,我们都愿死在这里。"可怜!哭的哭,求的求,悲壮失神的哭声和沉闷的哀求声溶成了一片。自上午八时起直到晚四时还是不散,虽然一天没有吃过饭,虽然在日光之下晒了六七小时之久,但是始终没有一个人因饿、因热而散去。警察没有办法,只好将捉去的几个人放了出来。

到了第二天(十一日)早上八点钟,女工们仍在空地集会,讨论办法。结果全体女工约有七八百人赴总工会请求加入,并往警察署跪香请愿。其时阴雨霏霏,女工雨具不完者甚多,遂致衣履尽(湿),状至可怜!然而秩序始终井然。数小时之后,经总工会代表她们说话,各界妇女联合会也出来调停。警厅才不得已,出任调解。结果胜利。厂主承认工人所提出的条件如下:

(一)工作时间自上午六时起至下午六时止,中饭时休息一时。

(二)工资每人每日一律增加五分,均照大洋计算,每月底发给工资,不准拖欠,同样工作应给同样工资。

(三)待遇:不准打骂工人,不准托故开除工人,在厂做工满二年者,产前产后均停工一月,工资照发。

(四)不准借故开除罢工中之工人代表,罢工期内工资补发一天。

(五)集会罢工绝对自由。

这次罢工的胜利中,警厅都不能不承认总工会,请求总工会通告工人上工。

(四)丝厂女工工潮的前因后果

上海丝厂约有七十余家,因苛待女工太甚,自一九二〇年以来,于每年六月间必有工潮发生,此次七厂罢工的胜利,为往年所未有。其所以胜利的理由:一因上海一般工人群众经过了五卅运动之后,工人是有阶级觉悟;二因上海各厂工人已有相当的组织,工人团体的力量,不得不使工厂方面恐怖,丝厂女工本身虽然尚未有组织,但她们已有工人总组织之下的援兵了。当然,丝厂女工自己战斗力的强大是非常之明显的。

因七厂罢工的胜利,于六月十二日继起罢工者又有五。丝厂但因经工贼穆志英的压迫,无结果上工。可是十五日起,闸北、宝兴路、经纶、纬纶、鸿纶等三双宫丝厂又相继罢工了。

罢工的原因,自前次元余等七厂工潮解决后,他厂女工当然要求厂主应有同样的改良待遇、增加工资,提出条件与前次相同。

最后一次,罢工四天。女工们在此四日中的心血用尽,向警察署请愿,总工会也竭力援助。但是厂主方面在第一次罢工让步之后立刻"命令"陈陶遗下令禁止罢工,不承认总工会;这次便转而向工人进攻,一方面派工贼穆志英令工头往女工家强迫女工上工,另一方面,军警残杀女工,伤女工多人,第一次罢工时被捕的女工二名(杜爱斯及张关荪)。丝厂女工因向无代表真正工人利益的工会,以致在罢工中很散漫似的;加以工贼及军警压迫,遂于十八九两日,女工们陆续上工,于二十日全体工人无条件复工。

(五)丝厂女工和工贼穆志英

这工贼穆志英是谁呢?

丝厂女工的生活较任何工厂都苦些。她们在两重压迫之下(厂主与工贼),每年的罢工始终无丝毫胜利可得,或有相当条件得到,也不过在新茧上市的时候实行了一二个月,以后就无形取消这些"已签过字"的条约。这种厂主对工人屡失信用的几年的历史已经告诉了社会。但丝厂女工所以有这样的失败,完全在于没有真【正】的工人组织。

形式上,以前便有一个丝厂公会的组织,在实际上,此公会不过是丝茧公所之下层的变形组织。却看该会的工作就可知道:

丝茧公会的成立,大约在一九二〇年最早一次罢工之后,厂主贿买工头穆志英,叫她组织这一公会,完全听厂主指挥。该会自成立以来的一切经费都是茧业公所所津贴的。会长以及其他职员的生活费,每月得到数百元之多,当然亦在此津贴之中。该会平日对于女工生活如何,丝毫没有注意过,可是对于厂家的利益却时刻注意着,尤其在新茧上市的时候。去年某报上登载丝厂公会会长穆志英为保护厂主的权利,恐有工潮发生,召集工头会议,组织演讲队往各厂门口演说,劝导工人安心工作,工人应在新茧上市时格外勤工云云。每遇罢工时,穆志英用许多女流氓逼迫工人上工。像此次罢工,穆志英穿了白华丝葛的农服,手里拿着皮包,坐了汽车,雇用女工头往各女工区域"劝告"女工无条件地上工(这是依照戴季陶先生主张,所用的是劝告手段,诱发中国民族的仁爱性能的)。女工们见了她很惊奇,因为她是厂家太太了。后来听到穆志英要找罢工中之代表,及很凶厉的语气,才知道她是工贼,女工齐口回答:"我们都是代表,打倒工贼!"不料她的后面跟着很多兵士,穆志英等将女工群众中之剧烈分子和女学生,提来交给兵士带到狱里去。一方面她就对女工讲:"你们再不去上工将你一个一个都枪毙。你们不能听女学生的话,因为她们要你们的钱。现在她们已向每个工人取钱二角了。你们如果听她们的话,一定上当,将来要你拿出洋钱来的时候,你们将如何应付?"可是不幸今年第一次罢工中她不能维持工潮,厂家承认了女工们的条件,于是她觉得惭愧不堪! 在本月十二日晨六时,她去看元余丝厂复工,站在厂门口见元余厂的小老板在那里欢迎女工复工,于是触动了她的心,觉得在此情形中她既不能代表厂主的权威,又不能做"代表"工人的工贼。她羞耻的念头冲动起来,就怒骂小老板:"唉! 你有小老板的资格为什么这样无耻! 损失了钱,还要欢迎她们上工,阿要难为情!"哈哈! 这是穆志英自做过"会长"以来空前所未有的一段趣事。

(六)结 论

在此次丝厂罢工中,我们得到很多的教训,

(一)实地观察女工的生活试状况,尤其对于她们被家庭压迫的情形,很详细地知道了。勇敢而热烈的青年女工因要努力维持罢工,固然能脱离家庭的束缚,勇往直前。但是她们始终是要回家的。听说工潮后她们回家去时候,即被父母兄嫂打骂和羞辱,甚至于饭都没有给她们吃,简直要她饿死。这些兄嫂后母说:几天不回去,一定在外边轧姘头,这样的女子可以去死了。有一位女工的父亲给她一支绳、一把刀,要她自己去选择。可怜的女工!在罢工中既没有好好睡觉,又没有好好吃饭,回家去还要另加上一场悲剧。这是中国宗法社会旧礼教罪恶啊!可知"东方文化"的孝慈贞节,实际上已成资本家压迫的副工具。

(二)更看清中国的劳动妇女的革命性很盛,她们在罢工中的战斗力,非常强大,不但她们能反抗资本家,并且她们还不肯屈服在旧家庭的压迫!

(三)丝厂女工在这次罢工中,已经深知工贼穆志英的行为,非打倒她不可;并需要代表工人利益的自身组织了。

(四)我们听厂家的言论,知道厂家的如意算盘。也和一般资本阶级的舆论一样。当在劳资谈判中,厂家说工资本来打算要增加,就是不罢工之先,我们已经预备要加了,工人何必多此一举?"至于工作时间,在形式上是十三小时以止,按实际只有十小时。因为她们大便,小便、小孩吃奶及午饭等之中总要费去四小时之久。"咳!资本家真聪敏,有这样好的如意算盘剥削工友们的血汗。

(原载《中国妇女》第十六、十七期合刊,1926年6月30日)

中国妇女运动罪言

一、过去妇女运动的缺点

二、各派妇女运动的区别

三、各派妇女应促成总联合提出总要求

中国妇女运动的开始，已有十余年之久，其成绩如何，至今尚未有很多的表现。我们只要放开眼来一看，一般妇女还是呻吟于沉闷而悲痛的黑暗社会制度之下，过那不堪想的非人生活，那有历史的成见和种种束缚女子的一切宗法社会的思想和习惯依旧布满在四周围，把女子压迫着不能发展。固然我们要知道，那以能这样长久维持宗法社会制度的，是有客观上的政治经济环境，和主观上妇女不觉悟的缘故，但是决不仅此，还有很复杂的其他缘故在。这就是我们如能审查过去的差识，而力谋纠正，而且积极和前进去工作，则前途必不致入于悲观状态之中。现在将我个人所观察的几点略述于下，希望诸姊妹深加考虑！

（一）虽然现在各地在基督教以及其他高级太太及知识分子等各方面产生了许多做妇女运动的人，并且也做了些相当的工作。然而实际上看来，总不免把各个人及高等绅士阶级的利益太看重了，不能以全力来应付实际的工作。所谓争权夺利及女子所有的虚荣心，都一一表现出来了；并且遇有困难的事实发生，不肯耐劳去继续奋斗，很害怕地不肯牺牲个人绅士阶级的尊荣。

（二）各派妇女运动有不合作主义的倾向。"各人自扫门雪，莫管他人屋上霜！"于是各派有各派的使命，而且因为使命的不同，各派都抱了消极主义互相攻击，互相挑拨，互相破坏，并且用种种不大方的手段干些不必要的冲突，譬如社会上发生了某种关于妇女利害的事实，各派从未有很诚实地来互相考虑和研究，很热心地来彼此援助和工作，至多只因一方面人的奔走联络的结果，表面上来敷衍一下，并且有时候简直以恶意来侦探消息，然后从事破坏。老实说起来，所谓热心于妇女运动的人，大部分没有真正为了妇女利益的动机来做妇女运动。

（三）我们每天在报纸上，或报纸以外的事实所听到的或看见的许多关于妇女问题的：如虐待童养媳，女工惨死，因恋爱自杀，蓄婢买妾，禁止剪发，以及女工为生活而罢工等等问题发生了之后，名为妇女运动的团体和负妇运使命的人从未有过很切实地来讨论和帮助，甚至对于妇女，实际生活的调查也没有注意，只注意在新闻栏上做"广告式"的吹牛和出风头的工作。

（四）过去因为不注意妇女日常的生活，一般妇女群众哪能得到一点影响？所以只限于上层社会妇女的个人活动，那能在妇女群众中起一种作用？社会上许多女学生、女工人、农妇及家庭妇女，在一般妇女运动者的眼光看来，好像没有联络的必要，没有注意的必要。只顾参政呀、男女平权呀等等唱高调的运动，并不深入于妇女群众，不知道设法使他们大家起来，积极地去反抗旧社会制度的压迫。所以各派妇女团体并没有充实的群众和力量。

（五）近年来有知识的女子也渐渐增加了，但是因为教育的腐败，环境的恶劣，一般女学生并没有真正觉悟求学的目的是什么。而父母给女儿读书也只是一种替女儿备嫁妆的义务，女儿自己也以为读书是妆饰品，始终还是把自己当作是丈夫的附属品，承认自己非依赖丈夫不可。最可笑的有一个从法国回来的女学生王某说的一段话："我为什么要嫁人？要嫁人的目的就是要穿、要吃、要钱！"这个留学生很老实地将她所需要的说出来倒是可以代表一大部分的女学生。从此我们知道一般女子还没有自觉。还是日向堕落的路上跑！什么妇女解放的问题，她们并不需要而且往往还要加以拒绝。所谓有知识的女子反而大部分自甘堕落。

（六）不注意劳动妇女的生活，不参加劳动妇女运动，不注意平民教育。

从以上几点看来比较重要的，就是各派妇女运动没有注意到群众的利益，更没有切实地来领导妇女群众去从事运动；其次就是各派妇女不合作，没有一致的主张和健全的运动，因此不能成为社会上的一种力量；而组织和行动，亦有很散漫的现象表现出来。各派妇女这种彼此以消极的不合作主义的态度相对待，实有阻碍于妇女运动的发展，故应加注意和讨论。

各派从事妇女运动者因有思想上的冲突，才致见解和行动不能一致。譬如在十余年以前，最初有一般欧化式的妇女运动者主张女子放足、男女平等、文明结婚等等。这种文明结婚是以新形式和旧内容相混合的现象；所谓文明结婚实际上还是要父母之命、媒妁之言，至今大多数男女结婚还是如此。至五四运动以后，在理论方面进了一步，所谓文明结婚的主张，一变而为自由恋爱的主张，而且男女要有结婚离婚的自由，绝对地要破坏宗法社会所有的旧道德、旧习惯和一切旧观念，主张女子有彻底的解放。可是同时又发生一种妇女主义的妇女运动，主张这种解放妇女的工作可以不参加政治运动及一切社会运动而实现，即妇女运动的对象就是男子。

我们再看一看基督教的妇女运动，她们对于妇女问题方面较多注意，东也办学校，西也开演讲会，什么卫生，什么保护儿童，以及改良家庭——组织小家庭——一夫一妻制，这些工作，她们在实行上确是有了相当的努力和成绩，她们也极口否认自己的运动有政治意义。然而实际上呢，她们的动作确是有政治意义的，这样直接的是要使一般妇女对于基督教有同情。所以每个教会学校都有圣经一科，并且娱乐会、研究会、演讲会之中都有基督教的宣传——或以文字或以口头或以图画，所用方法不一，其目的都是要使基督教的势力（实际上并不是基督教的教义，而是帝国主义的精神）发展到妇女群众中去。间接的就因为在妇女群众中得着了一部分的同情，于是每次国际和国内政治变动的时候，帝国主义者都利用这些妇女的同情来赞助自己的政治手腕。而且还有一件"稀奇古怪"的事,二十年前的欧化妇女运动为组织小家庭、废除拜祖教等,不是基督教会里所宣传的吗?但是五四运动之后,帝国主义者看见中国宗法社会的"过分的"崩溃,对于他们不利,于是教会的妇女运动一变为维持宗法社会的运动,如提倡所谓贞节,所谓贤妻良母;教会对于男女的结合绝对没有恋爱自由、离婚自由的主张。我有一个女朋友陈某在十几年前与一个忠实的教徒结了婚,结婚后彼此感情不和,职业又不同,只是形式上的夫妇十余年了。今年她的丈夫从美国回来,任北京某教会大学教务,教会中美国人特为他另造一幢小洋房,并且要替他接了太太去组织小家庭,但是太太因不信教的缘故与丈夫感情始终隔膜,而双方精神上的痛苦日甚一日,可是因教会的纪律和地位,她的丈夫虽然痛苦却绝对不肯与女子离婚;同时女子既不能得到爱情的安慰,又不能得到职业的自由,于是她只有终日忧郁消磨一生。直接的受夫压迫,间接的是受基督教压迫,在无形中她已是做了一个宗教的牺牲者。由此可知基督教的妇女运动,是有维持中国宗法社会思想的嫌疑了。

近年来因整个革命潮流发展,其中产生了一种以国民革命的观点从事于妇女运动的势力,她们的任务是打破宗法社会思想及打倒维持封建社会的代表军阀政治以谋妇女解放。她们认为几千年来女子所以受法律、经济、教育、职业等各方面的限制和压迫,不能与男子得到平等地位的,一方面是由于旧的宗法社会的反动势力未能消灭,一方面又加上帝国主义和军阀的剥削和蹂躏,使女子成了双重奴隶。因此,女子一方面要注意妇女本身的利益,打破宗法社会的思想,另一方面还要以国民的资格尽国民的义务,谋整个中国民族独立,所以她们要使妇女群众去参加政治运动和社会运动。这样中国妇女才有男女平等的希望。然而我们不能说国民革命的成功就是妇女运动的成功;换一句话,就是说:国民革命成功了,妇女并不能够得到完全解放。但是我们可以肯定地说,妇女应该参加国民革命,去打破封建的宗法社会制度,因为这样,可以使妇女解放运动得到一个很大的进步。我们可以看到目前国民政府统治下的各省各政治机关,现在已经容纳女职员,实行男女职业上平等。反过来我们再看北方反动政局之下的妇女,连剪发的自由都没有了。见十月四日天津当局和二十日奉天当局的严禁女子剪发的通令,还有孙传芳禁止妇女穿长袍,至于其他要求集会、结社、言论的自由更是大逆不道了。在反动政局之下女子一点小小的自由都没有,还怎能谈得上企图妇女解放呢?

妇女参加政治运动的问题,已惹起一部分妇女主义者的反对,以为妇女既入了政治的旋涡,一定被政治所利用,不肯诚心去做妇女运动为妇女谋利益了;更以为援助女工罢工等事是有赤化嫌疑。她们常以这种论调来避免许多应做的工作,而且使妇女运动更加分裂。其实做妇女运动的人专以两性斗争的眼光来看,未免太狭小了,并且是错误的。

虽然各派妇女运动者因思想上的不同,有了许多不可免的冲突,然而如果各派真正为了多数妇女的痛苦来做妇女运动,自应极力避免不必要的冲突,集中各派力量和群众来注意各方面的问题。总之,要努力合作、真心诚意地来做妇女群众的运动。诚然不错,中国社会上对于妇女问题有许多不同的见解,妇女运动中也有好几个不同的派别,可是这正是政治上的原因使然。何以呢? 我们先来分析一下看看:

(一)守旧的宗法社会见解及军阀政府的通令和法规——三从四德等一切腐败秽恶伪善的礼教,"女子是男子的玩物和奴隶",是这种见解实际上的圣经神训。军阀政府和反动的教育当局,为什么要维持这种制度? 因为这种制度能使一般妇女群众受愚民政策而不觉悟,不反抗。人民之中一半是妇女,如果这一半人民不知反抗而甘心做玩物及奴隶,他们的统治便有些保障了。

(二)基督教会式的"欧化式"妇女观——便是主张中国妇女可以稍稍解放一下,但是只准做良妻贤母和所谓社会慈善事业的装饰品,却不准做"人",不准做一个和男子平等的公民。为什么基督教会和一些买办绅士肯这样"开通"呢? 因为他们知道中国宗法社会已经崩坏,资本主义发展不免要破坏大家庭而形成的资产阶级式的小家庭。可是同时他们知道，如果大多数妇女群众真正解放，而要想做人、做自由的公民，那么，帝国主义者便没有驯服的洋奴，买办绅士便没有新式的玩物和奴隶了。

（三）妇女主义者的妇女观——便是承认妇女应当做一个和男子平等的人，理论上承认妇女应当彻底解放，但是，她们只是所谓就妇女运动言妇女运动，不赞成妇女运动参加一切反对帝国主义、军阀、土豪劣绅、买办资本家的压迫和剥削之斗争。因为怕"妇女运动卷入政治旋涡"。这其实是一种个人主义，反对参加政治运动，只是代表一个市侩的懦弱的畏怯的心理。实际上的结果是：仿佛妇女运动仅仅是反对男子的压迫，是一种狭隘的错误的见解。殊不知大多数妇女群众要反抗宗法社会的旧礼教的压迫，事实上便不得不反抗军阀和帝国主义，不得不参加政治运动，因为他们就是宗法社会的拥护者。在下层阶级的妇女群众中（女工、农妇女等），有的时候，甚至于因为参加罢工、罢租运动及国民革命的政治运动，然后才感觉到有反对宗法社会旧礼教的必要。

（四）国民革命妇女观——便是以为妇女应当力争自己的权利，使妇女能和男子一样做一个自由的人和自由的公民。妇女群众在政治的经济斗争过程里，同时力争妇女自身利益的权利、逐步前进，以达到彻底解放的目的。妇女运动因此必须参加政治运动，并且应当和国民革命的总运动结合在一起进行。中国妇女群众要反对宗法社会的旧礼教，必然要反对军阀、帝国主义。政治上的反动势力不打倒，妇女运动是不能自由的发展和进行的。

中国妇女运动的派别虽然有这种种区别，但是我只问一句中国的妇女是否应当取得政治上、经济上、职业上、教育上、法律上、社会上的一切自由和平等呢？如果各派之中有人回答说不应当，那么，我当然没有话说了；但我相信除了守旧派及反动的军阀官僚外，再没有一个人会这样回答的。无论是妇女主义派，以至于基督教派都赞成这一主张，那么，我想她们应当抛弃自己的政治上的特别用意，或是政治上的消极态度，立刻大家来合作，提出妇女切身利益的总要求，表示大家都是真心诚意为妇女群众谋解放的。

这种极大的妇女运动的联盟，有许多工作可以进行，例如：提倡母性保护（工厂法中保护女工的规定）之宣传和进行，调查一般妇女产育及家庭卫生的状况而予以改良的协助；提倡男女同学及女子教育机关平等，调查国内女子教育的状况，讨论反对宗法社会礼教的方法，结婚离婚自由的宣传；力争一般妇女之言论、书信、结社、集会等的自由和平民妇女之参政选举的权利；妇女职业自由的宣传和调查现时妇女职业地位的状况而设法予以协助，以及禁止童养媳及婢妾制度的工作。总之：妇女运动的目的，应当在于解放一般中国妇女。中国妇女——无论是女学生，女教员，女工，农妇，职业妇女及家庭妇女，她们都是中国的国民，因此，如果各派妇女运动者能够结合个大的联盟，这个联盟，必须记得的是：妇女群众实际的切身的利益和妇女国民的政治利益的获得！

一九二六年十月三十日

（原载《女伴》第2期，1926年12月16日）

中国青年的责任

今天之华承贵校见招，得和诸位兄弟姊妹们聚首一堂。荣幸得很，但是之华学识肤浅，对于演讲这两个字，很不敢当。不过略为提出一点意见，作和诸位兄弟姊妹谈话的资料。今天我所要讲的，就是"中国青年的责任"。青年的责任是什么，我说就是"革命"。诸位兄弟姊妹们须知中国为什么要革命。革命为什么要责任青年，而不责任诸前辈先生们，这其中却有一个原因。现在的中国，是怎样的国家，简直是近于奴隶、半殖民地的国家，所以"革命"。在现在中国国势之下，的确是唯一的出路。青年是继往开来的人。一方面收集前人的经验，一方面继续将来的文化。因而"革命精神"为青年所应有，"革命事业"为青年唯一的责任。五四以后，一般青年，从事"革命"，奔走呼号，激昂慷慨。这种爱国爱民的运动，的确是中国的好现象，转移国运，或在于斯。可是有些青年，到了留欧或留美之后，受了欧美文化的影响，把以前爱国爱民的思想和精神，漂到"无何有"之乡。有的回国后，入了政治界，做了小政客。他们既受"欧化"或"美化"于前，现在又染了政治的臭味。当时蓬蓬勃勃的爱国爱民革命精神，到现在差不多消灭殆尽。不仅这样，有的还"变本加厉""为虎作伥"，替国家的进化上"开倒车"。这是多么的羞耻，多么的可痛。

再有一层我们须得要认清，我们青年并不是因为没有事情做。所以"巧立革命的名词来胡闹"。革命是环境的压迫所造成的。革命精神的发展，是压迫力的反响。革命事业的实现，是压迫力的反动。我们青年并不要革命，是社会受了环境的种种压迫，忍无可忍，才叫我们去从事革命的工作。我国的所以要革命，及革命事业的急需要实现，就是因为我国民族处在种种环境压迫之下。革命运动非急急着手不可。在座诸位兄弟姊妹们，都是青年，都是革命运动中的先锋队。马克思说："革命家好比如产科的医生，产妇到了临盆的时候，差不多一定要请医生。是痛苦的难产变成新生命的发端。国家到了危亡的时候，也不能没有革命家革命党"。

我们中国民族所受的痛苦是什么。那是谁也不能否认是受帝国主义（Imperialism）的压迫。不过须知道我们处在这种主义的压迫之下，还有什么平等，还有什么自由，既不能得平等，又不能得自由。革命事业还不起来实行工作，更待什么时候。所以我们青年在以事革命之先，当自己看重自己，相信自己，并且要明白自己所负的责任的重大。"见义勇为""百折不挠"替被压迫的民族乞命。

抱帝国主义的国家，如英如美如法如日，时想瓜分我国，他们简直把我国当作一块肥大的肉，你攘我夺，虎视眈眈。但是他们总有些不十分大胆，因为我们中国民气未死，还有一些反抗力。他们因此除了直接地用经济文化来侵略我们外，再极力地联络我国政府。使中国自己的治者阶级去压迫中国民众，禁止他们集会结社等自由，俾平民和学生，都屈服在这种淫威之下，他们想死了我们民气，才能实行他们的侵略主义。真是可痛，不过还有一层，他们为了扩张他们各个的势力，同时帝国主义者的相互间也时起冲突，就在奉直一役，已经给我们一个很显著的例子。日本为什么助奉？英美为什么助直？他们并不是帮助我国改良政治，促进国际上的地位。他们不过各自借我们中国军阀做工具，贯彻万恶的侵略主义。这是我们看得很清楚的。所以最近"五九国耻纪念日"，留日的中国学生为祖国雪耻起见，游行示威。日政府非但一些没有觉悟，反派军警出来干涉，把我国国旗撕破，学生打伤。此外如北京学生在国耻日也举行示威运动。政府受到了日本的暗示，酿成极大风潮。还有如上海小沙渡残杀工人事件，也很足令人注意。他们剥削我们工人还不算，甚至看作鸡犬一般，供他们的残杀。外报载我国工人自相扰乱致酿人命，被杀者固是中国人，而杀人者也是中国人。咳，这种事情在法律上当然没有根据。从有之,他们"强权为公理",法律总是帮治者阶级的忙的。再有如工部局限制印刷品的发行。我们的印刷品,非得他们允许注册,一概不许发行。假如不按他们的定章,非请你赏铁窗风味,即处以多少罚金。你想这种种事情,哪一件不丧失国体,哪一件不剥夺人权? 这是可耻可痛。我们试看现在中国重要的权利如关税、矿产、铁路,有哪几处归国有,有哪几处不聘外人做总管、办事员,他们差不多把我国当作他们的殖民地看待。关税协定值百抽五,到现在还没有增加,致外货得畅销无阻。我们只要到上海抬起头来一看,看见的烟突有多少,再试问这烟突里面有多少是我们自己的? 诸位兄弟姊妹们须知这种烟突的表示,就是帝国主义侵略我们的象征。

再则帝国主义还是利用宗教愚民。基督所讲的人道博爱平等,完全是假面具。不过借此欺我们工人和学生,同时借办学的美名,支配我们青年学生的思想,是我们青年学生的思想"洋化"。这种无形的剥削。尤足令人痛心。

帝国主义借以侵略我们的重要条件,除掉利用政治的手段来压迫我们外,不外一方面用资本的实力来征服我们,一方面借宗教的宣传,以无形的侵略我们的思想。受这样的压迫的民族,除我国外尚有朝鲜、印度、菲律宾。不过他们的被侵略被征服是受一国的侵略,一国的征服,而我们中国则处于列强虎视鹰瞵之下,一切社会的组织,政府的活动,无一不受其监督。从表面上看来,好像尚差胜于朝鲜、印度、菲律宾,但是从实质方面看,我们中国已经处于殖民地的地位,将要做亡国奴,将要做他们的奴隶。咳,他们这样地来管理我们,我们中国的同胞,快些醒来做国民革命的运动。

一 要有组织力

我们中国人向抱一种"个人主义"。差不多"各人自扫门前雪,不管他家瓦上霜"。对于群众生活,绝无组织力量,绝无活动力量,精神一散漫,压迫力加上去,反动力简直可说是没有。所以组织力是革命运动中一个重要的条件。

二 要实行宣传

现在一般人无论其知识如何，他们大概都不能十分了解政治和外交的情形。就是现在一般青年学生，也没有十分明了。他们以为学生的目的是求学，除了书本以外，都不是学生应该做的事情。这也许不差。不过我们须明了，在书本上找理论上的材料之外，再应当把书本上所找到的理论上的材料施行到社会方面去。把社会当作试验场，这种理论应用到社会方面能够适用，那么尽管本着你的精力做去。假使应用出去，不能适合社会的需要，那么再寻别的方法，务使适合社会才止。一方面再借报章杂志把自己所做的事情的历程，实行文字的宣传。所以求学不止在书本上。书本上的知识是呆板的，从社会方面所收的知识，才是活的知识。到社会上去活动，虽不能立时收多大的效果。不过我想比较读死书总要好一些。

现在一般青年学生对于社会制度的良好与否，都不去注意。男子这样，女子更无论，她们受礼教的束缚，更无社会活动的可能。自有妇女运动之后，往往有人以为男女同处在一个舞台，同站在一条水平线上。她们的目的，在压倒男子。其实他们的目的错了。须知妇女运动的对象是社会，不是男子。妇女所以受男子的压迫，是社会的制度使然，并不能完全责备男子，这一点青年女子应该认清目的。努力地奋斗，去做革命的工作，方才可以得到平等自由。我们女界促进会的女国民大会前天开会，捕房竟派了侦探来不许我们开会。他们以为开会须经过他们的许可，没有经他们许可，当然在禁止之列。诸位兄弟姊妹们，须知租界是我们的领土，外人怎样好干涉我们。咳，言之痛心。并且我们开会主旨，并不是排外，并不是消极的破坏捣乱，是积极的奋斗和建设。他们还多方禁止，不留我们一些活动的余地在。本国是这样，遑论国外。所以亲爱的女同胞，你们如其要在政治经济问题上和男子得同等的地位，当先起来做革命的工作。英美法等国一部分的女子，所以得参与政治和把持经济,因为她们已经经过一番奋斗革命,才得享受这种权利。义务和权利是对待的名词,享权利必先尽义务。我们女同胞要想和男子取得同等的地位,享受自由平等的权利,当尽相当的义务。假使只有口头的宣传,恐怕也是"痴人说梦"。任你喉干舌燥,有哪个睬你。诸位兄弟姊妹们,须知我们中国女子有多少受过教育,明了一些时事,百分之六七十完全处于社会制度压迫之下。这种压迫的苦海,全仗诸位兄弟姊妹们用革命的精神去救济。

我的意思,不过这一点儿,可惜说得一些没有系统,希诸位兄弟姊妹们鉴原。

（《宝山县立师范学校校刊》1926 年第 1 期,第 258—262 页）

怎样纪念国际妇女节

三月八日是世界被压迫妇女警醒自己,集合自己势力以参加革命运动的示威纪念日。这个纪念日是世界妇女运动的曙光,它永远不休地照耀着一般被压迫妇女从黑暗的社会解放出来,而且它还指示了我们妇女应该勇往直前,别开生路,向着光明大道上去参加社会革命的斗争。所以自一九一一年起,各国革命妇女,都在三月八日这一天集合群众,检阅自己奋斗的力量,举行盛大的纪念运动。中国妇女是世界最被压迫的一部分,如何可以不加入这伟大的革命队伍,进而参加国际妇女的联合战线?!

我们被压迫的中国妇女所以要参加国际妇女联合战线的意义,是在要求自身的解放,而且与一切被压迫人类谋共同的解放。

中国妇女运动自开始到现在,可以分为三个时期。辛亥革命的时期,中国资产阶级妇女从革命的潮流中产生了女子要求参政的运动;后来广州、湖南的省宪曾有几位女议员出现,女子参政协会和女权运动同盟会的组织亦渐渐发展。虽然不久因政治上的变化,不但把女议员的资格取消了,而且当时政治的局面,全成为反动的军阀官僚的势力。可是对于中国的一般人,这种妇女参政运动亦不能说没有相当的影响。那是中国幼稚的妇女运动的开端,亦就是中国妇女运动的第一时期。其次在五四运动时,中国人民在民族自觉的运动中引起了一般的不平的呼声,大部分小资产阶级男女学生共同参加反帝国主义运动,而且在思想上充满了要求一切的解放。当时的运动不但对于国家谋独立,力争取消中日的二十一条不平等条约,而且根本要打破数十年来旧有的因袭思想,反抗宗法社会封建制度的旧礼教,以谋男女平等。妇女解放、婚姻、恋爱自由等思潮,在一般上层阶级中已经惹起了一个巨大的变化。这就是中国妇女运动的第二时期。从此后,因社会、政治、经济、文化等的关系,国民革命的势力如流水一般地前进,反抗的思潮已波及于全国。国民党改组、冯玉祥政变……人民亦起而要求参加国民会议,进而至于爆发空前的五卅运动。当时全国商人、学生、工人都参加了这伟大的反帝国主义运动。五卅运动中的劳动群众的实力,已成了国民革命的中心。同时妇女运动也因之随着总的革命运动一样地发展而扩大。而且劳动妇女的力量,亦同为妇女运动的中心了。尤其到了现在,全国女工、农妇及一般革命的女学生结合了广大的联合战线,一致参加中国民族运动。当此时,显然把妇女运动也在革命的过程中分化了二大营垒,就是革命的与反革命的,亦就是赤的与反赤的。一般买办资产阶级的妇女,既不积极发展为妇女谋真正利益的群众运动,而且以名流夫人的资格,组织反对劳动妇女解放运动的反赤妇女同志会。同时劳动妇女的解放运动至今却日高一日的发展,已为妇女运动的中心。这就是中国妇女运动的第三时期。

在过去的三阶段的妇女运动看来,已可见中国妇女谋解放的趋势,渐渐显出一条光明的道路。妇女运动的意义,是要以一般平民阶级妇女的利益为前提的,尤其应该认清劳动妇女本身的力量是妇女运动的主干,妇女要谋彻底的解放,亦必要参加世界无产阶级社会革命运动的总联合战线。

我们女子要取得政治的平等,不但要使平民阶级的妇女能参政,而且要使妇女群众参加一切政治斗争。因为现在的政权还在买办军阀的把持之下,一切民众都是政治上的被压迫者,连结社集会言论出版等的自由都没有,一切民众要求参政犹未成功,何况女子?民众政府胜利之后才可说到女子参政。所以我们首先要努力于民众的革命参政运动——要参加打倒买办军阀、帝国主义的运动。我们纪念三八国际妇女节,就是要领导妇女群众,宣传妇女群众,参加国民革命的斗争;要求召集国民会议,使一切平民都得参加国民会议,最近英国帝国主义以武力政策继续进攻,凡中国女同胞都应一致参加反对英国出兵,扩大反帝国主义的战线。

我们女子要取得职业的平等,使妇女不做家庭的奴隶,不做男子的寄生虫。但是没有政治上的权利和自由,没有平等的教育,便无从达到经济上的平等,所以我们还要力争教育上的平等。现在一般青年男女还在反动的教育和基督教的教育势力之下,他们组织学生会及书信的自由权都没有,更哪能说到什么争斗!大部分的学生,尤其是女学生都被反动教育所麻醉,以致入了迷途。而且中国内地的女子师范差不多变成了"贤妻良母"的介绍所,例如四川的女学校的学生往往有被校长先生们的诱惑,介绍女学生给军阀们做姨太太,做他们保存饭碗的重礼。再者处于这半封建制度之中,大多数平民妇女并没有得到受教育的机会,更说不到什么教育的反动与否。家庭妇女大半被旧礼教的遗毒所封锁,"女子无才便是德",还是很普遍的一般家长们的心理。至于工厂中的女工,农村中的农妇,都在资本家和地主剥削之下,那有多余时间和经济去求学。因此为谋妇女智识和技能的增高,我们应该一方面反抗反动教育打倒学阀,力争男女学生的人格,保障男女一切自由,他方面打破旧礼教,消除"尊男卑女"的观念,且赞助一切平民妇女反抗资本家及地主的斗争。平民妇女在谋解放的政治斗争中得到胜利之后,才有普及平等教育的可能,才能达到职业上男女平等。所以一般青年女学生应在这"三八"运动中,努力宣传,深入群众,发展全国被压迫者反军阀、反帝国主义的斗争运动,赞助工农的阶级斗争,扩大妇女反抗旧礼教和反动教育的奋斗,提倡平民妇女的读书运动。

亲爱的女同胞们!我们妇女果然处于特殊的被压迫的地位,要做争得妇女本身利益的各种斗争,恋爱自由,剪发自由,男女教育平等,书信自由,职业解放,以及反抗一切旧礼教的种种压迫。但是这些还不足以解放妇女呢!因为最占大多数的女工和农妇尚在十八层地狱之下,社会上一切痛苦都集中在劳动妇女身上。她们受资本家、地主的剥削和摧残,受家庭的压迫,受社会的轻视,她们吃着这些各种各式的痛苦,天天像有钱人吃肥肉一样的饱满呢。妇女运动的意义，不但要使一般妇女的婚姻解放，剪发自由、职业平等、学校开放，而要多注意劳苦的工农妇女之解放！

被压迫的劳苦群众，岂特女子?! 几千万的男工和农民，不是一样吗？被压迫的人类岂特中国？在全世界资本主义国家下的无产阶级，不是一样吗？因此，最被压迫的东方妇女，应与被压迫的西方妇女紧紧地携着手，与世界一切被压迫阶级携手，为全世界妇女的解放，全世界无产阶级的解放，全人类的总解放，而结合成反资本主义反帝国主义的联合战线。我们应该唤醒全世界被压迫妇女，协同全世界被压迫的男子，共同推翻国际帝国主义，这就是我们今日纪念三八国际妇女节的真正意义。中国被压迫的姊妹们！我们妇女解放唯一的出路，也就是跑上国际革命的总联合战线呵！

（原载《中国青年》第7卷第5号，1927年2月19日）

中国"三八"运动史

"三八"运动本是国际的妇女运动纪念——意义是检阅世界各国被压迫妇女的群众力量。中国妇女虽然是世界落后分子,然而她们痛苦的呼声,已充满了全社会。什么婚姻的不自由,职业教育的不平等,经济不能独立,宗法社会旧礼教的压迫,男女工资及待遇的不平等,这些都是中国女子特殊的锁链,唯一的痛苦。她们一方面因为反抗这些锁链和痛苦,多数劳动妇女,已经决然参加中国的属民革命运动和世界的社会革命运动;他方面因国民革命的高潮,推动了一般妇女,尤其是先进的知识分子,亦已经知道要联合世界上一切被压迫妇女和一切被压迫阶级共同奋斗,与统治阶级决一死战。

中国妇女开始参加"三八"运动,还在一九二四年。但是那时不过广州一处开会游行,人数并不十分多。在次年——一九二五年,也只有广州和北京两处有表示。到了一九二六年,我们就看见不但各大城市的先进妇女都来参加这一运动,而且居然穷乡僻壤的农村妇女和城市中的女工都已经卷入了这革命的妇女运动的国际联合战线。固然中国的妇女之中,也有士绅富豪阶级的分子,她们不但不能来参加被压妇女的国际运动,并且分立着她们自己的组织——如中国妇女协会、各地女权运动同盟会(除广西之外)等。中国这些资产阶级的妇女组织,暗中受美国帝国主义者的指导。她们也有"国际"运动——参加美国主持的国际妇女协会大会。更不必说"中国人"的基督教女青年会了。

中国近年来因在各种反抗运动的过程中,把散沙一般的贫民妇女渐渐结合成为一体了,于是反动派的帝国主义和军阀时常利用所谓"名流夫人"(他们的工具的工具)以欺骗政策来号召妇女,组织反对女工罢工运动的反赤妇女同志会,可是谁不知道她们的背景和用意呢! 所以今年"三八"运动,更使中国贫民妇女要深切地感觉现时世界上压迫者与被压迫者的国际的阶级斗争。全国姊妹们,你们在这斗争里,愿意站在世界的工人劳动者方面呢? 还是帝国主义的资产阶级方面? 中国妇女虽然已有少数的一部分人站在帝国主义资产阶级方面所谓"名流夫人"。但是大多数的妇女已被世界革命潮流所卷入了。我们只看历年来的实际运动,就可以明白了。

(一)一九二四年中国妇女第一次参加"三八"运动,在中国妇女运动史上开了一个新纪元。当时中国一般劳动妇女都像奴隶一般地呻吟于帝国主义资本家的生产机关之下,过那惨无人道的生活,然而处于中国国民革命的发源地的广东妇女已开始接受了国际革命妇女的声浪,在当年三月八日那一天,广州第一公园开会纪念"三八",就有很多的群众参加。会毕后整队游行,还有十余人乘着汽车散发传单,并沿途演讲。她们的口号是"中国从半殖民地的境地解放出来! 反对资本家对于妇女的压迫;同等教育! 同等工值! 参与政治! 革除多妻制度! 建立儿童保护的立法! 保护劳动育儿妇和孕妇! 革除童养媳制度! 禁止蓄婢纳妾! 废除娼妓制度!"等。从此后,广东妇女运动较有生气,大多数妇女群众就开始认识了国民革命。不但广东妇女是如此,就是各地一般先进分子大家起来了,奋勉自励地参加促成国民会议的运动。

(二)一九二五年促成国民会议的高潮中,各地妇女团体的代表齐集于北京,于三月八日各代表协同京中妇女,在民国大学开会纪念国际妇女日。当时正是段祺瑞御用的善后会议开会的时候。这一善后会议所拟定的国民代表会议条例的草案,真是荒谬绝伦的。关于选举权的规定是,凡中华民国男子年满二十五岁其有相当知识者,有选举权与被选举权。因此在当日会场中,全体姊妹们一致抗议,游行示威,包围总统府。因为在此条文中显然将二万万女同胞屏除于国民会议之外,视女子为非国民。不料通过此决议案后,即有许多兵士警察奉命干涉,禁止集会,于是一般妇女对于反帝国主义、反军阀的运动更激昂了。并且她们丝毫没有畏惧，继续开会提出口号"打倒帝国主义，打倒军阀政治，男女工人实行小时制，同工同酬，女子有择业的自由，确定一夫一妻制，女子有结婚、离婚的绝对自由，保护女工，反对片面虚伪的贞操，废除娼妓，禁止贩卖妇女，中国妇女联合起来，全世界被压迫妇女联合起来。"这次"三八"运动虽然举行在北京一处，但事实上，已经有各省妇女代表参加，所以其影响已及于全国。

（三）一九二六年的"三八"运动。

中国妇女运动经过了促成国民会议运动之后，继而又起中国革命史上占着伟大而光荣的五卅运动。一切被压迫民众都被那白色恐怖的政策所压迫而惊醒了，妇女当然也同时起来，积极参加革命运动了，尤其是上海、广州、汉口、天津的劳动妇女群众。因此一九二六年的"三八"运动，轰轰烈烈地开始了大规模的纪念运动，检阅二年以来自己所努力出来参加革命工作的力量！兹将各地的经过情形略述于下：

A.广东的三八运动

广东是国民政府所在地，尤其经过了一九二五年的五卅运动（沙基屠杀后之省港罢工），革命潮流和广东的农工运动勃兴起来。到一九二六年，广东被压迫的民众，已经争得了相当的自由。广东的妇女，因此也比各地有多份的可能和机会去做解放自己和参加国民革命的运动。去年"三八"广东妇女曾经有全国各地所不及的群众示威游行和纪念大会。国民党各级妇女部、妇女解放协会与工农学商各界妇女共同组织这一盛会。当日到会者有一万多人，并且有欧洲妇女如德、俄等国的妇女来参加。这次大会不但表现广东的妇女群众已经参加三八国际妇女运动的示威，加入了世界被压迫的平民妇女之联合战线，并且热烈地表示她们要以实力赞助革命的国民政府。大会上除议决致电共产国际妇女书记部暨全世界的被压迫妇女之外，并通过一议决案，主张从速组织广东各界妇女联合会，联合各种妇女团体，而统一广东妇女运动，还要准备联络全国妇女团体召集全国妇女代表大会。可以说这次运动，不但使广东妇女群众与国民革命运动的关系更加深切一层，而且要使南方国民革命的怒潮,从此波及于全国的妇女了。

其他如梅县、潮汕、乐昌等,均于是日举行盛大的三八国际妇女纪念大会。到会人数颇多,至少有数百人以上。潮汕一处约有千余人到会。这样热烈的运动很引起社会的注意!

(附)广东妇女解放协会潮汕分会国际妇女日宣言

国际妇女日是全世界妇女团结起来用革命的手段求解放的日子,并且表示妇女解放是要依靠劳工的解放才能达到。全世界的妇女,只有走向这条光明的大道,始能解除束缚与痛苦。

欧洲各国的妇女社会主义者,距今年十六年前,在丹麦京城开第二次国际会议,决定每年三月八日为国际妇女日,于是德、法的妇女,首先遵守此日起而示威,提出他们当时切要的革命口号:"女子参政!""保护女工!"于是三月八日的纪念示威运动,普遍于美、德、法、奥、荷诸国妇女群众中。尤其是挪威国的女工,于一九一五年在欧洲血战中,她们竟敢聚集数万之众,高喊"反对帝国主义的战争",这是如何的难能可贵呵!

一九一七年三月八日,俄国彼得城的女工游行示威,要求面包与和平,开俄国革命之先声,促成俄国之革命。而妇女亦因直接参加后来的十月革命,而完全得到解放。这更证实了"三八"所示我们的确是唯一的光明、胜利的大道。

受帝国主义、军阀、宗法、旧礼教重重压迫的中国妇女,舍此途径,别无解放的生路。尤其在帝国主义联合加紧进攻、国内军阀混战的时期,革命的中国国民党依照总理的遗嘱,继续主张召集国民会议以解决时局的全国国民会议运动的高潮中,中国妇女更当团结起来,促成国民会议。该会应给予妇女以选举权与被选权,使能直接参与政治,如此,才能在中国整个的解放中得到解放。

在中国国民党第二次全国代表大会宣言中,已说明国民革命是国际性的。而国民革命中之妇女运动,亦必为国际性的。在此国际妇女团结表示宣传革命的纪念日，中国妇女应从国际的联合运动中努力于自身的解放。而此解放之主力军是劳动妇女。

我潮汕妇女受压迫与痛苦最大，在此警醒妇女团结革命的"三八"日，我们不但要团结起来，走向此日所指示我们的革命之道，而且高呼；

扩大妇女解放协会！

立即召集国民会议须有妇女参加！

制定劳动妇女保护法！

全国妇女参加国民革命运动及工农运动！

中国妇女运动与各国革命的妇女运动联合起来！

B. 广西的"三八"运动

广西梧州妇女界组织三八国际妇女节运动筹备委员会，于三月五日至七日出发各处演讲，至三月八日开纪念大会。到会妇女约一千余人。会场中除陈述"三八"意义及演讲外，尚有提出通电反对奉直联合，并呈请国民政府请颁布依照国民党第二次全国代表大会妇女运动决议案之法律。此两提案通过后即游行，高呼口号。于是日晚上，又开游艺会庆祝。广西妇女界自经过此次运动，对于革命的倾向，极为热烈，有同春厂及妇女联合会两团体要求加入国民党。各劳工妇女亦开始有组织工会之竞宿。有桂厂女工百余人要求国民党协助其组织工会，因此"三八"运动对于广西社会已有很大的影响了！

C. 湖南的"三八"运动

湖南是中国妇女运动的发源地，尤其注意女子参政运动，但这已经在过去的时期。湖南女学生群众很多，富于革命性的女青年往往不满于贵族式的妇女运动，渐渐倾向到国民革命的战线上来，所以在这第一次举行"三八"国际妇女节纪念中，表现很热烈的盛况。

在三月八日这一天，凡长沙著名的女学校及小学校均停课，长沙方面由女界联合会及青年妇女学艺社发起，举行大示威的集会与游行，参加者有各女校学生及各妇女团体代表约八百人，并有少数女工参加。

一般妇女所要求的如"结婚、离婚自由,保护母性,女子参加国民会议,世界被压迫妇女联合起来"等口号,沿街高呼,并发九种传单、两种特刊。在外县平江、醴陵均有数百人的大会纪念。衡阳地方亦有四五百人的集会,最惹人注意者,就是有数十农妇及女仆参加。会毕推举代表向唐生智请愿——反对赵恒惕废宪。此次运动以后,平江方面妇女要求加入国民党有数十人。湖南妇女运动从此又开辟了一个新的局面。湖南妇女因历史环境关系,将来必有很迅速的发展。

(附一)湖南妇女对于三八国际妇女节宣言及其向政府请愿书如下:

中国的妇女同胞受了几千年父权、夫权制度的压迫,过去的痛苦已不堪言状了!到了现今二十世纪的时代,本是一切存在于宗法,社会里面的制度及于破碎的时期,也就是女权达于伸张的时期。然而在中国的现状却不然了。中国的一切宗法社会的习俗制度,都因军阀政治的结果,延长了生命。又加以数十年来,受国际资本主义的侵略,使中国旧有的经济基础根本动摇。在这种动摇之下,妇女们一方面因手工纺织的失业,一方面因全民生计之困难,影响于寄生生活的危险,以致生计的窘迫特为严重。有了以上的原因中国妇女,不单是旧有的压迫丝毫不能因时代的变迁而稍减轻,而新增的痛苦更一天天地紧张起来了!亲爱的妇女们!我们处在这样悲惨的境遇里面,我们决不相信那无谓的呻吟、怯弱的悲怨祈祷可以自救的,我们唯一的生路只有大家团结起来从事反抗!我们应当反抗什么?大家又已经认识清楚了,延长我们的痛苦,加重我们的压迫唯一的工具,就是帝国主义者与国内军阀勾结的政治。所以我们的解放运动,应当一致地加入革命的战线,共同打倒国际帝国主义与其走狗——军阀,舍此唯有坐以待毙!

三八国际妇女纪念日是世界妇女警醒自己、团结自己的力量以参加革命运动,谋自身解放的日子。这个日子的意义是怎样的重大而紧要呢?我们岂可让它随便地过去了吗?被多层压迫的妇女们!赶快地起来团结于本会旗帜之下：

打倒帝国主义！

打倒军阀！

打倒奴隶女性的礼教！

取得女子参政权！

争得女子一切自由！

男女教育平等！

男女职业平等！

男女法律平等！

世界被压迫的妇女大联合！

湖南女界联合会

一九二六年三月八日

(附二)"三八"湖南妇女示威大会向政府请愿的呈文

为请愿事：窃女界处于黑暗地狱之中者已数十余年矣。迄今民权发达，男女平等已成社会改造之原则，而吾国女子则经济也、政治也、教育也，无不处于被掠夺的地位。加以礼教之束缚、宗法习惯之面限，二万万女子盖完全过非人的生活。湖南虽是自治省，而女校之不振，则与各省无所区别。举其重要者略有三端：

一曰：男女教育不平等。考男女平权，首须智识平等，是所公认。然考察教育之设施，男女间之悬殊，实令人骇然。吾湘省立男子中学已达十数校。省立男女[子]中等职业学校亦已设立数处，而女子中学及职业学校之属于省立者，无一校。又湘省公立高等专门学校为数亦不少，唯女子则望洋兴叹，不得其门而入。此根据人民应享省教育权之规定何独使女子向隅耶！

二曰：女子无法律之保护。考男女在法律上理应一律待遇，而至今蓄婢纳妾、女子任人买卖、童养媳之任人鱼肉、男女工资之不平等、女学生书信秘密之被学校侵夺，凡此种种不胜枚举，政府如不严加制裁，则女子之痛苦何由而得解脱耶？

三曰：无使女子谋经济独立的机会。考女子不能谋得经济独立，乃一切痛苦之根源。现在社会上各种职业机关均拒绝女子加入。近来生计困难日甚一日。妇女生活更较痛苦。政府如不加以注意，则无数的女子形将陷于绝境矣。总之，吾侪女子呻吟于频加无已之痛苦中，实忍无可忍。特提出左列具体的、最低限度要求，务恳钧座施行大会通过咨行：

一、从速颁布保证女权的法律，如：

禁止蓄婢纳妾、废除娼妓、离婚结婚绝对自由、男女工资平等、取消童养媳制、保障女子言论行动之自由、制止学校检查女生的信件、女子有财产继承权。

二、实行男女教育平等，目前至少办到：

1. 设立省立女子中学及职业学校，

2. 男女同校，

3. 设立农工妇女的义务学校。

三、实施男女职业平等：

1. 明令各职业机关一律为女子解【开】放，

2. 设立女工厂容纳贫苦妇女，

3. 设立免费育儿院专为收容贫苦妇女的儿童。此呈

省长赵

省长会   三八纪念湖南妇女示威大会

D. 江浙的"三八"运动

上海是资本帝国主义侵略中国民族的中心地，经过了"五卅"运动，一般民众受了全国民族革命运动的洗礼，尤其被中外资本家所压迫的女工们，都知道应该集中力量向她们的敌人奋斗，并有联合世界被压迫无产阶级共同奋斗的必要。所以上海妇女开始参加"三八"运动实有很大的意义。上海的"三八"运动虽然是第二次举行，但在该日"三八"纪

念同乐会中,男女到约达二百人以上(妇女占半数以上)。当时会场情形真是轰轰烈烈,振动一时,为向来所未有的妇女大会。可惜,当时因社会政治环境的压迫,不能进行示威,惟华租界分贴标语及举行游行演讲于各工人区域而已。

其他如南京、丹阳、徐州、宁波等处均有集会表示庆祝国际妇女节。

(附)上海各界妇女联合会对于三八国际妇女节宣言

在巴黎、在伦敦、在柏林、在纽约,尤其是在革命中心的莫斯科,今日——三月八日——都有成千成万的妇女们结成队伍,在那里游行示威,高举反抗压迫制度的旗帜,群呼妇女解放的口号。她们都很热烈地表示自己对于革命的要求,对于全世界被压迫阶级的团结,她们一方面要联合全世界的妇女,使妇女从资本制度下永远解放出来;一方面要表示妇女并不是人类中的弱者,她们也同男性的革命分子一样,同要达到大同的目的,消灭现存的不公道的社会组织。

可是今日中国妇女呢?

亲爱的姊妹们! 说起来好生惭愧! 我们受了几千年的压迫,过了几千年的奴隶生活,弄得各方面都落于男子之后。到今日呵! 中国内受军阀的专横,外受帝国主义侵略,正是需要革命的时机,可是我们中国大部分的妇女还是醉生梦死,不但不能追随西方先进的革命妇女之后,参加世界革命斗争的舞台,就是在本国内也没有反抗的呼声,这是多么不幸的现象呵!

亲爱的姊妹们! 现在是应当觉醒的时候了! 旧社会制度对于你们的压迫已经够了! 我们应当起来同男性的革命分子一样,参加一切革命的运动;我们应当为我们妇女本身及全人类解放而奋斗;我们应当追随西方先进的革命妇女,同她们携手,同她们一块儿努力于光明的将来。

今日是全世界的妇女纪念日。亲爱的姊妹们! 我们在今日应当表现出中国妇女界的力量,应当提出自身对于解放的要求,应当与西欧的革命妇女一致,高举反抗旧社会制度的旗帜。

我们应当知道我们处于被压迫的地位!

我们应当知道我们不应在革命道上落伍!

我们应当知道我们一定要与全世界的革命妇女有坚固的团结!

我们应当知道资本制度不推翻,我们妇女永无解放的希望!

我们应当知道今日是我们全世界的妇女纪念日!

我们在这一天应该高呼:

打倒军阀!打倒帝国主义!

反对目前张吴联合!

全中国被压迫的妇女联合起来!

全世界妇女解放万岁!

三八国际妇女纪念日万岁!

上海各界妇女联合会

一九二六年三月八日

E.湖北的"三八"运动

湖北妇女在一九二六年三月间当然还是在反动的政治环境之中,但她们也很勇敢地开始参加"三八"运动了。当三月八日在女师操场举行纪念会。参加者:法科,商业,第一、二女中,高师,华大等女生。其他尚有工读学校女生及纱厂女工、小学教师等出席代表约一百余人。会议毕组织散发传单,沿途分发。

桥口烟厂女工有三百余人的集会。一般女工兴高采烈地参加会议。从此桥口女工的脑海里印着了一个伟大的影子呢!

F.四川的"三八"运动

四川地方是很荒远的,但是这伟大的"三八"国际妇女节的运动已深入了四川妇女群众中。这显然看出中国妇女运动发展的迅速。兹将四川宜宾县国民党区分部告宜宾妇女书,及宜宾妇女解放同盟会的传单附载于下：

（附一）告宜宾妇女

各位姊妹们！"三月八日"这个日子是国际妇女日。怎样叫国际妇女日呢？就是全世界的妇女在这天觉悟了起来，开始集合自己的力量参加革命运动，要求妇女解放。所以女社会主义者第二次国际会议决定这天为国际妇女日。

这样重大而具有深切意义日子，我们应该怎样去纪念它呀？纪念甚么？纪念我们妇女在十六年前的今天就觉悟起来了。由西力〔方〕渐到东方，现在竟到穷乡僻壤的宜宾了。这是很可乐观的。我们应该在今天高唱其国际歌的。但是我们的妇女——尤其是本党的女同志，肩头上的责任就从此加重了。因为我们只是世界人类之一部分，要想达到妇女解放的目的，非从此努力促成全人类之解放，联合全世界妇女共同奋斗不可。这是何等伟大的事业啊！所以我们在今天要提出下列的口号人：

促成国民革命和世界革命！

联合世界妇女共同奋斗！

妇女解放万岁！

中国国民党四川宜宾县（妇女）第六区第二分部

（附二）"三八纪念"日

甚么叫"三八纪念"日？这事是我们受不过压迫，痛苦的妇女同胞举行示威、检阅战斗力的国际日，所以在今日，凡是我们要求参政的、要求读书的、要求承继遗产的、要求结婚离婚自由的，要求脱离家庭的、要求脱离家庭而不得的各种劳苦女同胞们，都应该觉悟起来，组织起来，加入我们的国际妇女革命团体，打破一切旧礼教、旧学说以及社会种种恶劣制度！

几重压迫下的妇女同胞们！赶快在今日组织起来，伟大的团体，可以使他们——帝国主义者、军阀、官、劣绅、土豪及一切专横嫉妒的男子在我们面前发抖!

中国国民党宜宾市妇女第一区分部启

(附三)甚么叫作"三八"纪念日?

(一)"三八"纪念日之起源及其运动。

自从资本主义的罪恶日渐暴露后,同时便引起世界的劳动阶级联合起来断送他的生命。在资本家强暴掠夺之下的妇女们,尤其是生活困难而且受种种的压迫,痛苦不堪! 所以她们也觉得有妇女解放的要求。大家起来集合自己的势力,以参加革命运动。"三八纪念"日就是世界的劳动妇女联合起来要求解放的一天了。这个纪念日是一九一○年妇女社会主义者第二次国际会议在丹麦京城开会所规定的。从这次规定以后,跟着次年三月八日,就有德、美两国的妇女举行群众的示威运动。在奥京也有八万女工群众之参加。其标语为"女子参政"及"保护女工"等。此后每年的今天,遂成为各国妇女革命宣传和团结的日子了。在一九一四年至一九一八年欧洲帝国主义者惨无人道的大战中,各国妇女社会主义者都准备在今天组织反对战争的示威运动,虽被军警严厉的压道、制止下去,而挪威的妇女,终究在一九一五年有一次广大的运动举行起来。就是俄国革命的成功,也是一九一七年三月八日圣彼得堡的妇女要求面包与和平的示威运动为其导火线。至一九二○年共产国际妇女书记部成立以后,东西各国,莫不认定三月八日为妇女运动【纪念日】的惯例了!

(二)"三八"纪念日之意义和价值。

"三八"纪念日是国际妇女要求解放的运动日子。它是全世界的妇女大联合的一天。她们的运动是一致的进行,她们的要求是共同的一个目标,她们知道要得妇女的真正解放,必要先得世界劳动阶级的解放才能成功。所以她们的运动是含有国际性的,而且是参加劳动之国际的结合的。我们看啊,自从有了世界的劳动妇女觉悟起来以后,各国的革命运动是何等的光荣灿烂啊！

（三）"三八"纪念日与中国妇女解放。

中国的妇女同胞，此刻完全处在宗法社会的束缚之下，加以又受了帝国主义者和军阀们种种的剥削和摧残，其苦痛当比欧美的妇女尤其厉害。我们非大家结合起来推翻帝国主义者与军阀，更进而谋社会革命之胜利，与建设社会主义之社会，那便不能得到真正之解放。但是这种工作，不单独是中国妇女之努力，还须依靠世界无产阶级革命的胜利。那么，我们中国的妇女运动，亦应注意妇女国际的联合。现在三月八日到了，我们的妇女同胞们——趁此日大家起来团结我们的势力，参加国际劳动妇女的运动，一致地去求解放吧！

宜宾白花场妇女解放同盟会印发

一九二六年三月八日

G.安庆国民党市党部妇女部对于"三八"妇女纪念日宣言如下：

妇女们！一切被压迫的妇女们！你们在重重压迫之下过非人生活，痛苦是不堪言状的。究竟如何脱除颈上枷锁以及手铐脚镣？这是你们急应解决的问题。

差不多全中国妇女，受帝国主义、军阀、宗法社会、旧道德的压迫，所以妇女解放运动，不仅是妇女问题，而是国民革命与社会改造的问题了。妇女们，应当全体动员，参加民族解放运动，打倒帝国主义和军阀，彻底改造社会制度，而后一切压迫才能解除，妇女解放才不致徒托空言。

本党是国民革命的政党，负着打倒反动势力的使命，为全中国被压迫的民众谋解放，最受压迫与痛苦的妇女，自在援助怜悯之中。所以第一次、第二次全国代表大会，对于妇女运动有明确的指导。我们深知中国国民革命，没有占国民半数的妇女参加，不能成功，而妇女之解放，非参加国民革命，亦难如愿以偿。

今天——三月八日，国际妇女日，是全世界被压迫的妇女向压迫阶级要求解放及示威的一天。中国的妇女,既然受了重重压迫,在今天,自应同声相应全世界妇女做一致的工作,互相号召着联合起来推翻统治阶级,望幸福之园里跑。这是中国妇女在今天应有的决心,亦是中国妇女解放一条光明大路,本党敢不领导前进。

妇女们! 全安庆的妇女们! 从今天起,来,来,集合于本党旗帜之下,为本身利益而奋斗!

H.直隶保定的"三八"运动,在"三八"纪念会中通过的宣言及告全世界妇女书如下:

(附一)保定妇女联合会"三八"纪念宣言

全国一切被压迫的妇女群众们:

"三八"纪念日又到了。这个纪念日,是我们被压迫的妇女群众警醒自己,开始向压迫阶级要求参政的国际妇女纪念日! 不仅是劳动妇女谋解放的日子,且是全世界一切被压迫的民众谋解放的日子! 这种重大的意义,在妇女解放运动史上、在民族解放运动史上,是何等的光耀而荣誉啊! 我们妇女群众不仅是世界人口数量上占半数,而且在全世界一切谋解放民族革命运动是站在前线上。我们不仅是谋妇女本身的利益和自由,而且是要谋全世界一切被压迫群众之解放! 这样伟大的事业,千万斤的重担,放在我们妇女的肩上和面前,这是何等的重大啊! 我们大家去努力奋斗罢!

全国劳动妇女们,及一切被压迫的民众们,自"五卅"惨案发生以后,中国民族革命运动,已普遍全国,已振动了全世界一切被压迫民族的耳膜,已激起全世界被压迫民族同国际帝国主义斗争! 已建设了全世界被压迫民族解放联合战线,开始向国际帝国主义者进攻了! 文化落后、产业落后的中国妇女群众,受帝国主义及军阀双重压迫之下的中国妇女群众,已经踏上了国民革命的战线上,已经走入了民族革命运动的大道了! 我们妇女要谋解放也只有站在民族革命的战线,只有站在一切【被】压迫的民众方面共同向帝国主义及军阀斗争,才能够做到!

才是我们妇女群众谋解放的唯一政策。只有这样,才能谋到永久的、真正的自由和幸福!

全国妇女群众们,我们要继承"三八"的伟大意义而奋斗! 我们要全体参加民族革命运动,要夺敢政权,急速召集国民会解决国事,废除一切有碍我们妇女自由之法律,我们要做到:

(一)女子有参政权。

(二)女子有继承遗产权。

(三)女子同男子受同等的教育。

(四)女子在法律上同男子一律平等。

(五)公布劳动妇女保护法等等法律。

"三八"纪念万岁! 中国民族革命运动万岁! 全国妇女联合万岁!

保定妇女联合会

一九二六·三·八

(附二)"三八"纪念告全世界一切被压迫妇女群众

全世界一切被压迫的妇女群众们!

国际妇女纪念日又到了! 这个纪念日的产生,是妇女群众集自己的力量来向压迫阶级要求参政! 这个纪念日遗留下来的产物,是开辟了国际劳动妇女谋解放的道路,帮助了无产阶级夺取政权,建立了全世界一切被压迫民族的联合战线,惊醒了全世界一切被压迫的妇女群众参加革命运动,激起了各国劳动妇女要求本身之自由和利益,威吓了帝国主义者之蛮横,创立了世界人类平等的社会! 这样大的意义,光荣的事实,是何等地振奋了。我们全世界被压迫的群众快努力奋斗呵!

现在全世界已经成了两个对垒的营盘:一个是资产阶级,一个是无产阶级。这两个阶级已经支配了全世界!!! 他们利害冲突愈离愈远,而斗争的时期已经短兵相触了! 这是何等的危险可怕呵! 我们劳动妇女要谋解放,只有参加被压迫民族的国民革命运动,参加无产阶级的社会革命运动,站在一切被压迫民族的联合战线去帮助无产阶级的社会革命成功,去帮助被压迫民族之解放胜利,才真(正)能得到我们全世界妇女群众利益和自由之解放,才是"三八"纪念的真(正)意义,才是妇女解放的真(正)道路。

在西欧,一切被压迫的妇女群众们应急速起来参加无产阶级社会革命运动,建设无产阶级专政的国家!在东方,一切被压迫的妇女们应加紧地团结起来参加弱小民族的民族革命运动,建设民主的国家,以求达到全世界人类之解放!建设真正自由平等的共产主义社会!

全世界一切被压迫的妇女群众们!中国一切被压迫的妇女群众,自"五卅"运动后,已经走入革命的路上,已经继承了"三八"纪念的伟迹而同帝国主义者斗争,站在一切被压迫民众的联合战线来谋解放!

全世界一切被压迫的妇女群众团结起来!起来继承"三八"的重大意义,去打倒帝国主义,建设真正自由平等的社会!

(原载《赤女杂志》,1927年)

妇女运动概论

（一）妇女运动之起源

妇女问题是社会问题中之一，所以妇女问题与历史、经济、政治以及社会各种环境都有密切关系。就是妇女运动的发生以及其发展也各有当时社会情状的背景。社会是动的不是静的，时时在那里变迁而进化的。因社会状况变迁的结果和客观环境的要求，才有这妇女运动的产生。但是我们要知道妇女运动产生的起源，不得不从原始时代来说起。

原始时代家庭的普通形式，就是家长多为母而非父，这就是所谓"母系家庭"（Metronymic Family），儿女跟着母亲的姓氏，由母亲传授产业。例如北美许多的印第安族中，母系家庭是很发达的，乌拉圭的印第安人，就可以为母系家庭的榜样。他们各族中的政府，大部分操于"女议员"之手，而这种女议员，是由每族的男子所推举的。

但到牧畜时代，父亲就成为家庭中的重要分子了，因为兽群的牧养要倚赖广大的土地；于是人民的小团体要互相分离，现出移民的情形。移民之时大家族分裂，女子的权利，便低了许多。

况且牧畜经济之下，男子在交易和战争的任务中得到很大的势力，自然而然地超过女子，同时管辖家庭重要工作支配，一切儿女承袭父亲的姓氏及其他的产业，长子常做家庭的主权者；并在战争中所俘获的妇女一任他们的捕获者所支配，或为奴，或为妻妾，这样，母系家庭一变而为"父系"或"父权"家庭（Patronymic or patriarchal family）。

据研究原始人民生活状态的学者所说，在原人时代，男女做事不分界限，无所谓"男主外女主内"，但从牧畜和农奴时代起，即从原始的大家族进于部落制度，发生了许多对外的事。而女子因怀孕哺乳及家庭一切事务等等关系，常常不能在外活动，于是遂渐成男女分工局面。后来文化愈进社会组织愈复杂，家庭的事务愈繁，同时私有财产制度也渐确定，家庭中就有许多事必须女子去做。及至人类进入"成立历史时代"，女子早已成为家庭的奴隶。

在十八世纪后半期，因机器纺织的发明，把家庭的职业，移付工场，由此引起的其他种种机械的发明，在此产业革命发动后，社会经济状况就起了巨大的变化，影响到家庭的生活。于是女子的地位也有了很大的变动。本来女子在家庭中的任务，如缝纫、浣洗、烹调、纺织、酿酒、晒酱、织布、制鞋袜等都被怒潮一般的机器生产掠夺去了，破坏了家庭手工业。妇女当然须另找生路，恰巧新兴的机器工业，需要巨额的工厂劳动者，从此只限于家庭生活的妇女们，便离开家门跑到社会里，集聚在大生产的工厂里赚钱过活了。于是开始女子职业的端绪。

其次，伴着产业革命而来之新兴的资本主义，把一般不十分贫穷、向来依赖丈夫生活的妇女们间接地赶到无产阶级的队伍里去。因此她们要解决吃饭问题，亦不得不去找高等职业，例如教员、医生、商店职员等。然而要找到此类职业，必须有相当的技能与智识——因此妇女在这种环境内对于社会经济关系上的职业问题、教育问题，都在有形无形地向社会要求，谋自身的解放。况且同时受着文艺复兴时代的个人主义的影响，受到易卜生、卢梭的思潮，妇女运动便从此而开始。

(二)妇女运动之意义

妇女运动的发生，可见是社会进化必然的结果。封建制度宗法社会崩败的过程里，资本主义日益发达起来——社会中男女的关系便不得不改变。于是代表被压迫的进步阶级或革命阶级——一般平民的思想家或政党——就开始结合一般妇女，努力于打倒宗法社会的旧观念旧礼教之种种运动，这种运动的意义，便是为妇女争解放：(一)为妇女争职业上的平等和自由——打倒宗法社会的"妇女应为家庭奴隶"的旧观念使妇女也能和男子一样,为社会服务求得妇女的经济独立;(二)为妇女争教育上的平等和自由——打倒宗法社会的"女子无才便是德"的旧观年,因为不是这样,女子便因为没有教育和技能,始终不能得职业上、经济上的独立,始终要依赖男子做家庭的奴隶;(三)为妇女争法律上(社会上)的平等和自由,如结婚离婚的自由,承继财产管理财产等法律上的权利——打倒宗法社会的"男尊女卑""三从四德"等的旧礼教旧法律,因为妇女如果在法律上不能和男子平等,那么,她们的自由权利和为社会服务的能力,都受社会制度的强力遏制而不能发展;(四)为妇女争政治上的平等和自由,如妇女的选举权、参政权、言论、集会、结社等权利——打倒封建制度、反动政治束缚妇女的一切制度,妇女在现在社会里既然应当有职业上、教育上、法律上的一切自由权利,便不能没有政治上的自由,否则反动势力,利于剥削平民阶级、利于卖国自利的分子,都能凭借政权来压迫妇女,维持落后的社会制度,使一半的人民——妇女——处于奴隶地位,以便保持他们的统治,一切男女平等、职业自由等,都没有达到的希望。妇女运动从开始直到现在虽然中间经过许多波折,有极复杂的种种理论上的观点,如个人主义,女权主义等等,然而归根到底这一运动是社会制度上的革命运动,要求的目的初不外乎上述的四种。其他妇女个性发展说和女性崇拜说等,虽然客观上也有些打倒宗法社会旧观念的宣传作用,却始终不是妇女运动的真义。总之,妇女运动的意义并不是尊女卑男或解放女子个性以反抗社会的意义,而是为一般妇女,为全社会的妇女,争职业上、教育上、法律上、政治上的解放。

妇女在旧社会里,一般的都受职业上、教育上的限制和法律上、政治上的压迫,可是,因为资本主义的发生,工业上、农业上资本主义式的剥削日益加重,劳动妇女女工和农妇受这种压迫和限制也就更加厉害。大资本家和地主都利用男尊女卑的旧观念旧制度,利用妇女的智识意志、能力的薄弱,特别对于她们加重地剥削,以最小的工资得着最大的利润。普通工厂里对于女工的工资比较少,对于女工的待遇比较坏,对于女工的罚款及其他的规例也比较苛刻——因为"女人好欺侮些""女人不太会反抗些"。至于一般农家妇女,因为农业经济受着几重的剥削——本国外国商人资本家直接间接地搜括原料,受着工业品的竞争——家庭里的妇女职业迅速地消灭,她们的境遇也就更加陷于悲惨:她们不得不竭尽自己的体力参加困重的农地耕作,甚至于流入城市当苦力(尤其是广东)。这种一般的经济困迫状况之下,溺女、童养媳、幼年妇女的劳役和残酷的待遇,因困迫而堕入娼妓等等现象,自然日益增多,这些现象,无不是根据于男尊女卑的旧制度而发现(生)的。新式的资本主义,往往假手于这些旧制度,维持这些旧礼教,和用一般社会轻视妇女的旧心理,而加重地剥削,榨取这些劳动妇女的汗血皮肉而制成自己的利润。譬如男子劳动者受资本家和地主的剥削,那么,妇女劳动者所受的剥削格外重一层,因为妇女地位低所以工资格外少些,待遇格外坏些;男子劳动者没有受中等教育,甚至于初等教育的可能,那么,妇女劳动者简直谈不到什么教育——因为女子本来用不着读书,何况是贫苦人家;男子劳动者在法律上、政治上没有权利和地位,那么,妇女劳动者更不用说——因为一般"下等人"向来不准聚众集会参与政治,何况是女子。"谁看见过一班丫头婆娘们可以这样聚众暄攘的!"由此看来,妇女运动的目的,如果是真正彻底的要求解放妇女于旧社会制度之下,那么,对于一般劳动妇女——最大多数的妇女——便应当特别注意。

妇女运动的发生,原本是社会制度变革中所必需的革命运动,从宗法社会封建制度过渡到民权主义的时期中,必然要改变旧的男女关系,然后新的生产关系和生产力才能发展。社会里的旧势力维系着这种制度也只使一小部分的士绅和资本家得以谋目前的利益罢了。若以全社会——连资产阶级也在内——历史上的进程来看,妇女运动实有极伟大的使命。因此,妇女运动的发起,往往由于一般男子的自由思想家或者比较进步的政党;这种代表反抗的新生阶级的思想家和政党,比较有远大的目光所以来赞助妇女运动。可是，如果妇女运动仅仅是上层的贵族妇女的运动，那么，这样的运动——女性主义者的思想家的鼓吹，加上一些点缀品的女政客——也就够了。如果妇女运动应当是大多数妇女的解放运动，那就非妇女自身起来奋斗不可，尤其必须妇女群众自己组织起来。旧社会的反动势力非常顽强，大多数妇女的解放决不能纯粹以劝告宣传等改良式的方法去达到，必须妇女群众自己起来积极的奋斗，坚固的组织，用革命的手段才能成功。各国妇女运动都有它的历史背景和时期，绝不是孤立地、单纯地反抗男子的运动。妇女运动是一般妇女反抗旧制度中之男女关系的运动，是争妇女地位增高的运动；它必然与当时一般的革命运动相结合，必然是总的革命运动中之一部分，而且是不可分离的一部分。因此，中国社会中一般平民的历史职任既是国民革命，那么，妇女运动也必然是国民革命运动种种战线中之一。旧社会制度——旧礼教及一切压迫妇女的制度——建筑在甚么力量上面？以前是纯粹在宗法社会上面，可是现在——帝国主义统治下的中国里——维持这些制度的，实在是帝国主义的势力（如教会，教会学校，基督教青年会以及帝国主义经济侵略中的种种间接力量）和军阀政府士绅阶级的势力（如礼教，教育官厅，反动的学校当局，地方上的绅士，以及一切反动的社会力量。）这许多反动派的联合战线，一方面维持着帝国主义的统治，别方面便维持那压迫妇女的制度，因为这些旧制度对于帝国主义的侵略和军阀的压迫是有利的，甚至于是必须的。所以一方面如果国民革命在妇女群众之中没有建筑自己的基础，它的胜利必定比较的困难；别方面，如果妇女运动不与国民革命合流并进，不以国民革命为基本观念而出发，那么，不用说妇女的解放决不能达到，就是妇女运动也决不能发展的。现在中国的妇女运动必须要在国民革命的旗帜之下进行，因为只有国民革命的胜利能使妇女运动达到最近的、最小限度的目的——中国国民党在第一次大会时即规定妇女解放的政纲（见该大会宣言），第二次大会的妇女运动议决案更有详细的各项要求之规定。中国一般妇女群众，只有努力参加国民革命，加入国民革命的国民党，积极为国民革命的团结组织奋斗，才能达到这些最低限度的要求，这就是最近一期妇女运动的方针和前途。

自从原始共产制度破坏之后，母系制度渐变成父系制度，私有财产制度日益确定，妇女便日处于被压迫的地位，尤其到了资本主义发展之后，社会之中便不期然而然地发生妇女问题，和旧社会中之一切革命问题，如民族问题，民权问题，劳动问题等同时发生，综合而成革命运动的总潮流。这种情形尤其在现时的中国为最确切，如今中国的国民革命不但要在他胜利的过程里达到妇女运动的最低限度的要求，并且因为这一革命便是世界社会革命的一部分，所以在这社会革命的总过程妇女运动还要日益深入并开展，直到无产阶级的共产社会实现——孙中山先生的最终理想之实现——生产分配消费等完全成了社会的，日常生活都由社会来公共经营，消灭家庭的私人经济生活，根本上消灭男女间在社会生活上的差异，而后妇女问题不成其为问题，而后妇女得到彻底的各方面的解放。

总之，妇女运动的意义便是："妇女自己奋起而争职业上、教育上、法律上、政治上的平等、自由和解放，引进最大多数的劳动妇女来参加，同时格外注意于争得她们的利益，用组织妇女的群众，参加革命的运动等等方法，努力于当时当地的革命斗争——加入革命的政党与被压迫的各阶级中之男子联合战线——求达最低限度的要求，即此以求最终目的——共产社会中妇女的彻底解放之实现。"

（三）近代西欧妇女运动之概况

A. 法国妇女运动——资产阶级革命与妇女

考察世界妇女运动的历史，当以法国为先进的模范，她们在十八九两世纪中开放世界妇女运动的作为颇能有声有色，保持自由民族的妇女的资格。就是现在最著名的英美等国妇女运动也是受了法国的影响而方开始以致发达，但是法国妇女运动当在一九〇〇年前因范围太狭规模太小，轰轰烈烈运动仅限巴黎一隅，各地方少有所活动。并且当时的活动不能深入妇女群众,不过几位女名流的提倡和要求,虽然在一九○○年前经过长期战斗,然而她们的功效不及于英美等国。一七八九年过杰女士发表女权宣言主张男女平权,同时又与"共和革命妇女会"合作,但是法国政府以过氏的运动为扰乱公安,竟把她送上断头台,女权运动遽受打击。到了一七九三年"立宪同志会"等妇女团体发生,罗兰夫人等先后加入,用请愿书和国民大会的宣传等方法,鼓吹男女平等思想的孔多尔西并将女权宪法的草案提出于议会。当时的民权论者所谓自由平等多以男子为限,于是妇女多不能平,起了一种运动;主张无论男女,不问职业,都要有同样的选举权。政府诸公大为震怒,就把这种运动的首领罗兰夫人下狱,于一七九三年十一月把她送到巴黎市断头台。以上两女士为妇女参政运动而牺牲了性命。她们的运动因为没有群众的基础,不立于大多数劳动妇女的利益上,所以往往为反动派所利用,无意地帮助了反对革命的士绅阶级,当然也就不能得着革命群众的帮助。法国妇女运动不能密切地与革命派合作,等到共和政府推翻,拿破仑第一出世,判定了一种拿破仑法典,于是女子参政运动不独没有发展的希望,并且把女子完全放在男子支配之下而为奴隶,直到一八三○年七月的革命,一八四八年二月革命的时代,妇女参政运动才渐露光明,当时桑西门傅主业各派的社会主义者,极力主张男女平权。二月革命与大革命一样也有妇女参加革命的先锋队。法国每经一次政变,无不有妇女牺牲其中,这是我们可注意的一桩事。

法国在一八四八年以后,更有所谓《独立评论》《共和政治》《现代妇女》《妇女新闻》等出版物依次出世,鼓吹妇女参政,后经拿破仑第三肆行压迫(其中可笑的无政府主义者也随声附和)。这时妇女方面,大起反抗运动,终以势力薄弱,缺乏妇女群众的参如未能收到甚么效果,何况革命派在这次始终是失败了。一直到了拿破仑第三失败,共和政府复兴,一八七一年妇女利益请愿书未蒙政府采取之后,妇女的地位与权利渐渐地为社会一般人视线所集。可是所注意的也仅只是高等妇女,因为一八七一年的革命结果,实际上仍旧是劳动民众失败,并且这次革

命民众的失败,实是法国资产阶级革命的结果。因此之后的妇女运动
又变成了更纯粹资产阶级的妇女运动。那时妇女参政运动的团体,渐
渐出现;一八七六年所创立的"妇女境遇改良会"及"女权主张协会"是
其最早的。同年在巴黎所开的"万国妇女大会"尤使法国妇女参政运动
的势力日益增加。欧战开始以后其进步格外可惊。一九一九年二月,
巴黎全市四处贴满了妇女参政运动的文字;它所记载的大概是"法兰西
的妇女要从一九一九年都获得选举权。试看英吉利,美利坚,意大利,
瑞典,挪威,丹麦,荷兰,芬兰,俄罗斯,各国都把选举权给了妇女;德国
妇女且得参加于制定宪法的议会;唯独我们法兰西妇女至今依然是被
支配的",又说"法兰西妇女所以要求选举的理由,第一,是为要保护她
们自由的权利;第二,是因为在所谓国民的资格上应该尽自己的义务"。
这种运动的结果收了些微的效果。就在这一年的五月二十日法国议院
竟把"妇女有一切地方自治团体的议员选举权"的议案,完全通过;接着
上院也为同样的议决。不过国会参事会的选举权,虽于一九一九年五
月已由下院通而旋遭上院的否决,现在还在继续运动中。但是我们可
以推想法国承认妇女国会参事会的选举权,照客观的环境来看,不久有
达到目的的可能。不过我们要知道,最近的偏高等妇女自身对于这种
运动非常消极,一般无产阶级妇女现象更明明知道参政运动或改良方
法于她们的利益相离太远。所以以后法国妇女的解放始终是要无产阶
级革命才有可能——现时无产阶级的妇女参加革命运动已经一天多一
天了。

B.英国妇女运动——立宪派之妇女参政运动

英国在往昔撒克逊时代和封建时代女子就有与男子同等参政权,
就是到了内乱时代,女子在国会里还有选举权,并能行使选举权(一六
四〇年)不过这仅是大地主的少数贵族妇女所能享有的特权,她们的参
政不过是参加反革命的政权以压迫平民而已。到了一七九二年,经过
贺尔士吞克莱夫托女士的一部鼓吹女子经济独立、妇女社会地位向上、
女子教育改良等之后,资产阶级的妇女运动方才开始。当时英国受了

法国大革命的刺激,起了一种选举权扩张运动,政府为自己防卫针对于民众运动恐怖之余,加以极度的高压政策,厉行解散集会禁止结社等等,于是这种运动大受顿挫。接着反动时代之后,忽然起了拿破仑战争,这种战争的结果与实业革命相与俱来,于是英国人所谓中等阶级(资产阶级)勃兴,而选举权的扩张运动又复兴起了。

到了一八三二年政府因时势的要求,承认中产阶级男子的选举权,始终把女子(贵族)向来所有的一部分权利反取消了。选举法内向来男女通用的"人"(persons)字上面加了一个"男"(men)字成为"男子"的字样,表示选举权只许男子享有的意思。后来一八三五年《城镇乡团体法》(*Municipal Corporation Act*)里也是除去了女子。但是因为世界的推移,经济的发达,教育的进步,十九世纪前半期的物质文明,竟是成了女权问题勃兴的原动力;尤其一八三二年选举法的改正和一八四〇年的废止《谷物条例》及反对奴隶的二大社会运动促进女子的觉悟,使她们深感政治的兴味。这时关于女权运动的出版物渐多,最著名的是约翰穆勒在一八五九年所发表的《妇女底克服》(*Subjection of Women*)一文极力主张男女一切权利平等,他不但是鼓吹妇女参政的思想家,并且又是实际的运动家。一八六七年五月二十日他在下院演讲,主张将选举法改正案中所用的"男子"(men)的字样改做"人"(persons)字的字样,使妇女也有参政的权利,虽不幸以一百八十六的多数对七十三的少数遽遭否决,但是对于妇女参政运动,已经是一个很大的冲动。继穆勒而起有柏莱特(Jacol bright)。柏氏在一八七〇年提出最初的《妇女参政权法案》于英国议会虽又不幸为格兰斯顿(Gladstone)政府反对,竟归失败,然而因此妇女参政的实力运动,更加强烈,集会结社到处皆是,并且国内同情日益增加,各政党内女权运动家辈出,当时妇女参政问题本超于各党派而分离独立,赞成、反对散在于各党之间,一八八五年保守党就组织了一个"妇女政治运动"团体;次年自由党也组织了一种"自由党妇女团",从此以后妇女渐渐站在政治战争的阵头,并受到政治的训练。自从一八七一年大学教育的门户为女子开放以后,一八六九年就承认妇女地方自治团体的选举权，一八〇〇年学务委员的选举权及被选举权也为妇女所参加。种种新的职业也因为经济发达，法令改正，渐渐都有妇女加入。于是妇女在社会上的势力渐有基础。十九世纪末叶，英国妇女活动的范围，较之数十年前大为膨胀。享有这种地位的新妇女较之以前的妇女当然格外热烈。她们的运动里最有力的是全国妇女参政协会联合会（National Union Of Women's Suffrage Societies）与妇女社会政治联合会（Women's Social and Political Union）。

前者是温和派，后者是激烈派又称为"武断派"，此派是一九〇三年班克司托夫人（Mrs.Bankhurst）所组织。她们只为急于达到目的，不择手段，无论怎样的暴动都肯去做。有时举行大规模的示威运动，有时妨害国务大臣或议员的演说，甚至投石放火使用炸弹，损毁对象等等。如果被拿入狱时，她们就行绝食同盟。温和派却不然，一方面唤起舆论的同情心，他方面极力与国会议员联络；希望倚仗他们去改正法律，使一般妇女可得选举权。可是这两派都是资产阶级的，温和派虽然因为用改良主义，而进行异常迟钝，激烈派也只有资产阶级的女政客参加，不得群众的赞助，也不能算是革命的手段，不过形象难看些罢了。自欧战发生后她们为"爱国"的情所驱使，时时对于军事上有所贡献，日以安慰为资产阶级帝国主义所牺牲的兵士为事，她们的看护伤兵，赞助军需等事业能使残酷的帝国主义战争上加上一些温情主义的装饰品，对于蒙蔽无产阶级的意识很具些功绩。

因此得到资产阶级社会的同情，所以妇女参政选举权法案竟于一九一八年十月二十二日在下院以二百七十四票对二十五票的大多数通过了。接着上院继其后，于是中央议会选举权与被选举权，男女俱能享有，英国百余年来的妇女参政运动，至此遂告成功。不过一九一八年的新选举法，又规定年满二十一岁男子都享有选举权，女子都须年满三十岁，并有独使女子享有选举权的只有六万，仅仅占了全国女子三分之一，当时在英国职业上、教育上、婚姻上妇女也已得到了相当的解放。然而这些所谓"解放"对于一般平民劳动者的妇女，能有多大的意义呢？

实在说起来是很少的。因为英国的政权还在资产阶级手里,劳动界还被改良派的蒙蔽,即使得到参政权——国会里的议员职务——也不过帮着资产阶级敷衍门面,劳动妇女的真正解放还远着呢! 英国资产阶级的妇女运动还有几件事,可以说一说的。

英国妇女结婚后一定要把自己的国籍改为和她的丈夫的一样,这种法律现在仍未废除,并且法律上对男子往往是较女子优待些。因此妇女们不满意而要求改正这种法律,并将要求改正案提出于下院,但未批准。

英国牛津大学的女学生运动,是世界战争开始的。资产阶级已经极端地赶着要借重女子的助力,所以女子得到了机运。女学生提出学校看待她们应和男学生有同等资格的要求。因此学校当局已承认女学生和男学生可以得到一样学位,并在名义上女学生和男学生也可一样的为大学正式生了。但剑桥大学女学生屡次要求,终未达到目的。

现在英国一般妇女的状况大概是高等妇女已经得着很小的解放。一九二二年末季英国维特令瓦姆夫人(Mrs.Wintringhan)已当选为下院议员,如果全般情形来看,妇女地位,仍旧不能和男子一样;关于双亲对子女的权利和责任,父和母是不平等的。所以一九二二年秋末,妇女大会里又提出要给予母亲和父亲一样的资格的决议案,以及其他要求等等,可见男女真正平等,在英国也还没有实现,至于平民阶级的妇女,在工厂、农村里工作的妇女群众,她们既不能有真正的参政权,真能代表的议员,永世也不能被选,又不能得母性以及其他的妇女权利之保障,失业的妇女非常之多,孕娠的女工不能得到充分的休息和调养。其实这些妇女却是对于社会真正有极大的贡献是社会的生产者;可是得到参政权的却只有寄生阶级——富人的妇女。这大多数平民妇女的解放当然只有无产阶级革命和共产主义实现的时候了!

C.美国妇女运动——立宪派之妇女参政运动二

美国妇女在参政运动方面的功效,却比各国来得多,所以世界一般人都称美国为女权运动的摇篮。但照实际的生活看起来,如妇女结了婚就在她丈夫姓名前加写(Mrs)，妇女自己的姓名完全没有；妇女也极少有独立管理财产的权限，至于矿厂中女工和工人妻女的地位更是惨不忍睹，这所谓妇女运动的摇篮中，不过长出几个有打网球、打字等类本事和"自由"的资产阶级妇女罢了。

现在我们且单就资产阶级的妇女运动论，美国是合四十八州组织而成，宪法上对于各州妇女有无参政权没有积极的限制，一任各州的自由规定。现在四十八州里面，却有三十七州承认妇女参政，不过略有程度之差别罢了。但若要使美国各州都承认妇女有完全的选举权，并确立彻底的妇女参政权，必得把合众国宪法修正一下。这种运动，也和英国一样开始于欧战之后，承认妇女参政的宪法修正案，于一九一九年五月二十一日在下院通过，同年六月四日又在上院通过。这次修改之后美国宪法对于妇女选举权的限制，要比英国少些。

美国资产阶级妇女的这种权利是怎样得来的呢？一七七四年至一七八三年的美国独立战争中，妇女们与男子同历艰辛，同尽义务，曾对于国家有很大活动和贡献，所以到了一七八三年在菲拿泰尔菲阿(Philadelphia)开宪法会议的时候，美国妇女便第一次获得选举权。这时妇女享有选举权的，全美十三州中已有九州（是时美国只有十三州），还有四州只限于男子有选举权。所以美国妇女屡次向宪法会议要求将妇女参政权明明规定于宪法中，始终被拒绝，把妇女选举权的事听各州的自由，不久，又把已承认妇女参政的九州，在宪法里加入"男子"这种字样，于是美国妇女又全然没有选举权了。

但在次年独立战争的奴隶解放运动中妇女运动又重新开始。当一八三〇年至一八四〇年的十年间奴隶解放运动的全盛时代，格勒孙(W. L.Garison)替当时被压迫的奴隶组织了一个"奴隶废止会"谋奴隶制度的废止。这时妇女大受刺激，也组织了一个"非奴隶妇女会"，推莫特(Matt)女士为会长，与格勒孙的"奴隶废止会"互相呼应。一般妇女因受外界刺激格外坚固，她们的团体把援助奴隶的目的移到男女平等的运动。经此到了一八四八年，就在纽约，撒拉凯傅尔士(Seneca Falls)组织了一个"妇女权利会"（Women's Rights Convention），仿照美国独立宣言书发表女权宣言书提出于议会，得了满场一致的可决，然而议会以后，被社会嘲笑诽谤，这一运动因此仍归于空谈。但是妇女运动并不因此而停止，加以与一八四八年二月革命有关系的欧洲妇女纷纷到了美国，与美国妇女互用呼应，所以美国妇女参政运动气势更加大起来，鼓吹遍于全国。各处都组织了妇女参政团体。内中最著名的，就是以安宿里（Anthony）及师旦登为首领的"全国妇女参政协会"，以及师腾（Lucy Stone）霍女士（How）为首领的"美国妇女参政协会"（这两团体到了一八九六年合并）。此外还有大学学生所组织的"大学平等选举权同盟""全国劳动者同盟联合会"等都极端赞成妇女参政。这些妇女团体所主张的大约是"贯彻美国宪法的精神"—— 她们说，美国宪法和独立宣言都表示人皆平等，男女本来是同样看待的。从此以后，美国妇女选举的要求日见成效。承认妇女参政的宪法修正案于一九一九年完全通过于联邦上下两院，并于一九二〇年得到各州四分之三以上的批准。宪法改正的结果，满二十一岁以上的美国妇女约二千五百万人都获得选举权利。将来各州女子在参政方面很可以得到胜利，因为她们在过去的运动中实有百折不回之志！

本来在十九世纪前半期，欧洲各国妇女教育全无头绪的时候，而美国的女子中学教育已经斐然可观，所以美国妇女得到平等教育最早，她们运动的进行比任何国都顺利些。但是美国高等妇女虽因受教育，能在社会上活动，尤其因为她们尽力于帝国主义的战争以赞助屠杀各国农工平民的功绩，得着了些解放和参政的权利，然而美国的平民妇女却仍归处于重重压迫之下——譬如历次大罢工里，美国资本家总是造谣说某某女士与罢工首领发生暧昧关系，这些牺牲女工名誉以破坏罢工的手段在美国简直通行极了。总之利用男女关系的不平等以压迫男女劳动者，是美国社会中极常见的。及其他压迫侮辱女性的地方，说不胜说。劳动妇女现在已经知道参政权或是选举权，实际上并不能解放她们，所以她们已努力参加无产阶级革命运动，以求推翻美国帝国主义——现时世界的统治者——彻底的妇女解放才能实现。

　　D.德国及北欧的妇女运动——女性派之母性保护运动

　　欧美妇女运动中可说有两派:一就是美国女权运动家安东尼(Susan B.Anthony)主张以参政为解决一切问题的方法;一是瑞典的爱伦凯以母性保护为最后的目的。两派的主张对于世界妇女运动都有很大的影响,受参政派影响较重的便是英美两国女子参政运动的发达来证明,受母性派影响较重的便是德国及北欧妇女运动。

　　德国谋妇女解放最早的团体,成立于一八六五年,名"普通妇女同盟"(Allgemeiner Deutscher Frauenverein)这同盟的历史可说是德国妇女运动发达的历史,所以要讲到德国的妇女运动,不能不将同盟的纲要大略一讲。

　　普通妇女同盟的会纲发布于一九〇五年,那会纲的大要是:妇女运动所取的目的和任务与各政治及宗教团体无涉。且各阶级及各党派的妇女都可一律执行。她们运动目的:(一)在教育方面要求女子中等学校必须与男学校相等,无论女子学校或男子学校也必须顾到女子的利益及女子享受高等知识的权利,并应许可妇女入各大学及专门学校;(二)在经济方面要求妇女做工必须同工同酬,年幼女子应由父母或社会负责就她们各人的所好学习,因扩张妇女教育以推广妇女的职业,增高妇女的工作能力,并且要求劳动妇女的法律保护及许多职业场所对妇女开放;(三)在结婚及家庭方面她们要求改造结婚法,无论一人或在家庭间责任与权利必须男女相等,亲权尤当双方一律,又关于私生儿的权利,主张对于私生儿及母亲须由其父负担责任;(四)在社会方面,要求妇女在国家公共事业上的解放,妇女得在社会上负责任,除去一切对于妇女限制,并保护一切女子权利。以上不过当时妇女运动的大要,这种妇女运动的纲要比较地受了一些社会主义的影响。可是德国与北欧的妇女运动,实际上却偏重在母性保护。这是因为这些国内当时的社会主义派力量较大,所以资产阶级的妇女运动,便竭力避开政治的斗争,以免劳动妇女趁机抬起头来。最初德国的婚姻制,限制非常严格,私生子等弊病因此就成了社会上严重的问题,后来经过勃莱夫人等母性保护论提倡新道德运动之后,勃莱夫人等的母性保护同盟成立以后(一九○五年),母性保护的理想遂成了有系统的组织,主要全是照爱伦凯及勃莱两人所倡导的主张,重要意义即在于改造两性道德及保护母性,不久便在社会上发生了影响。瑞典挪威的法律遂逐渐变更,允许夫妇可以两愿离婚,并且对于私生儿的保护也渐见实行,至于这些国家里对于女子教育及职业上的改革,也随着资产(本)主义而发展。自一八七三年起,瑞典、瑞士、汉堡等大学,相继开放女禁,这是妇女教育运动中成效的第一步。

在一八五○年前后的时候,德国有阿多女士(Luise Otto)、密脱女士(August Schmidt)等开始力争妇女的经济解放。到一八六六年柏林设立雷脱会社(Lette-Virein),设立此社的意义本不在妇女主义,不过在这社内养成各种女工出来,如刷印钉书之类,社长雷脱氏更设想许多适于妇女的新职业——如看护,绘画,化学品,用具,制造,雕刻等工作——以教女工。福罗培尔又提倡设立幼稚园以备新职业的发展。德国工业逐渐兴盛,男子的乡间工作移至都城。同时女子在职业上,电话电报等机关上也占到相当的工作,因此保护妇女的法律也就渐渐引起社会的注意。

可是德国的资产阶级革命,本来便是非常之延长困顿的,一八四八年革命的失败,使德国资产阶级发展,走上极窘迫而急遽的道路——在君主立宪政体之下进行。因此德国妇女运动的中心也和一般资产阶级一样,不能直接在政治上发展,而只能在妇女的本身问题上作零碎的解决。妇女运动的纲要,始终也要等无产阶级的妇女运动来继续进行。德国劳动妇女运动的领袖多是社会主义者,其中最著名的就是为社会主义流血的卢森堡女士。她们所要求的改革本不限于资本主义国家的法律范围之内,即使做立法运动,也是要求不拥护资本主义而保护女子的法律。那时并有劳动妇女团体,如"德国劳动妇女协会",竭力要求八小时工作制和职业裁判权的扩充到妇女;要求女工义务补习学校的设立;女子得被选入工厂委员会,为工厂监察人;社会或工厂应为劳动的妇女的小孩设立育儿所等等。这种劳动妇女的运动在一九一八年德国革命之后,已经处于一般的妇女运动的领袖地位。那母性主义的妇女运动纲要在资产阶级政府之下,始终不能实现——除非是无产阶级革命胜利,劳动妇女运动能赞助无产阶级的革命政府而求得大多数平民妇女的解放。

一九一八年的德国革命只是德国资产阶级的结局,妇女的参政权,虽然在这个时候得到,资产阶级的妇女就此终了,一般劳动妇女仍是处于压迫之下——因为甘心做资产阶级工具的社会民主党背叛了革命,杀戮了卢森堡女士。至于其他各国如挪威(一九一三)、瑞典(一九一五)等,大都是在欧战前后,受世界革命潮流的逼迫,资产阶级的社会才都承认妇女参政权。这也和他们在这一时期所行的社会改良政策一样,也不过藉此缓和革命,以保政权,并不能彻底解放妇女。

E.俄国妇女运动——无产阶级革命与妇女

俄国在帝国时代,无产阶级及一切妇女,都与各帝国主义的国家里一样地被压迫,处于不平等的地位。在一八四〇年妇女参政的要求曾有几次,但无结果。俄国简直可以说没有单独的妇女运动,为无产阶级的解放与其实现的奋斗,以及别的种种企图,创立民主国家的运动,都是由于男女革命家共同从事的。俄国资产阶级自己没有力量革命,所以也没有力量解放自己阶级的妇女,可以说俄国资产阶级革命是无产阶级完成的,所以俄国资产阶级的妇女实际上还是无产阶级革命解放她们的。无产阶级革命正在酝酿的时候(一九一七年春),鲍尔希维克党执行委员会,就决定发行一种对于劳动妇女宣传主义的杂志,名《劳动妇女》。后来《劳动妇女》的编辑部,为反对流血的世界大战,在那年六月召集一国际会议,发表宣言劝世界男女工人一致团结,反对战争。这事实足以给资产阶级的克伦斯基政府以有力的打击。因此在工人力争苏维埃政权而奋斗最剧烈的时候,已经获得有阶级觉悟的妇女之赞助。

　　自一九一七年十月革命成功，工人获得政权，即赋给妇女以各种政治上、经济上、社会上的权利，为世界辟一新纪元，消灭几千年来不平等的关系。自苏维埃共和国的宪法宣布后，俄国女子在事实上不仅与男子享有同样选举权及被选举权，并在行政界上很有些居极重要的位置，一切生活、经济与社会各方面，妇女与男子有同等机会。

　　十月革命开始的时候，共产党一扫对于男女关系的旧社会，竭力推崇能为革命尽力的妇女，使她们担任国家的事务。苏维埃政府初成立，柯伦奉女士即被选为人民委员。一般有觉悟的妇女大半都愿试做新政府制度的建设工作。然而大部分的妇女受资产阶级的谣言政策之影响，还不了解苏维埃政府的制度，以为"共产党人是破坏秩序的，扰乱治安的，主张妇女国有，儿童国有的"，因此对于苏维埃政府很抱恐怖而反对。但是后来妇女群众渐渐于事实上知道，无产阶级革命，却已解放她们，大半都积极起来。不但明白了以前的恐怖完全是上了资本家谣言政策的当，并且知道自动地组织起来，辅助苏维埃政府的工作，劳动立法、工会及农村协社、妇女教育等的事业。共产党少数女党员发起召集一全国劳动妇女会议，共产党中央执行委员会于一九一八年十一月在莫斯科开会。到会代表数达千人以上。由此大会以后，组织各种对于妇女宣传的委员会并在城乡设立一种特别的机关（共产党各级党部里的妇女委员会），定期召集劳动妇女的代表会议，使劳动妇女得与共产党接近。在开会时各代表都有机会去了解目前政治上的事情，更因集会之故，便有机会送派到各机关（工会苏维埃学校等）去实地从事工作，尤以关于妇女解放方面的事务为多，如妇女教育，公共食堂，母性保护等事。她们除赴会之外，并且加入各种行政机关去活动，如劳工保险等委员会（Committee For The Improvement of Labour Insurance）、母性保护委员（Committee For The Motherhood Welfare）、苏维埃各机关的审查委员会（Committee For The Inspection of Soviet Institutions）等。她们更可以研究实际上政府组织的方法与制度，因此她们还可以被派到其他各机关去实习（不限于与妇女问题有关的）。共产党对于妇女的种种设施，已经能大大发展共产党的势力,到了一九一九年秋,共产党将劳动妇女委员会改组为特立的一部,现在俄国共产党各处的地方委员会,以至于中央委员会中,都设有此种妇女部。妇女部的职务不仅登录妇女入党表的名数,并且努力开导她们,使她们参加造成共产主义社会的建设事业,实际上的工作,和妇女委员会是相同的,不过更加郑重罢了。中央妇女部曾向共产党与苏维埃提出种种解放妇女、保护女性等实际上的计划和建议。

妇女部对于妇女有利益的重要提议,有如废除堕胎处罪的法律,组织废娼特别委员会和两种保护母性与儿童的特别委员会,其中最重要的即妇女部所提出的,在法律上规定女工有到各机关去实习两月之权利,以增进她们服务社会的能力。以上诸案在几年前已通过,并且现已实行了。

共产党对于妇女经过二年半的宣传和训练,一般妇女已得了解共产主义的意义,共产党不但使她们到各种苏维埃机关里去服务,并且教育她们成为无产阶级国家实行共产主义之觉悟的有力的赞助者。现在俄国妇女女工除行政机关及一切公共机关如食堂,医院,儿童院外,还能担任最重要的军队工作,这是世界各国所未有的事。

十月革命后反革命者节节进攻,至革命濒于危境,将要失败的时候,妇女就出而为国家作战。在革命的战争中妇女的出力很多,在一九一九年当白党进攻洞河(Don Bosin)与卢干斯克(Lugansk)的时候,台尼金(Tenikin)攻屠拉(Tula)窥彼得格勒(Petergrad)妇女就和男子同赴前线,以冀扫清敌人的势力,军中的妇女队都能誓以最后的一滴血保护各城的安全。当台尼金攻下屠拉后剧烈地进攻莫斯科的时候,劳动妇女群众都参加守城的工作,当时有一女士高呼"敌人只能踏在我们的死尸上面进来"的口号,引导群众上前线去。当男子组成红卫军的时候,妇女亦组织看护队追随红卫军之后,以鼓舞勇敢的战士,使其努力作战。

一九一八年当红卫军改编为正式的红军时,那时政府才发令招募男女壮士同赴前线从军,这是政府妇女从军计划的第一声。在这个妇女初次从军的时候,信仰共产主义的妇女就组织了共产主义的妇女团体,专以在军中宣传主义与从事政治之工作为目的。因此我们知道俄国十月革命的成功,一般善战而肯牺牲的妇女实有很大的功劳。

苏维埃的妇女尤其是无产阶级的妇女,在新定政治、职业、经济、教育、婚姻等等问题,都已完全脱离从前所有一切痛苦。我们更要知道,如果当时妇女不赞助共产主义的革命,决不能达到完全解放的目的。但实际上没有妇女的援助,于劳农国家的确立和发展,亦很不利。她们已觉悟妇女运动是革命的,妇女的解放,全赖被压迫的劳工解放,所以她们的成功,比世界各国妇女运动都伟大。

欧洲各国妇女运动的发展都随着革命势力而前进的,英美法德等的妇女运动虽经过几次革命的机会,然而始终是片面的、单独的、不深入妇女群众的——因为没有无产阶级的革命——因此,所得效果毕竟不能得到完全的解放。而所得的参政权,也不过高级妇女能享受,至于其他下层妇女还是不能得到真正解放。

各国妇女的要求,虽然各以国内的情形而不同,但大部分如女子参政、保护母性、职业解放、经济独立、教育平等的要求,是各国相同的,因此更进一层,妇女运动是有国际性的;只因为各国资产阶级都是互相斗争,所以资产阶级的妇女运动始终不能有国际的联合。各国劳动妇女运动联合战线的事实,却在历史上已经发现——就是三月八日的国际妇女节。在一九一〇年,女社会主义者,第二次国际会议在丹麦京城开会,决定这三月八日为国际妇女纪念日。次年,德美两国妇女节,在该日举行群众的示威运动;在奥京维也纳有女工八万人参加,其标语为"妇女参政""女工保护"等。此后三月八日遂成为各国妇女革命宣传与团结的日子。一九一四年至一九一八年的世界大战期中,各国女社会主义者务须想在这一天组织反对战争的示威运动,总是被警察严重的压迫而制止,只有挪威妇女在一九一五年做了一次大示威运动。一九一七年三月八日圣彼得堡女士游街示威要求面包与和平,此实为俄国革命的导火线。革命成功后,三月八日在俄国为劳动妇女拥护无产阶级的胜利与赞助苏维埃政府建造新社会的检阅日期。自一九二〇年共产国际妇女书记部成立以后,东西各国都承认三月八日为国际妇女运动的日子。三月八日国际妇女日的意义,即是全世界劳动妇女警醒自己与集合自己的势力,以参加革命运动求妇女解放的日子。

照以上的历史看,更使我们明白妇女解放运动在事实上应该有国际联合的必要。这是现在社会情形和过去的历史告诉我们的,要脱离几千年来女子的屈服而得到完全的解放,决不能消极地从男子那里去哀求,而要积极地破坏现社会的经济组织——资本主义的社会制度。但是怎样才能破坏它呢?必须联合世界无产阶级革命的运动与同仇同敌的被压迫民族向世界的统治阶级进攻,才能达到圆满的妇女解放目的。

(四)中国妇女运动之过去与现在及其将来

中国是一个落后的国家,一切都落后些,尤其是妇女运动。我国妇女运动开始于辛亥革命的时候,当一九一一年第一次革命起事,有些女子参加在内,并且组织女子北伐队和红十字团在战地救护伤兵。后来临时政府成立,主张男女平等。保护国民利益的孙中山先生被举为中华民国临时大总统。一般高级的女子,向政府要求女子参政、教育平等、婚姻自由、废止蓄奴制和娶妾制等,并且广东临时省议会中,居然有几个女子被选为女议员,这是中国妇女得到些胜利的第一次。不幸广东政变,把女议员资格取消了,女子参政会也被解散,北部的妇女参政运动也在无形中消沉下去了。袁世凯等的北洋军阀战胜革命,代替清廷做帝国主义统治中国的代理人之后,妇女运动也就当然同受摧残。何况那时的妇女运动仅限于少数知识分子或女政客,并未有群众的基础呢。一九一九年五四运动的学潮中,女学生在学生运动中显露了些力量,与男学生共同奋斗,因此在中国一般人的心理渐渐注意到妇女问题。所谓婚姻自由、妇女解放、男女同学等等的论调,不断地在文学上表现出来。于是妇女运动在中国的思想上,惹起很大的影响。

自中国有几省采取省自治的制度后，一九二一年广东的省宪起草时，广东的女界领袖要求女子有参政权，于三月二十九日举行一次大示威运动，约有五六百人参加游行，并到省议会前请愿。她们虽然不能得到投票权，但她们却得到了参与市政的权利。在这一年秋季，湖南省宪成立时，王昌国女士竟被选为省议员。其他被选为县议员者，亦有十数人。浙江和四川两省的新省宪，也确定了女子有投票权，这是五四运动影响到妇女运动的第二时期。

一九二二年夏季，北京国立法政专门学校和北京高等师范的女学生相继发起了一个女子参政协进会和一个女权运动同盟会。不到数月，这两个团体的分会已在直隶、山东、江苏、江西、浙江、湖北、湖南、四川、广东、满洲等处成立。这些团体的目的，却与英、美、德诸国所提倡的女子参政、保护母性等是一样的。不过参政派的意见，谓政治问题为解决一切问题的枢纽，故女权运动只需着重于参政一点。而女权派承认参政运动的重要之外，还要注意财产、职业、婚姻、教育等问题。她们组织团体之后的工作，在上海方面值得我们注意的就是：

（一）曾要求北京清华学校考送女生出洋；

（二）致书总邮务司招考女生；

（三）代丝厂女工呼吁，致书丝茧总公所要求三条件：(1)每日工作时间不得过八小时，(2)十四岁以下的男女幼童都不得工作，(3)每星期须有一日休息。

除以上中国知识分子妇女所组织团体之外，还有基督教的妇女团体的活动。如基督教女青年会中，英美妇女会、妇女节制会等。她们过去的工作也有设立工儿院、取缔童工制，并宣传育婴卫生、节俭及禁止无益嗜好，如烟、牌、赌等。基督教初入中国时，曾经提倡放足，反对祀祖、溺女的宗法风俗，仿佛是进步的运动。但是自从新文化运动发生，教会的宣传便一转宣传贤母良妻主义、小家庭主义，竭力防止中国妇女的进步和革命思想，并与孔教合并，压迫妇女。同时他们还继续做慈善运动与道德运动，想以此结欢于中国社会，而掩护其反对民族解放运动之实。她们的帝国主义宣传,往往能以勾结中国的(统)治者阶级,助长守旧派压迫妇女自由的力量。

以上的妇女运动之外,从一九二二年以来,向来所不注意的劳动妇女渐渐也参加社会生活,而开始群众的妇女运动。因为国际资本主义的发展,把数千年农业生产的中国日积月累地近代工业化。他们在中国设立工厂,把成千成万的家庭中的妇女集合到工厂里去做苦工。中国的资产阶级也渐渐发展起来。女工们因为受了中外资本家的压迫,自然要起来奋斗。她们开始参加罢工运动还在一九二一年的浦东英美烟厂的罢工,随后全国工人运动的高潮里便不断地有女工参加,于是中国劳动妇女运动从此开端了。

在最近几年,中国国民革命运动,一天高似一天,因此,从国民革命的高潮中产生一种革命的妇女运动。一九二四年,当曹吴失败,孙中山先生北上,主张召集国民会议的时候,几年来很消沉的妇女运动,突然又暴发在这促成国民会议的运动之中。由上海发起组织女界国民会议促成会,参加这团体的学生、女工、教会妇女等数百人。不久各地相继成立,如北京、天津、保定、河南、湖北、青岛、浙江等处都有女界国民会议促成会。并且各地女界国民会议促成会各派代表到北京参加国民会议,促成全国大会。那时可以说全国的革命妇女都已集中于削除祸国军阀、废除不平等条约的口号之下。各地女代表一方面固然以促成国民会议的使命,在北京组织全国女界国民会议促成会,参加国民会议运动的战线,要求平民妇女参加国民会议。同时别方面,各地女界国民会议促成会代表的意见,为谋永久计,以为应由各地女界国民会议促成会中又产生永久的妇女团体,于是各地先后预备组织。于是一九二五年三月,全国各界妇女联合会便成立于北京。从此之后,中国的妇女运动便开了一个新时期。

以前的中国妇女运动大半是孤立的、偏见的、缺乏战斗力,而且没有群众的,不过有一种贵族的、教会的,以上层阶级少数妇女利益为目的而活动的。所以这种妇女运动,简直没有与一般妇女群众有很大的关系。但是到了一九二四年所产生的革命的妇女运动，确已参加到中国民族解放运动的队伍与社会发生了密切关系，并且有劳动平民的妇女参加，这要算是中国妇女运动的进步了。

当初，中山先生北上的目的本是实现民众的政权，但是段祺瑞对于中山先生的主张阳奉阴违，以外崇国信，谄媚于帝国主义之前；以善后会议拉拢各派军阀；以遥遥无期的国民代表会议欺骗国民，结果恢复最恶劣的安福政府。既以处处牵制接近民众的国民军，阴谋驱使杨、刘、陈炯明等破坏广州革命政府，又复放任奉系军阀的势力发展，以致演成后来种种祸国殃民及空前未有之五卅惨案。中山先生竟于一九二五年三月十二日逝世。民众既失去了最能保护人民利益的革命领袖，又增加了妨碍人民的、卖国的安福政府。于是资本帝国主义又得了一个意外的工具。日本帝国主义趁此便向中国民众进攻，(在)各地民众运动(中)惨杀工人。五卅屠杀的起因，实基于此。手是男女学生、男女工人共起反对，(在)沪、汉、粤、津的大惨剧全国学生罢课、工人罢工、商人罢市的大运动里，各地的女学生及革命的妇女团体，都投身到民众示威运动，参加革命中的种种工作。这时候，上海有几个女学生也与男学生同时入狱。她们在上海外国政府的监狱里，还是不屈地口里唱着"打倒帝国主义，废除不平等条约，收回租界"等等的口号。在五卅后，各地革命的妇女组织宣传队到群众中演讲，帮助女工，训练女工，替她们组织纠察队、演讲队；另一方面为工人募捐。投身于女工群众的革命妇女，每日自晨五六点钟起直到晚间九十点钟，还在那里服务。单就上海一隅而论，五卅后两三星期中积劳成疾者已达数十人，但其中没有一个人怠工偷懒的。因此向来无知识的女工也知道应该以坚持罢工的手段来反抗帝国主义和军阀。她们自己都渐渐地能组织、能工作。工会之中，女工领袖后来都成为工会运动中的中坚人物。从此国民革命中有了劳动妇女的生力军了。

五卅运动中最能牺牲，最能坚持的，还以工人为首。上海的罢工坚持到了三四月之久。工人每日只得很少的补助。女工家务的(烦)累尤其来得重,往往有典衣饰度日的。然而,如果不是总商会故意停止维持费,奉系军阀以强暴方法压迫,工人虽然饥寒交迫,至少还可以坚持半年几个月——因为我们在一般的观察和亲身的谈话之中,知道五卅运动中不但是男工,就是一般女工,也明白上海工人的奋斗,不但是为本身争刻不容缓的利益,并且担负着为中国一般平民争自由解放的重任。随后,上海罢工虽因摧残而终止,然而各地工人,尤其是广东,其次是天津仍在继续组织自己不断的斗争。这些地方的女工也都参加。各地的反奉、反日的示威运动中,女工总有很多的参加,并且还能演讲"劝商人觉悟,援助工人,全国一致团结起来,启封工会"等。在这种事实里,已表现她们有伟大的力量,贡献到国民革命了。

五卅运动因卖国军阀与帝国主义的勾结,以致到现在还没有结果,这是全国人民所痛心的一桩事!但全国学生、农民、工人、妇女的群众决不因此而消极,还是抱了积极的宗旨,继续与帝国主义和军阀奋斗。单就妇女运动而说,五卅之后也格外发达起来,一般妇女参加国民革命战线的,也越发多起来。这是因为得了五卅惨案的教训:(1)中国一部分女工已经觉悟,以后必须要参与政治运动;(2)尤其是中国无产阶级的妇女已经认清了谁是敌人、谁是朋友,知道要反抗强有力的世界资产阶级必须自己的团结,联络各国的工人;(3)妇女运动不是孤立的,而且应当参加民族解放运动。妇女运动只有参加于总的革命运动之中,才能得到尽量的发展;(4)妇女自身的组织,必须更加切实,更加民众化。兹将三年以来所组织的妇女团体及其工作列表如下:

一九二四年至一九二六年中新组织妇女团体

组织时间	名称	地点	会员	出版物	实际运动	分会及其地点
1924	妇女解放协会	广州	一千以上	《光明》	参加国民革命运动；劳动妇女运动及农妇运动	海丰(20余人)，顺德(50余人)，韶关(200余人)，新会(30余人)，梅县(200余人)，琼崖(70余人)，尚有惠州等处分会约有十四个。
1925	女界联合会	福建厦门	未详		女权运动	未详
1924	妇女联合会	广西梧州	数百人		参加妇女解放运动参加国民革命运动	未详
1925	各界妇女联合会	上海	五百以上	《中国妇女》旬刊	参加民族解放运动，劳动妇女及女学生运动	南市分会已成立其他尚在筹备期间
1924.11.	妇女运动演讲会	上海	无定		每月召集一次目的为使女学生获得研究妇女问题的机会	
1925	湖北妇女协会	湖北武昌	八百以上	《湖北妇女》半月刊	女工运动	
1925.12	广西女权运动同盟会	广西	未详	未详	十二月十日举行示威运动到，民政里[厅]请愿三条件：1.要求中国国民党第二次代表大会应有女权代表参加；2.凡男子中学须收容女学生；3.要求津贴妇女运动经费	
1923和25年	背景各界妇女联合会，全国各界妇女联合会	北京			参加民族解放运动指挥各地妇女运动	
1926.11.1	女界联合会	河南	一百余人		办工读学校	

组织时间	名 称	地点	会员	出版物	实际运动	分会及其地点
1925（未详）	女界联合会	湖南衡阳	三百以上	《妇女先锋》（总会）《湘南妇女》（分会）	女权解放运动	分会已成立衡阳、常德两处，其他尚在进行中
1925	青年妇女学艺社	湖南	二百以上	《青年妇女》	反对反动教育，研究学艺	
1926	安庆妇女联合会	安庆	未详			
1926.7.8	各界妇女联合会	浙江宁波	一百以上	未详		
1926	各界妇女联合会	天津	二百以上			
1925	女青年社	江西	未详			
1925	妇女协会	唐山		《唐山妇女》	参加一切妇女解放运动	
1925	女界联合会	青岛	七八十人		女工运动	
1925	妇女学术学[协]进会	山东	一百以上		学生运动	
1925	女权运动大同盟	山东	未详		妇女解放运动	
1924	青岛电话局女子进德会	青岛	五十以上		女工运动	
1925	妇女运动社	南通	数十人		反对旧礼教	

组织时间	名 称	地 点	会 员	出版物	实际运动	分会及其地点
1926.5	各界妇女联合会	南京	数十人			
1926.6	归[妇]女联合会	苏州			在筹备期间	
1926.5	妇女联合会	吴江			在筹备期间	
1926.5	女界联合会	温州	一百左右			

　　表中的妇女团体已有廿六个,除廿六个团体之外,还有许多分会。因此我们知道中国妇女团体的增加实是妇女有结合的表现。她们的经济力量,万分艰难缺少,这大家都知道。然而在这艰难之中,她们还能做许多实际工作,不可不算她们是努力而奋斗的。参加以上运动的大概不外青年的女学生和女工。她们的组织渐渐地能群众化,她们的工作也和以前的女权派、参政派不相同,不仅仅是请愿和宴客,也不仅仅是文字上的理论,偏于女性主义的高论。因为她们已经觉悟,不但要以妇女的资格谋自身解放而且要以国民资格谋被压迫人民全体的解放。

　　可是我们应当知道,在目前的中国妇女运动,虽是比较得算是急进的、乐观的,但是一般妇女还是很消极、很隔膜,尤其是知识分子的妇女为甚。其所以消极而隔膜的原因:

　　(1)大多数妇女与社会不接近,

　　(2)陷于宗法社会教育或教会教育的很多,

　　(3)知识分子妇女之个人主义和心理太浓厚,

　　(4)环境的压迫非常严重,

　　(5)过去妇女运动的差误以致失信于一般知识妇女,

　　(6)妇女依赖性太重。

　　实地去做妇女运动的人,往往因以上几点原因感觉到不易进行。虽然知道运动要深入妇女群众才有效果,然而一般妇女因环境的压迫及旧礼教的束缚，不愿接受妇女运动的敬（洗）礼。当然中国妇女之中，有一小部分，简直是买办阶级或绅士阶级的心理，非常之恐惧革命的运动，我们可以不必说她。还有许多女学生，以知识为嫁丈夫的新式嫁妆，只打算将来的个人幸福，因此只知道读死书，甚至于报和杂志都不愿看。但其中亦有许多觉悟的女学生不愿像一般无聊的人一样。她们想组织团体——学生会或定购书报，但是学校当局以为这种学生是不好的，是过激的，常常监视她们，压迫她们。即使这种学校里偶然组织了学生会，也不过一个形式上的团体。因此，较觉悟的学生也因受学校当局的压迫和四围消极堕落的空气所包围而不能有所动作。

妇女运动之中必须要有先进的分子做中坚，渐渐地引导一般市民，以至于农村的妇女群众，进行一般的解放运动。如今多数知识的青年妇女，尚且如此，有这种消极的现象。妇女运动还不能有广大的发展。只有劳动妇女，随着工人、农民运动而发展罢了。其次，在文化落后的中国妇女中，实在不容易找出几个能计划、能活动的人才，尤其是缺乏有政治知识的人才，于是办事上、计划上不免有许多缺点和差误，以致不能迅速地引起一般妇女群众来注意。

中国妇女运动是很困难，然而我们必须有坚强的意志，从困难中找出生活。第一，我们应时时刻刻分析客观环境的情形；第二，我们应当努力组织训练如何能依照客观情形决定我们运动的方略和目标，继续不断地进行下去，达到最后的目的。

（五）中国妇女之状况与国民革命

A.宗法社会下之妇女

中国几千年来人民的生活建设在农业经济的上面，政治是封建的政治，伦理是宗法的伦理。在这种情形之下，绝大多数的人民自然是处于被压迫的地位，受不平等的待遇，强者、智者、富者的绅士阶级可以行施威权欺凌弱者、愚者，贫的平民阶级便是生成的鱼肉，敢怒而不敢抗。加以自十九世纪以来，世界资本帝国主义的势力扩张到中国，以经济政治文化的压迫,使中国成为半殖民地的国家。中国人民屡次的反抗,都归失败。虽然经过辛亥革命把专制政体推翻,一变而为共和,然而十四年以来,还是封建军阀把持政权,年年互相战争,祸国殃民,这些军阀士绅做帝国主义的工具,正在努力遏制摧毁一切的反帝国主义势力和革命运动,妇女的解放运动当然也在其内。中国的妇女也呻吟于这宗法社会和资本主义相糅杂,军阀统治和帝国主义相混合的社会制度之下,受重重叠叠的痛苦、压迫、剥削、束缚。

中国妇女自从家族制度成立,有了家庭的组织,便发生许多道德上、法律上、习惯上的不平等待遇。从前的儒教圣贤,如孔子、孟子,无不极力提倡对于女子的压迫和束缚,轻视女子,侮辱女子。《易经》上明明说:"女正位乎内男正位乎外。"《论语》上说:"惟女子与小人为难养。"当时的宗法社会的经济是如此——必须束缚女子于家庭奴隶的地位,绝对的尊崇父权和夫权。几千年来订定了种种规则,压抑束缚,蔽塞聪敏,使女子永无教育,永无能力,成为驯服的牛马和玩物,孟子说:"母违夫子,以顺为正。"简直看了女子没有人格。宋代的儒者又说"饿死事小,失节事大",这些看轻女子的话,影响直到现在。社会中一般守旧顽固的人,还以此借口,为束缚女子的工具。可怜还有许多女子自己愿意承认着这种信条呢!尤其是一般市侩式的普通妇女。唉!这算是儒教正人心维纲纪的丰功伟绩。据说道德是人类共守的规律,可是男女同是人类,而所守的规律,为什么不同?这样,我们知道所谓道德,不过是欺骗女子杀害女子唯一的武器。

我们再看一看中华民国的法律上,规定非男子不能有选举权,至于被选举权更不必说了。在民法(总侧之部)上,第二十六条限定妻之能力属于日常家事范围,而其他行为,一切都须得夫之允许,否则一概皆可取消;其次,民律草案继承之部,规定男子对于父之遗产有继承权,女子则不能继承。这种法律,无非偏重男统。其他对婚姻制度、童养媳制、蓄妾制度等的习惯法和风俗,也无不是压迫女子的。

数千年以来女子的生活,就被有形的或无形的法律道德等等所束缚,暗无天日。她们在家庭中终生为父为夫为子的奴隶。

B.资本主义之下的妇女

至于第四阶级的劳动妇女,她们所受的痛苦更甚于普通一般的妇女。

上海是为全国产业工人最发达的地方,知道了上海产业工人的状况,就可以明了各地状况是如何了。

一九二五年夏天,上海总工会所属的产业工人已达到二十一万的数目,加上还没有组织工会的工人,大概总在三十五万以上。这是因为上海的大生产发达,所以需要这样多的"工钱劳动者"。这种大生产的特点是扩充了"劳动"的"购买"与"出卖"的市场。因为大生产机关(工厂机器电力马达)的发达,货物增加与成本低廉的缘故,把一切手工业、家庭工业经济的社会搧碎,这是一般资本主义国家里的共同现象。中国受帝国资本主义的侵入和自国资本主义发生的影响,也就发生这种现象。一般家庭工业者、手工业者,以及因此而破产的农民都失望,她们加入"劳动力出卖的市场"里去。而资产阶级为发展自己利益计,需要最低廉的"劳动力",就是女工童工的劳动力。因为产业革命以来的生产事业中,工人不过做机器的附属品,动一动手,拨一拨机器就成了。用不到多大的劳力,所以这种工作妇女孩子都能做得来。而且妇女和孩子是易受威吓、欺骗,忍得住侮辱,抵抗力薄弱。且妇女和孩子不要负担家庭责任的为多数,只不过顾到一人的生活,所以索价就廉了。资产阶级何乐而不雇用这些廉价的"劳动者"? 一般穷苦妇女也就因破产失业,被驱迫着到这"劳动力出卖市场"里走去,直到被雇用而进厂工作。现在上海二十一万产业工人中的调查,已经给我们知道女工差不多达到半数以上。

在上海的大产业有纺织工业、缫丝、丝织工业、烟厂、针织工业、蛋厂、肥皂厂、印刷、铜[钢]铁机器厂、造船厂、海轮、铁路、自来水厂、电气厂等的工业(其他手工业、女裁缝、家庭雇佣等还不算在内)。在这许多产业里面,前面七种产业,都有妇女做工。而尤其以纺织工业,缫丝与丝织工业及针织工业(袜厂、毛巾等厂)需用多量的妇女,因为这种轻便工业是适合于妇女的工作。在这许多产业中女工约有十余万,其中以纺织、缫丝女工为最多,次为烟厂、蛋厂等。她们的生活非常之惨酷,每天工作时间大概要有十二个钟头以上,每天的工资平均起来最高的七八角(少数的工头),最低的大多数不过一二角。她们做得少许不好一点或是晚到几分钟,或是和工头及管工回骂几句,就得扣罚工钱,常常被工头打骂。如果生得好看点女工,还要被男工头、巡捕、包探等强奸。有些不得已,只好忍辱偷生卖了劳动力还要牺牲皮肉,因为如果坚决拒绝,势必致于被他们开除,便没有饭吃。生得不好的女工,更容易被人欺侮。还有一桩黑幕,就是最高的工头要向以下的女工头借钱(不还的),而下的女工头要向她们所指挥之下的女工借钱。如果不答允,做工头的人,就以别种名义告诉厂主,将她开除。这种情形,尤以某某烟草厂为最多。有些女工还要负担着家庭中的老年的父母翁姑的生活,她们每天所得的工资,往往不够开支一天的用费,所以她们遇有做夜工的时候,很愿意地大家争得要做,即使自己不愿意,翁姑丈夫的威权,也迫着她们去做。然而她们的精力有限,到了第二天免不了要疲倦,以致被打骂!女工娠孕生产的时候大半不但没有医疗费,还要扣除工钱。有小孩的女工,不准在工作时间哺乳。母亲做十二小时工,小孩便得饿十二小时。有些工厂里甚至于限制工人大小便的次数,尤其是女工。有一工厂大小便时,工人须领取"牌照",而在三四千人的工厂里,这种"牌照"只有六块。工厂里,如纺织、缫丝、烟草等厂,空气都非常之坏,每年工人因此得肺病的,总在百分之七十以上。生活程度日日增高,但是没有听见哪一个厂依着生活程度的增高而加添工资的!最可恨的,就是一般厂主利用女子没有抵抗力而格外加以侮辱剥削,男女工资大半是不平等的。一般社会上还要对于女工分外的贱视,譬如"湖丝大姐"一名称,差不多成了暗娼的别名,家族亲戚之中看到上海厂里做工的女人,都是最下等的贱妇。因此,女工待遇改良的运动,简直不能得社会上丝毫的注意和同情。这些"上等社会"从五四以来,也不知听了六七年来多少方面的劝告,如戴季陶先生所主张的劝告主义,其实已经行不少时候,始终只有女工自己起来奋斗,表示自己的力量之后(五卅及从前的纺织的工厂烟厂等的罢工)现在才得很小很小的改良,社会上面才开始略略注意她们。帝国主义的基督教还要到工人区域及乡村里去,做所谓慈善事业、文化事业,欺骗女工农妇,做帝国主义的宣传,以新式的束缚妇女的思想,驯服他们所要的奴隶,帮助中国旧礼教的不及。

中国女子处在这种宗法社会与资本主义化的社会环境之下,所谓"人剥削人的社会制度"之下,过非人的生活,第一,多数的女子也同多数的男子一般,都为富豪所束缚、所压迫、所剥削;第二,女子为仰望以终身的丈夫、翁姑所束缚;第三,女子在道德上及知识上,又受一般社会和家庭所束缚。这三种束缚已足以致女子的死命。况且还要加上帝国资本主义的压迫和剥削,尽量压榨这些早已经带着锁链的妇女劳动者的汗血!

C.中国妇女与中国革命

中国的妇女既然处于这种状况之下,她的职任,当然便以要求一般妇女之职业上、教育上、法律上、政治上的平等和自由,要求劳动妇女生活待遇的改善为最低限度的政纲,为最近的目标。可是对于妇女的压迫,在现在的政治、经济状况之下,已经不是纯粹的宗法社会的旧制度;中国一般民众的压迫者——帝国主义和中国的统治者阶级——才是维持这种制度的主要力量,所以妇女运动必须参加国民革命运动。就是要先脱离各帝国主义的政治经济的压迫,然后能达到初步的妇女解放。因为必须国民革命成功,然后政治上,法律上才能得到改革的可能,教育上、职业上才能实行大规模的新方针。劳动妇女的生活状况,才能因她们的阶级斗争而得到比较多的改善。况且全世界的妇女运动的开始和成功,在事实上与各国革命运动都有很密切的关系。以上已经讲过(原文如此,指沈剑龙),法国妇女运动的开始是由于"人权""自由平等"呼声的影响,是法国大革命的产物。英国妇女参政运动是由于"民权主义"运动的副产。美国妇女参政运动的发展由于革命运动中之奴隶解放运动的高涨。俄国妇女能得到完全的解放和平等,是由于十月无产阶级革命的成功。就是说到中国妇女运动的第一声,也是出发于辛亥革命的时候。最近的发展,也是近来国民革命运动高涨的结果。过去的历史已经明明白白告诉了我们,妇女运动不是单纯的女性主义的运动,而是联合其他被压迫民众共谋解放的革命运动。

所以说,在中国妇女必须以全力来促成国民革命的实现,谋中国民族独立。然而要国民革命能实现,必须使中国革命的女学生和大多数劳动妇女来参加反帝国主义和反军阀的战线,尽革命的义务,这才有达到妇女解放的可能。因此只有中国革命的胜利能和世界各国被压迫民族以及无产阶级:合力奋斗,以彻底推翻帝国主义——资本主义,然后在社会主义建设的过程里,妇女才能渐渐地得到彻底的解放。

(《妇女运动和国民革命》序:妇女问题是社会问题之一环,所以妇女运动与整个的社会运动是有着不可分离的联系的。只有在整个的社会有了光明的出路时,妇女问题才能得到正当的解决。瞿秋白夫人杨之华女士,在民国十六年曾著有《妇女运动与国民革命》一书。该书出版后曾风行一时,后因种种关系暂行停版。在这一小册子里面,不仅对于一般妇女运动的意义和发展过程有确切的阐述,而且对于中国妇女运动的实际情况和应走的道路亦有明确的叙述和指示。尤其对于中国妇女运动必须参加国民革命运动,促成国民革命的实现,完成中华民族的独立一层有详尽的解说。在民族危机这样重的今日,我们将这本小册子重新出版,或者不无相当意义吧。中华民国二十七年二月)

太平洋劳动妇女和反帝主义的斗争

——在1929年8月太平洋职工大会上的劳动妇女问题的报告

报告内容:(一)太平洋各国劳动妇女与工业合理化;(二)工业合理化与社会的影响;(三)太平洋劳动妇女在经济斗争和反帝国主义斗争中的作用;(四)赤色工会今后对于太平洋劳动妇女的任务。

在这次太平洋职工会会议上讨论太平洋劳动妇女问题是有很大意义的,就是当帝国主义挑拨大战进攻无产阶级祖国的时候。赤色工会要号召太平洋沿岸的劳动妇女群众站在自己的阶级利益上来反对帝国主义残酷的战争。

帝国主义者已经准备了,并且一再是事实上表现了他们是不可放松地在那里进行着开始着对苏联、对太平洋无产阶级进攻了。因此太平洋沿岸的劳动妇女群众要加紧预备参加反帝战争的斗争。这就是在大会上要讨论劳动妇女问题中之中心任务。

太平洋沿岸的劳动妇女,尤其是中国和印度的劳动妇女,他们在反帝国主义和反军阀斗争的历史中已具有特殊的意义。

一、太平洋各国劳动妇女与工业合理化

资本主义发展到财政资本的阶段上,争夺国外市场——殖民地的斗争,发展到极剧烈的程度。他们像强盗一样地到东方各国去找寻出路,使东方落后的国家殖民地化,他们在殖民地和半殖民地上,榨取额外利润,一方面有现存的市场,另一方面有廉价的劳动,尤其是女工和童工。最近资本足以工业的合理化,更多半是靠着残酷地剥削女工和童工而实现的。远东各国,无论是帝国主义的日本,或是殖民地及半殖

民地的国家——中国、印度、朝鲜、爪哇等,对于女工、童工的剥削一天利害一天,女工和童工在数量上也一天加多一天。在产业工人的数量上平均女工占全体35—40%,尤其在纺织工业中女工所占数量更多。

远东各国女工童工统计表

年份	国名	工业部门	女工人数	女工百分数	童工百分数	女工总数
1926	日本	纺织	800.000	82%		
		纺纱	174.827	77%		1.200.000
		化学	60.000			
1928	中国	纺织	160.000	70%	12%	
		丝厂	200.000	89%	15%	800.000 江苏388.000 浙江18,200 武汉110.000 广东123.000 北方9.500
		棉织	100.000			
1921	印度	矿业		52%		3.700.000
		纺织	157.046	42%	36%	4.000.000
		种植	358.833	97%		
1926	澳洲	粮食饮料	14.546	1.23%		
		成衣纺织	79.681	66.9%		
		书纸印刷	9.470	8.01%		118.212
		其他	15.115	12.79%		

(注)一、童工在表中只有对工人总数的百分数,没有找着总的数目,女工百分数是指对于工人总数的百分数

二、高丽产业工人共83000人,其中女工童工总共有23240(百分数28%)

附一九二六——一九二七澳洲男女工人比较表

地名	男工	女工
新南维尔斯	138.309	44.884
维多利亚	108.969	52.640
昆斯蓝	40,493	7.640
南澳大利亚	34.980	7.184
西澳大利亚	16.799	3.625
大斯麦尼亚	9.485	2.290
总数	349.035	118.212

(注)一、澳洲平均一年内男工增加10788而女工只增加2921人,但是女工之绝

对数量是增加的。

二、在城市中的男女工人之数量要占全国的62.1%。

综合以上情形,在东方各国被剥削的劳动妇女的数量和全体劳动比较其百分数比西欧各国宗主国高些,如日本在1927年产业工人共有4704000人,女工估计占1345150人,约占34%,在1928年十个主要工业部门内,女工和十六岁以下的女子共占全数工人52%以上,这个数目超过了欧洲女工百分数最高的德国(40%—45%)要是估计到日本印度菲列宾资本主义的种植场农业和小手工业上的女工数量(平均在50%—70%以上)更要加倍。其他殖民地上女工数量的增加更速。如英国最大的殖民地印度——从1909年—1924年印度工业的发展之中,男工数目增加83%,女工增加100%,除劳动妇女之外,还雇佣大批未成年工和童工。这种雇佣童工在中国也一年加多一年。上海是工业中心区域,据上海工部局所调查的童工统计表(租界以外的还不算)来看,已属骇人听闻。

上海男女童工调查表(上海工部局调查表)

区域	十三岁以上的男子	十三岁以上的女子	十二岁以下的男子	十二岁以下的女子
哈尔滨路	2675	3036	?	0083
汇山路	8321	8306	0443	0060
杨树浦路	11189	29293	0543	3327
戈登路	17206	30473	11087	1934
静安寺路	?	?	?	?
新闸路	0306	2.292	?	0090
虹口	0300	1950	?	0200
中央	0450	1000	?	0200
闸北	1368	15703	?	4898
浦东	2449	6269	0274	0318
西虹口	0389	4926	1454	6794
总计	44425	103241	3774	17704

右表只是上海租界一区,男女童工总数已有169144人,其中十三岁以上的男童工44425人,女子103241人,两者共计147666人。十三岁以下的男童工3774人。女子17704人,两者共计21478人。男女分

记则男童工凡48199人,女的凡120945人。一般说来,上海中外区域合并计算童工约占全数产业工人1/4。这些童工大多数是散布于纱厂、丝厂、棉花厂、毛织厂、烟草及机器厂里面,同时在上面的统计中,可以看出女童工比男童工要多2/3。

这些殖民地上的女工和童工所得的工资比西欧宗主国内的少一倍或一倍以上,同时童工所得还比成年工人少一倍。因此帝国主义资本家就能在这些国家内从各企业里——纺织业、面职业、丝织业、矿工业及在种植场中(茶,咖啡糖)获得极高的利润。

澳洲一九二七年十六岁以下的童工统计表

地名	男	女	总数
新而维尔斯	4591	5001	9595
维多利亚	4567	4041	8608
昆斯兰	1281	929	2208
南奥大利亚	1215	856	2071
大斯麦尼亚	6311	254	565
西奥大利亚	614	242	856
总数	12582	11321	23903

有女童工的

种类	数目
成衣	1784人
领结衬衫	1631人
女帽子	1403人
鞋子	917人
编织	026人
糖果	536人

有男童工的

种类	数目
印刷	1291人
自行车	925人
汽车	
机器	
铁工	909人

童工中有女童工的,如成衣,领结,衬衫等职,现在都列于前表。

过去的四年,男工增加1578人而女工增加1589人。

工业合理化对于资本家的利益日增,因为可以减少成本和劳动人数加重生产者的劳动力,而生产量可以较多。例如日本,在1927年开始时每女工管四驾车,250人做一万锭子,而到1929年每女工管六驾车,200人做一万锭子,在下面日本纺织女工生产力比较表也可以看出每一个女工的劳动是增加很多。

日本纺织女工生产力比较表如下

年月	运转锭数	女工数	一人所作的锭数
1927年5月	4672715	136472	3428
1927年11月	4706001	126212	3728
1928年10月	4918153	115518	4257
1929年2月	6171728	116503	4439

日本全国大的纺绩布工厂能率表(小工厂不列入表内)

年代	运转锭数	原料	每日生产的纱	男子	女子
1924年6月	53788	867	5676勾	8010	42995
1925年6月	63320	1013	5907勾	8782	47023
1926年6月	65542	1118	6463勾	9194	49816
1927年4月	68581	1164	6381勾	9042	45149
1927年6月	66764	1106	6191勾	8769	42753
1928年6月	60064	1131	5626勾	8070	34440
1928年3月	74236	1268	6666勾	8665	35242
1929年1月	79069	1234	6581勾	8671	3531
1929年2月	71087	318			

日本全国大的纺绩工厂能率表

年代	运转锭数(千锭)	原料	每日生产的纱	男子(平均劳动者的数目)	女子(平均劳动者的数目)
1924年6月	4108	1728捆	749勾	35764	118514
1925年6月	4671	2048捆	786	32527	139511
1926年6月	5025	2376捆	863	40802	145395
1927年4月	5223	2349捆	846	40150	140395
1927年6月	4648	2094捆	856	39040	132706
1928年6月	4736	1990捆	866	36034	116056

年代	运转锭数(千锭)	原料	每日生产的纱	男子(平均劳动者的数目)	女子(平均劳动者的数目)
1928年3月	5113	2379捆	924	36549	118375
1929年1月	5154	2194捆	960	35510	117097
1929年2月	5171	2162捆			116530

又如中国1927年每女工至多管两架车,每日做25个木棍(约100锭子),现在增加到管四驾车,每人每日做5000个木棍(约200锭子)平均起来,以前三人所负担的工作现在改为一人负担了。

难怪在中国的中外资本家发了大财!日本帝国主义在中国的魄力很大,去年(1928)在中国虽然遇着排日货打击,但田中内阁在1929年做的报告中说:"去年日本对华贸易比较前年(1927)还增多三百五十万元,又日本财政部发表,本年一月日本输出中国之货物比去年一月又加多一千三百余万元(其中纺织品占大多数),这种货物到满洲旅顺的一千余万元,到中部扬子江流域的亦四百万元"。这就是说,到中的资本在外资如此严重压迫之下,对于工人的剥削更要日益加重。

增加一万二千担这种超度的利润是怎样来的呢?是用最苛刻的方法剥削工人,尤其是女工和童工的血汗中所得来的。

(一)工资太少不够生活

中国 社会生活程度日高而工人所得的工资有限,不能足够衣食住。尤其是中国工人的工资,不但不能增加,而且减低了,据1929年2月28日申报中上海市政周刊上所发表的《工资指数试编》来看,半年来男女减少工资的有十二业,女工减少有六业,童工减少的有四业。减少之程度平均每月工资减少了半元以上;尤其是中国厂家,平均减少四分之一的工资。同时1928年7、8、9三月工人平均收入之比较表上,指明女工与童工工资特别比男工低廉,即以纺绩业来说,女工与男工在同一纺织业同一工作部门中工作,工作能力是相差无几的,但男女工资每月相差10元左右,若与童工相比要差15元。总之,中国女工工资平均每月8—15元,童工每月2—6元,男工由6—26到元。

日本　女工工资每日为9角2分到1元5角6分,不及男工工资之一半。

印度　在孟买纺织业之中,女工与童工每月16罗比,男工33罗比,在煤矿工业上每星期女工3个先令,男工5个先令。

南洋　女工工资2角5分(合中国2角)此数还是政府决定的,在事实上还要少些。

澳洲　1924—1925年每年平均男工得224磅41先令,女工得99磅41先令。

1925—1926年每年平均男工得227磅55先令,女工得102磅21先令。

1926—1927年每年平均男工得235磅53先令,女工得106磅61先令。

照这样看,澳洲男女工资的比较也是极不平等的。

日本女工赁银实数(每日工资)附表(一)

年份/工资差别/业别	纺织业		织物业	
	定额赁金	实收赁金	定额赁金(元)	实收赁金(元)
1925	0926元	1090元	0858	1088
1926	0921元	1088元	0861	1078
1927	0908元	1087元	0835	1057
1928	0931元	1100元	0828	1059
1929(一)	0932元	1110元	0817	1051
1929(二)	0935元	1102元	0826	1063

(注:定额赁金——名义工资,实收赁金——实际工资)

日本最近工资调查表——一九二九年二月工商省各都市工资调查(二)

地名	绵丝纺绩女工	棉花织女工
东京	146元平均	88平均
大阪	123元平均	123平均
神户	156元平均	186平均
京都	118元平均	120平均
名屋	108元平均	120平均

续表

地名	绵丝纺绩女工	棉花织女工
横滨		
广岛	110元平均	71平均
定泽	92元平均	80平均
仙台		
小樽	117元平均	135平均
福冈	110元平均	55平均
新泻		
高知		
平均	120	101

中国女工工资与时间比较表（三）

场别/年份/差等/类别				工资				时间		
				最高	最低	平均		最高	最低	平均
纱厂	1927	女		26	8	15	日	11	10	
		男		32	10		英	11	10	
							中	12	10	
	1928	女		24	5	10	日	12	11	12
							英	12	11	
		男		30	4		中	14	11	
	1929	女		23	5	12	日	12	11	12
							英	12	11	
		男		30	6		中	14	11	
丝厂	1927	女		23	6	91-				
		男		24	7	12				
	1928	女		22	5	9	抄间	12		
							丝间		7	
		男		24	6	11	缫间			11
							到间			11
	1929	女				9				
		男				12				
棉织厂	1929	中国	女	15	5	6	中国	16	12	
			男	18		15				
		外国	女	24	7		外国	14	11	
			男	35	8					
香烟厂	1927	女		30	8			12	9	

场别/年份/差等/类别			工资			时间	
		男	36	14			
	1928	女	28	9	12		
		男	36	12	15		
蛋厂	1928		20	14	9		
火柴厂	1928		15	3	7	14	12

（注：工资以月为单位）

（二）工作时间长的利害

日本——工作时间平均 11 小时，纺绩工业上还有到 12—13 小时，只有在矿工上，依 1928 年颁布的法律减少 10 小时了。

中国——工作时间平均 10—14 小时以上，可以参观上面的表。

印度——依 1921—1922 所颁布的法律，工作时间平均十一小时，但是到 1925 年事实上还达 13 小时；在矿工业上依一九二三年的法律，工作时间缩到 9-10 小时，一般的工作时间最近还是由 10-13 小时。

澳洲——1925 年每星期中男工 46 小时，女工 45 小时 78 分。

1926 年每星期中男工 46 小时 57 分，女工 44 小时 49 分。

1927 年每星期中男工 45 小时 46 分，女工 44 小时 94 分。

南洋——工作时间 10—14 小时。

一般的女工每天在工厂里做工这样多时间，回家还要烧饭管理小孩，及其他洗衣等等工作，因此他们没有得到休息时间，他们的疲劳，致于不能恢复耗费的精力。而殖民地上比日本澳洲尤其厉害。

（三）女工待遇恶劣

女工在工厂里除了工作时间太长和工资太少之外，还要受着极严酷的待遇。例如包工制，卖身制（日本资本家雇用女工往往先付钱给女工的家长，并以契约规定年限，因此女工在这期限内，像奴隶一样的没有丝毫自由。）如罚金制（印度罚金制占工资 1—8%）贮金制（由中国工厂实行贮金制已很多，对于工人非常不利，就是每天从工资中扣去几分钱到一角,存在厂主经手的银行里,如工人犯厂规或被开除时即没收工人平日所储蓄的工资),像监狱一样的宿舍制(日本女工最痛恨的)等等,都使女工们过最残酷不幸的奴隶生活,其他如中国女工童工被工头打骂、出入被检查,甚至没有大小便的自由。

中国政府对女工不但没有为女工设立劳动法,而且如中国国民党帮助资本家取消女工在以往的斗争中争得的生产前后一月休息工资照发的条件。

日本资本家的政府虽然在一九二九年七月实行废止夜工,但是实际上这个工厂做法非常狡猾。他说:"资本家没有权利使童工与女工在晚上十时到晨五时做工,但得地方官厅之许可,资本家可延长到晚十一小时",官厅本是资本家的,官厅始终是帮助资本家的。当然可以得到地方官厅之许可。次则以前日本工厂女工每月中有四日可以休息,而现在减少到两日(纺织的),从前每日有一小时的休息,(吃饭半小时其他半小时做二次休息)而现在改了半小时的休息。因此在名义上虽然说废止夜工,实际上等于不废止。在中国纱厂也有许多场实行取消每日半小时(吃饭)的休息。尤其是丝厂,现改为六进六出,及早晨六点以前进场(工人如到六点以后几分钟到工厂门口,那就再不能进去了)下午六点以后出厂。

(四)资本家政府及其走狗的欺骗和压迫

中国在工人罢工的时候,帮助资本家的黄色公会,一方面以法西斯蒂的手段恐吓女工、干涉女工、破坏罢工;别方面口头和纸片上说些甜蜜的话来欺骗工人。

当然他是反动政府的走狗可以公开活动,黄色工会尽量地利用女工落后思想即利用帮口民族观念,使工人离开阶级战线转到爱乡爱国的侠义观念方面去,在工人队伍中起分裂作用。

中国国民政府颁布的工厂法的草案上说:"女工产前后相当期间内不准工作,工资照给""女工童工每日做工不得超过实在十小时"。你们看罢!他所指的产前后相当期间休息,不知怎样"相当期间"究竟多少分,多少时,多少日呢? 又他们所指的实在工作十小时,那么吃饭、大小便、婴儿饮奶等等时间大概不能算在内了,这样每天工作时间还需十二小时以上,这种欺骗式的工厂法,对于工人有害而没有利的,这无非是资本家剥削女工在法律上更得一层保障而已。何况即使这种法律,正式公布,资本家绝不实行,还可进行更大的剥削。

(五)旧礼教与宗教对妇女的压迫

东方各国尤其是日本、中国的女工,不但受厂主的压迫,还受社会一般的压迫和束缚:资本家时常利用旧礼教和宗教关系来剥削女工。在日本工厂内遇有男女恋爱的事实,厂主即认为这是破坏厂规立即开除。又如中国上海市政府职工服务暂行规则中说:"男女职工有暧昧者记过一次",这些事实尤其在女工积极参加罢工的时候。资本家的走狗工贼造谣向女工的家庭告发说什么"你们的女儿在外面做不正当轧姘头的事,所以日夜不回家来"等等。于是女工参加罢工常受家长们责备,甚至因此还受体刑。日本的天皇教,对于女工压迫也特别厉害。这种旧礼教与宗教关系可以使女工受多方面的限制,在思想上、精神上受到无限的束缚,养成他们应为资本家做驯服的奴隶。这些旧礼教与宗教关系,也可以算为资产阶级剥削女工方法之一了。

二、工农合理化与社会的影响

(一)在资本主义工业合理化的过程中,大批地吸收不熟练的妇女和童工,这些群众来自手工业被破坏的农村中,资本家即利用这些无组织的落后的廉价劳动,不但便于剥削和压迫,而且减低了整个工人阶级生活的水平线。

(二)不但要减低整个工人阶级生活的水平线,而且利用女工和童工的弱点,来软化和腐化一部分成年工人,藉以分裂工人阶级战线。同时资本家收买流氓,组织法西斯蒂,阻碍革命运动的发展。

(三)资本家既然大量地剥削女工和童工,那么男工尤其是在斗争中勇敢的男工,便大受排挤。尤其是半殖民地和殖民地上,女工的速度的增加出于人之意料,如在中国上海杨树浦申新七厂在一年前4000多工人中,男工占40%左右,但今年1929年5月计算4000工人中国男工占全数40%左右,而今年大批开除,减到1000余人,男工只存了318人。再看上表上海1928年12月内罢工的统计中103起,中有34起是关于资本家开除工人的,1929年1月份上海劳资纠纷统计开除工人条件占第一位(照社会局的调查本月份64起纠纷中反对开除工人的20起),平均上海每月份的罢工统计,失业问题斗争几占全部1/3,中国失业工人已达500000人。日本1920年失业的数量由50000增到(1929年)1000000人了,在日本这种失业的影响已达到女工方面来了。女工失业的百分数虽不像男工那样高,但本年女工失业的也加多了。就是澳洲1925年失业者有34620人,到1927年第四季计算增到38641人,失业人数为煤矿及宝石占多数。

这种失业现象在工业合理化的过程中已成为不可,而且还在继续增加着。

(四)资本家剥削女工的残酷,使女工生活条件日益恶化,疾病的数量一天一天在增加。请看日本纺织女工800000之中有妇人病的480000人,即40.60%。有肺病的200000人,即25%,再看印度产业工人的小孩之中,全数98%,常用鸦片热醉的方法,其目的是为着母亲的能安心工作,时有发生伤害小孩的事实,并且常常发现在马路上或工厂里生育小孩的事实。这些国家的女工及其子女的身体大部分不能健康,白天则在工厂劳苦,夜里则在家庭忙碌,吃饭睡眠的时间都成问题。与俄国体强红面的女工相比,真有天渊之别呵!

三、太平洋劳动妇女在经济斗争和反帝国主义斗争中的作用

远东各国资本家用残酷的方法压迫这些女工和童工,实际上教会了他们积极参加罢工运动。在最近五年中女工参加罢工的积极性特别高涨,尤其是在半殖民地和殖民地上的劳动妇女群众,她们不但在经济斗争中表现其作用,而且在反帝主义反军阀的政治斗争中表现了极伟

大的作用。

澳洲　在澳洲地方虽然工人生活较好,但罢工运动一样的勃发,1927年中有441次罢工,参加人数达200000人,其中也有许多女工参加的,罢工缘因为工资问题的94次;为时间问题的18次;为工食问题的36次;为工作条件的72次;罢工的结果:工人胜利的83次,厂主胜利的37次;调和的35次,没有解决的5次,这种罢工运动,足以证明,澳洲工人的资本家的进攻工人,已经经常地引起工人的反抗,资本主义的合理化正在降低澳洲工人的生活程度,工人群众的前途不是澳洲是例外的天堂,而是坚决的残酷的斗争。

中国　中国女工受中外资本家双重的压迫,她们参加经济斗争,还在1920年开始的,五卅前后(1925年左右)全国无产阶级革命运动已经非常高涨。当时女工能参加罢工的人数在400000左右,尤其在上海的女工与男工一样地英勇,组织公会及纠察队。此种纠察队的组织很普遍的,差不多每个公会都有,至于有组织的公会女会员在1929年计算已有325000人(即上海天津武汉广东),就是中国共产党员36000之中女党员居3943人即全数6.1%,其中有2000是上海的女工。当时女工在反帝国主义运动中占了很重要的位置,而且在她们思想方面由帮口民族的观念渐进转变到阶级的观点。她们在行动上充分的表现了阶级的意识。旧有帮口组织受到了极大的打击和破坏。

其次在1927年4月间上海女工参加了三次暴动的罢工,这次参加的不但纱厂女工,而且较落后的女工如各丝厂女工也全体参加。她们很勇敢地在战场上排着他们的队伍;对军阀的士兵做了极大的示威运动。其他如运输枪械,暗杀工贼,散发传单的工作也做得很多。暴动成功后的两星期内,她们积极参加组织工会工作,上海市区代表会议上有女工领袖参加,她们勇敢的战斗力在革命历史上有很伟大的意义,4月12日以后,蒋介石大屠杀,在白色恐怖的环境之下,她们仍旧秘密中进行着,直到现在还是进行着零碎的经济斗争。

第一次中国成立苏维埃的广州暴动中,女工做了很多工作,如分配粮食、运输枪械、散布传单。那时候许多女工们手执红旗游行示威,向总指挥处要求发枪。

在广州暴动的前后,广东省的海陆丰琼崖岛及湖南、湖北、南边一代农村贫妇很积极参加了各项的游击战争,她们受了很大的牺牲,屠杀的在数千以上,被捕的不计其数,直到现在很多革命的女子判决在狱里受着无限的痛苦。在暴动失败以后许多女工、农妇首领都死在军阀们的刀口之下,割奶、腰斩、裸体示众,残酷到了极点,可是她们的血迹永远不会消减。这种牺牲证明了中国劳动妇女在反帝国主义和反国民党斗争的作用。

最近两年来革命比较消沉的时候,虽然没有大的同盟罢工,但是部分的经济斗争每月都有,只在上海一区,1928年上半年的罢工的统计中,170563罢工人员中,女的占117974人。在1928年凡有女工参加罢工的共有46起。

月份/业别	纱厂	丝厂	烟厂	蛋厂	火柴厂
七月	10	1	1	0	1
八月	8	2	5	0	0
九月	0	1	2	0	0
十月	3	2	3	0	2
十一月	3	2	0	1	0
十二月	2	0	5	1	1
共计	26	8	16	2	4

1929年初尚有天津英美烟厂,北洋纱厂,河南豫东和卫辉纱厂,甚至江西纱厂。

上海2月中共有50起罢工之中,如上海英美烟厂、喜和纱厂、沪西内外棉织厂、永安及闸北商务印书馆等厂内都有女工参加的。这些罢工都可以表示中国女工在罢工中的作用,并不因政府和帝国主义的压迫而消减。

日本 日本女工在组织上虽然还很弱,但是她们参加最近十年来的罢工运动都非常积极,1932年纺绩工厂罢工人数在8000以上,在1925年东京大罢工运动,女子积极参加,唐麦德公司纺织工厂女子大罢工。1926年联合了几个企业上的女工人数达到6000。1927年623次罢工有23次是由女子发动,并有女子指挥的。在食品工厂的罢工中,女工出来发起工人大会。1929年1月到3月在东京Mnsudin第一第二厂罢工,第一场参加者2890人,第二厂参加者1000人。自4月到6月共有12000女工参加罢工。日本女工虽然有增无减的参加罢工运动,但是这种参加都是自发的,尤其在纺织业内的女工,大部分来自乡间,约有一定年限的特别苛刻条件,差不多完全处于奴隶地位,她们受政府的禁止不准和一般的无产阶级运动发生关系。1926年,日本农村妇女积极参加贫农和半雇农的组织运动,参加小佃农联合会(日本农民协会左派共7万人,其中女子有1万人)。

1929年,3月3日到5日,日本全国农民协会举行代表大会,决议在各支部中组织妇女部。但日本无产阶级妇女对政府政治斗争的参加,还比较薄弱,在劳动农民党内900个党员中只有几十个女子。

印度 在英属印度数年前的工人运动,一部分实在英国公会改良派首领影响下,一部分是在印度民族资产阶级的影响下(资产阶级是实行和英国政府完全妥协政策的)。女工参加职工运动和革命斗争还在中国无产阶级妇女之下。无产阶级妇女群众,无论是参加1920—1921年的群众罢工运动,或参加"甘地主义"的解放运动,以及后来的"斯华垃基党的运动"大部分是自发的性质,而且在改良派的影响之下。1922年在全印度第一次职工代表大会后在孟买组织了单独的女工联合会,1923年和1924年在孟买及加尔各答的纺织工厂及制麻工厂内举行扩大罢工,女工参加的达三万人。1927年印度罢工运动高涨,职工会提出要求,要改良女工生活地位,女工参加经济斗争的积极性逐渐增高。1927年3月在二次职工代表大会上选举专门妇女组织员做妇女工作。1928年,孟买纺织工会罢工,女工在职工会左派运动,参加罢工人员15万人中有3万是女工。并且还组织了女纠察队。

一般说来,印度女工还没有好好地组织起来,尤其是乡村女雇农(彭和破和孟买)和种植场上的女工(阿撒孟加拉)。这些地方有50万以上的女子,都是最被压迫最受痛苦的分子,都还没有吸收到无产阶级的战线内来。

前属东印度　荷属东印度甘蔗厂和制糖工厂内无产阶级妇女参加过一九二六年的暴动,许多都被荷兰猛兽般的军队所残杀。

爪哇　爪哇公会共有35000会员,其中女工不过350人,共产党员共有3000人,女党员有300人,此地国民党称"萨到加党",女党员共有25000人,其中女工和农妇占极少数。

朝鲜　朝鲜的产业女工,依官厅统计只有1万人,他们最被剥削的,她们积极参加一次经济斗争和政治斗争,当然她们的组织还十分薄弱。

中国劳动妇女的反抗帝国主义和资产阶级;朝鲜无产阶级大批地参加独立运动;日本女工的罢工;孟买纺织工人的斗争,所有这些事实都指明东方和殖民地的无产阶级妇女正在大批地加入整个无产阶级斗争的战线,而积极地参加全世界反帝国主义的革命运动。

同时在东方及殖民地国家内女工在大小工业上和农村经济的企业上虽占有广大的数量,但是女工加入革命工会及其他工人阶级组织还非常薄弱,如日本有组织的女工只有12010人。在远东各国,女工群众中组织力量薄弱的原因,大部分是各国赤色组织还没有十分注意到劳动妇女在斗争里的作用。这种轻视劳动妇女作用,是非常之大的错误。如果没有女工积极参加反帝国主义运动,那么整个工人阶级就减低革命运动发展的速度。

东方各国和殖民地的产业女工及一般劳动妇女既没有尽量被吸收到革命的阶级组织内来,于是帝国主义者和本地的资产阶级便利用"女界大同盟及其他各种慈善团体来吸收劳动妇女,使之受自己的影响",在日本改良派的妇女协会如"旅馆女听差协会""新妇女社"尤其是佛教同盟会,共有会员1209900人,其中有许多是农妇。此外尚有其他小资产阶级的改良派的组织,这种性质的组织在印度、爪哇、中国也开始活动了,他们的目的为引诱劳动妇女脱离革命战线。因此我们为加强阶级力量起见,必须很坚决地纠正不注意劳动妇女运动的错误。

四、赤色工会今后对太平洋劳动妇女的任务

赤色工会今后对于太平洋沿岸劳动妇女的任务如下：

（一）如要顺利的吸收女工加入革命工会，应提出一般女工所重视的，尤其是在某工厂内女工所注重的要求。

A.施行广大的真正的保护妇女和儿童的劳动方法；

B.七小时的工作时间；

C.同等劳动须给同等工资；

D.防治疾病的社会保险；

E.妇女产前后休假两个月，工资照发；

F.由厂主出钱在场内替女工设立幼稚园及补习学校；

G.妇女和儿童不得做夜工；

H.凡有害健康的工业及其他危险的机器不得使用妇女；

I.废止契约式的雇佣制（日本）；

J.废止牢狱式的寄宿舍制（日本）；

K.劳动妇女在政治上有公民的平等权利。

（二）赤色工会要加紧组织那些没有组织的女工群众，尤其要以纺织丝厂为中心工作。

（三）吸收女工加入公会，应当直接在企业里进行，使女工群众完全到革命工会的指导之下。来担任这工作的应该由革命的工会支部或工厂委员会派人负责。

（四）在革命工会领导者之下，组织妇女委员会或代表会议，讨论和研究一次日常生活，如有必要时，可以召集女工大会。但是要反对单独组织工会或其他单独的组织妇女团体。

（五）应当选举女工参加工会各级指导机关，并多训练女工尤其是政治训练应特别注意。

（六）尽量吸收广大的无产阶级妇女群众参加无产阶级的总斗争，在女工日常生活需要的立场上从事鼓励她们，使经济的要求和政治的

要求发生联系。

（七）渗入反革命的或左派（日本）的工会内，进行工作，夺取群众，反对其欺骗的领袖，揭破改良派妥协的反动政策。

（八）开除男工代以女工是一般的现象，因此赤色工会以同工同酬口号领导女工为失业工人斗争。

（九）工会应反对一切忽视妇女要求而认为这种斗争只是妇女的罢工的范围，男工应注意女工的要求而为此种要求而斗争。

（十）中国在过去的斗争中国，乡村中的贫妇组织及其斗争的行动，没有与城市女工发生联系，尤其在宣传方面没有把两方面参加群众斗争的事实和经验互相交换。今后太平洋各国工会应注意加紧城市女工与乡村农妇斗争的联系。

（十一）远东各国尤其是日本中国和印度，资本家利用旧社会礼教等关系来阻止女工参加革命运动，这种关系显然已成为资本家压迫女工方法之一。因此赤色工会应认为这种减低妇女在整个阶级斗争中的积极性而破坏无产阶级的统一战线的企图，是要极力反对的，同时，我们要指明对于这种旧礼教关系的残余，只有在阶级斗争中，才能得到破坏和消减。妇女只有在无产阶级革命完成苏维埃政府之下，才能彻底的解放。

（十二）在帝国主义时代，对于劳动妇女的剥削格外加强，劳动妇女务必反对帝国主义造成的世界大战，赤色工会应当太平洋劳动妇女参加反战争的斗争。苏联是我们无产阶级的祖国，我们要为世界无产阶级革命的利益来保护苏联。

（完）

一九二九年八月

苏联社会主义改造的新时代

一、伟大的转变

中国工友们！你们的邻国——苏联在社会主义改造的时期中有了很大的成绩。一九二八年十月至一九二九年十月这一年是社会主义建设各方面伟大转变的一年，这个转变，就是社会主义向城市及农村资本主义成分举行极坚决的进攻。在这一进攻的阶段中的成绩可分为三方面：

（一）就是在劳动生产率方面：在这方面达到了可以决定一切的转变。这一转变的表现就是在社会主义建设中数百万工人阶级群众创造的自动性和强烈的劳动兴奋性的发展。所以能发展创造的自动性和强烈的劳动兴奋性的原因在于这样的方法：

A.是用自我批评的方法来和压制群众劳动自动性与劳动积极性的官僚主义做斗争。

B.用社会主义竞赛方法来和偷懒者及无产阶级劳动纪律的破坏者做斗争。

C.用进行不断生产制的方法来和旧习惯和生产中的守旧派做斗争。

有了以上的三种方法在劳动方面得到了极大的成绩，这种成绩的意义很大，因为只有成千上万的群众的劳动的热情才能保证劳动生产率向前发展。

（二）就是工业建设方面，在这一年内苏联在基本上已经把大规模建设重工业的基金积累问题解决了。在生产工具的生产中已采取了很快的速度，并造成了一种先决的条件，把苏联的国家变成了五金业的国家。工友们，你们看看苏联虽然在世界帝国主义包围之中，但是在经济上一天一天地进步，这些进步他们完全靠着自己——工农兵的力量，胜利地解决了重工业的基金问题，关于这些事实就是工人阶级的敌人也不能否认了。实际上：一九二八年投入大工业内的基金，共有十六万万多卢布，其中有十三万万卢布是投入在重工业内面的，而一九二九年投入大工业内的基金，则有三十四万万多卢布，其中有二十五万万卢布是投在重工业内面的；一九二八年大工业生产品总量，是增加了百分之二十三，其中重工业的生产品是增加百分之三十，而一九二九年的大工业生产品总量则增加到百分之三十二，其中重工业的生产品总数又增加到百分之四十六，这种工业发展的速度使全世界资产阶级都害怕起来了。苏联和国际的右倾机会主义者也奇怪起来了，布哈林所害怕的五年经济计划的最高标准，实际上已变成五年经济计划的最低标准了。

（三）农村经济建设方面的成绩，就是苏联农业发展中的根本转变，由小的落后的个人的经济，转变为大的先进的集体的经济，转变为共同耕种，转变为机器的耕种机站，转变为建筑在新技术基础上的合作社和集体农庄，转变为巨大的为百数的耕种和收获机所武装起来的苏维埃农庄。农村经济建设的发展有了伟大的意义，就是在许多区域内，已经把农民的基本群众，从旧的资本主义的道路（这个道路只对于少数的富裕资产阶级有益，而使绝大多数的农民陷于贫困）转到新的社会主义发展的道路，只有这个道路才能达到消灭农村资本主义的成分，而将中农和贫农重新武装起来，就是用耕种机和其他的农村机器，将中农和贫农武装起来，使他们脱离贫困和富农的剥削，而走上广大的协作的集体耕种的道路。工友们！你们看了以下的几个数目字就能够明白苏联在农村经济方面的成功。在一九二八年苏维埃农庄的耕种面积，共有一百四十二万五千亩，其五谷商品量，共六百多万担（约三千六百五十万普特）；集体农庄的耕种面积，共有一百三十九万亩，其五谷商品量约有三百五十万担（约二千万普特）。在一九二九年，苏维埃农庄的耕种面积，共一百八十一万六千亩，其五谷商品量约有八百万担，（约四千七百万普特）；集体农庄的耕种面积，共有四百二十六万二千亩，其五谷商品量，约有一千三百万担（约七千八百万普特）。至于在一九三零年，则照他们的标准计划，苏维埃农庄的耕种面积就应达到三百二十八万亩，其五谷商品量，却要达到一千八百万担（约一万一千万普特），而集体农庄的耕种面积，则要达到一千五百万亩，其五谷商品量，应达到四千九百万担，（约三万万普特）。换言之，就是苏维埃农庄和集体农庄的五谷商品量，应达到四万万普特以上，就是说，要达到整个农村经济五谷商品量的百分之五十以上（指在农村以外的五谷流通数量而言）。

集体农庄建设方面这种空前的进步是有许多原因的，其主要的：

第一是因为苏联共产党实行了列宁主义的教育群众的政策，和能够有系统的用合作化意义的方法，来引导农民群众走到集体的经济。就是说党对一切倾向进行了一种胜利的斗争：一方面和那种超过运动与企图破坏集体农庄之发展的倾向（"左派"的词句）的班托洛斯基派做斗争，别方面和那种企图把党拉住后去甘作运动的尾巴的倾向（布哈林一派人）做斗争并且战胜了这种左的\右的斗争。

第二因为苏维埃政权能够正确地计量到农民群众的需要，计量到农民对于新农具的需要而加以实际上的帮助，如设立农具租借处，耕种机队，农业机器站，如进行共同耕种，设立集体农庄以及用苏维埃农庄的力量来从各方面帮助农民经济等等。从此农民就脱离旧的耕种而走上了集体经济的运动的道路。

第三因为苏联国内的先进工人能把这种事业，抓到自己的手里，能实行领导基本的农民群众使他们相信并努力集体经济的运动。

苏联在经济方面的发展已如上述，根据这种实际情况，就已经把资产阶级国家的"科学"家的预言——反对五万亩和十万亩的巨大的五谷工厂，以为这是不可能而且不适宜的等等——完全破产了，尤其把党内的右派机会主义者的断言打得粉碎——他们认为（一）农民是不会到集体农庄内来的，（二）加紧集体农庄发展的速度，只足以引起群众不满意，引起农民和工人阶级的联盟的破裂，（三）农村中社会主义发展的大道,不是集体农庄,而是合作社;(四)发展集体农庄和进攻农村中资本主义成分就会把苏联国家变成没有面包的国家。事实上恰恰相反,农民群众带着整个的乡村,镇,区,跑进集体农庄来了,在新的生产的基础中加强了工农群众的联盟,所谓乡村社会主义的"大道"自然是初步的合作形式,即供给和消费的合作社;可是当高度的合作形式就是集体农庄形式,所以集体农庄形式就成了乡村发展的大道了。右派分子忘记了时候性,看不见社会主义的改造在那里进步的。苏联正因为有了集体农庄运动的发展向乡村资本主义成分进攻,才能在目前谷类收积事业上有这种巨大的成绩,在国家手里聚积了几千万普特的谷类储蓄,使国家跑出了面包的危机。

工友们! 苏联的经济建设的进步就是可以保障工人的利益,尤其对于与苏联最接近的中国工人直接地能够得到革命运动帮助,直到完成革命以后的经济建设。所以我们听了这些消息以后应该高举我们的红旗来庆祝苏联的胜利!

二、社会主义改造时期的策略问题

（一）

列宁在自己写的一篇文章上(在无产阶级独裁时代的政治经济)这样说"无产阶级独裁时代,俄国的经济是共产主义所结合的统一的伟大国家,与小商品生产保存着的资本主义,以及在他的基础之上复活起来的资本主义初步的斗争"。

列宁常常反对机会主义者的说法,什么小资产阶级的小商品生产好像与社会主义生产的形式是一样的,又如布哈林,认为小生产可以生长到社会主义而且因此就说富农可以生长到社会主义。列宁主义恰恰相反,他认为小商品经济是资本主义的基础,它不但不能够生长到社会主义,而且在资本主义过渡到社会主义的转变中改造经济的时候,要与小商品经济做斗争的。

无产阶级是否能够用强力去强迫小农走到大的社会经济的原则上

呢？无产阶级对中农的政策是否也能用强力的呢？关于这个问题在列宁的一篇"无产阶级专政时代的经济和政治"文章上这样地写着：

"社会主义是消灭阶级的，为要消灭阶级首先要推翻地主和资产阶级，这个任务我们已经执行了，但是这不过是一部分的任务，并且不是最难的，为的要消灭阶级，应该有第二步，就是要消灭工人和农民之间的分别，使他们都变为工人，但是这不能立刻做到的，这个任务比较的更要难些更要长久些。这个任务不能以推翻任何阶级来解决的。只有组织和改造一切社会的经济，就是从单个的特别的小商品经济过渡到大的社会经济，才能够来解决的"。

因此在过渡时期无产阶级对于中农的关系是建筑在集体经济的道路之上的，使农民自己明白不能够再过旧的生活，只有过渡到集体经济的形式才是他们的出路。

(二)党的经济政策的转变及其转变的前提

为什么在现在可以提出消灭富农阶级了呢？应该在些什么条件之下消灭富农阶级呢？

第一消灭富农阶级与乡村小商品生产制度的存在有密切关系，在乡村中还是小商品生产制度的时候就不能够提出消灭富农阶级的任务；列宁曾经说过"小商品生产在群众范围之内不断地每日每时地自然地生产出资本主义和资产阶级。"

第二消灭富农阶级与整个区域集体农场化不可以分离的。广大的中农群众甚至贫农群众还没有在自己的经验中信任大的集体农场的优点的时候，富农在经济问题上还有很大的威信的时候，农民群众还没有能够很明白认识未来的大的集体农场的利益的时候，广大的农民群众还没有团结到集体农场和苏维埃农场的时候，那就不能直接提出消灭富农阶级的任务。

我们应该要明白现在苏联社会主义的改造已经进到了一个新的时期，斯大林同志说"现在我们已经有可能去坚决的进攻富农，消灭富农的反抗以致消灭富农阶级，用集体农场和苏维埃农场的生产来代替富农生产。现在贫农和中农群众自己起来没收富农的财产实行团结到集体农场中来,现在在乡村中整个集体农场的没收富农财产已经不是一个简单的行政办法。现在没收富农财产是发展集体农场的组织部分了"。

从限制和排挤资本主义成分转变到整个消灭资本主义成分,这是党在解决问题上的主要策略之一。

右派机会主义者不了解一切问题的时候性和实际环境的变动,他们常常喜欢把过时的策略应用到现在来,对于富农问题他们认为我们已经战胜了富农不成问题了,现在只要来完成这个胜利好了,反对进攻和消灭资本主义成分,他们的目的完全要避免阶级斗争,避免坚决地打击富农,这是亡党的政策,这是苏联党内主要的危险。同时党还反对另一种左的过分的倾向,就是赶过群众运动,而且把中农也当作富农一样来"消灭",用强迫的手段对付中农,这种倾向可以破坏集体农场运动的进行。

三、消灭富农阶级和国家经济的突变

党对于富农的政策是根据于整个国家经济变动而决定的。在社会主义改造的过程中渐渐地把市场式的关系去掉,而代之以有计划的有组织的分配方法。

苏联的经济组织完全与资本主义国家不同,苏联国家的政权在无产阶级手里,一切生产机关就在无产阶级管理之下,他们有生产合作,消费合作社等等的组织,在乡村的经济组织是这样的,就是每个乡村中都有劳动社的组织在几个乡村之上就有总的联合会。各劳动社在生产和消费两方面要与总联合会缔订条约,在这条约上就规定着,劳动社的任务是把有组织的有计划的乡村经济生产品和多余下来的生产品供给国家和总联合会,同样,国家和总的联合会的任务要供给劳动社所需要的生产工具和消费品等等,这里我们就可以看见在苏联已经有了社会主义的生产的成分。

现在苏联已经走到了一个新的时期，就是应该要来造成功社会主义的社会的经济基础。列宁教训我们在新经济政策第一个时期是容许有资本主义存在的，我们要限制它一定的发展，同时到了一定的时候必须要跳到它的前面，就是说从资本主义成分与社会主义经济的竞争的阶级，转变利用社会主义的力量来消灭资本主义的成分。现在苏联的客观环境已经证实了新经济政策到了第二个时期，就是要坚决地消灭资本主义成分的时期了。列宁说"在政治上和经济上新经济政策完全可以保证我们建设社会主义经济基础的可能的"。

只有盲目的人才会重复了托洛茨基和齐诺维夫等反对派的观点认为新经济政策是有系统的退守政策，认为斯大林的发展生产力的方针是引导到降低社会主义成分的比重，实际上他们表露了自己的叛徒行为，不信任在苏联国家内有建设社会主义胜利的可能。

右派机会主义者也与这些人一样在这些问题上是失败了，他们忘记了在社会主义生产力强大和阶级力量相互变换的时候，新经济政策的形式和内容应该变更，他们竟停住在新经济政策的第一时期，不懂得伟大的社会主义的工业的速度和集体化的成绩，在生产关系上建立了工农联合的基础，巩固了城市工人领导中农贫农群众的力量来改造乡村经济的生产制度，造成消灭阶级的条件。他们恰恰相反，认为进攻富农和消灭富农阶级是破坏工农联盟的政策，可是事实已经证明他们错了，进攻和消灭富农的政策是列宁主义的路线，党执行了列宁主义路线，所以在改造社会主义的实际上得到了伟大的胜利。

新经济政策的第一个时期是工农联合的消费形式，第二个时期是工农联合的生产形式，就是因为农民不但是消费者还是生产者，不但城市工业化，而且乡村也要工业化消灭工农之间的分别，大家共同来建设社会主义的社会，谁来反对工农联合的生产形式，谁认为全部新经济政策的意义是给小生产者的商业自由，谁就是离开了列宁主义的路线。

斯大林对于新经济政策问题这样说的，"新经济政策是一个无产阶级国家的特别政策，是为有经济命派的无产阶级国家领导之下的资本主义存在而准备的，为资本主义成分和社会主义成分的斗争而准备的，为社会主义成分作用的生长、资本主义成分损失下去而准备的，为社会主义成分战胜资本主义成分而准备的，为要建筑社会主义经济基础消灭阶级而准备的。谁不懂这新经济政策的双重性，谁就离开了列宁主义的路线。"

他又说"应该要揭穿这样的错误，有些人认为新经济政策只为了城市和乡村间的联系，不错，我们是需要城市和乡村间的联系的，但是我们不是需要随便什么的城市和乡村的联系，我们所需要的是能够保障社会主义胜利的工农联系。我们要保存新经济政策就因为新经济政策为社会主义而服务，如果当它不能为社会主义而服务的时候，我们就放弃它，列宁说，实行新经济政策是严重的、长久的，但是他从没有说过实行新经济政策是永远的。"

从此，我们知道了苏联党提出消灭富农阶级的政策是在目前社会主义发展的新阶级上所必需的政策，苏联的共产党虽在绝困难的环境中，但是他们在社会主义改造之中得了极伟大的成绩，现在不但在城市有很大很好的机器，就是在乡村中也有了很多机器，耕田是用机器了，所以农民都集中到有机器耕田的集体农场去了。他们也与城市工人差不多了，他们的生活都比任何国家的工人和农民要好，他们每天只做七小时工作，有的只有五小时，他们做四天工可以休息一天，他们的生活是世界上第一等工人的生活。

（《布尔塞维克》第3卷第6期，1930年6月15日，第71—81页）

豆腐阿姐

"呵……弟弟乖,宝宝乖,不要哭,妈妈回来给你吃。"

阿姊上身屈倒在床上,一只手拍着弟弟,一只手在枕头下摸索香糕。她一面口里叫着,一面心里焦急着:香糕已经吃完了,怎么今天吃得这样快,昨天爸爸放工时候才买回来的,莫非他只买了两个铜板的糕吗?

天已经暗下来了,房间里已经充满着灰色而模糊的微光,静悄悄地浮动着。一阵阵的西北风从门窗里吹进来,盖在草棚上面的草簌簌地响着,飞动着。一位十岁的小姑娘坐在床门前,冷得手都冻肿了,脚底下的火缸还是早上妈妈出门去的时候放好了火的,现在已经像死人一样的没有热气了。房间里放着一张桌子,一只跷脚的长凳和一张床,床上的破旧的帐子,像在酱油里煮过一样的颜色了,盖在小弟弟身上的一块破的棉花,还是她亲生姆妈的嫁装[妆]棉被,地下填着的是外婆家里送来的草。在桌子底下的马桶已经有三天没有倒了,臭气不断地被风吹过来,一阵阵地送进了她的鼻子里。东也一堆尿布,西也一堆破布,挂在窗口的一只饭篮在摇荡着。小姑娘肚子饿了,今天妈妈放在桌上的两碗冷饭,上面放着一条咸鱼,一把盐菜,早已吃完了。直到现在,没有吃过别的东西。她想走到门口去,望望妈妈回来了没有。她在桌子上摸着洋火想点灯,但是,灯里的洋油又没有了。只好慢慢地手扶着壁,很小心地一步一步走出去。看见邻舍家里,都上了灯,烟囱里一股股的烟飞了出来,好像间壁的夜饭已经烧焦了,香气一阵阵地飞出来,小姑娘闻着,自己嘴里的口涎却在一口一口地咽下去。她问着邻舍的王家婆婆:

"你们王家妈妈回来了没有？为什么今天的妈妈还没有回来呢？"

"听说今天厂里要发工钱，她们都还没有回来呢，你的小弟弟睡了吗？你真乖，领得弟弟很好；再等一下她会回来的，你去看弟弟罢。妈回来的时候，你对她说，我经手的一笔当头，要她去取出来还给六娘舅，因为他过新年要穿的。你说不明白的，她回来，就叫她到我这里来一趟。"王家婆婆这样说。

她回转身来，弟弟又在哭了，她跑进房门去，在门坎里绊了一下，跌在地上，她冻得爬也爬不起来，正在急得要命的时候，听见了破院子的大门响了，脚步声进来了。

她现在的妈妈是一个不长不短廿二岁的丝厂女工，虽然不是十分漂亮，但是五官长得很端正的，从小就在厂里，已经有十年光景。厂里都叫她豆腐阿姐，为的她的皮肤很白嫩，男工们常常喜欢同她"打绷""吃豆腐"的；尤其在铜匠间里的阿明，是她最爱同他搭腔的。她在厂里有为难的事情总要阿明去帮忙，尤其要争工钱的时候，总叫阿明到账房里去说情的，因为账房先生还同阿明有点远亲关系，他的生意也是那位账房先生介绍进去的。可是，自从他俩在前年结婚以后，他就不大肯听老板和账房先生的话了。阿明的性情变得格外躁急了，说话的时候总带着不好的脸孔，一来就要生气，做工也不像从前那样的勤快。从前做好了工还帮着去收拾账房间，现在，放工时候还没有到，他就把袖子一卷，帽子一戴，走到自来水龙头那边去洗手了，有时候，还偷着时间看闲书。因此，他的亲戚——账房先生，不像从前那样喜欢他，而且时时要提他的错处，想法子来开除他。前天不是为了他的老婆的事情，又叫他到账房里去骂了一顿吗？因此，更惹起了他的恨。他的心绪很坏，虽然只有卅二岁的人，可是，有时候他的脑常常会发呆的。他自己感觉得不像前几年单身生活的时候那样的灵敏和活泼了，忍耐心一点也没有了。

阿明时常想到在厂里要受气，要吃工头和账房先生的埋怨，朋友也比较以前少了，恨不得明天就跳出厂去不做工了，换一个地方去，也许会比较好些罢？但是，另外一个念头是：现在失业的这样多，找生意是十分困难，又没有其他的朋友亲戚可以介绍他。尤其是家庭的负担一天重一天，从前的老婆，死过以后剩下一个女儿已经十岁了，现在的又生了一个小孩，都在眼前。每天等着吃的有七个嘴巴，母亲同小兄弟们那里，每月要带去七块洋钱，还要每月抽出七块钱来还债，讨老婆的债，本来讨老婆买的一些东西可以拿去变卖，又被火烧掉了。自己的工钱，每月有二十块，老婆的也有十五块，合算起来也并不少了，可是总不够用。这样一间草屋，也要出四块钱一月的租，真是要命。这样，又不能离开这厂，这个断命厂，命里注成要忍耐，要在此地受气，要在此地挨骂，要在此地受湿气，要一天做十二小时以上的工作，要跑来跑去修理那些像吃人一样的机器，要听见使人烦恼的机器声，要闻着那种使人反胃的油气和臭气；走到生火间热得要穿单衣，走到另一间又冷得要穿棉衣，满屋子充满着蒸气，觉得全身不舒服；在厂里又没有像家里那样自由，可以随时脱衣穿衣，只好冷的时候熬冷，热的时候熬热，有时从这扇门跑进那扇门常常要刮着可怕的冷风。

他从厂里放工出来，一路地想……同前面走来的一位年青姑娘重重地碰了一下。一声"杀千刀"把他惊了一跳，打断了他的思想。他笑了一下又继续地想起了一桩事：

总算现在唯一的安慰——有了豆腐阿姐，费了很多的心力，经过几年的相思，有时候晚上总翻来覆去的睡不着，觉得孤独，觉得冷静，一方面又担心着她会被别个年青的先生(职员)"吃了豆腐"去。还记得她有一天曾经过生火间门口的时候，被几个男工拉了进来，调戏她，我那时候虽然笑着，在心头实在恨死了他们。大家都想捏她的"药水铃"——她在那时候穿得又单薄，胸前突出很丰满的处女的奶锋，引诱着所有"谗痨鬼"。那一次是我做了好人，把她放了出去。那时候，我才第一次手上触着了又暖和又柔软而带有弹性的……她的……我从此更爱她，更妒忌别人了，哈哈……现在她是我的了，我们有了小宝宝，会笑的小宝宝了。可惜她太辛苦，她在产后没有得到调养，生育过十天就去进厂了。现在她比以前瘦了些，幸而她的身体本来还健康……他提着饭篮，在放工出来的路上，一面走，一面想着这些一件一件的可恨可喜的事情，低着头一步一步地离开那条光明的马路，穿进一条又暗又狭的高高低低的泥路，跑回家来。

他走进门来，就听见小的在床上哭，哭得喉咙都发着哑声，一口气拖到很长，几乎哭不转来。大的在地上，门坎里面"呜哩呜哩"地叫着。"唅！你怎么躺在地上呢？"他一面抱起了女儿阿毛，一面快快跑过去抱起小宝宝。"呵……弟弟要吃了，弟弟真可怜，怎么一个人在床上哭，没有人来理会？呵……弟弟乖，我的宝宝要吃了。"他似乎以为小宝会懂得的这样叫喊似的说着，一面把吹得冰冷的嘴去亲着小宝宝的嘴唇。小宝宝的嘴旋来旋去地要想吃，碰着了冷得可怕的嘴唇，他亦当作奶头拼命地啜，虽然四个月的小孩该知这并不是真的奶头了。他每天从早晨四点钟吃奶之后，直到上午十点钟的时候，对面一位沈家嫂嫂来喂他一次，以后他要吃的时候，总是他的姊姊嚼了香糕来喂。他刚生出来的时候，长得非常之大的，现在瘦了些。他很像他的母亲，两只眼睛很大，眉毛亦很秀丽，鼻梁高高的，笑起来两边都有酒窝儿。

"阿毛，把灯点起来。"他对女儿说。

"没有洋油了，我老早就想点的了。"阿毛回答他。

正在这时候，豆腐阿姐一只手提了小饭篮，一只手拿了一瓶洋油，在臂膀底下夹了两包吃食，慌慌张张地走来，把门推开，在黑暗中已经听到阿明在家说话的声音。虽然她今天受了满肚子的气，但是一听到他的声音，她总觉得有意外的安慰，说不出的好过。她很快地把手里的东西一放，就把小孩从父亲的怀里抱过去了。

"你快把灯点着，饭烧起来，我的肚子饿得发叫了。外边真冷呀！"她一边说一边坐在床边弯上了右脚，解开了衣襟，把涨得又痛又硬的奶头放在小宝宝的嘴里。大家沉默了一会，只听得小宝宝的喉咙里"咕嘟咕嘟"不断地咽着。突然间他咳嗽了，在小喉咙里咽得来不及，放出了奶头，奶都洒了出来。他母亲的白色内衣上已经干了的一片奶水像刮过浆似的硬。

"阿明，我真气死，你想，今天发工钱的时候，这个月的赏工不给，反而还扣了工钱，说我在前几个月里迟到的几次，都要现在补扣，今天我只拿到五块六角。他妈的，还说生意不好要关厂。今天一位工会里的人，同着什么叫蛇喂局里的人一路来的，对工友讲'东洋鬼子要闹事，要我们静心做工，每天多做些，不要管闲事，这样才是爱国。'他妈的，你晓得那只烂污货收了我们的会费，现在穿得多漂亮，她跟着蛇喂局的人一路来的呢，你看见吗？"

"你且不要管她，她会有好结果么！？自己的钱拿少了是真的。"

他拿过灯来放在桌上，顺便把灯来照了一照在母亲怀里的小宝宝，伸过右手去抖着小宝宝的嘴角，小宝宝笑了，在喉咙底里呵出"可——可——"的声音，他要想讲话似的。大家都笑起来了，笑他的面上鼻子上都堆着嚼过的香糕；再看看阿毛的脸，鼻子底下拖着两条鼻涕，眼屎都堆满了眼角，干枯得发黄的头发乱蓬蓬地盖在头顶上。看过去真是一个可怜的孩子。父亲一边笑，一边想着她的可怜。

豆腐阿姐放下小孩，就同着阿明去烧饭。她看一看房间里的零乱的杂务，使她发愁。像豆那样大的火光，仅仅照得出大家的面孔。要想洗尿布，没有自来水；要想补衣服，又没有线了。马桶满得不成样子了，还是先去倒马桶罢。她倒了转来，看见王家婆婆坐在她房间里，愁着眉头，脸上堆着许多皱纹；一见她进来，就叹着气说：

"六娘舅来过两次，一定要你们赎当头，他虽然在纱厂里做工头，可是，生意也不好，东洋老板凶得很，今年过年预备不发存工呢。他还说明天一定要的。要过年了，大家都是难关到了，人家买鱼买肉，我们大家怎么样呢？唉，老有老的苦，小有小的苦，大家都有说不出的心事呵！"

"不要说起，一说起真要上吊，明天他来，只好再恳求他，实在没有钱赎当头。今天只拿到五块六角，还受了不少的气才领到的，要把这钱去赎当头，大家就只好饿死。老婆婆，你真是好人，没有你替我们说情，我们真是苦死了。"豆腐阿姐弯着腰替小宝宝换尿布，说得真可怜。

老婆婆很为难的，慢慢地从里面走出去，还自言自语地叽哩咕噜的说着：

"你不能赎也是真情,不过他要来逼着我老太婆。……这里暗得看不出。唉！这样的苦命,也是乌黑大暗的命呵,为什么不早点死?!"

"妈妈,肚子饿了！要吃饭,妈妈要吃……"阿毛像一只饿瘪了肚子的花猫似的,缠住在妈妈的后面不断地叫着。

"真会烦,就有得吃了,快把桌子移开来,凳子摆好。"

一碗青菜,一碗豆腐,三碗白饭,都盛得满满的摆在桌子上,热气一股一股地向上冲着。总算一天之中吃着这一顿热饭,大家都并不作声地吃着,嚼着。在静悄悄的黄昏里,半明半暗的房间充满着三张嘴里发出的"哈呼哈呼"的声音,混杂着碗筷的叮当声。在板壁那边,挂着手巾的竹竿的上面,印着三个拖长了的黑影,歪歪斜斜地浮动着;再少许低一点的地方,竖起两只长耳朵,像兔子似的一踵一跳地忽低忽高地移来移去,一下子一个高长的黑影站了起来。突然间听得阿啾一个喷嚏,满桌子散开了许多饭籽。小姑娘的两条鼻涕拖得很长,母亲用筷子顺便地向着阿毛头上重重地敲了一下。阿毛的两只圆兜兜的眼睛,充满了亮晶晶的水分,呆呆地望着母亲,熬住了眼泪,畏缩缩地放下筷子,走到板壁旁边站着。

"讨气的小鬼,还不来拾干净,白饭哪里来的呀！ 爹娘的血换来的呢。你要遭到天雷打杀。"她带着不好看的脸色"叽哩咕噜"个不了。

床上的小宝宝又在哭起来了。虽然她还没有吃完饭,但是,即刻转身去抱起他,一只手拍着,一只手解开衣服塞进奶头到小宝宝的嘴里。她疲倦得腰痛脚酸,只想在床上躺下来了。但是房里摊得乱七八糟,垃圾堆得满地都是,碗筷还没有洗,头发几天没有梳过,房间里到处都是灰尘;再看看自己的手瘦了许多,一条条的筋都突出来了,心头上忽然把许多事情都想起来了:扣工钱,存工不发,米贴取消,阿明的工钱还没有拿到,六娘舅那里的当头,沈家嫂嫂那里还要给每月一块钱——她真是好人,每天来喂小宝宝奶吃的,做产时候还欠着一笔收生费。年节又到了,自己不过年倒不要紧,但是,老舅妈那里的一笔年礼不得不送的,不然明年春茧上市的时候会吃她的苦呢。去打一次花会罢,失败怎么样呢?外边的风实在大,明天要一早起来,不愿意收拾了,还是早点睡觉。可是想来想去又觉得睡不着了,摸摸自己的脸像火烧似的发着烫,继续又想起来了这许多的债。回忆到没有出嫁以前虽然爹娘早死,弟兄间并不和睦,但是每月收入除出一半分给兄弟,其余的够自己吃用也勉强的可以过去。现在呢,欠了这许多,看看小宝宝也瘦了。

"阿毛爹,唅,阿毛爹,总得想一个办法,小宝宝这样瘦下去,我自己的奶子涨得发痛。你明天进厂去的时候同账房先生再去商量一下,可不可以上工去的时候把小宝宝带进厂去?"她一厢情愿地要他去办。

"我真不愿同他去讲话,他摆出账房的架子,已经拒绝过我多次的要求了,他恨死了我,我也恨死了他。从前本来可以带进去的,后来因为喂奶就要偷懒,所以现在不准了。小孩子在家要受饿,可是带进厂去,在机器间里也不是好事。不是从前天通庵的恒裕和虹口的大伦丝厂里,在机器底下压死了几个吗?他们睡在机器旁边,或者机器底下,总是十分危险的。最好穷人不要生小孩,让有钱的去多子多孙!穷人生了都是讨债的。"

"那么你为什么要讨我来,要生这个讨债的小鬼?一个不够两个呢?痛不痛在你身上,你这个糊涂鬼!"她不知不觉的心在收缩着,喉咙口里又作起祟来了,两大点眼泪突然的从眼眶里流下来落到了小宝宝的额角上,小宝宝的手脚同时跳了一下,头旋了几旋便睡熟了。她看着小宝宝,又继续地说下去:"生进去的时候快活,生出来是讨厌的了!明天你去弄死他好了,只要不给我看见,你拿去杀死了我也不管……"她抽搐着,愈哭愈悲伤了。

"这又不是我的不好,恨我做什么?好睡了,碗筷我都洗好了,明天来得及早上再烧一餐,来不及不烧也不要紧。冷饭多着呢!总算我说错了,你不要哭罢。"他安慰她说。

大家不作声了,床底下的老鼠咬着板壁脚,"格粒……粒……"咬个不了。外边的风吹着草棚背后的树林,从树林里发出一种可怕的声音。

阿明看大家都睡着了，在房间里的打鼾声同着老鼠的走路声相互地呼应着。他翻来覆去地睡不着，预备明天怎样去要求账房，应该怎样说法才妥当。他还想去借一笔钱来过年，应该买一点她欢喜的东西送给她。天气这样冷，她还没有帽子，明天吃中饭的时候偷偷跑出去买一顶罢。什么颜色的好呢——紫酱色的罢。想到这里，他就伸出手来摸着挂在帐钩上的一件短棉袄的袋，还有一块二角。够的，听沈家嫂嫂说只要八角大洋就好买的了，明天还是要她去买，女人知道女人的心呢。从远处送过了一阵拖长的汽笛声，接着"克隆……克隆……"的笨重的震天动地地响着，汽笛忽然地停止了，又重新叫了两声，呵，夜班车到了。在这时候他忽然想到火车头的力量，他自己会修理机器的，假使有人来请他去修火车，那么他要比在丝厂里舒服些了：他爬上火车"嘟……嘟……同着火车里的朋友们去游杭州、苏州、南京，还可以去看看吴淞口的海岸，……大轮船，洋鬼子，海鸟……"我要做只鸟，自由自在的可以去飞……飞……飞到高的天空，一切一切看……不……见……了。"

二

微微的白光从窗口里送了进来，工厂里的汽笛声一次两次了，讨厌的声音几时可以不听见它呢？他俩急忙地从暖和的被窝里起来，穿上衣服，看起来，时候不早了，只好把昨天的冷饭拿去，早饭到厂里再说罢，夫妇俩脸也来不及洗便动身去了。阿明忽然记起一桩事：

"你先走一步罢，我要到沈家去走一走去，托她替你买顶帽子去。"

豆腐阿姐一步并作两步地走，走出家门经过一条小路，向着青云路颐家湾那里一路走去。从远远的地方望过去，厂门已经开了，一个一个黑的影儿在厂门里面移动着，门口站着两位岗警，手里拿着棍子，腰边还挂着手枪。她走近了厂门，那位麻皮岗警问她：

"唅，你夹着的一大包是什么？又拿衣服来洗了，幸亏你这张'照会'长得还不错，不然把这包东西来没收呢。唅，放工来谈谈罢。为什么皱着眉头，眼睛这样红肿？阿明欺侮了你，我会帮你的……"

"杀千刀！人家忙死，你还这样高兴，狗东西！"

她走进大门经过账房，顺便地装出笑脸对工头招呼了一下，听见机器已经开动了，就把饭篮一挂，开始工作。车间里的人声和机器很混乱的使人忍耐不住地轰动着，大轮盘上的皮带不断地循环地滚过去，上面黑色的油点子一闪一闪地闪过去，觉得头在发晕。她想或者因为肚子饿了的缘故，她偷偷地拿着刚才门口买来的大饼一口口咬着，左手还是把一根一根的丝接到铜钩子上面去。她正在做得起劲的时候，从机器声里面带出了小宝宝的啼哭声；她发愁，她回忆，她想到了昨夜的悲伤、忧虑现在的生活，和将来的命运。整个屋子里充满着白色的蒸气，像人放在蒸笼里面烧，烧得满身都是潮湿，由汽变成的水，在周围的墙壁里、门窗里、屋顶上都在一点一滴地落下来，好像它对着人哀哭着。但是哪一个都不能来了解，来安慰，像她昨天的泪珠儿落在小宝宝的额上一样的没有得着任何的回答。她抬起头来看看周围的工友："她们不都是和我一样吗！"

时候很快地过去，已经放了吃中饭的汽笛声。豆腐阿姐很急忙地偷偷地从机器底下拿出一大包尿布和脏了的衣服，跑出门去，向着自来水龙头那边走，把铅桶拖过来，把龙头一旋，水像很愤怒似的喷了出来。她担心着这样响的水声会被工头听见，运气还好，鬼都没有一个走过来。她用尽了力气洗着，还没有洗完，后面的骂声已经从远处愈送愈近了。

"你又忘记了，吃饭时候来洗衣，上工时候来吃饭，你跨进厂，时候已经不是你的了。自来水，是老板出钱买的，用多了，不是我们做工头的要受骂吗？你总是要来破坏厂规，快滚开！"一位四十多岁的工头紧了牙齿恶狠狠地骂着。

"好人，不要骂了，让我洗完，快了，我饭可以不吃的，上工时候一定不吃饭，让我洗完罢。"她这样求着洗着。

"不吃饭，不吃饭……自来水就应该给你用的吗？你不听，倒要做点规矩给你看。"他不管三七二十一的就把洗好的一半拿去了，拿到生火间里去了。豆腐阿姐一面追着，一面哀求：

"老伯伯，我们是苦恼人，求你不要拿到账房间，还我罢。"

她跟着他追进生火间去，看见衣服和尿布已经塞进去了，那炉子里正在喷出飞红的火星。她吓得不会作声，对着火光呆看。炉灶旁边捧着饭碗的生火间的工友们，看看豆腐阿姐，又看看工头。有的皱着眉头，有的放下碗筷，碗里还留着小半碗白饭，重重地从心的深处叹出一口大气。大家都听着灶肚里面的"嘈啪、嘈啪"的声音，只有工头的脸上表示着复仇的高兴。

豆腐阿姐慢慢地回转身来走出生火间，碰着了王家嫂嫂。王家嫂嫂拿着碗筷走过来对她说："阿明在账房里闹着，不知为了什么事情，你去看看，要他忍耐些罢。"她跑到账房那里，看见账房先生的脸很凶地对着阿明苦笑着，而阿明两手叉着腰，气得脸都涨红了。

"你想，阿明自从同你做亲以来，一天没有好过，忽儿要这样，忽儿要那样。今天又说硬要把小孩带到厂里来。这是破坏厂规的事，你们要想叫我吃不成饭。要知道，我吃不成，你们恐怕也要饿死呢！"账房先生对着豆腐阿姐说。

"好了，他要求得不好！不过你要知道我的小孩在家里饿肚子，天天哭得气都转不过来，难道我们是应该断子绝孙的吗？"她回答说。

"吃公家饭，做公家事，不能因为你的孩子饿肚子就来破坏厂规。那么其他几千几万的工人都没有孩子的吗？难道都死完了吗？年纪轻轻，要懂些世故人情！"

讨厌的机器又开动了，大家都去上工了，豆腐阿姐似乎像喝醉了酒一样地冲过去，阿明更气得像个木人儿一样笔直地站在壁角里。

从远处传来了"嘟……嘟……"的声音，发亮的蓝色光漆的汽车已经开进了大门，岗警们竖起了右手，对着汽车致敬礼。汽车轧……轧……地响了几声，便停止了，里面走出一位穿着黑色西装，外面披着狐皮大衣的老爷，圆脸尖鼻子，在鼻梁上面揸着一副闪光的克洛克。他的肚子像女人怀着六个月的胎一样的突出着，在大衣的外面显了不平均的样子。看过去，他是一个会打算的会办事的很敏捷的有钱人。在他的旁边还有两位高大的穿着黑色袍子的保镖。他很快乐地走进了账房，似乎他有十分急要的事情要来干的样子。

账房先生连忙起来点着脱了发顶的头，笑眯眯的恭恭敬敬的招呼他：

"今天怎么来得这样早，行里已经去过了吗？"

"是的……现在职员们都吃饭去了，我有很要紧的事情来的，行里已经得到消息——东洋人要在今明两天起事呢。你这里还有多少现款？工钱已经发了一半，还有一半我看可以慢慢发。我想或者我顺路把这里的款子带了出去，你可以不必把这件事告诉金家少爷和其他的人。你在我这里已经做了多年了，从前老太爷也是为此很信任你的，你为我出力，当然是知道的……"他轻轻地说着，右手摸出一只白金表来看了一下，"快要两点钟了，我……我要回家去吃饭，我看明天还是停工的好……"

阿明偷听得很起劲，刚才所受的气不知道飞到什么地方去了，但是，心中扰乱着，发生着许多新的疑问。他偷偷地走了进去，继续做他的工。

那位账房先生走到里间去转了一下，拿出一只小箱子亲自送到汽车上面。一下子汽车开动了，"嘟……嘟……嘟"从大门里面走出，向着西面闪了过去。

账房先生回到账房，很慌忙地整理抽斗和账簿，还有许多张的钞票，都放进了自己的袋里，很不自然的样子对着朱先生说：

"今天提早一点钟放工，请通知总管车，还要写一张布告，通知总工友，厂里货少暂停几天，快把通告写好，在放工以前贴出去。"

到了五点钟总管车抽了汽笛，很响地叫了起来，各工友听着了以后，一下子在各间里的人声和脚步声，代替了机器声音。大家似乎有了意外的快活，叽叽喳喳地吵得乱七八糟，一堆一堆的黑影儿从各间里出来，争先恐后地要挤出短木栅去，岗警的棍子在空中挥着，小姑娘的叫哭不断地从人堆里发出来。豆腐阿姐的一切感觉都和平日不同了,似乎觉得空虚得不得了,又似乎觉得呼吸都闭住了。她挤在人堆里,觉得自己已经没有存在的一样。附近她周围的人群都对她看着,大家都在议论纷纷,大家都替她难过。一传两两传三,没有一个不知道她今天所发生的事情,大家以为今天所以提早放工是为了她,怕厂里闹出事来。

阿明就在门口等着老婆,把刚才老板来过的事告诉了她;在他俩的前后还有许多其他的工友,他也告诉了他们。大家都很惊奇似的,可是谁也没有完全了解这件事情,因此他们并没有议论这桩事,而在议论着账房先生的不好,豆腐阿姐的触霉头。

青云路上的电灯,点得闪亮的,三五成群的男工和女工,大大小小地走着说着,一批一批地闪过去。在路旁的流氓都在叫出惊人的声音,调笑年青的女工们;卖吃食的小贩,很起劲地兜揽生意。女工们摸着衣袋角,但是,并没有看见拿出一个铜子来。阿明夫妇也是一样的舍不得摸出来,他们渐渐地由热闹的闪亮的大街跑进了冷静而黑暗的小路了。

阿明夫妇走着,远远地就看见草棚东边的树木在黑暗里摇动着。王家的一只黄狗竖起了尾巴"汪……汪……"地对着人叫。但是看见了王家的嫂嫂,它却改变了样子,摇头挥尾巴地高兴起来,很亲热地在她的裙子边钻来钻去。阿毛同王家的小弟弟在大门里面演着文明戏,阿毛的头上缚着许多破烂的碎布条,跳跳蹦蹦地转来转去,手里捧着一个碎布做成的小人儿,嘴里还唱着自己杜造出来的调子。一个亦七岁光景的小弟弟,脸上画着一块白一块黑的花脸,一张红纸贴在鼻子上面,像猴子似的跳来跳去,手里还拿着一个有眼的铜脚炉的盖头,"当……当……"地敲着,嘴里呼出"呵……呵……"的声音。他俩在两面房间里照出来的微光底下跳动着,玩得正在出神的时候,阿明夫妇跑进家门口就对着阿毛发气:

"你的弟弟在房里哭,你不去管他,自己在这里做什么? 莫要讨打。"阿明在阿毛背上重重地打了一下。豆腐阿姐像飞似的跑进房门,抱起小宝宝来,嘴对嘴地吻了一下,便坐在床上喂着奶。她的眼泪一点点地不断地落到衣襟,落到小宝宝的耳朵和面孔上面。

她只觉得心头痛一阵,四肢冷一阵,想起了工头的凶狠,想起了账房的威逼……她伸起右手扭着鼻子,把两条鼻涕向着地板上一挥。阿明听得从地下发出的声音,急忙地放下手里的木柴跑了过来,站在她的面前,呆呆地面对面的看着。一向很有勇气的阿明现出了苍白色的脸皮,蹙紧了眉头,眼眶里亮晶晶的水突然地滚了下来,跟着不断地像潮水似的涌了出来。但是,他脸上的肌肉抖动着,握紧了拳头,豆腐阿姐仿佛听见他在狠狠地咬着牙齿。惨淡的灯光底下充满着悲哀和忿怒。在这沉默之中各自回忆着十多年来血汗的生活:疲劳、饥饿、恐怖,一件件地闪过,什么希望也都毁灭到干干净净,他们像滚在瀑布似的浪花中间,像已经沉没在海的深处,像躺在荒野上的墓地里——已经腐烂了吗,已经没有生气了吗!？阿明喘出一口气来,觉得自己还会动,还有呼吸,这真比活埋还要痛苦。上有多病的老母,下有妻子儿女,呵……不能……不能这样活下去……

阿毛看得发呆,头上扎着的五颜六色的碎布条还在飘荡着。她似乎要想解开爷娘的莫名其妙的苦闷,轻轻地走到桌子边,把摆在桌子上面的纸包一拖,就拿了过来,很小心地拿给阿明,然后向后面退了几步。

“这是沈家妈妈要我给你的。”阿毛说。

阿明把它解开一看,原来这是他送给老婆的礼物,他亲亲热热地跑过去,把帽子套在她的头上叫着:

“好姐姐!”

虽然豆腐阿姐还在流泪,但是她的心事已经被这柔软的叫声溶化了一大半,羞答答地说了一声:

“人也活不成,还要什么帽子呢!”

“死？这样讨人喜欢的小宝宝,他在看着你呢,我在这里呢,你哪能死! 好姐姐,心宽着罢,我去烧饭给你吃,阿毛也一定饿了的。”

王家婆婆又跑来了,她很慌忙很着急地说:

"六娘舅又来过了,他一定要的……他并说:日本纱厂里面的东洋人,今天下午在厂里鬼鬼祟祟地在一间房子里,秘密开会,究竟商量了些什么,并没有能够知道。不过拿进去的手枪很多,厂门口在早几天已经放好了机关枪。外边谣言很多,风声是不好。六娘舅的以前的中国纱厂里的老板,也住在曹家渡那边,听说今天下午用三四部装货车把贵重东西和家眷都搬到法租界去了,到了他的丈人家里。那开车的阿二,是六娘舅的堂哥哥,所以六娘舅会知道。并且六娘舅自己的家也搬进租界了,搬的人还不只他们。没有事还好,一有事我们怎么办呢?"可怜的老太婆对着阿明夫妇这样说了一大堆。

"是的,有钱的还有地方逃,没钱的是办不到。你想厂里的老板这样凶,本来今天应该发的一半工钱都不发,反而拿回去了。阿明的工钱没有拿到手,你想拿什么赎当头呢?怎么说得到逃难?这样的生活,还是早死的好!"豆腐阿姐说到这里,她的眼眶里又流出眼泪了。

王家小弟弟来叫祖母睡觉,这个老太婆叹着气走出去了,一面说着:"明天再见,过来玩玩。"

阿明吃过夜饭之后,感觉胸部非常气闷,跑到外面去走走,顺便想去打听打听外面的消息。走出大门就听见到处有狗汪汪汪地叫着,沿着铁路那边叫得更利害,而且轰隆轰隆的火车,来来往往特别的多,火车站那里的汽笛声长长短短地不停止地叫着。他一个人在小路上走得有点害怕,他刮着洋火吸起烟来,有些狗就特别对他叫得厉害。他身上的衣服很单薄,风吹得更加冷起来了,眼睛的周围也被风刮得发痛,于是他停止前进,回到家里来。黑夜里的星光、在远处高房子上面的电灯都在闪着,而这里是恐怖的黑暗。到处送来的声音都带着忿怒的烦躁的情调,又惹起了他的不好的感触来了。他觉得身上重得不得了,好像背了几百斤重的担子一样,身子也直不起来,压在他胸部的怪物,使他的呼吸非常之困难。他联想到他的前途不也是在恐怖的黑暗之中吗?他走近了草棚,看见自己房门外面有个黑影儿在那里浮动,突然地听见了声音:

"阿明,我怕……怕你出去不来了……这样冷,跑去做什么? 害我怕得不敢走进门来,也不敢走出门去。我烧好了开水,等你喝茶,小孩们都睡好了。"

"我因为听王家婆婆说外面风声不好,所以出去看看的,外面没有什么动静,不过火车声今天特别的多。"

他俩关好了门,一个坐在床边,一个坐在长凳子上,阿明的两只手放在茶壶两边烘着。他俩冷得说话的声调都有点发着抖动。

"冷呵! 喝点热茶罢。"阿明喝了几口放下碗来对豆腐阿姐说:

"万一有事发生,我们怎么办? 商量一下罢。当票要拿好的,别人的东西总应该要还的,衣服是随身,只有小孩们怎样办呢? 逃到什么地方去呢? 我想在这里离开火车站不远,总是不好的,还是到江湾母亲那里去。不过恐怕他们那里的米也已经吃完了,这里也吃不到两天的了。"他很认真地对她说。

"逃也死,不逃也死,预备什么呢! 饿死倒不如打死的痛快。"她虽然这样说,但是看了阿明的面色苍白得可怕,似乎危险已经摆在眼前,说话时候有点断断续续地接不着气似的,在喉咙里有抖动的声浪。她停了一忽儿,脸上也现出了一块青一块红的颜色,拿过阿明手上的茶碗喝了几口已经冷了的茶。

"或者不很要紧,中国政府不会同日本人打仗的,像北边张学良那样,并不抵抗,就把东三省奉送给日本了。还是不要逃罢,不过大家做亡国奴也是不好!"

"怎么叫作亡国奴?"她问。

"像马路上的工厂门口站着的红头阿三,就是亡国奴;国家灭掉了的百姓就是亡国奴。"

"东洋小鬼这样坏,要想灭掉中国,我想不成功的罢。"

"如果中国人个个像张学良一样,就可以成功。中国做官的带兵的,都是混蛋。不是报纸上,这几天里都登什么禁止反日抵货的运动吗? 在南京、上海枪毙了许多反日的学生和工人吗? 为的是他们反对不抵抗。现在是不讲理的世界，在打仗的时候，哪一个枪炮多，就是哪一个胜利，打架也是一样的，如果像昨天你洗衣服的时候，你的力气比他大就打死那个狗东西。"

"时候不早了，睡罢，商量是商量不出什么来的。做亡国奴也是天命，现在我们的生活哪里比红头阿三好呀！已经一样了。"她说着解开衣服，脱了鞋子爬到床里去了。

三

房间里又静下来了，有胡子的老鼠先生又上了市，它们在静悄悄的黄昏里很自由地找寻吃食，一只大老鼠爬上了阿毛的竹床。

阿毛身上盖着的一条蓝布的棉被已经到处露出发了黑的棉花，老鼠在她的四周围兜着圈子，它像人一样的饥饿，咬着阿毛的一件破棉袄的袋子。可怜的阿毛不知道有了多少天没有洗过手脸了，她的手指缝里嵌满了黑泥，脸上就更脏得不得了，堆积在嘴角里的残余事物发出腥膻的臭气。饥饿的老鼠就在她的嘴角上啃起来了，阿毛从梦里痛醒过来，叫着：

"啊呀……啊呀！爸爸，老鼠咬我，啊呀，血流出来了！"

大家都惊醒了，小宝宝也开始哭起来了。母亲在朦里朦懂之中很快地把奶头塞进小宝宝的嘴里，哭声立刻就停止了。阿明在梦中似乎听得各种各样的杂乱的声音。灯里的火油快要完了，半明半暗的一粒火光从已经煤黑黑的灯罩里透出来，现着一个可怕世界。阿毛一面叫，一面看见从帐门里钻出一个闭了眼睛的黑头，头上面竖起了硬而蓬松的毛毛。她吓坏了，她拖着棉被罩在头上，过了一忽（儿）灯就熄灭了。

阿明以为自己是在做梦，很疲倦地又睡着去了，不料那个阿毛又叫了起来，甚至连邻居也都从梦里惊醒了。

阿明也醒了，细细一听，才明白并不是做梦，房里阿毛哭着，房外听得了另外一种可怕的爆竹声和大大小小的"劈……拍、轰……隆"的声音。啊，这是有钱人请菩萨了。他妈的，钱这样多，爆仗放不完似的。

哈,不是的？怎么上面像有飞机声呢？难道打仗吗？他钻出头来,叫着阿毛:

"做什么？做了怕梦？乖些,不要紧的,莫怕。"

"血流得真多呢！爸爸!"

阿明想,难道飞机丢进炸弹来了吗？怎样她还能这样清楚的说话呢？我也并没有受着什么伤,奇怪。他伸手去摸摸小宝宝和他的老婆的鼻子,都很好,都有呼吸的。再摸摸自己的脚也没有什么痛。"哈！阿毛,你究竟痛些什么?"他就披了衣服起床来看阿毛了。这才看清楚,阿毛嘴上被老鼠咬破了一块皮。他从袋里拿出一块脏得发黑的手帕替她揩了一揩,要阿毛睡下去,把她被盖好,走开了。

他走近窗门,从一条像手指那样粗的窗缝里望出去,飞红的天,天上似乎还有黑烟,一股股地冲上去;从红光里又有白色亮光的火星飞动着。"嘟啪嘟啪"的声音愈听愈近了。忽然又"嘶……嘶……"一声,从草棚上飞过去一条亮光。他轻轻地开出房门,走向房门对面的人家,在门边听了一下,里面也在轻轻地说话,带着抖动的声调。他唯恐惊扰人家不敢问他们,仍旧回进了自己的房里,移开帐子扯了一下棉被。豆腐阿姐也早就听见外面的声音,只吓得不敢作声。她侧转了上半身,伸出手来捏着阿明的左手,捏得紧紧的,冰冷的汗从手心里出来。帐子里面要比房间里还要暗些,他俩面对面地相互闪着发出亮光的眼睛。

窗外的微微白光透了进来,步枪声听得更清楚了,上面的飞机也更多了。

"大约在车站那里打罢,你起来,穿好衣服,你多穿一件衣服上去,会冷的。我要走到王家去问问,同他们大家商量商量看。"

白色的亮光壮了他的胆量,他自己觉得比初初听见的时候要好得多。他从自己的房里出去,一直地跑到王家,轻轻地叫了几声,门立刻就开了。

"真的打仗了呢,你听到吗?"王家嫂嫂这样对他说。

"阿福哥昨天回来了没有？他在外面跑总知道一些情形的。"

"回来了,他的胆子大得很,还躺在床上的呢。"

阿福打了个呵欠,伸了一伸腰,捏起两只拳头笔直地坐了起来,一面穿着衣服,一面离开了床,笑嘻嘻地说:

"勿要急,急也没有用了。"他的手扶着门,把脚上拖着的鞋子穿好,就把房门一开,再回转身来在桌上拿着自己的一顶灰色呢帽,很快地跑出去了。他的老婆从里面追了出来。

"小弟的爹,小弟的爹,不要出去呀!"

可是已经来不及了,他已经走得老远。阿福的老婆急得哭个不停。她的婆婆正在点着了一对小小的红烛、三支香,供在神堂底下的一张方桌子上,口里念着"急救经",双膝跪在地下,两只瘦得露骨的手合并得整整齐齐,一心一意地拜着,驼着背叩着头,头一直低到地上。

过了不多时候,阿福很急忙地跑回来,把帽一脱放在桌上,从袋里摸出一支香烟含在嘴唇上,刮着一根洋火点着烟,他坐在床边的一只方凳子上。他的眉毛粗黑得像板刷一样,三角形的眼睛,团团的脸,胡子长得很旺,在一堆黑胡子中间露出了发着紫色的嘴唇。他的身上穿着一件已经旧了的黑布袍子。他的身体很长大,两只粗而有毛的手放在腿膝上,喷出一口很浓的烟,稍稍闭了一闭眼睛对阿明这样说:

"我已经去看过,外边乱得个不得了,门户都关闭着,逃的人还是很多。刚才出去的时候,四周都有枪声,听说这里附近的车站——天通庵车站已经被日本兵占领了去,所以这里的枪声倒比我出去以前稀少了些。不过人有说,在北火车站、宝山路、横浜桥那边,打得很厉害。宝山路上的火烧得很旺,在这里附近也有几间房子烧着,满天都是黑烟,真是糟到极点。出去当然是很危险,不过不出去更加要危险。我想再不出去是没有时候可以出去了。我是没有地方可以去逃难,自从失业到如今,朋友那里个个都有债,不能见他们的面。我想你的母亲住在江湾,暂时去避一避再说。只有向着这一个方向比较容易过去,避开车站,从田埂里绕过去,东西当然不能带的了。"

"唅,你们听,上面的飞机轧轧轧轧的⋯⋯"阿明的老婆也急忙忙地跑过来。

在这个时候,小人和女人都哭起来。每个人的脸色都发着青,有的躲在角落里,有的躲在床底下。那老太婆吓得像死人一样,不过口里还在念着佛。只有阿福和阿明比较镇定些,互相商量着。

"他妈的,死也是命,横竖总有一死,何必怕呢? 我看还是照阿福哥的意思,大家一起走出去,到母亲那里去,小孩子我们两个来领。"他的手指着豆腐阿姐要她抱起小宝宝来。

大家各归各地草草收集了一下。老太婆也慢慢地爬了起来,一起走出去。周围的声音又是"咯……咯……咯……"的不断地增加起来,其中混杂着"轰……轰……又是嘈嘈啪啪地在空中浮动着。这些声音好像完全在草棚的四周围,邻舍都没有声音,大概都已经逃了出去。到处都冒着黑烟,白天好像变作黄昏了。树林里的鸟窝里不会飞的小鸟儿很惊慌地叽叽叽地叫着,似乎它们也在哀哭。没有人拉的黄包车在冷静和恐怖的街上停着,有的已经翻倒了,在旁边躺着正在流血的死人。在弄堂口有些像穿着制服的兵士,歪歪斜斜地倒在地上。还有黑色的警察制服很狼狈地丢在十字街头和垃圾桶的旁边,旁边还横着长杆子的步枪。背着包裹抱着小孩的男男女女,有的在街的两边靠着店屋排门很惊慌地奔着,有的像老鼠一样地缩着头,团紧着身体躲在弄堂口,有的突出着眼睛,张开着手在十字街头乱冲。在十字街头已经堆着许多沙包,穿着灰色制服的兵士都手忙脚乱地在沙包里面轻轻地商量,有的已经趴在沙包上瞄准了枪头。来来去去的子弹在空中飞着,阿明一家四口同着王家的老小,也从小路里出来在枪弹底下冲过了大街,向着荒野里逃去。不料走到火车站附近的时候,王家老太婆,脸发了白张开了口,"呵……呵呵"的气从喉咙底里喘出来,已经蜷在地上不能走了。离开他们不远的地方,有一大堆人群正在那里叫,很雄壮地叫"杀……"望得见这些人向着车站那一边冲过去。阿福提过小弟给他的老太婆,自己背起老太婆就逃,从右边又穿出一队兵士追上去。在这个时候,大家都冲散了,阿福和阿明夫妇走得最快还在一起,阿毛、小弟和阿福的老婆落在后面,不知道到哪里去了。这正是打得很紧张的一忽儿,中国兵和日本兵正在交锋着,上面的飞机正在对准着中国兵投炸弹。阿福和阿明没有办法可以回转去找寻了,也不能停留在这里不逃,只好沿着田埂逃进江湾路。在江湾路上的人,没有一个不慌忙,一堆一堆地奔着。将近江湾的时候,有些人走过来探听消息,他们七张八嘴地问着逃难的难民。一位年青的店员对着阿福说:

"在你的背上的老太太已经不像个样子了呢,她已经……前面究竟打得怎样了?"

阿福的身体弯到地下,一只手扶住母亲,慢慢地转过身来一看,吓了一跳,这是怎么一回事? 连忙"姆妈,姆妈"的叫她,而她并不答应了。勇敢的阿福到了这个时候,眼泪也直奔地下来,对着阿明说:

"现在怎么办呢? 后面的老婆儿子……"

"事情已经这样了,回转去是危险的,以后再想法。这里离开跑马场不远了,我的家就在跑马场的西南边,还是快点背她到我的家去。"阿明抱着小宝宝这样说,他也洒了几点同情泪。

走近了家门,阿明先敲门进去,里面一个又瘦又病的老太婆躺在床上流着泪。两个小弟在旁边坐着劝她。她一看见阿明夫妇和小宝宝,脸上立刻放出光彩,现出稀微的笑容,但是惊喜的眼泪还是直奔地流下来。

"我——我——怕——你们逃不出来了,总算老天保佑,还能够见着你们一面。那边怎样了? 阿……毛呢?"

"那边不得了,阿毛在路上失散了,同着王家嫂嫂和小弟一同失散的,还该去找呢。阿福哥和他的妈妈同我们一路来的,他妈已经吓死了。现在外边,在外边。"他又回转身走出去了。

阿福站在门外面,旁边躺着一个闭了眼睛的母亲。他的双手捧着头在那里很悲哀地哭着,阿明呆呆地望着他,不断地流下泪来,大家都抽搐起来了。阿福抬起了头,眼睛已经红肿了。

"我不能够忘记你,你是个好人,你去拿点草来盖在我妈身上,我现在去找老婆和儿子，死活没有一定的。如果找不着，我也不再回来了，我已经决心要去当兵了，死也死得痛快些。失业到如今，哪一天不是过着地狱的生活。大家却以为我是一个坏人，这难道是我自己要坏的吗？不得已才欠债的，被压迫就要反抗。我当然还是要干的，我不是吹牛，这点儿志气是有的。现在时机到了，还要逃什么命呢？我已经新认识了几个朋友，在十九路军当小兵的。你如果要找我，我可以留个地址给你。"他就拿出铅笔来写了个地址交给阿明，同阿明握了一握手就跑走了。阿明感动着，呆呆地站在门口看着他的后影在江湾路上渐渐地模糊下去。

阿福已经走了大半天，总是绕不过去：不是逃难的人说得吓死人的阻挡他往前去，就是碰见兵，不等他开口就把（他）赶着往后跑。最后，他才绕到了一条小路。可是，天已晚了，太阳早就没有了。暗淡白色的黄昏里，一切都是模糊的，荒野里的坟山，高高低低地堆着，两边的树林似乎会走路一样地向后面移过去。离开马路不远的地方有一大堆的房屋，屋上面的烟囱已经像死人一样的不会呼吸了。到处看不见火光，草地里有窸窸窣窣的声音，前面"咯咯咯……咯咯咯"地响。在西边的天空中，火光烧得很旺。东边远远的黑暗地里，爬出了一个巨大的笨重的、像塌车似的东西。它向前直冲，发出可怕的震动的声音。这个东西的后面，似乎还有许多人，拿着长杆子，伏着身子往这边跑。阿福有点害怕——这是日本兵来了——他很小心地避到路边的一个竹园里面去——预备等他们经过之后再向前去。可是，他觉得饿，觉得冷，他举起头来一看，原来这就是做地皮生意的朱家。这所房子还造得不久，他想有钱的人早已逃走了的，为什么不爬进去偷点东西吃吃呢？他向来有点本领，虽然身体很长大，可是很灵敏的。他就用力地抓住靠近火墙的一支粗竹竿，两手往上一拉，像猫似的溜上去了，再向前一冲，已经拉着墙角，爬上了屋顶，听得里面没有人声，他就大着胆把灶屋上的天窗玻璃敲碎了。再听一听，没有什么人，他就用力地把一枝横在天窗中间的木头拉断，两只脚先窅下去，一跳下去了，把袋里的洋火刮着，找到电灯开关。这是他的世界了,把橱门一开,不但有鱼有肉,而且有年糕、蛋糕,还有他从来所没有看见过的吃食。他不管三七二十一吃饱了再说。这样一来,他不但不饿,而且也不冷了。他吸着香烟在天井里独自兜圈子,天上白色的星光在红云里面闪着,炮声、枪声、野狗的叫声,不断地送进他的耳朵。他已经听得疲倦了,走进灶间在稻草堆里一躺,立刻就睡着了。

天亮了,在院子里的雄鸡啼个不住。他一醒过来就把肚子吃饱,到处找寻利器,他急忙地拿起一把发着亮光的菜刀,塞到年糕的包里,把很多的吃食都带了出去。经过后门和竹园向西边直奔,今天这里已碰不见逃难的了。他走进火车路,想找寻着已经失散的三个人,但是连影子都没有。前面有许多兵士正在掘着战壕,他怕他们会赶走他,就立刻走上前去,很亲热地招呼着兵士们,而且解开纸包,拿出年糕和其他的食物分送给他们吃,嘴里说着:

"你们真勇敢,真辛苦,我愿意同你们一块儿死。你们是十九路军吗?听说政府不要抵抗要镇静,怎么现在十九路军和日本人打起来了呢?"

兵士们看他很好,大家都分到了一小块年糕,吃得很有味的。其中一个脸带黄色地说:

"丢那妈,哪里是长官要打!我们弟兄们天天闹,再不抵抗我们要……我们不愿做亡国奴的,不肯卖国的。你老百姓来帮助我们,再好没有了。我们在江西剿匪,吃了不少次的败仗,就是老百姓不帮忙,没有一个,没有半个……他们对X军好,帮X军。"

"X军就是老百姓,老百姓就是X军,你这……这个笨家伙,要老百姓打老百姓,当然是不肯的。现在不同了,现在我们打的是日本帝国主义。"另外一个歪斜的戴着他的帽子——有"青天白日"徽章的军帽——嘴里嚼着年糕,斜过身来对着那黄脸的一个弟兄说:

"我的全家,失散的失散了,死的死了,现在我决意要同你们在一起,去打日本帝国主义。是的,我们大家都是老百姓,不肯打自己的人。

我同着许多人都是从工厂里开除出来的——还不久呢——为了我们在两个月前参加了反日的示威，老板通知公安局、市党部说我们是不良分子，还捉到监牢里坐了几天。你们想，同是中国人，却有两个不同的世界。我不但自己来帮你，还可以去多叫几个来帮忙。"

到了第二天，阿福就领着五个失业工人一起来了，大家都起劲地帮他们掘战壕，帮他们烧饭。其中有两个，还带两杆发锈的驳壳，可是只有两排子弹，打完了就要兵士们想办法。

"你们这些傻家伙，那地上死兵身边还有长枪，不会拿吗？子弹，我们这里分一点去好了。"

这样，阿福就算"当兵"了。

阿明自从阿福离开之后，没有一刻不在惊吓之中记挂着他，而且回忆他一向是个热心朋友，很好的好人，同他共事十多年了，他总是情愿自己吃苦，喜欢帮助别人的，就是太爱"干"。那年北伐军要到上海的时候，也是阿福带他去"造反"的，他们失业也是为了这个缘故；我的阿毛，他的老婆和儿子，几天都不见回来，一定遇着了不幸呢；况且在这里天天饿肚子，一天烧一顿，一顿吃一碗，上面的飞机到处丢炸弹，炮声枪声一点点逼近来了，到处火烧着，再不出去，真是死路一条；为着朋友，为着自己一家的饥饿，只好再逃到租界上去，找碗饭吃，拉车子也好，当兵也好。他把这个意思告诉了母亲和老婆。

豆腐阿姐看看大家，饥饿和惊吓决定了一切。她只是发抖，没有说"是"也没有说"不是"，当然主意是没有了。不过听得阿明要出去，当然自己和小宝宝也要跟了去，她说：

"你……去，我……我和小宝宝也同去。"

母亲和大家都哭起来了，但是为了在这里要饿死，当然也不阻拦儿子出去，不过她心里害怕：母子也许不会再见的了，虽然阿明答应找到生意马上就送钱回来。她心里只转着一个念头：命里注定没有儿孙送终，死……死……她闭着眼睛念了几声"阿弥陀佛，阿弥陀佛……"

他们三个就在当天动身了，走得不到半里路程，就看见了穿着黄色衣服的日本兵,还有一两个便衣队。他们看见阿明鬼鬼祟祟地想走过去,就拦阻他们。日本兵之中的一个,似乎是一位军官,嘴动了几下,日本兵就上去一把抓住,解开衣服来检查,当时就在阿明的袋里摸出一张纸条。一个会讲中国话的便衣队,问他这张纸条上的地址是什么用的,阿明不肯回答,他脸上背上挨着了好几下,打得他更加发狠不讲话了——他始终不肯说出来。又看见一位军官嘴里动了几下,立刻拔出枪来对准阿明的脑袋,就是"啪"的一声——阿明像鸡似的倒在地下。

"不好了!我的阿明!我的老天!啊呀!不好了!"豆腐阿姐跪倒在地上狂叫狂哭,在她怀里的小宝宝也号哭起来。

一位日本军官抬起手来指着豆腐阿姐,一个日本兵就抓住了她,打了几个耳光。看小孩子还是号哭,就拿起刺刀,亮晶晶地闪了一下,小孩子已经落在地下,再加上两三刀,小孩子的头和身体已经分开,有了鲜血的刀子还在小孩的衣服上揩了几下。他的母亲突出了眼睛,竖起两只手来扑在地下的血堆里晕过去。过一忽儿她醒了过来,张开眼睛一看,又晕了过去。到了第三次醒过来,她简直是疯狂了,她叫:"阿明呀……阿明呀……小宝!我的心肝!你俩怎么不会答应了呢?啊育!我的老天!……"她跪在血堆里,双手紧紧地扯住了胸口的衣襟,头向着天狂叫狂哭。正在这个时候又走来了一批日本兵,看她还年青,就捉了她去了。她已经不会开口,只觉得昏昏沉沉的……

蒙蒙的小雨,地上已经湿了,堆着的死人也已经数不清了,血同水溶化在一起,炸坏了的房屋像庞大的垃圾堆——一切一切都不完全了。

天渐渐地发黑了,除出有日本兵的房屋之外,一点亮光都不见了。江湾汪家的祠堂做了日本的司令部,附近司令部的房屋都驻扎了日本的炮兵步兵。阿明的老婆就在步兵驻扎的一所高大的房子里。她在一间点着红灯的客堂楼上,身上的衣服剥得干干净净,绑在一张有弹性的钢丝床上。换班下来的日本兵,像发狂似的喝着俄国的烧酒,唱着东洋的单调的爱国歌和淫浪的小曲,跳着西洋式的舞蹈,大家轮流地奸淫豆腐阿姐，还有其他的年轻的中国女子。竖在高房子上面的白天红日旗随风飘荡着。

饿得肚子已经瘪了的野狗，到处找寻着吃食，血肉模糊的死人大大小小的躺在田埂里和马路上。一只黄狗低着头走来走去，用它的长而发着亮光的鼻子闻着尸体的周围，它想挑选一块比较好的人肉来吃。

早晨七点钟的时候，日光从东边照来，忽然豆腐阿姐看见了一个雪白胡子的道士，手上拿着一个桃子要送给豆腐阿姐吃，并且告诉她，如果要看见阿明和小宝，就一定要吃这个桃子。她吃完之后，真的阿明走来了，他还抱着小宝宝，而那个道士已经看不见了。她高兴得不得了，她跑上前去抱过小宝宝来，阿明同她吻着，像结婚后第一夜的接吻一样的亲热，她忽然觉得从阿明的鼻子里面喘出两股热气。她张开眼睛一看，才知道并没有阿明，也没有小宝宝，而只有一只黄狗，狗咬着一个躺在她旁边的小孩子的腿。

呵！我为什么在这里？不是我到过家，到过大洋房，同着阿明逃难，现在阿明呢？到哪里去了？忽然听得在那边马路上有"嘟嘟……嘟"的声音。在太阳之下飘扬着一面红十字的旗子，像飞似的过来了，她立刻本能地撑持着坐起来：

"救命……救命呀……"

穿着白色衣服的看护，叫开车的停下来，可是已经闪过豆腐阿姐的前面去了。她就用了一切力量站起来——她并不觉得身上是一丝不挂，她只想赶紧逃，赶紧离开那只黄狗，赶紧追上阿明和小宝宝——她追上前去，但是走了三步又倒在地下。看护们就走下来，把她抬上了车，她又晕了过去。

等到她醒过来已经躺在病房里面的床上了。她觉得嘴里异常地干燥，肚里非常之空虚，她看见有人从她面前走过，她就抓住了她：

"我要吃……要吃你的人。"

一位看护吓得脸都发了红，后来，好容易扳开了她的手，给她打了两针。然后，有人拿了一碗稀饭来给她吃。她吃了几口就不要了，似乎现在要比来的时候清醒了一些。不过她的神经还不时地错乱,一忽儿哭,一忽儿叫,"阿明,阿明"的叫声,充满了整个难民收容所的所谓病房。

这样,她在难民收容所里面住了二十多天,医生们忙着医外伤的难民,对于这位无名氏,除了每天给点儿药之外,并没有特别的来看护。当然年青的临时看护的小姐,也有点害怕走近她。她没有亲戚来看,很孤独很冷静地躺在一间亭子间里,哭着闹着,自言自语地说着。难民收容所的男女是分开两处住的,男的在爱文义路某某里,女的就在对面的弄堂里,医生和看护并不多,所以跑来跑去的就这几个。

有一天,一位李医生跑去看一位受了弹伤的某男子。他来此已经有了一个多星期了,他常常问起:"你们在江湾看见一个穿蓝布棉袍江北口音的阿明没有?他有卅二岁,不长不短。"差不多在每一天他都要问起几次。李医生回答他:"这里的难民固然都是江湾附近救来的,可是并没有这样的一个男人,不过在女的难民收容所里面倒有一个每天叫着"阿明"的疯婆儿。"他就把怎样救了来的经过告诉了他。这位男子突然地想起:不要是阿明的老婆呢?他要求医生去看她,并且告诉了他自己同阿明的关系,以及他受伤的经过。医生认为他的伤口已经好些了,所以并不阻止他,而且医生认为没有亲戚朋友的难民,在收容所结束的时候都要成问题的。况且这个疯婆儿,人人都讨厌她得要命,她有了熟人,就好交代了。

到了第二天,二月廿九日下午,这个受了伤的男子,很忧虑地走出自己的难民收容所,穿过一条马路走进了上面挂着一块白布黑字的门里面去,同着看护走到那间狭小的病房里面。他一看:果然是阿明的老婆,不过她瘦了许多,他轻轻地叫着她:

"阿明嫂嫂,你怎样?"

阿明的老婆从梦里惊醒过来,觉得这是很熟的声音。她张开了两只大眼睛盯住了他,两只手慢慢地从被窝里伸出来,撑起了上半身,非常奇怪地看看,突然间她叫了出来:

"阿明！你是我的阿明！"

"我不是阿明，我是你们的朋友，你们的邻舍，我是阿福。"

她一把抓住了他，像疯狗似的跳了起来。

"你是阿明，我认识的，你是阿明，是我的阿明。我要回去看我的小宝宝，要喂奶给他吃，他哭得不得了，我的丈夫，我的亲人！……"

她拿起一件旧的又破烂又醒龊的骆驼绒的袍子穿上去，这还是难民收容所里捐来给她的，她穿好了之后，低着头尽是看，似乎嫌那旗袍太脏了，立刻又脱了下来，把它反穿在身上，头上扎了做绷带用的纱布。她突然地从楼上一直冲出了大门，冲出了里口，沿着爱文义路向东面乱跑，转转弯弯地乱跑，阿福在后面追着。看见对面来了电车，她似乎害怕得要命就回转身来，又往西跑，嘴里叫着骂着，后面跟了许多野小孩子和看热闹的人。野小孩子向她调笑叫骂，后面阿福追得气都喘不过来。他的脚上受了伤的伤口还没有完全地收口，他走起来还是跷着脚的。疯婆儿一路逢人就问阿明的下落："你看见我的阿明没有？"人家就问她：

"阿明是你的什么人？"

"是丈夫，被东洋杀千刀杀死了，还杀了我的儿子。"她用非常之大的声音说着。

阿福在后面听见了"被东洋杀千刀杀死"的声音，突然地震动了他全身的血管，他的四肢都发抖了，他跷着脚追上去还想问个清楚，忽然又听见前面有人询问她的姓名住址，她也在回答别人：

"江湾人，同着丈夫和四个月的儿子一同逃难出来，在路上就被杀千刀的东洋人杀死了，小宝宝哭一声，就是一刀切成两段。……阿明，阿明——我回来了呀！"她说到这里又大叫起来："啊育！我的阿明；啊育，我的小宝宝；啊育！我的心痛得……我的丈夫呢？我的小宝宝呢？好乖的小宝宝，讨人喜欢的小宝宝……他们都到哪里去了？阿明回来罢……"她叫到这里倒在地下晕了过去。

马路上来来往往的人，都忙得各管自己的事情。汽车上的洋大人笑眯眯地看着车窗外面的"景致"。吃得肚子大大的洋行买办、工厂老板,坐在汽车里,抱着穿得花花绿绿的姨太太的腰。还有那些党国大人们的小姐、太太,穿着高跟皮鞋,"叽咕叽咕"走进戏场、跳舞场的门去。外国巡捕拿着棍子赶着看热闹的小孩子们,黄包车夫的脚底"嗒嗒……嗒嗒"敲着柏油马路,难民们在收容所里哀哭得要命。而这里,在黑暗的马路旁边,靠近发着臭气的垃圾桶,躺着一个直僵僵的疯婆子,她已经没有了呼吸。阿福坐在她的旁边,呆呆地望着,他的眼睛里放射着悲惨的忿怒的火星——也许绅士们要说:这就是凶恶的"杀人放火"的眼光!

一九三二年四月十五日

[《北斗》杂志第二卷第二期(1932年5月20日),署名"文君"]

中　篇　中华人民共和国成立初期女工事业

为贯彻纺织业面向生产的决议要做好女工工作

——杨之华同志在全国纺织业工会代表会议上关于女工工作的发言

一、女工在纺织业生产上的地位和作用

女工在纺织业中占着很大的数量,在全国纺织业职工总数四十六万二千多人,而女工平均比例约占70%左右,青岛十三家纺织业职工,女工约占52%,天津纺织业职工共三万人,女工约占40%,东北一万四千七百多纺织业职工,女工约占27.7%。

尚有其他各省零星纺织业中,女工比例不详,但从以上集中纺织的大城市比例来看,女工在纺织业中所占的地位,和重要性是不待言的,因此全国总工会女工部的工作,是以纺织业为重点的,我们在全国总工会一年之内组织产业工会的总任务下,积极地参加筹备纺织业工会的成立。在李立三、陈少敏同志的直接领导下胜利的举行着第一次全国纺织业工会代表会议,我首先向大会提出我们应该深切地感谢千百万的农村纺织女工,因为她们在支援解放战争中几年以来,担任着二三百万解放军的军衣,军鞋,夜以继日用自己的手纺线织布,还要做好衣服,供给前线,她们对国家对人民贡献非常伟大,同样要承认和感谢新解放的城市中的女工,因为她们与男工一样地忠诚的保护人民财产,在帝国主义和国民党反动派临死前疯狂破坏中,冒险抢救物资,并且正在克服和忍受一切困难,为恢复全国纺织业展开竞赛和新纪录运动,为建设新中国而努力。

纺织女工对战争的贡献,新解放的城市与老解放区的手织女工是分不开的。今天我们城市纺织工人能在胜利的首都开会,必须认识农民对战争的负担尽了最大的力量;甚至把自己的生命献给了人民。

在中国共产党的领导下女工获得了解放,中国共产党为民族独立、人民民主进行了三十年的反帝国主义反封建主义,反官僚资本主义的斗阵,获得了今天伟大的胜利,中华人民共和国的成立,否定了一切旧有的不合理的法律和制度,并在政纲上确定了妇女在政治上、经济上、文化上、社会地位上与男子平等的原则。过去最受压迫的女工,在政治上已经翻了身。她们有权力参加人民政权参加各方面的工作和学习,现在的问题就是如何来使用这种权利。马克思曾经说过:"无产阶级解放要靠无产阶级自己起来解放。"列宁也曾经说过:"妇女的解放要靠妇女自己起来解放。"苏联妇女获得了世界上妇女从来没有的地位和权利,一方面在苏联共产党(布)正确政策下承认妇女的权利,另一方面靠妇女自己的努力学习和工作,例如这次出席亚洲妇女代表大会的苏联妇女代表们,都是在保卫祖国在经济建设上有着功劳的 功臣。代表中一位地下铁道部副部长托尔斯卡亚的奋斗历史,就是一个很好的证明,当她要求学习开火车头时,人们并不重视而加以阻止的,以为妇女干不了这一工作的,但由于苏维埃政府的支持,由于她自己坚强的意志和自己的努力,克服了一切困难,不但学会了开火车头而且成了修理火车头的能手,由于她高度的爱护自己的祖国,在德国侵略战争中,她为保卫莫斯科完成了战争燃料运输的任务。从此她与其他劳动英雄一样提高了社会地位,这个例子说明了什么呢? 它说明了女工的前途,第一、共产党和政府对妇女是撑腰的,给予了学习的机会;第二、要依靠自己不倦的努力,主动地争取提高自己;第三、社会对妇女轻视的困难是可以克服和打破的;第四、生产是解决一切困难问题的钥匙。

苏联女工是我们很好的榜样,中国女工要向苏联女工看齐努力学习,相信成功是会达到的。

二、目前的中心任务

第一个中心任务是面向生产。搞好生产是第一等光荣的事,列宁曾说过:"没有工业化……我们独立国家的地位就会消灭。"我们要发扬工人阶级传统的爱国精神,努力生产,这就是爱护中华人民共和国最高的具体的表现,把大会通过的面向生产决议传达到每个车间。我们应该把一切会议中心放在生产上,而不花费在街道示威运动里,面向工厂,面向车间,面向机器,面向节省原料,面向减低成本,面向提高质量,面向与阻碍生产的人作坚决的斗争,面向克服纺织业中存在的困难。为此学习和掌握劳资两利公私兼顾的政策也很重要,在处理实际问题中,我们要深切的理解和体会到中国被帝国主义侵略所造成的工业落后的创伤,今天我以列宁在第一次全苏联的社会主义工作人员代表大会讲过的名言,赠予我们的纺织业工会代表会议:"我们比先进国家落后了五十年以至一百年,我们应该在十年内跑完这个距离,或者是我们做到这一点,或者是我们被敌人打垮。"从中国工人阶级已有的光荣革命传统,我们应当相信工人能够担负起这个艰巨的任务,何况我们现在有最忠诚的苏联朋友,对我们建设事业上所给予的必要的援助。但主要的当然要依靠中国工人阶级自己以生产建国!

生产搞好,国家有钱,女工们的福利问题,根据中国共产党和人民政府一贯的保护女工的政策,是会很好的解决的,即在目前困难的情况下,也正在逐步地实现必要的设施。今天国家有莫大的困难,台湾和西藏、海南岛还在英美帝国主义直接庇护之下,前方战士正在为国家拼命,为了支持前线,为了分担农民和战士们的负担,我们要以无产阶级最高的觉悟,来克服后方困难,以面向生产来巩固工人阶级领导的政权。

但怎样搞好生产?首先要发动女工积极参加改革生产管理制度,即参加工厂管理民主化的运动。民主对于女工有直接利益,旧社会旧制度看不起劳动妇女的观点和制度,今天已不容许存在。军代表,厂长,党支部书记关于生产上的计划等重大事情,有责任与女工(在纱厂的女工几乎百分之九十是直接生产者)研究讨论,不是形式,而要以最大努力启发女工发表自己的意见。女工们就不应放弃机会,享受此种主人翁权利,大胆提出自己在生产上的经验和建议。把生产计划通过女工与否的问题应当要看成为走不走群众路线的问题,检查生产成绩,首先要从女工做起,女工生产积极不积极,可以测量这个工厂改革得好不好,可以测量有没有官僚主义存在。如果有人认为女工落后,不要女工参加工厂管理,那女工就有权提出这是旧制度没有改革掉,就可以指出领导者的错误,但要做到这点,必须以女工参加合理化建议运动,对生产负责,争取主动为前提。

要把这种运动传到车间,展开合理的建议运动。这一点石门纱厂的红旗运动中做得很有成绩,在天津中纺四厂细纱间,成立了民主管理典型小组,经过第三班的全体工人(六十人)的努力:一九四九年十二月底,每日不合标准的穗子由25%降到点8%左右,布场,次布率由7.8%减低到0.78%。经过这一典型小组,推广到了全纱厂。这是说明民主运动深入车间,才能对生产起着较大的作用。其次在私营厂里,要以吸收女工群众参加订立集体合同,这是劳资关系走入正常的必要的途径。要把这种订立合同的运动,成为女工群众学习和体会劳资两利政策的必要课程。使她们认识到过去旧的斗争方式已不适合于今天了,今天需要的是根据人民政府的法令讲道理,讲政策,主动地争取资方相信,生产搞好要依靠工人阶级,要依靠劳资双方合理的合法的制度和正确的团结。

订立合同,对劳资双方的教育需要耐心的进行说服工作,通过这一运动,把女工提高一步,组织起来,要照顾和结合妇女特殊的要求,但在今天纺织业困难时期,不要把妇女的要求突出,照顾全面的利益,考虑到可能的问题。失业对工人阶级是很不利的。

对女工进政策教育,是较艰苦的要花时间的工作。要下一番细腻的功夫;要把订立集体合同,成为教育和组织女工的运动。除了领导她们参加一般的会议以外,还需要单独地开些座谈会、轮训班来教育女工和启发她们的认识。

再其次是节约运动——过去讲究妇女会治家,现在妇女的权利扩大了,要讲究会治国。我们劳动人民,是有着治国的能力的。在节约运动中为国家节省了惊人的数目。如天津中纺纱厂,在一九四九年九月以后,节约成绩十亿零五百四十三万六千五佰元;中纺二厂过去很浪费,自细纱间的职工制订了减少皮棍花和白油花的计划和办法实行后,两个月内少出皮辊花二万一千二百七十四万,白油花也从每万锭十小时的11.75斤降到6.8斤。节省这些棉花都可纺成好纱,这样不但节省物料,也减少了拣花间的工作。使该间工人由三十七人减到二十五人。上海中纺十七厂罗志浩同志写信给我说:我厂工人政治水平普遍提高,现在细纱细平布(龙头)都已赶上敌人统治下的黄金时代(一九四七年)的产量,去年十二月份用的完全是中棉,但在工人们的努力节约下,比美棉,每件纱还减用(节约)原棉百分之五,布的产量增多一码。

以上具体材料证明女工们政治觉悟大大提高这与吸收工人参加工厂管理,职工团结问题离不开的,上海中纺十七厂罗志浩同志说:自从正确地解决了细纱间职工团结问题之后,细纱间工人在全厂生产上,一直起着火车头的作用。

第二个中心任务就培养干部。(一)这个任务与生是分不开的,培养的对象应以生产努力,节约努力,工作积极,学习努力者为对象。不论她们是不是共产党员,只要她们对工厂负责,积极,都是我们应培养和提拔的对象。(二)在大家办工原则下,才能产生大批的积极分子。要大胆提拔积极分子,尽不让干部兼任二种以上工作。包办代替的作风,大大的阻碍积极分子的培养和发展,每个干部必须警惕的,工会是新民主主义学校,共产主义的学校。在实际工作中培养女工干部,给以理论政策的帮助和政治的指导。对她们的错误善意的检讨使她们有亲身体会,自觉地改正。(三)热情地关心群众的生活和工作做到与群众休戚相关,反对高高在上摆架,脱离群众的现象。(四)要善于向群众学习,学习群众新的创造性,多倾听老工人的建议。自己要做到在工作学习生产上起模范作用。(五)培养女工干部必须加强她们的文化和技术的学习。发动她们参加业余学校,训练班,识字班,纺织技术学校,以至争取参加工人大学。自然在领导上要有意识地培养女工。

三、工会怎样做女工工作

有人问我,女工部怎样做女工工作?我说,问题的提法应该是:工会怎样做女工工作,因为女工是工人阶级的一部分,女工工作是工会工作的一部分,特别在纺织工会,女工工作起着决定的作用。今天苏南男代表邹小华同志对我说:工会对女工工作不够重视,在工会中存在着男性中心的思想,他的话启发了我认识摆在面前有一个严重的思想问题,这种思想阻碍了工会工作的发展,阻碍女工的积极性。我读过本一九四八年苏联出版小册子《社会主义国家的恋爱,结婚,和家庭》。有一首马雅科夫斯基讥讽资本主义残余思想的诗:

在会议中唱着"同志们前进"

而回家呢,忘记了独唱的歌曲。

对老婆吼着,为何白菜汤没有煮好。

为何,黄瓜咸得如此不好。

从这首诗知道资本主义思想的残余,需要长期的斗争,首先在无产阶级革命的队伍里,不容许它存在下去,因为以男性为中心的封建社会,旧思想是阻碍着民主运动,是违反着马列主义和毛泽东思想的。毛主席说过:"妇女占人口的半数,劳动妇女在经济上的地位和她们特别受压迫的状况,不但证明妇女对革命的迫切需要而且是决定革命胜利的一股力量……"

列宁在第四届非党女工代表会议上很强调地说:"我们的任务,就在于使政治成为每个劳动妇女所可达到的事情。不仅是党的与觉悟的女工,就是非常的最不觉悟的女工,其参加政治都是必要的了……苏维埃政权对广大的非党的女工群众的帮助最为重视""革命的成功要看妇女是不是解放"。无产阶级的导师这样的关心劳动妇女,我们工会工作者,有什么理由违反马列主义,毛泽东思想呢!? 自然打通思想的对象是男女双方的,为什么今天工会中女工部的工作,限于狭隘的妇女特殊问题的范围内打圈子,把局部的利益突出,例如东北牡丹江的纺织业集体合同中订了一条女工在月经例假两天工资照发甚至加倍,郑州烟厂组织女职工会和女工小组,这种错误的形成,一方面,在领导思想上存在着封建残余的遗毒不够重视女工工作,另一方面女工工作者对阶级观点薄弱,不善于利用产业组织的有利条件,在工会统一领导下进行工作,喜欢孤立的搞一套,这两种思想是违背了马列主义的阶级观点违背工会正确路线的。我不是说女工特殊福利不要解决,要的,但一定不能孤立地去进行而是要以搞好生产为目的来达到解决女工的特殊问题。

但是究竟工会怎样做女工工作呢? 女工都应做些什么呢? 在蔡大姐的报告中,已明确地提出希望工会工作者,多加研究,我再补充几点:

(一)工会女工部工作一定要强调在女工群众中完成工会的一切任务和号召为最中心任务,要完成这一任务必须在工会统一领导下,通过产业工会的组织系统结合工会的生产、文教、组织、福利、各部门的工作;女工部对工会常委需有定期的报告,工会对女工部的工作要经常地关切给以指导并有定期的检查,必要的答复和批判。

(二)为了女工部熟悉生产业务,必须给予女工部派人出席有关生产等重要会议,而女工部的工作,必须深入群众了解情况,及时反映群众要求,提出具体意见,埋头苦干,做出具体的成绩,才能打开局面,争取主动。

(三)加强宣传工作实现毛主席的指示,提倡在口头上和文字上及时报道,展览图表,勤写通讯,典型经验的交流,尤为重要。

(四)围绕生产培养劳模,有重点的创造典型,办好一两件事业,例如集中力量创办工人的模范托儿所,先解决最感困难的无人依靠的孩子,不要分散力量普遍的搞。

（五）建立工作检查制度，展开批评与自我批评，使工作退进一步，北京和天津，在生产上有工厂车间检讨会议的组织，值得大家学习的。

一九五〇年是解放全国的一年，也是最困难的一年，由于敌人的封锁和破坏，各种轻工业尤其是纺织业面临原料不足，资金周转不灵，上海有二十家私营厂关门，在女工面前摆着失业的严重问题，女工们应以高度的无产阶级自觉精神以主人翁姿态，主动地提出以三个人的饭五个人吃的办法来解决当前的困难，干部和共产党员更不能向困难低头，渡过难关应作为考验革命的立场，以苏联十月革命后的经验来做中国工人阶级的借镜，当时苏联的困难超过于中国多少倍，吃不饱穿不暖，但几个五年计划后消灭了女工一切特殊问题的存在，普遍设立托儿所、育儿院、公共饭堂、妇产科医院。从生产中不但解决了一切困难，而且战胜了一切敌人，这种光明的前途，给予我们克服困难的信心！要把克服"面临困难"作为当前战斗的任务来完成！

（原载1950年第八号《新中国妇女》）

一年来的女工工作概况和今后任务

——在全国民主妇联第三次执委扩大会上的报告

（一九五〇年九月十九日）

一、一年来的女工工作

（一）自从去年七月全国工会工作会议上，给我们指示了正确的方针任务后，一年来的女工工作是有成绩的。

这主要表现在产业女工已基本上组织起来。根据不完全的统计：全国女职工总数五十六万八千八百四十一人，女会员三十九万八千八百五十八人，占女职工总数的百分之七十一点八。在纺织业中女职工总数二十四万七千六百八十五人，女会员二十二万一千五百零九人，占女职工总数的百分之八十九点四。组织起来以后的女工有了很大的进步，以主人翁的态度，爱护自己的工厂，并参加各种社会活动，如购买公债、拥军支前、展开和平签名运动等，生产上的积极性也普遍提高，例如：女工占百分之六十以上的纺织业，一九五〇年一月至六月棉纱产量，超过预定计划的百分之六点九五，布的产量超过百分之十一点七。在各地私营工厂方面，由于女工群众的觉悟和工会积极分子的努力，在维持和恢复生产上，起了一定的作用。例如：天津的北洋、恒源纱厂，在十分困难条件下的上海鸿丰纱厂、大明火柴厂等，不但渡过了关厂的危机，还获得了盈余，特别是石家庄的大兴纱厂，由于这种赢利而改善了女工的生活。

在提高生产技术上，有不少女工参加了技术学习，如东北十七个产业单位，四十六种技术中，有二千五百五十六个女技工和女学徒，还出现了中国历史上所没有的火车女司机、电车女司机、女拖拉机手等。天津、青岛也有女工参加保全工的学习。今年三八节又出现了京津快车女包乘组、沈阳市电车女司机。掌握了技术以后，从四、五、六月份男女出事故的比例看，男工占百分之一点二一，女工仅占百分之零点四，取得了厂方和工人的好评。生产竞赛中，涌现不少女工生产先进者和生产模范，例如东北半年来女工创造新纪录的有一千八百四十九人，占全体女工的百分之二。青岛纺织业八个厂，去年九月第一次评优秀工人时，有八百一十五个优秀女工，占全体优秀工人的百分之五十。女工参加了文化学习，特别在纺织业中入学的女工较多。如上海纱厂共五十二处学校一百七十班，有九千人入学；石家庄大兴纱厂女工文盲由百分之五十五减少到百分之十，在旅大，由于文化学习开展的时间较长，在九千一百一十五名女工文盲中就有八千六百四十八名参加学习，约占女工文盲的百分之九十点四，她们的识字进度，最多的识三千字，最少亦识三百字。

在妇婴福利方面：全国公私营工厂托儿所有一百八十二处，受托儿童八千九百一十七名，尚有不少哺乳室。大部分工厂和企业已开始注意加强妇婴卫生等必要设施及进行各种妇婴卫生教育。同时在贯彻劳动保护条例有关女工产假的规定，大多数较大工厂已经执行。这是减轻女工困难并保证完成生产任务的一件大事。

职工家属工作方面，集中居住的家属，有不少地区已经组织了部分。如东北铁路矿山，组织起来百分之七十以上，唐山主要厂矿集中居住家属已全部有了组织，天津、青岛、上海、武汉等，已有个别或部分工厂的家属进行了组织。组织起来以后，进行了勤劳节约、管好家务、保证生产的教育。他们的政治觉悟、思想水平提高了，不仅能初步配合与保证工厂生产任务的完成，同时还积极参加了地方政权的建设，例如防奸、防盗、防火、卫生等，并从此培养了一批参加街政工作的女干部。

以上这些成绩是如何得到的呢？主要有三个原因：

1.中国共产党所领导的全国解放战争，已基本上取得了胜利，政协共同纲领和政府颁布的工会法、婚姻法等,在政治上、法律上保障了女工的权利。

2.整个工人运动和妇女运动的开展,对女工工作有直接的影响。工会组织在全国建立起来了,很多地方展开了生产竞赛,在生产竞赛中女工群众起着积极的作用,民主妇联的组织在各省市建立起来,进行了保护妇女儿童的工作,这对女工工作也有很大帮助。

3.女工积极分子及女工工作干部的努力。但是,首先这些成绩要归功于中国共产党和群众自己。

(二)我们工作是不是都做得很好了呢? 不是,我们工作中还存在着很多缺点和问题,最主要的有:

1.许多可能解决的问题我们没有很好地解决或没有解决,从而使女工群众对工会的相信和关系受到损失。例如:天津、武汉、青岛卫生调查组所发现的问题,并不要花很多钱,甚至有不需要花钱即可解决的,但我们不能及早发现,及时解决;在女工群众中,尚有不少这样的问题,都因我们的工作不够深入而没有被发现和解决。

2.在接管城市的初期,由于干部对生产问题的认识不够明确,有为福利而福利、为特殊而特殊、孤立地进行女工工作的偏向,碰了不少钉子。检讨以后,转过来配合了中心工作,固然比较熟悉了工会的工作情况,这是好的,但是又发生了一般化而疏忽女工的特殊问题,失去了女工工作的中心。有的完全走掉、脱离了女工工作的岗位。直到现在,配合一般而忽视女工特殊问题的解决,仍是主要偏向。

3.由于上面两种情况,加上某些干部原有不想做女工工作的思想,就发生要不要女工部的问题,对女工工作"做什么,怎么做"一般的还模糊。有的提议为了加强工作,配合便利,把女工部改为女工工作委员会,个别地区想把女工部合并到其他部门,甚至取消女工部。干部流动性大,很多地方,强的被调走,不强不弱的兼职,弱的摆着无人管。这就形成了许多女工工作干部,虽然努力想把工作做好,但由于困难多,办法少,就感到苦闷。

所以存在以上问题,是有客观和主观原因的,如一般干部缺乏女工工作的经验,财政经济的困难,尤其是旧社会遗留下来的封建残余思想,重男轻女的恶习,女工工作不易引起一般人的注意,在客观上给女工工作带来了很多困难。但是,主要的原因是主观上的:

1.对去年全国工会工作会议上关于女工工作的报告没有好好地研究和贯彻,表现在女工部业务没有很好开展,没有建立严格的工作制度,有了计划而不实行检查。全总女工部也有此缺点。

各级女工部尤其是全总女工部对各地来的材料研究得很不够,没有及时总结经验,推广经验,缺乏具体的帮助。

2.对内对外对上对下的宣传工作很差,甚至领导上不知女工部做了什么,因此,不能获得各方面的支持和帮助。

3.各级工会领导上对女工工作的帮助也很不够。例如,有些大工业城市的工会常委会不讨论或很少讨论女工工作。

4.某些女干部不安心做女工工作,有些干部对女工的一些实际困难认为琐碎、小事、或认为麻烦困难。

二、这次女工工作会议解决了些什么问题

(一)在干部思想上更进一步的明确了工会女工工作的任务。

一年来经验证明,去年在全国工会工作会议上关于女工工作方针任务的指示是正确的。应认识目前产业女工基本上已经组织起来,女工工作的中心任务应该是动员与组织女工积极参加生产竞赛,提高女工生产技能,帮助女工大胆提出自己在生产上的经验及合理化建议,培养及教育女工学习管理企业,男女职工团结在一起,为维持恢复与发展新中国经济建设,为国家财政经济好转而奋斗。

为完成上述中心任务,必须做好以下的几件工作;

1.首先在生产中巩固工会基层组织,建立健全女工委员会,建立与开好女工代表会议,防止组织上的关门主义和狭隘性,注意发展女会员,团结熟练女工和女职员,组织失业互助。

2.动员女工学习文化,讲解有关女工方面的政策法令,进行妇婴卫生及反封建、反迷信的教育。

3.在现有基础上,用多种多样的方法,继续巩固和扩大托儿所和哺乳室,关心女工、女职员的疾病和健康,特别在生产竞赛中防止孕妇、产后女工的过度疲劳。

4.有计划地培养女劳模和女工干部。在行政、工会、工厂管理委员会、劳资协商会议中,注意吸收一定数量的女工积极分子参加。

5.职工家属工作。

这次会议一致接受了"争取一九五一年内把集中居住的产业工人家属组织起来"的光荣任务。工业城市职工群众加上家属往往占人口半数以上,团结她们到工会组织的周围,对保证完成生产任务是有重大作用的,对于巩固人民政权的建设,更有重大的政治意义。

(二)解决了女工工作由谁来作的问题。

这次会议明确了女工工作是整个工会工作中不可缺少、不可忽视的一个重要部分,女工工作是整个工会的工作,而不是单纯女工部的工作。立三同志指示我们:"女工工作绝不光是女工部的任务,工会的各个工作部门,都要注意与自己工作有关的女工问题,关心女工群众的特殊要求,保护女工群众的利益。"我们认为如果把女工工作只看作是女工部的任务,那就会在事实上把女工部当作一个"女工会",把工人阶级的整体按性别分裂开来,这是错误的。另外有人认为女工工作既是整个工会工作的一部分,就可以取消女工部,这也是错误的。为什么在有女工群众的工会组织中要设女工部? 其理由就是为了防止在公会的一般工作中,忽视广大女工群众的特殊要求,根据一年来工作经验,这次会议明确指出:女工部不但有存在必要,而且要加强。

女工部做什么呢? 一方面女工部是研究、检查、督促工会组织所发布的各种文件及各部门工作是否注意了女工问题,如未注意,女工部就有提出建议说服与批评的权利,如有争议,就应正式提到工会常委会中讨论解决。这样才能使女工工作与一般工会工作密切结合。另一方面,女工部必须抓住女工群众中迫切要求解决而又可能解决的具体问题,如妇婴卫生、托儿所等。最后,女工部还应该有总结工作经验的习惯和制度,不论成功的和失败的经验,都要随时总结宣传,以便及时推广和纠正偏差。

(三)明确了女工部的工作作法。

1.要善于把解决女工的特殊问题和工会一般工作结合起来,会议上明确了女工工作应当是站稳工人阶级立场,面向女工群众,纠正"孤立"与"一般化"的偏向。会议中对"一般着眼,一般着手,和一般着眼,具体着手"问题,有争论,最后明确了二者并不矛盾,且是互相联系,互相补充的。因为:了解全面才能从整体出发考虑问题,且有更多的可能解决问题,能更好地推动女工工作结合一般工作,一起前进。列宁教导我们:少说漂亮话,多做些实际事,像公共食堂、托儿所等,这些是实际解放妇女的! 经过这次会议同志们有了更深的体会。

2.善于根据不同地区,不同条件,在许多事情中,根据当时当地群众最迫切而又可能解决的一两件中心任务,集中力量做好,不要样样都想抓,结果样样都做不好。

3."善于发现问题、提出问题和解决问题。"这是会议上出问题,即不是孤立的发现和提出问题,而是发现当前最紧迫的必须解决的,影响全面的问题;并善于提出解决的办法,写成成熟的文件,争取通过一定组织去解决。如有同志不了解,便可以采取说服批评的方法,去取得大多数同志的同意。因为既已考虑成熟,就应坚持。"我们深深体会到只有这样做,我们的工作才能做得好。

(四)这次会议最大的收获,是最后提出了加强工会女工工作决定的草案,已在全总常委会通过成为正式决定。这对今后女工工作的开展是个有力的支持和依据。我们如何贯彻这个决定呢?

1.各地同志回去要结合整风,检查一年以来工会女工工作。尤其要检查女工部的工作,以批评与自我批评精神检讨领导工作方法,着重在今后改善与群众的联系,健全自己的业务。

2.将这次会议的材料,结合当地具体情况,通过各种会议利用报纸、电台,多写文章做宣传,组织座谈,深入群众广泛地传达。

要把会议的精神认真贯彻到女工群众中去,把决议和女工群众的智慧与积极性结合起来,以便更好地完成生产任务,和解决女工的切身问题。

三、工会女工部对民主妇联关系的检讨和意见

一年来的女工工作得到各级民主妇联会很多的帮助,尤其在托儿所方面。这是女工工作会议上一致的意见,我同意并拥护蔡畅、邓颖超两位同志在女工工作会议和这次民主妇联执委扩大会议上所提出两个团体——工会和民主妇联会之关系问题的意见,我现在只做一个补充:

在关系问题上,过去工会的缺点主要在于思想上对工人阶级必须团结其他广大妇女群众来完成解放妇女的历史任务认识不足,因此在行动上不是采取积极的关心和帮助民主妇联会,常常只从女工部工作任务的角度出发,向民主妇联会提要求;而未能站在妇女解放事业的整体观念看问题,没有很好帮助民主妇联更多了解工会情况、生产情况。有同志反映民主妇联做女工工作比工会女工部干部要多费一半力,感觉有力使不出,困难多端,而这种困难在工会方面体会不到。今后工会干部一定要主动的帮助打破这种困难,使民主妇联会能通过工会充分的发挥贯彻以生产为中心、以女工为基础的既定方针。我们将以实际行动来保证,并主动的团结民主妇联的力量,以便更好更多地为工人阶级服务。

希望民主妇联方面在贯彻方针任务时,必须注意到有重点、有步骤,工业城市中的生产大本营,是在现代化的机器工业中,广大女工群众集中在这些厂里,其他劳动妇女和家庭妇女比较分散。我们的工作应面向工厂面向合作社,而重点必须放在女工群众中。应派大批女干部通过工会,参加工会和合作社的工作。为发挥民主妇联女干部的力量,要学会生产知识。掌握生产知识是新民主主义建设时期解放妇女

最基本的条件,其次就是团结知识妇女为劳动妇女服务,特别在暑假、寒假中,在平时也可以组织业余夜校,这当然要看具体可能条件去进行。

（原载一九五〇年十月《新中国妇女》第十五期）

三十年斗争的成果

——全国总工会女工部副部长杨之华对劳保条例的公布
发表书面谈话

中华人民共和国劳动保险条例公布后,全国总工会女工部副部长杨之华在北京工人日报发表书面谈话:

帝国主义国家要的是战争和屠杀,在他们的国家里,许多女工被逼在工厂里制造杀人的武器,还要拖走她们的儿子、丈夫、兄弟去为资本家发打仗财送命。而在社会主义国家苏联和在各新民主国家,要的是和平建设,这些国家里的女工群众,和其他劳动人民一起,正在从事大规模的和平建设,并且一步一步提高她们的生活。

由于美帝国主义侵略台湾朝鲜,我们不能不赶快加强国防建设,从而并加重了国家财政的负担。但政府关怀工人,还是不遗余力。就在这个时候颁布了这个保护男女工人利益的大法典——劳动保险条例,这是我们工人的一件大喜事。

过去在帝国主义和封建势力层层压迫下的女工,死了不如一只狗。那时,报纸上经常可以看到这个厂的女工被机器上的皮带绞死了,那个厂的女工在厕所内、马路上或车间内生下了孩子,孕妇更随便可以开除,职业毫无保障。

现在个别工会和行政干部中,还有对女工的疾苦熟视无睹的现象,这完全是旧社会留下来的恶习。现在有了法令,如果再有这种现象发生就是犯法。

我们的中央人民政府,制定并公布了劳动保险条例,以立法来保障每个工人。这是中国工人阶级在共产党领导下三十年来的斗争的果实,为了获得这一果实,不知道经过多少流血斗争。仅以女工产假期间问题来说,以足以说明这个果实得到的不易。

一九二四年我们中国共产党妇女部,在上海工人运动中已具体的提出了女工产假问题。那时上海还在北洋军阀孙传芳的统治下,国民党也还在表面装作进步,参加工人罢工活动。当我们在罢工运动中提出具体的女工产假问题时,国民党反动派叶楚伧完全拒绝了。

"五卅"前后的每次罢工中,共产党员在援助了纺织厂丝厂罢工的各种会议上,提出了产期内八星期的休息,工作不扣问题,每次都遇到了资本家及其走狗所组织的"工会""女权同盟会""女子参政协会"反动代表的拒绝。因为她们关心的是自己当官,而不是女工和女工子女的生死问题。

一九二六年六月六日,上海允余、盈余、德兴、九江、恒隆、豫丰、大伦等厂几千女工,曾为反抗无故殴辱女工,反对童工受虐待,要求女工产假两个月不扣工资等问题举行了大罢工,当时被军警打伤了好几十人,女工杜爱斯、张兰荪和几个女学生一起被捕。

反动派的镇压不仅没有吓住我们,相反的激起工人群众更高的反抗。我们组织了工人群众大会,领导工人坚持斗争,当时一部分英勇的工人还抢夺了警察的武器,启封了上海被反动军阀封闭的上海总工会,几千女工饿了一天半肚子,包围警察局,罢工坚持了七天,终于获得了胜利。这是上海丝厂罢工史上的首次胜利。因为这次胜利,使女工们得到产前产后休息一个月工资不扣的条件(当时我们提出来的要求是产假两个月,但资本家只答应一个月)。

到一九二七年三月,上海三次暴动胜利,武汉工人夺回英租界,工运到了最高潮时,全国各地在共产党领导下,各地大工厂大都实行了八个星期的产假期,工资照发。但蒋汪匪徒的相继叛变革命,屠杀工人,封闭工会,女工争取到的利益,也和其他工人群众斗争来到的胜利成果一起被国民党反动派取消了。

但是中国共产党不屈服于严重的屠杀政策下,继续在地下领导全面斗争,因为工人阶级力量的强大,不得不使国民党官僚资本家在某些厂里恢复了产前产后的假期,私营厂也有部分恢复。但是没有任何法律的保障,也不是大多数女工能享受到的。中华人民共和国成立前前年上海工人多次罢工,几乎每次罢工,中国共产党都要提出恢复过去斗争的条件。

因此,应该认识,过去某些工厂有产假的待遇,并不是反动的国民党统治阶级所给的,而是共产党领导下女工群众不断的流血奋斗争出来的。

我们今天得到劳动保险,包括女工特殊的待遇,不得不感谢中国共产党三十年如一日不断领导工人阶级斗争的伟大!我们要向毛主席致敬!向中国共产党致敬!向中央人民政府致敬!向英勇的人民解放军致敬!

（原载《大刚报》汉口,1951年3月6日,第3版）

女工同志们，准备好力量迎接祖国大规模的经济建设

今年十月一日是我们伟大祖国即将进入大规模经济建设之前的一个国庆节。在纪念今年这个国庆节的时候，中国女工要回顾一下过去三年来的成就，以我们传统的英雄姿态，准备好更大的力量，来迎接祖国伟大的经济建设。

女工在生产上的成绩

建国三年来，在中国共产党的领导下，女工群众的社会地位、政治觉悟大大提高，在生产上发挥了极大的积极性和创造性。纺织业的女工提出了成千成万的发明创造和合理化建议。其中最突出的郝建秀细纱工作法和一九五一年织布工作法推广后，使全国纱布产量增加了百分之三到百分之五，皮辊花率和次布率大大减少；女工刘翠莲的粗纱接头法、刘希美的细纱接头法、陈树兰的络纱工作法、刘静萍的摇纱内侧剪头法、黄首难的缺纱补绞找寻法、李秀云的筒子车工作法、戴巧珍的插纱工作法等这些创造，使纺织工业进行了一系列的改造，全面地提高了纺织工业的生产水平。其他各业如烟厂女工张淑云、橡胶女工迟桂珍小组、煤碱女工刘玉梅小组、铁路女工的火车包乘组等也都以高度的劳动热忱和智慧创造了生产上的奇迹，为国家积累了大量的财富。

女工生活的改善

随着生产的恢复与发展，人民政府调整了工人的工资，平均起来，一九五二年比一九四九年增加了百分之六十到一百二十，女工的生活

大大改善。就拿上海国棉一厂的一个小组来看国民党反动统治时期，八个工人的平均工资是伪法币二十万元，开始时一个月能买八斗米，还勉强可以过活，后来物价飞涨，一星期的工资只能买二斤面，大多数女工都只吃苞米粉、红糙米、白薯、甚至吃菜皮充饥；穿衣服更不必提，那是破破烂烂地将就着过。

中华人民共和国成立后，一九五〇年八个工人的平均工资每月六十万元，可买大米四百多斤，一九五一年工资改革后又增加到七十五万元，可买大米花百多斤，她们每月的家庭开支绰绰有余，除了买柴米油盐日用品外，还可随心的添置几件新衣服，每星期看一次电影或戏，有的还有余钱存爱国储蓄。中央人民政府的共同纲领、劳保条例、工会法、婚姻法等政策法令，切实保障了女工的利益。为了使女工们摆脱孩子的牵累，安心生产，全国已建立了一千六百余个托儿所（比解放初期增加了十六倍），并在可能的经济条件一下，办了各种各样的托儿组织来补救托儿所的不足。如在宿舍中建立日间托儿站，使做夜班的女工能够安静地睡眠；在业余学校附近设立临时托儿站，使女工能参加每天两小时的学习；在街道上设立联合托儿站，使道路远的、中小厂的女工能把孩子放进去。

在车间里注意了保护女工和孕妇的健康。东北人民政府颁布关于限制工厂加班加点的暂行规定中指出："女工怀孕六月以上或有哺乳婴儿未满四个月者禁止加点。"中国纺织工会和中央纺织工业部发出关于保护女工、孕妇的通知，要在工厂中建立保护女工的制度，规定有些重力活不让女工做，怀孕七个月以上的女工经医生证明可调换轻工作……除这些明文规定外，各厂又想了很多办法来保护孕妇。如东庆市各纺织厂为了补助孕妇的营养，在做夜班的时候，给每个孕妇送一碗豆浆、二个鸡蛋当点心。杭州、上海、青岛、武汉等地发动工人群众订立保护孕妇的互助公约，从生产、生活各方面来照顾孕妇的健康。

女工患妇科病的痛苦也逐步引起注意和部分地得到了解决。女工多的工厂一般都在医务室内有助产士或妇科大夫。中国纺织工会和中央纺织工业部发出联合通知,要各厂在女工多的车间设立卫生室,帮助女工预防和治疗妇科病。天津、上海、青岛等地都已开始试办;重庆市中国毛纺厂妇科室为很多女工治好了妇女病。

为更美好的前途而继续努力

以上这些成就都是在我们国家优越的人民民主制度下,依靠生产的发展,人民政府的关心和工人阶级自己的努力得来的。现在我们女工已摆脱了多少年来妇女的痛苦生活,但是还远不能满足于现状。我们还有很多的问题需要解决,还要求过像苏联妇女那样的生活和劳动,获得彻底、全部的解放。我们祖国的伟大建设,就是要向更美好的社会主义和共产主义前途走去,生产愈往前发展,我们的生活也将愈加提高。为了实现我们美好的理想和缔造我们的幸福生活,我们要准备好,以最大的力量来投入明年的大建设!

在准备力量的时候,我们女工们要特别注意克服旧社会遗留下的一些思想障碍和切身困难,努力加强我们的革命事业心,提高我们文化和技术水平,克服孩子家务牵累较多的困难。

首先,我们女工要以国家主人翁的态度来开动脑筋,找窍门,学本领,提高劳动效率。我们已经有很多女工劳动模范、先进生产者创造了很多宝贵的先进生产经验和先进工作法,把劳动效率提高了几倍、几十倍。过去,我们在推广这些先进工作法时,绝大部分女工积极热情地参加了学习,但还有少数女工为旧思想所障碍,不能很虚心、认真地坚持学习。有的骄傲自满,认为自己工龄长,技术高,看不起新工作法,拒绝学习;有的有保守思想,认为自己老一套做惯了,别人的先进工作法虽好,自己做不惯不需要学习,有的脆弱碰不起钉子,起初学习成绩不大,碰到困难,受一点累,工资有些影响,就灰心不学了;有的心胸狭隘,看到别人创造了新工作法,不虚心学习,反而发生妒忌,闹不团结,说讽刺话。这些都是旧社会的思想残余,阻碍着我们的进步;我们要坚决、彻底地扫清它。要以郝建秀、张淑云等做模范榜样,重视她们的先进经验,学习她们那种强烈的国家主人翁的责任心,学习她们不怕困难、苦心钻研、坚持到底的精神,和向群众学习的谦虚的态度。大家要在自己的岗位上提高技术水平,创造更大的成绩。

其次,我们要正确地处理婚姻、家务、孩子等问题,不使这些事情成为我们进步的绊脚石。有些青年女工原来在生产、学习上都很积极,是群众中的骨干,但因对婚姻问题没有正确的认识,随便结婚离婚,或太早结婚,有的有家务孩子牵累,往往为这些问题纠缠苦恼,在工作和学习时胡思乱想不能安心;不愿参加什么会议活动;请假、旷工次数增多,渐渐地在群众中失掉威信。个别女工甚至丧失上进心,甘心放弃自己的事业,依赖丈夫生活当家庭妇女了。这种情况目前虽然还不多,却应引起我们严重的警惕,就如天津国棉四厂的工友说:

"女工的进步有四道关——恋爱、结婚、生孩子、忙家务。"的确,我们要正视这个问题。家务、孩子虽是我们妇女的特殊负担,现在国家已在尽量设法减轻我们的负担,我们自己也应该很好地处理这些个人生活中的问题,绝不能因此影响工作学习。在恋爱、婚姻问题上,受家庭限制、压迫、虐待的女工,有着新婚姻法的保障,应该自己起来斗争解决;自己解决不了,应向工会、向政府、一直可以向毛主席控告;不要采取消极态度,要严肃、慎重地处理这个问题。要坚持以事业为第一的原则,集中最大的力量,努力学习,投入祖国的建设。

最后,工会工作干部要切实关心女工群众的利益,尤其是女工工作者要帮助女工克服一切困难和障碍。三年来,女工的政治社会地位虽然已经大大提高了,女工的切身困难虽然已经逐步解决了,但这些还只是一个开始,一切条件还不够好。旧社会遗留下来给女工的痛苦和困难,没有完全解决,还继续束缚着女工不能充分地发挥积极性。在这准备参加祖国大规模建设的时候,工会工作干部应该更关心女工的一切困难问题,注意对女工进行有关妇女解放、婚姻法令的教育;鼓励女工积极参加技术学习,大胆提出合理化建议;照顾女工有孩子、疾病的困难,着重进行妇婴卫生和保护健康的教育;协助有关方面进一步改善对女工的卫生待遇,并大力提倡举办多种多样的托儿组织,巩固和扩大现有的托儿所,以便更多地解决女工的孩子牵累问题。

祖国大规模的经济建设即将开始了。社会主义社会的远景在向我们招手。全国女工同志们!保重身体,学会本领,准备力量参加大建设,为祖国的工业化而奋斗吧!

（原载1952年12号《新中国妇女》）

推广五二工厂职工家属工作经验

东北五二工厂的工会组织,在党委领导和行政支持下,培养了高凤琴职工家属模范小组,并在全厂的家属小组中推广了高凤琴小组的经验,使家属工作成为工会发动职工搞好生产的重要条件之一,为全国职工家属工作提供了良好的榜样。该厂工会组织领导和开展家属工作的主要经验是:

一、贯彻职工和家属一齐发动的方针,把职工家属群众团结在党的周围

工会在各个运动中,贯彻了职工和家属一齐发动的方针。在对职工进行工作时,也对家属进行宣传教育,贯彻党的政策和决定,并提出对家属工作的具体要求,发动家属参加运动。平时向党汇报工会工作时,也汇报家属工作情况,反映家属的思想情况和要求,以便党委根据这些情况指示家属工作。在进行家属工作中,碰到难于解决的问题,就主动告诉党,并提出具体的建议,依靠党的力量,推动各方面的组织协助解决。这就不断地提高了家属的政治觉悟,把家属群众紧密地团结在党的周围,为发动职工搞好生产创造了更有利的条件。

二、明确家属工作为生产服务的观点

工会经常教育家属关心生产,使家属了解搞好生产对国家有利、对自己有利的道理,使家属认识到搞好家务就是协助职工完成生产任务,而自觉地做到勤劳团结、搞好家务,鼓舞职工的生产热情。正因如此,该厂的行政工作就得到了行政和各方面的支持,在整个工作中发挥了

巨大的作用。

三、组织家属群众的力量,解决家属自己的切身困难

为了使家属能够从烦琐的家务中抽身出来学习政治、文化和参加社会活动,该厂工会领导一百个家属小组,建立了九十九个互助组;组织家属用互助方法解决家属们因生育或疾病发生的困难。为了减轻孩子的牵累,成立了九十八个托儿站,经常收容到一千八百多个孩子。这样就使全厂家属有了积极参加学习,参加社会活动的条件和机会。两年来,工会家属委员会输送了二百七十五名家属入厂工作,她们都是由于参加学习和社会活动,提高了政治觉悟和文化水平的优秀家属。

四、发动职工教育家属群众和支持家属工作

工会经常通过车间大会和工会小组,动员职工教育家属,指导、协助家属工作;并建议党号召党员团员在这一工作中起带头作用。在开展家属工作的过程中,发现有打老婆和限制老婆参加社会活动等情形,就会结合婚姻法的宣传,在车间大会或工会小组会上进行批评;对于积极推动家属工作的工人,给予奖励,树立支持家属工作的好榜样。同时号召职工家属积极分子,在工作遇到困难时,主动找职工帮助解决。这样就推动了职工家属工作的顺利发展。许多职工家庭中出现了丈夫帮助妻子、父亲帮助女儿进步的生动例子。

五、依靠家属群众的组织和家属中的积极分子

两年多来,工会开办了六期政治、业务和专业训练班,训练了家属工作干部和积极分子六百二十人。依靠她们来开展经常的工作。家属群众的组织就是家属委员会,工会则由女工委员会负责经常领导家属工作;但女工委员会是通过家属委员会来领导家属工作的,不是直接包办。工会布置工作时,首先组织家属委员学习讨论,订出计划,然后布置下去。家属群众有事找工会,一般的是小组的事先由各个住宅区小

组解决,区里的事先由各区的家属委员解决,最后家属委员会也解决不了,才提到工会。这样使家属工作干部敢做工作,从工作得到锻炼。工会对家属工作一方面建立了经常的自上而下的检查督促制度,另一方面又发动和教育家属群众从小组自下而上地经常展开批评与自我批评。这就使家属组织既有工会的经常领导,又得到群众自觉的支持,不断地健全和巩固起来。

五二工厂职工家属工作取得了比较完备的经验。这个经验的推广,会使全国各地职工家属工作,在国家进入有计划的经济建设中,发挥更大的作用。希望工会各级组织把推广五二工厂家属工作经验,作为今年职工家属工作的主要内容。并尽可能地在基层工作会议上,基层干部训练班中,宣传和介绍五二工厂家属工作的经验。有计划地在重点厂矿进行典型试验,取得经验后,进一步推广。基层工会应多举办家属工作干部和积极分子训练班,以高凤琴小组的经验为训练的主要内容。特别是教育家属工作干部和积极分子,学习高凤琴为生产服务,为妇女解放事业服务,不怕一切困难,坚持奋斗的先进思想;学习她关心群众生活,帮助群众解决困难,经过调查研究,针对群众思想,耐心地进行说服教育的工作方法。

职工家属工作是工会工作的一个重要部分;搞好职工家属工作,对于保证生产任务的完成,有很大的关系。希望各级工会加强对职工家属工作的领导,总结已有的经验,推广五二家属工作的经验,把家属工作提高一步。

(原载《五二工厂职工家属工作经验》)

杨之华在世界女工会议上的发言(摘要)①

我们怀着无比兴奋的心情来到布达佩斯,参加各国女工所热烈拥护的世界女工会议。这次会议表现了全世界女工的大团结,因为它所讨论的主要问题是全世界女工所广泛关心的女工权利以及世界和平等问题。

杨之华接着说,中国女工代表团同意法国代表纪耶和日本代表屈牛常所作的关于第一项和第二项议程的报告,报告中所提出的一些问题是很重要的。在第二次世界大战以后,各国女工数目有很大的增加。垄断资本家用低工资、高物价和高捐税的政策来对付工人阶级,并且用同工不同酬的办法来分化男女工人的团结,使女工的生活更为恶劣,女工的权利更加没有保障。我们认为同工同酬是一个十分重要的问题。同工同酬的实现,不仅关系着千百万劳动人民、特别是劳动妇女的经济利益,而且关系着她们的政治、社会的权利。我们一定要为在各国普遍实现同工同酬的原则做最大的努力。

杨之华说,反对战争、维护和平已经成为全世界人民的迫切的共同愿望。为了保卫和平劳动的成果,为了使千百万的母亲和儿童不致受到战争的威胁,我们女工负有一种义不容辞的崇高的责任。自从万隆会议和日内瓦会议以来,和平共处的思想有了新的发展。世界和平的力量一天比一天强大,爱好和平的国家和人民之间的友谊一天比一天

---

① 这是新华通讯社发的一条电讯,题目为编者所加。这次会议于一九五六年夏季在匈牙利布达佩斯召开,杨之华同志是中国女工代表团团长。关于这次会议的情况,请参阅《杨大姐带领我们参加世界女工会议》一文。

增长，如果各国广大人民，包括我们女工在内，都不惜献出自己的力量来保卫世界和平，来促进国家和人民的接近和合作，那么战争一定能防止，持久的和平一定能保障。

杨之华在指出亚洲和非洲各国正在为争取民族独立和反对战争而进行斗争之后说，民族独立运动是和和平运动不可分割地结合在一起的。在民族独立没有获得以前，女工的处境是很恶劣的。因此，在受帝国主义压迫、剥削、侮辱的国家里，女工和妇女的生活改善和彻底解放，是同各国民族解放运动的发展和胜利不可分的。

杨之华接着谈到了解放以后中国女工和妇女在政治、经济、文化、社会和家庭生活各方面同男子享有平等权利的情况。她说，中国在工资政策上已实行了男女同工同酬，我国女工再也不是受压迫、受鄙视而是受人尊重的劳动者了。由于经济建设大规模地进行，工人阶级的队伍迅速扩大，女工就业的人数也大大增加了。女工也获得了自由选择职业的权利，有了广泛的机会来参加各方面的工作，也有了提高文化水平和受技术训练的机会。各级政府部门吸收了大批女工参加政治、经济、文化各方面的领导工作。此外，女工还受到国家和工会的更多的关怀。现在，百分之九十以上的女工已经参加了工会组织，这加强和扩大了工会在女工群众中的影响，提高了工会的威信。我们女工正在以自己的力量为提前完成第一个五年计划而做出贡献。杨之华接着指出，各国女工团结的一个重要原则就是互相支援。她说，我们永远不会忘记，在我国的解放过程中各国工人阶级兄弟姐妹们对我们的支援和帮助，我国目前仍然得到并且继续需要各国兄弟姐妹们的大力支援和帮助。当然，我们也有责任来支援你们的斗争。杨之华强调说，我们要为反对战争，我们要为维护和平，反对殖民主义而团结起来，互相支援。

杨之华最后说，我们的会议将肯定地对于全世界的女工所进行的同工同酬的斗争、争取妇女权利的斗争、争取和平、反对殖民主义的斗争有所帮助。我们中国女工代表团决心贯彻会议的精神，团结全国女工为建设社会主义、进一步提高女工的物质文化生活而斗争。我们希望全世界女工姊妹们不分信仰、不分种族、不分所属工会组织的不同，在我们共同的愿望的基础上团结起来，在我们共同的要求的基础上统一行动。

全世界女工一条心

　　六月十一日中午,我们的飞机飞临匈牙利布达佩斯城。从飞机上望下来,只见这个城市像装饰得异常优美、辉煌而又幽静的大花园,一片片绿色的森林里镶嵌着一块块整齐的嫩绿每的草地,周围盛开着使人喜欢的各色美丽的鲜花。在一条长带似的多瑙河旁边的高山上,竖立着一个塔,塔上一个具有独特风格的解放女神满怀胜利信心地俯首对着我们,她与匈牙利妇女一起热烈地欢迎着我们。第一次世界女工会议将在这个生气勃勃的城市里举行了。

　　世界工人运动史上第一次世界女工会议按计划于六月十四日开幕,包括五大洲四十四个国家几十个产业的四百九十七名女工代表参加了会议。在四百九十七名代表中,包括各种不同倾向的工会组织,如属于世界工联的有十九个国家,属于国际自由工联的有十二个国家,还有国际天主教工联和独立的工会组织,这说明代表性很广泛,而且从资本主义国家和殖民地国家的代表团中,包括各该国具有不同倾向工会组织组成的统一性的代表团,这样混合的代表团就有十个国家。统一代表团的组织是在统一行动的基础上产生的。法国代表团包括四个不同工会组织——法国总工会、工人力量总工会、基督教工会、独立工会的成员。德国代表团共七十一人,是人数最多的代表团,从西德来的就有四十九人。她们在介绍自己代表团的时候,高兴地说:"被人为地隔开东西两半个国家,如今派出了一个统一的工人阶级的女工代表团来参加会议,共同讨论有关女工切身利益的问题,这充分说明我们德国工人阶级的真实愿望。"在日本代表团团长山本的发言中,使大家看到日本工人运动的光明前途,她说:"工会的中央组织分裂为'总评''全劳'

和'产别'以及一些独立工会。属于不同工会组织的女工，没有彼此团结的自由，但是自从去年夏季开展世界女工会议筹备运动以来，已打破了不同组织之间的妇女团体的围墙，她们现在已能不分组织的携起手来了。"因此，这次世界女工会议是成功的，因为世界工人组织长期分裂之后，这是第一次召开的各种不同工会组织的女工大会，是世界工人阶级大团结的大会。

会议的第一天，一位善于团结的印度代表克利西娜宣布开会，大会听取法国代表纪耶关于同工同酬问题和日本代表屈牛恒关于女工参加工会组织的报告后，各国代表纷纷报名讲话，她们并不善于修辞，但像堤防决了口似的说出了自己要说的话，提出了有关女工的正义的要求，反映了热爱和平、反对殖民主义和反对战争的愿望。

在大会上，有五十一个代表发了言，包括了到会的每个国家、每个国际组织，充分地发扬了到会代表们的积极性，也充分地发扬了民主。在主席团中特别在总决议起草委员会中，按照各国不同条件都提出自己率直的意见，进行了公正的讨论和分析，达到彼此沟通思想，相互谅解和可能的让步。这些都使各国女工代表在自觉自愿的基础上携起手来，在友谊的气氛中进行起草研究和讨论，一直到大会一致通过总决议、宣言和备忘录。

会议愈开愈好，当国际纺织工会主席诺奇作了生动的闭幕词之后，代表们的感情沸腾起来了，会场上响起了一阵掌声、一阵欢呼声、一阵歌声，中国代表团也在唱着"团结就是力量"。代表们手携着手、心连着心，大家不愿散会，不愿离开，群众的热情像海洋中卷起了抗不住的浪潮，有经验的主席也无法掌握会场，不得不把拉科西同志亲自招待我们的宴会延迟一小时。

在会上全体代表们体会到许多资本主义国家和殖民地国家代表所讲的怀孕女工被解雇，孩子死亡率高，绝大多数女工处于不熟练工的低工资等等悲惨的境地，表示深切同情。特别是当纪耶在报告中讲到美国四十八个州中有四十一个州妇女作男子同样工作而工资却少30%，在日本工业部门中的女工工资只及男工的33%伊朗的女工工资只及男工的一半,埃及的女工工资只及男工的三分之一,达加尔的女工有98%是文盲的情况时,大家的心情都很沉重。这对中国代表团年轻女工来说,是受了一次生动的阶级教育,特别听到马达加斯加女工每小时工资一元多,而一公斤的牛肉要二百多元,一公斤茶要三元,一公斤牛奶要四十元,这种极贫困的生活境况与今天生活在新中国的女工情况对比,都流下了眼泪。

会议闭幕后第二天,日本、印度尼西亚和我国发起了一个亚洲联欢会,到会的除上述三国外,还有朝鲜、越南、蒙古。在这次联欢会上,朝鲜代表团团长金贵生发了言,她诚恳地要求国与国之间和平共处、增进友谊、加强团结。她以自己的政治远见和体会向日本工人阶级提出自己的愿望,她说:"虽然朝鲜被日本军国主义者长期的侵占过,而且日本政府帮助美帝国主义派军队侵略朝鲜,挑起战争,种下了仇恨,但朝鲜人民,特别是工人阶级要与日本工人阶级一致团结起来,反对侵略战争。因为我们深受战争的痛苦,我们要求和平。"日本代表团团员们听了她诚意的谈话,深受感动,唱起"反对氢弹"的歌曲,来回答朝鲜女工的愿望。

时间已到下午五时,在归途中一位失业的日本女工拥抱了我,告诉我:"我是失业工人,我受着很多折磨和苦难,要求中国工人的支持。"她的眼泪湿了我的衣襟。听说她这次出国的路费是义卖和服布和募捐得来的。她的痛苦代表了全体失业工人的痛苦,中国代表团团员们包围了她,表示永远支持日本女工。为什么她们对中国女工这样关切和向往呢,正是从自己苦难的处境中,鲜明地看到中国女工的光明和幸福。正如以色列女工代表团团长所指出:"所有的女工都存共同的愿望,就是达到进步国家那样的劳动条件和生活水平,在那进步国家里的劳动带来了快乐和满意,妇女和母亲的健康是全民的财富,是全民不断关心的对象。"她继续说:"你们和苏联已经做到了妇女是全民的财富,是全民不断关怀的对象。"是的,我们是幸福的,但我们并不以此满足,还要使全世界女工与我们一起前进。

第一次世界女工会议是互相关怀的会议，思想会师的会议。以苏联为首的社会主义国家中所发生的铁一般的事突，都证明了，不管美帝国主义怎样的造谣污蔑毁谤，全世界人民对进步国家的向往是与日俱增了。这是因为社会主义国家与资本主义国家在思想领域上对妇女有根本不同的看法。资本主义国家里对妇女参加生产的

看法是妇女是廉价劳动的剥削对象。社会主义国家在"劳动是光荣的"思想指导下，全力赞成和维护妇女参加社会劳动，所以国家颁布法令和具体措施来保证妇女参加生产的各种有利条件，而妇女自己以新的态度来对待自己的劳动，把自己的智慧、心灵和才能都放到劳动中去，以自己的劳动的果实为最大的安慰。正如苏联代表团团长波波娃所指出的："妇女参加生产劳动会提高妇女的地位，增进妇女的尊严，使妇女成为真正自由与平等的人。如果妇女在生产中表现了她的才能，在科学与技术上有了新的成绩，那么，她在社会、家庭和丈夫、孩子的心目中的威信就会大大地提高。"

离开布达佩斯以后，我们还一直在回想着世界女工会议，想着正在斗争中的各国女工姊妹们。我们要贯彻世界女工会议的决议，做好我们的工作。

（原载 1956 年第八号《中国妇女》）

勤俭持家，支援建设

——一九五七年六月四日在全国职工家属代表会议上的报告

亲爱的代表同志们！

我代表中华全国总工会和中华全国民主妇女联合会，向大家报告一下几年来全国职工家属工作的情况，报告一下今后全国职工家属工作做些什么和怎样做的问题。我们召开这个会议的目的，就是要在这些问题上交流经验，把今后的职工家属工作做得更好，充分发挥职工家属在社会主义建设事业中的力量。

我先简单讲一下过去几年来全国职工家属工作的情况。

大家知道，自从中华人民共和国成立以后，中国工人阶级在中国共产党的领导下，就成了我们国家的领导阶级。工人阶级的地位，和新中国成立前比较，已经起了根本的变化。在旧社会，谁看得起我们工人呢？工人家属，就更加没人看得起了。工人阶级解放了，工人阶级成了国家的主人，我们职工家属的地位也变了，因为我们是工人阶级的一部分。正像北京铁路管理局的一位职工家属说的："我在旧社会好比一棵枯树，但是在新社会里，我又见到了阳光，重新生了芽，开了花！"这句话，也表达了全国职工家属的心情。想想现在，比比过去，我们是多么高兴啊！

中华人民共和国成立以来，我们的祖国真是一日千里地在前进。我们克服了解放初期的困难，迅速恢复了国民经济，开始了有计划的经济建设。现在，我国的社会主义革命，已经取得了决定性的胜利。今年，第一个五年计划就要全部完成了。所有我们祖国的这些进步和成就,都和我们的亲人——全国职工同志辛勤的劳动是分不开的,他们在党的领导下,以主人翁的态度在各种岗位上进行着忘我的劳动,他们对祖国的社会主义改造和社会主义建设做出了巨大的贡献。说到这里,我提议我们大家起来,向我们自己的亲人——全国职工同志,表示亲切的慰问和敬意!向我们工人阶级伟大的政党——中国共产党和毛主席表示衷心的敬意!

中华人民共和国成立以来,我们祖国在各方面的进步和成就,和我们全国职工家属的辛勤劳动也是分不开的。如果说我们的亲人是在祖国建设的前线劳动,那么我们家属就可以说是在他们的后方劳动,我们是为了配合他们、支援他们的劳动而劳动的。

几年来,通过工会和妇联会的工作,职工家属从没有组织到有组织,从觉悟不高到逐渐提高觉悟、勤勤恳恳地帮助自己的亲人操劳家务,做好饭菜,洗好衣服,带好孩子,让自己的亲人吃好、休息好,精神愉快地生产劳动。在邻里之间普遍开展了团结互助的工作,建立起一种相互关怀的新的社会关系和社会风气,解决了许多工人家庭婚、丧、生育、疾病等困难,帮助厂矿提高了出勤率。好些基层的职工家属,依靠自己的力量把儿童组织起来,受到良好的教育,使自己能够参加文化学习,提高文化水平,参加政治学习,提高觉悟。许多职工家属积极地参加了基层政权工作和当地的社会活动,比如协助政府

从上面说的这些事实也可以看出,职工家属工作是支援社会主义建设的后方工作。全国职工家属对于祖国的社会主义建设事业,也同样担负着光荣的重大的责任。进行四防工作(防火、防特、防盗、防煤气中毒)。协助厂矿修桥补路,绿化住宅区,除四害,搞好公共卫生等,她们起着基层政权的一个支柱的作用。几年来,在家属工作中出现了数十万积极分子,她们是本着勤俭建国、勤俭持家的精神,不辞劳苦,不图报酬,既不争权,又不争职,为群众、为国家建设贡献出自己的力量。职工家属中的这些事情,看起来是平凡的,但是对于祖国社会主义改造和社会主义建设是有贡献的。

全国职工家属应该怎样支援社会主义建设呢？勤俭建国，是全国人民建设社会主义的方针，因为旧中国给我们留下来的，是一个长期落后的农业国家，底子太穷了，只有实现了社会主义工业化的任务，才可能从根本上改变我国长期贫穷落后的状况。要把落后的农业国变为先进的工业国，没有全国人民长期艰苦的劳动是不行的，这是一个十分艰巨的历史任务。我们职工家属，在家务劳动中，就要贯彻勤俭持家的精神来支援社会主义建设。现在摆在我们面前的困难是很多的，宿舍不够住呀，买菜要排队呀，副食品买不到呀，星期天坐车太挤呀，子女升学有困难呀……这些困难，和解放以前旧社会中职工生活的那些困难比起来，是有根本性质的不同的。旧社会中的困难，是反动的统治者、剥削者不让我们劳动人民生存的困难。那个时候是多数人劳动受罪，少数不劳而食的人享福，所以我们要革命来推翻过去反动的统治。现在革命胜利了。我们仍然有困难，可是这些困难是怎么来的呢？是建设事业迅速发展中带来的，是由于我们的收入增加了，而物资的供应还赶不上我们购买力的增长。为什么赶不上呢？大家很清楚：有许多城市，许多工业区，几年以来，由几万人变成了几十万人，有的还在原来没有人烟的地方，从头建设起工厂、矿山和城市来，这就造成了供应不足的情况。所以我们现在的困难，是胜利中的困难，是可以克服的困难。现在我们很多人都懂得这个道理，我们国家的利益，就是我们自己的利益，我们每个人、每个家庭的利益，和全国人民这个大家庭的总利益是分不开的。正因为是这样，所以，我们国家的困难，也就是我们每个人、每个家庭的自己的困难。

那么，我们应该怎样对待这些困难呢？全国职工家属同志在这方面已经有很多的办法，也有很好的经验。大家在这次会议上可以多多地交谈这些经验。我这里只从总的方面谈一下。

首先，我们对待当前的困难，主要地应该依靠职工家属集体的力量和智慧来解决。

社会主义幸福美好的生活，不可能是从天上掉下来的，是要依靠我们的双手，依靠我们艰苦劳动来创造的。我们中国人民是怎样打倒了帝国主义、封建主义和官僚资本主义的统治，取得了人民革命的伟大胜利的呢？不是全国人民经过长期的艰苦奋斗，英勇牺牲得来的吗？多少人为了这个胜利流过血，坐过牢，以至多少人为它牺牲了自己宝贵的生命！有些人对社会主义的了解是片面的，以为社会主义的生活就是事事如意要什么就有什么。他们不了解，今天我们所取得的社会主义革命的胜利，只是万里长征的第一步，还需要我们进行长期艰苦的劳动，才能创造更伟大的胜利和更幸福的生活。

我们职工家属怎样克服困难来支援建设呢？最根本、最中心的一条办法，就是勤俭持家。勤俭持家的内容是多方面的，几年来全国职工家属在这方面创造的事例是很多的。现在我随便举出一些事例来，就可以看出勤俭持家对于支援国家建设的重大作用。

在社会主义建设中，粮食、煤炭和水电的供应是比较紧张的。因为工业建设的迅速发展，在这些方面就不能不发生一些困难。湖南锡矿山七千多户职工家属去年推广了周桃英的做饭法，一年为国家节约了六万多斤大米。鹤岗煤矿一万多户职工家属五个月节省了七十五吨煤，九个月节省了四十二万度电。六万斤大米，就可以买一百一十七架双轮双铧犁，四十二万度电，就可以织五万公尺布。家家户户都注意一针一线的节俭，对于支援建设是一种多么大的力量！

要勤俭持家，就是要精打细算地过日子。中国劳动人民不是有句老话吗？"穿不穷、吃不穷，不会计算一辈子穷！"要实现社会主义，就要精打细算。不该用的不用，能少用的少用，一个钱要当两个钱用。我们的国家在精打细算地进行建设，我们也要精打细算地来搞好家务。长春市爱国交通器材厂的翻砂工人钱文禄的妻子祝淑兰，就是一个精打细算过日子的能手。她一家八口，丈夫每月领到八十四元工资都交给她，除掉生活必需的开支外，还可以有节余，几年来她一直和丈夫坚持执行着家庭生活计划，使全家生活过得很好，还在银行里存了一千四百多元。辽源和淮南煤矿的三万六千多户职工家属精打细算地过日子，几年来,一共储蓄了九十一万六千多元。职工们有了积蓄,不但是自己的生活有了保障,而且对国家也是一种贡献。

"不当家不知道柴米贵",全国绝大多数职工家属是懂得只有精打细算地过日子才能搞好家务的道理的。可是,也有少数职工和家属是不大懂得这个道理的。她们以为,在现在社会主义社会中,不怕失业,不愁吃穿,不用防老,不用替儿女操心,不用盖房子买地,不用留后手了。反正有了困难工会会救济,国家会帮助解决。你们说,这种思想对不对呢?

这些想法当然是不对的。她们有一种误会,以为我们的国家既是人民的国家,就要把人民生活中一切困难都包下来,事事依靠国家解决。我们的国家是关心人民群众的生活的,国家集中力量建设社会主义,归根到底,是为了全国人民的总的利益,根本的长远的利益,国家对于人民群众当前生活中的困难,也是在尽力设法解决的。可是职工家庭生活中的困难离开了广大职工群众和职工家属自己的努力,是无论如何解决不了的。我们用自己的力量克服了困难,也就是帮助国家克服了困难。

几年来,国家虽然已经为职工建筑了七千多万平方公尺的新住宅,但工人队伍扩大了,宿舍还是不够住。国家为了集中力量搞建设,拿不出更多的钱来盖房子,怎么办呢? 根据各地的经验,依靠自己的力量,还是可以有些办法的。一种办法是自己动手来盖。铁路第二工程段隧道十八中队一百二十九户家属,到新工地后许多人无房可住,家属委员会与段领导和当地人民委员会联系,利用了一块不能种地的山坡,发动家属自己买些材料,自己动手,很快就修建了六十多间房子,工人们给它取名叫"家属新村"。北京农业机械厂在去年雨季有四十多户房子被大风吹垮了,职工家属本着阶级友爱的精神,把那些坍了房子的职工先分别接到自己家里暂时安身,然后献出自己的劳动,和工人一起在四个星期内重新盖了四十多间房子。沈阳五二厂新建工人宿舍的时候,缺乏砖,几千职工家属在七天内挖砖、献砖十八万五千多块,使房子顺利地盖起来。一种办法是职工生产流动性比较大的,在农村有家,可以回到农村参加劳动的,就尽可能地回到农村去住。还有一种办法是发扬工人阶级的友爱精神,互相调剂住宅。山西太原晋生纺织厂工会,经过生活住宅委员会的调查,又发动群众自己讨论,把房子住得松的和住得挤的互相调剂了一下,就用五十间空房解决了一百六十七户人家的问题。还可能有别的许多办法来解决房子的问题,如自建公助或互出劳力造房子等等,这样,不是既解决了职工住房的问题,又不增加国家的负担吗?

勤俭持家,除掉要精打细算地过日子,还要尽可能地进行一些副业生产。副业生产可以帮助家庭增加收入,改善生活。例如墨江公路养护段全段六十九户家属,自从组织副业生产以后,开荒种地,有的做临时工,一九五六年解决了长期依靠工会救济的九户职工生活,全段家属还清了欠款四百六十元,大人、小孩添置衣服九十六套,缝被子十三床,购买床单、蚊帐各五床,还存入银行四百多元,投入家属储金互助一百三十九元,全段八个班,全年或半年不用买蔬菜。辽阳麻袋厂等四个单位,有一百八十七户困难户,自从家属参加副业生产后,都不用工会救济了。

铁路牙林线乌尔旗汗站,组织家属种菜,截至一九五六年七月底统计:生产各种蔬菜六万二千多斤,每人每天可以吃一斤四两菜。过去经常吃不到菜的工人陈春生,种了两亩地,除了全家能吃到青菜外,剩余部分还卖了十五元,给孩子们添置衣服。贵州万山汞矿过去很难买到豆腐,家属自己磨。吃肉困难,家属自己养猪羊,去年中秋节,家属杀了三头一百斤以上的猪,使职工们都吃上了肉。

此外,组织家属进行服务性的副业生产,如缝纫、洗衣等。缝洗及时,价钱便宜,很受职工欢迎。云南第二工程公司家属生产合作社,进行了各种副业生产,得到了职工好评,编成快板"穿衣补衣有缝纫组,穿鞋补袜有针线组,衣服脏了有洗衣组,肚子饿了有副食组,要想吃菜有种菜组,要想吃肉有养猪组,需要碎石有临时工组,真好啊!"

以上说的这些，都是勤俭持家、支援建设的重要内容。这些都是我们应该做到和可能做到的。这也正是我们全国职工家属对于祖国社会主义建设应该担负和可能担负起来的光荣责任！

有些职工家属以为，只有在厂矿企业中的劳动才是光荣的，重要的，家务劳动好像是没有出息的。有些职工同志以为，只有自己的劳动才是重要的，家属是靠自己吃饭的。他们既看不起家属的家务劳动，自然也说不上积极地去帮助她们，热情的体谅她们，尊敬她们。其实家务劳动和厂矿企业中的劳动，都是建设社会主义的劳动，都是光荣的，是应该受到尊重的。

也有极少数的职工家属自己有轻视劳动的思想。她们不是比勤劳节俭，而是比吃，比穿，嫌自己的丈夫挣得少。这种思想，不是工人阶级所应有的。我们应该很好地影响她们，帮助她们进步。

俗话说得好："全家一条心，黄土变成金。"全家的团结互助是搞好家务的基本条件；也是家庭幸福的基础。新中国成立以来，全国出现了很多卓福的新家庭。大同煤矿工人王凤梧和他的妻子封三女，两口子一起计划家庭开支，互相体贴得无微不至。王凤梧改进三百匹马力绞车时，遇到困难，情绪不好，封三女就鼓励他和别的同志商量办法、坚持研究，最后成功了，绞车安全运转一千八百一十五天，王凤梧五年来从未迟到早退，成了全国劳动模范，王凤梧也鼓励封三女学习和参加社会活动，并且出主意帮助她做好工作，帮助她做些较重的家务事。她们还常常和孩子们开个家庭会议，谈谈家常，启发孩子们要勤劳、团结、学习好，孩子们都成了少先队员。

我们每一个职工家庭，都应该是团结互助的家庭。

夫妻之间，本来应该是平等的，互敬互爱的关系，现在全国职工家庭中，已经出现了这种新风气。可是丈夫打骂妻子、限制妻子参加社会活动的现象也不是没有的。这种现象，应该受到社会舆论的指责，并且应该积极地帮助他们和好起来。

尊重老人、尊敬父母，是工人阶级和全国人民所应有的道德。人都要老的。人老了丧失了劳动能力，就应该受到后代的供养。供养老人，是每一个做子孙的人所应有的义务，我们应该反对那种嫌弃老人，甚至虐待老人的不道德的行为。自己的父母在抚育自己长大成人的过程中，曾经付出了辛勤的劳动，他们应当受到尊重。

一家老小，在勤俭持家中应该有合理的分工。老年人可以操劳一些不费力气的家务。年轻一些的，就应该是家务劳动中的主力。孩子们应该协助大人做些他们能够胜任的事，这对培养儿童的劳动观念是有好处的。

人人都是需要互助的，家家也是需要互助的。在职工家属中，平常有很多困难，是需要用互助的方法来解决的。比如生孩子、生病和照顾孩子这些事情。

从各地情况看，凡是团结互助搞得好的地方，这些困难都得到了解决。她们帮助孕妇处理家务重活，帮助产妇烧水、做饭、洗血布、照顾孩子、帮助病人请大夫、上医院、照料家务，有的还为病人喂饭、输血。她们还互相协助办理婚、丧大事，或者有组织地去买菜、买粮、打煤坯，给工人送饭。家属之间的团结互助，不但可以互相帮助克服困难，而且可以减少职工对家庭的顾虑，不误工、不缺勤，鼓励职工更安心积极地生产。珠江航运梧州分局有一个船长，中午十二点就要开船，他的妻子突然生了急病，家里还有五个孩子，这时候，家属委员会发动大家来帮助她照料一切，船长放心了，按时开船，完成了运输任务。

几年以来，像这样一类团结互助已经很普遍。根据一九五六年底的统计，在集中居住的职工家属中，共有三万七千九百七十二个互助组，参加的职工家属有四十五万多人。在分散居住的职工家属中，也同样开展了许多团结互助的工作。

在职工家属的团结互助工作中，开展家属的储金互助工作，是很重要的。根据上海、武汉等十个市的统计，在职工家属中共有二千六百四十五个储金互助组。武汉硚口区七十六个储金互助组，一年中借出了一千一百九十九次，其中用于生活困难的三百四十九次，用于治病的二百六十八次,用于交学费的二百五十三次,用于生育的五十四次,用于婚、丧的八次群众说储金互助会有三好;一是零钱整用对自己好,二是互助了困难户对别人好,三是存钱在银行对国家好。在旧社会中,工人生活有了困难,不得不受高利贷的剥削。现在,有了储金互助会的地方,高利贷的剥削现象,一般已经消灭了,所以我们应该普遍提倡储金互助。

在家属中的团结互助工作,发扬了阶级友爱的风气是很可贵的,我们应该把好的经验总结起来,发扬它、推广它。特别在新工人与老工人的家属之间、本地工人与外地工人的家属之间、技职人员与工人的家属之间、工人家属与农妇之间,应该注意更好的团结。工作做得好的基层,已经出现了许多先进的事例。如北京农业机械厂的职工家属对新来的工人家属,给予无微不至的照顾,使新来的工人和其家属,不感到人地生疏,像一家人一样生活在一起。又如,北京铁路管理局北蜂窝宿舍技职人员家属与工人家属,无论在生活或工作中,打成一片,互相学习,取长补短,共同进步,在家属工作和扫盲工作中充分发挥了技职人员家属的作用,又如林业镜泊作业区职工家属花一百八十多个劳动日,帮助农民抢救出被水涝的四垧苞米,三垧谷子,他们为加强工农联盟,不要任何报酬。我们应该向这些先进的单位学习,来加强工人之间、农民之间的团结。

家属工作的积极分子是家属工作的骨于。职工家属工作的积极分子就是热心公共利益的积极分子。在全国职工家属工作中,几年来涌现了大批的积极分子。他们联系群众,任劳任怨,往往以自我牺牲的精神来从事工作,这是一种极可贵的品质。可是也有少数的积极分子,互相之间有时因为个人的名利得失,而发生一些不团结的现象。这当然是不应该有的。为了做好职工家属之间的团结互助工作,积极分子之间的团结互助是更重要的。他们并且应该在职工家属的团结互助中起带头作用。

职工家属之间团结互助的关系,应该建立在完全自愿、自觉的基础上。对于一时还没有团结互助要求的人,不要歧视他们,说他们落后,应该在他们有困难的时候,主动去帮助他们。大冶钢厂有一户职工家属从来不愿意参加互助工作,后来她生病住院,互助组主动地去帮助她照料家务,还替她把家里的脏衣服都洗了。她出院后,非常感动,到各家道谢。以后互助组有事不叫她,她还不高兴呢。

我们工人阶级要领导全国人民建立社会主义的新生活。社会主义新生活中人与人的关系,既不是剥削关系,也不是那种所谓"各人自扫门前雪,不管他人瓦上霜"的只顾自己,不顾别人的关系。而是在共同的劳动中,互相尊重,互相帮助的团结互助的关系。我们职工家属应该在这方面不断地做出更多更好的榜样,形成我们社会主义新社会的崇高的风尚。

教养子女是每一个做父母的人的天职。新的一代,建设共产主义社会的一代,就要经过我们这一代的父母来抚养成人。从事家务劳动的母亲,比在厂矿企业中劳动的父亲们,对教养子女担负着更多的责任。所以教养子女也是家务劳动中的一项十分重要的事情。职工回到家里,同样必须注意教养子女的事情,不能把教养子女的责任,完全推到家属的身上。

父母对子女的爱是自然的,可是要真正的爱,就需要有正确的教养。不能溺爱,也不能打骂。在这里,我不想来多谈育婴保幼的方法,我只想简单提一下,我们做父母的,应该把教育子女这件事情,不但看作是自己的私事,而且应当把它看作是为了培养共产主义建设者的大事。

中国有句俗话说得好:"三岁看到老"。一个人在儿童时期教育的好坏,往往会影响到人的一生。因此,我们不但要注意子女的身体健康,发育正常,而且要注意用热爱劳动,团结友爱,大公无私,坚决勇敢的精神来教育我们的后代,使他们从小就能够受到工人阶级优良品质的陶冶,将来成为忠实于共产主义事业的劳动者,不要让坏思想、坏习气侵害了我们的后代。

现在许多集中居住的职工宿舍中和分散居住的街道上,成立了很多幼儿园、托儿站。许多职工家属都积极地参加了幼儿园和托儿站的工作。根据一九五六年底的统计,全国集中居住的职工家属举办的托儿站、幼儿园共有一千七百七十四个,收托儿童九万一千八百三十人。在城市街道上举办的托儿站共收托孩子一百多万人,其中大部分是职工家属举办的。这是一种新兴的蓬勃发展着的社会主义的集体福利事业,也是共产主义事业的萌芽。它给职工家属教养自己的子女造成了极大的便利,它也是用共产主义精神培育我们工人阶级后代的场所。我们应该十分地爱护它,扶植它,使它更多更好地发展起来。

社会主义的集体福利事业,就是组织群众自己的力量来为群众自己服务,它应该用最少的钱为群众办很多很好的事。我们必须学会这种本领,才能把社会主义建设好。这就要求所有热心办这些事业的人,不要在形式上讲铺张,讲豪华,一定要为群众打算,为事业打算,一定要像勤俭持家一样地精打细算。一般地说,我们许多职工家属举办的幼儿园和托儿站,是符合这种花钱少又办得好的方针的。我们应该交流这方面的经验,在所有的幼儿园和托儿站中,贯彻执行这种方针。

许多职工家属办的幼儿园、托儿站是经过自己动手,与职工合作,克服了许多困难才办起来的。例如鞍山共和街职工家属自己动手给幼儿园盖房,家属们拣砖、献砖、扒掉堵死的旧便所,共积累了一万多块砖,又主动取得有关行政方面的支持,比如从耐火厂、土建公司、发电厂、房产处等方面凑集了一些土木建筑材料,区卫生队帮助运输。有四十二个职工自愿在星期日献工,九十二个家属参加义务劳动,总共费了六个星期天,就盖起了五间崭新的房子。还有武昌造船厂、南昌铁路、常州戚墅堰车辆厂、抚顺老虎台矿等单位的幼儿园和托儿站,都是家属群众自己盖的房子,职工在业余时间利用废木料做的小桌,小凳,家属们还把家里多余的脸盆、水瓶、痰盂、玩具送给或借给托儿站、幼儿园。

我们应该大力地提倡这种自己动手,克服困难,兴办群众性的集体福利事业的做法。这种好的例子给我们指出了方向,我们应该学习这些好榜样,依靠群众自己的力量来克服群众自己的困难。千万不要小看这些事情的意义,这也是我们职工家属支援社会主义建设的一种办法啊!

我们一方面要很好地教养子女,同时还要注意有计划,有节制的生育。子女过多,使家务劳动过于繁重,也使父母不能更好地教养子女。生育过密影响母亲的健康,也难以抚育子女健康的成长。我想,这是全国父母普遍的呼声吧!所以,在全国职工和职工家属中也应该大大地提倡一下节制生育。节制生育不是一般地要求绝育,而是要求生得稀些、少些,要求有计划地生育,不要因为生育过多而造成自己生活上和教养子女上的困难。在这方面,我觉得男职工应该更多地负些责任。

子女长大了,就要上学。子女们上学和升学的问题,是做父母的最关心的,父母希望自己的子女能够受到教育,能够受到较高的教育,这种心理是可以理解的。

可是现在我们的国家碰到一个实际问题,就是升学的人多而国家办学的力量有限,不能使所有的学生在毕业后都继续升学。不能升学怎么办呢?对待一时无法上学的学龄儿童,还是依靠我们自己动手想办法来组织他们学习。应该邀请有文化的职工家属担任教员,对待不能升学的儿童和青年,我们做父母的就应该鼓励子女参加劳动,在农村有家的,尤其应该鼓励子女回家去参加农业劳动,在劳动中继续学习。我们希望子女上学和升学的目的,归根到底,无非是希望自己的子女,成为一个有文化的劳动者。世界上没有任何一个国家,是每一个儿童都从小学一直上完了大学才参加社会劳动的。包括建设社会主义已经四十年的苏联,到今天也还只是推行十年制的普及义务教育,也不是所有中学毕业的人要升大学。而在劳动中的青年职工,经过长时期的业余学习,都是可能从小学一直学到大学的。所以父母对待子女不能升学的困难,应该看得远些,想得通些,把鼓励子女参加劳动,看作是克服当前这一困难的最好的办法。

中华人民共和国成立以来,我们的生活改善了,觉悟提高了,清洁卫生工作也成了家家户户日常注意的一件大事了,特别是自从在抗美援朝时期展开爱国卫生运动和去年又开展了除四害运动以来,勤洗勤刷,家家卫生,人人清洁,一般的已经成为一种良好的习惯。全国职工家属一直坚持着清洁卫生工作。广大职工和职工家属动起手来,清除垃圾,平坑修路,挖沟填渠,使垃圾场变为运动场,使肮脏不平的道路成了平坦清洁的道路。家里家外,收拾得干干净净,出现了许多卫生模范户、模范街和模范区。环境卫生做到轮流值日打扫经常化。一般的已经形成了这种良好的社会风气。

经常的清洁卫生运动,显著地提高了职工和职工家属的健康水平。青岛啤酒厂一九五四年一至八月发病率为百分之十九点五,一九五五年同期降低为百分之十五点六二,一九五六年同期又降低为百分之零点八二,一九五六年宿舍中的三百一十九名儿童,三百一十五名都没有得传染病。像这样和比这样好的例子是很多的。因此,全国职工家属都应该经常地坚持清洁卫生运动,这是保障职工和全家老小的健康,搞好家务,支援建设的一个极重要的条件。

中华人民共和国成立以来,广大职工家属认识到自己国家主人翁的地位和责任,努力从各方面来提高自己来更好地支援社会主义建设,他们普遍地要求学习文化,学习时事政治,关心国家大事。几年来全国职工家属在文化学习、政治学习方面的热情是很高的,进步是很大的。根据全国总工会和全国民主妇联的统计,一九五六年底,在集中居住的职工家属中,经常参加文化学习的共有五十四万零八百二十六人。上海市在扫盲运动中,有三十四万职工家属参加学习,一万多职工家属担任教师。北京铁路管理局北蜂窝宿舍中的职工家属,四年来自己办了十七个文化学习班,有四百多名家属摘掉文盲帽子,有六十七名家属初小毕业,二十名高小毕业。教师完全由有文化的家属担任。工会每学期奖励教师,学员自愿为教师的孩子做衣服、做鞋。两班学员互助看孩子,设临时托儿站,动员老太太收托孩子,每个孩子每月收五角钱。我们还组织炕头识字组,用亲教亲、邻教邻的办法互助识字。许多职工家属学习的精神也是顽强的。通化煤矿职工家属万太珍三十六岁,她自己一只眼睛是瞎的,还有八个孩子,但她一直坚持学习,不到一年,已经认识一千多字了。全国职工家属的文化学习是有很多很好的故事和很好的经验的。

在中华人民共和国成立以来历次的政治运动中,职工家属们都是积极参加的,他们受到了许多政治思想教育,对国家大事和世界大事的兴趣不断地提高起米。许多厂矿企业在动员职工群众,完成某一项中心任务时,常常连职工家属一起发动,收到很好的效果。有些厂矿企业在召开评奖大会和职工代表大会的时候,邀请家属代表参加,家属们受到很大的鼓舞和教育。有些厂矿企业的领导干部,在一定时期根据职工家属的思想情况,向职工家属做报告,对于提高职工家属的觉悟有很大的作用。组织读报是向职工家属经常地进行时事政治教育的一种较好的方法。青岛铁路广西路宿舍家属读报组,每星期读一次到两次,坚持了七年,向职工家属进行政治思想教育的形式和方法,在全国各地也是很多的,我们应该很好地交流已有的经验,把职工家属的政治思想工作做得更好,以便更好地来提高职工家属的觉悟。

这里我想说一下什么叫政治觉悟的问题,政治觉悟就是懂得国家利益和个人利益在根本上是一致的道理,了解国家社会主义建设的情况和困难,了解自己所处的国家主人翁的地位,和支援社会主义建设的光荣责任。有些同志把一些一时觉悟不高的家属,看作"落后分子",是不对的。群众一时觉悟不高是领导上的责任,我们应该相信群众,只要讲清情况,说明道理,群众是能够接受的,觉悟是能够提高的。几年以来的事实证明,随着家属工作的逐步开展,广大职工家属的觉悟程度是步步提高的。今后全国职工家属要对国家社会主义建设事业做出更大的贡献,工会和妇联的基层组织,就应该更加重视对职工家属的政治思想教育工作,帮助广大职工家属更普遍地参加时事政治学习,以便更好地以主人翁的态度来支援建设。

以上说的这些,就是全国职工家属在社会主义建设中的基本任务,也就是全国职工家属应该推行的"五好"工作。

　　根据已有的经验和目前的情况,根据全国广大职工家属的要求,今后全国职工家属工作中的"五好"工作,应该是什么呢? 我想应该是这样的"五好":

　　第一,勤俭持家好;

　　第二,团结互助好;

　　第三、,教养子女好;

　　第四,清洁卫生好;

　　第五,努力学习好。

　　在"五好"中,又应该以"勤俭持家好"为中心。因为勤俭持家不仅是搞好我们家务的要求,也是支援我们亲人勤俭建国的要求,全国工人阶级全国人民都能发扬勤俭朴素的作风,都能发扬克服困难的精神来治国、治家,那么,困难就难不倒我们,我们国家的社会主义就一定可以建设好,我们家庭幸福的新生活也就一定能够建立好。

　　当然,我上面说的这"五好",只不过是对全国职工家属的一般的要求。各地区、各产业的情况不同,各时期的中心要求也有所不同,所以在具体推行的时候,一定要根据当地的具体情况,特别是要根据家属群众的要求,在自觉自愿的基础上组织家属群众去做,家家都能做到"五好",当然最好,有些家庭一时不能完全做到的,一步一步做到的也是好的。总之,要踏踏实实地去做,不要热闹一阵,变成形式。

　　亲爱的代表们,请你们考虑一下:我们全国职工家属今后是不是要做这些工作呢? 职工家属工作"五好"的内容,这样提法好不好呢? 如果大家意见一致了,我们就要把这几条带到全国职工家属中去,使这"五好"真正做到家喻户晓,深入人心,动员全国职工家属,在社会主义建设中发挥更大的作用。

　　下面,我再简单地讲一下今后职工家属工作怎么做的问题。

　　第一,从几年来全国职工家属工作的情况看,不论是集中居住的还是分散居住的家属工作,发展是很快的,成绩是显著的。全国职工家属工作的成绩是怎样取得的呢？应该看到，这些成绩，主要是广大职工家属自己努力做出来的。我们上面说的勤俭持家，团结互助，教养子女，清洁卫生和努力学习，都是广大职工和职工家属的要求，也主要是依靠职工家属包括职工自己的力量做出来的成绩。因此，今后职工家属工作怎样做呢？主要还是要依靠广大职工家属自己的努力，同时也需要职工有力的支持。

第二，几年来职工家属工作的成绩，和职工家属中涌现的积极分子的努力是分不开的。家属工作的积极分子，是热心为生产、为群众、为社会公共利益服务的积极分子，今后家属工作要开展得好，仍然要依靠广大积极分子在群众中的活动。工会和妇联做职工家属工作的干部，要做好工作，就必须密切地联系群众，和群众打成一片，同甘共苦，依靠群众中的积极分子来进行工作。

积极分子也好，工会和妇联做家属工作的干部也好。都必须注意运用民主的方法去进行工作。什么叫作民主的方法呢？所谓民主的方法，就是为群众服务，替群众办事的方法。家属工作往往是琐碎的，具体的事情，这些事情如果办不好，就会影响到整个家属工作做不好。所以，积极分子和干部在替群众办事的时候，一定要根据群众的要求，听取群众的意见来办，在办一件事情之先，办什么，怎样办，要和群众商量，办了之后，办得怎样，要向群众交代。这样事先商量、事后交代的办法，就是替群众办事所必须遵守的民主的方法。

第三，几年来职工家属工作所取得的各项成绩，是和党的领导，企业行政方面和基层政权方面的支持分不开的。今后的职工家属工作要更好地开展，就必须更好地取得党的领导，取得企业行政方面的支持。

怎样更好地取得党的领导和行政及基层政权方面的支持呢？根据过去的许多经验，那就是要求做职工家属工作的干部和积极分子采取主动，把群众的情绪、要求和意见集中起来，加以研究，提出合理可行的意见，及时地向党、向行政和基层政权方面反映，主动地请求党的指示，请求行政和基层政权方面的支持。不要只提要求，不提出经过分析研究的合理可行的办法,不要事事依赖党委和行政方面出力去办,而不着重组织群众自己的力量去办;不要对群众的要求只是简单地零碎地反映,而要和群众一起进行实事求是地具体分析,哪些是合理的,可行的,哪些是不合理的,不可行的。对待群众合理可行的意见,应该积极支持,并且深入地组织群众自己的力量来求得解决对待群众不合理的,不可行的要求,不应该简单粗暴地去指责群众,而应该耐心地深入地向群众进行解释。只有这样,职工家属工作就容易更好地取得党的领导,也容易更好地取得行政和基层政权方面的支持。

我想,这就是几年来全国职工家属工作的几条主要的经验。请各位代表考虑考虑:在我们工作中最主要的经验,是不是这几条呢? 如果是的,我们就应该在自己的工作中好好地研究和运用这些经验。

最后,我想谈一下中华全国总工会和中华全国民主妇女联合会对全国职工家属工作的领导问题。全国职工家属工作成绩的取得,当然也是和全国总工会和全国民主妇联对职工家属工作的重视和领导分不开的。特别和工会、妇联的基层干部的努力是分不开的,可是我们在对全国职工家属工作的领导工作中的缺点也是不少的。最突出的一条就是我们的工作很不深入,对全国职工家属工作的情况了解得很少,研究得很少。对群众中出现的许多好的经验,及时地总结交流得少,对基层工作中的困难问题,及时地研究解决得也少。因此,对各地工作的具体领导和具体帮助是很不够的。我们的领导工作,从主观愿望出发的多,从群众具体要求出发的少,从上而下贯彻的多,从下而上根据群众要求来办事的少,这样就容易把群众丰富多彩的工作经验变为枯燥的条文。本来是生动具体的先进经验,也容易变成形式主义的空谈。许多新工业区,新厂矿,公私合营、地方国营厂矿和新宿舍的职工家属工作还没有得到应有的重视。所有这些缺点的形成,都和全国总工会和全国民主妇联领导工作中的官僚主义和主观主义的毛病是分不开的。希望大家对全国总工会和全国民主妇联在职工家属方面的工作,多多地提出批评,提出意见。我们应该很好地研究和接受大家的批评意见,来切实地改进我们的工作。

　　我相信,经过这次会议,经过大家充分的讨论和交流经验,全国职工家属工作一定会进一步地开展起来,全国职工家属在祖国社会主义建设事业中,一定会发挥出更大的力量。

中华全国总工会女工部部长
杨之华代表的发言

我完全拥护少奇同志的指示和富春同志的报告,完全同意赖若愚同志关于中国工会工作的报告,许之桢同志关于修改中国工会章程的报告,栗再温同志关于财务工作的报告。现在我仅就在职工家属群众中贯彻勤俭持家的方针提出一些意见。

新中国成立以来,由于党和国家对职工生活的关怀,在生产发展的基础上,提高了职工的工资,举办了许多福利事业,改善了职工的生活,在增产节约运动中,职工群众积极地参加了社会主义竞赛,胜利地完成了发展国民经济的第一个五年计划。广大职工家属也在勤劳节俭地治理着自己的家庭。他们不仅帮助职工搞好生产,而且对改善职工生活起了作用。就拿北京401工厂来说,多数人有积蓄,并且全体工人平均每四户至五户有一个收音机,三个人至四个人有一辆自行车。根据北京城子煤矿二百八十八户职工家庭的调查,解放以前,只有十一个手表、二十四个钟和两个收音机;新中国成立以后有七十个手表,二百零六个钟、八十个收音机、八十七辆自行车和十九台缝纫机。一位工人很满意地说:"我们从矿井回来,炕上一坐,茶水一喝,收音机一开,孩子们一圈,新房子一住,多么美满啊! 如果不是党领导我们和全国人民一道,将旧社会推翻,自己努力生产,节约建设,怎么能有这样的生活呢?"

不久以前,我们曾经和401工厂、城子煤矿、铁路和纺织厂的职工们进行了座谈。在座谈会上,首先我们接触到的是工人的一种先进思想,就是把家庭利益和国家利益紧密地结合在一起的思想。如401工厂老工人那长全同志说:"只有国家富强起来,才能从根本上改善我们的生活。所以,我爱厂如家,我在裁剪部门工作,处处为国家节约。我们也以同样的态度对待家庭,精打细算地过日子。"另一个老工人刘春德同志是从延安出来的,他深深体会到今天我们取得胜利,与毛主席在延安号召增产节约是分不开的。他说:"我们永远记着毛主席的话,进城以后,继续保持了艰苦朴素的优良传统。"铁路管理局一位老工人张立荣同志(现在提升为铁道部的工程师)说:"受过苦的人,永远忘不了过去的苦难日子。"他并且经常以这种工人阶级的优良品质教育孩子。在他的家庭里,每个人都养成了爱劳动和简朴的习惯,他说:"我的家里的人都有这样的志气,不会就学,学会了就做。五岁的孩子就开始操作一些零星的家务劳动;十二岁的孩子学会了纳鞋底补袜子"。张立荣同志的是七个孩子的"团长",所有孩子的吃穿都由她操劳。张立荣同志不仅尊重妻子的家务劳动,自己也把家务劳动看成是愉快的事情,他说:"我不是家庭的休养员,而是家庭的得力助手。"张立荣同志的个人用钱也是精打细算的,他不愿意为个人的享受而使全家生活紧张。他不仅能看到今天,而且还能想到明天,对家庭生活有长远的打算。正是由于这种先进思想的指导,这些工人的家庭不仅在物质上有了保证,而且在精神上也很愉快,家庭成员间感情很融洽,家庭的开支以及其他事情都能做到共同商量。在其他厂矿企业里,像这样的工人家庭还是很多的。这就是新中国成立后工人阶级家庭的新气象,这与旧社会的家庭成员间各有打算、互不团结有本质上的区别。

在座谈中,职工对勤俭持家的方针是十分拥护的。因为他们知道,勤俭持家对每一个职工的家庭以及整个国家的意义都非常重大。贯彻这个方针,不仅可以在物质上保证个人的穿暖吃饱,而且可以解决家庭的意外困难。尤其是青年职工,眼前负担虽然很轻,但将来要结婚、生孩子,如果能够及早把多余的钱积蓄起来,就可以成家立业,抚育子女。贯彻这个方针,也可以给国家节约。国家有了积蓄,不仅可以多办工厂,改善人民生活,而且可以充裕地应付天灾人祸。

大家都知道,旧中国是一个长期落后的农业国,新中国虽然经过第一个五年计划的建设，工业、农业都有了飞跃的发展，但是，由于旧中国的底子穷，很自然地带来了一定的困难。如粮食、煤炭、水电和棉布的供应都比较紧张。我国六亿人口的生活资料大部分是通过家庭来消费的。因此，如果家家户户都注意一针一线、一把米、一度电和一寸布的节约，对于国家建设就是一种莫大的力量。由于增产节约运动的开展和深入，各地职工家属纷纷响应了节约粮、煤、水、电、布"五节"的号召，对国家做出了巨大的贡献。太原六个工厂一万四千户职工家属，今年一到八月就节约了二十二万一千多斤粮食；开滦煤矿三千户职工家属在最近三个月内节约了煤一百四十九万斤；抚顺龙凤矿的职工家属翻改修补旧工作服，节约了棉布三万五千多尺；萍乡煤矿五矿职工家属在今年第三季度就节约了电二万四千度。他们这种行动，是爱国、爱家、爱社会主义的具体表现。这是值得我们每一个职工和家属学习的。为了更好地改善职工的家庭生活，为了给我们国家积累更多的资金，为了保证国家经济计划的顺利执行，我们必须继续广泛地深入地贯彻党中央提出的勤俭持家的方针。怎样贯彻这个方针呢？

首先，应该进行广泛而深入的宣传教育，使每个职工和家属在思想上对勤俭建国、勤俭持家和它们的相互关系，有个正确的认识。根据开滦煤矿唐家庄二千八百四十八户职工家庭的调查，能够勤俭过日子的占职工家庭总数的20%，一般有计划的占73%，不善于计划和安排的占7%。这说明，职工家庭基本上是勤劳节俭的。特别是从旧社会过来的工人，更做得好。但是，我们也应该看到，由于工人阶级队伍几年来不断地扩大，有一些新工人和家属来自小资产阶级甚至出身于剥削阶级。这些人或多或少地带来了非无产阶级的思想意识，以及铺张浪费的坏作风，这些坏作风也影响了一部分工人，他们比吃比穿，不比劳动。另外有一些青年工人，虽然他们接受新事物快，在生产上起了很大的作用，但由于没有在旧社会受过苦，"不当家不知柴米贵"，花钱没计划，恋爱、结婚讲排场。当老工人看不惯他们这种乱花钱的现象，给以劝告和批评时，他们却反感地说："难道你们要把我们拉回旧社会去吗？"有的职工认为:"从前存钱为子女上学,现在反正有国家培养;从前病了、老了没办法,现在反正有劳保;管它呢!"有的职工认为:"钱是我挣的,我该花;我有困难,国家就该解决。"有的职工认为:"一根草有一粒露水养,瞎眼鸟自有天黑应,用不着操心。"他们把个人应负的责任,一起推给国家。上述思想,都不符合勤俭建国和勤俭持家的精神,对个人对国家都是不利的。我们应该向这些同志进行宣传教育工作,让他们知道:实现社会主义工业化,要依靠全国人民一点一滴地节约来积累资金,不能坐享现成;让他们知道和记住过去的艰苦生活,发扬工人阶级勤劳节俭的光荣传统,"不能好了伤疤忘了痛"。国营北京棉纺二厂一位青年女工曾经对我说过:"现在我怀孕了,后悔把过去的钱都花光了。"这句话是她的真心话,这也说明了工会组织需要及时加强这方面的思想教育工作。北京铁路管理局有一个工厂80%是青年工人,他们使用的机器是从捷克送来的。捷克工人还把他们制造机器时参加劳动竞赛的旗帜和证章送给中国工人。工会就以此对工人进行思想教育,经过教育后,新工人的觉悟有很大提高,生产劲头很大。这也说明只要进行思想教育,新工人是能够接受教育的。

工会组织除了进行教育工作以外,还应根据生产的需要和群众的要求,尽可能地支持和组织职工家属参加各种副业生产,来增加收入,改善家庭生活,减少国家救济费的开支和缓和物资供应的紧张。如湘西钨矿的二千五百多户家属,去年开荒、种菜、种杂粮,80%的职工家庭做到了蔬菜自给,90%的职工家庭有了积蓄。济南十二个工厂原有七百九十七个困难户,需要救济九千四百六十七元,自从组织家属搞副业后,困难户减少了40%;救济费减少了60%。这都说明了勤劳生产对国家和个人的利益是很大的。

在贯彻勤俭持家的方针下,许多职工家属不仅善于精打细算、安排自己家庭的生活,而且还互相帮助克服生活中的困难。例如几年来职工家属以互助互济的办法,照顾产妇、病人,办理婚丧大事,搬家,买煤,运粮,组织托儿站、幼儿园,组织储金互助会等,发挥了很大的作用。这是在社会主义制度下，产生出来的新气象，也是工人阶级集体主义的表现，是值得珍贵和提倡的。

在职工生活中较困难的问题是疾病和多子女的问题。国营北京棉纺二厂今年上半年得到困难补助的四百三十九人中，因职工及家属生病或者死亡而补助的就占41%。因此，工会必须组织职工家属群众积极参加爱国卫生运动，消灭蚊蝇，填沟修渠，绿化住宅，以改善环境和家庭的卫生；并加强妇幼卫生和计划生育工作，增进职工和家属的健康，保证职工的正常出勤，以减少家庭经济的开支。

勤俭持家，不仅是职工家属的责任，也是我们全体职工的责任。我们干部应该以身作则。我们的国家是一个大国，人口又多，要把我国建设成为先进的工业国，就需要大家努力。刘少奇同志指示我们："中国人民应当有志气，应当振作精神，坚持勤劳节约的优良作风，以便在最近几十年内把我国建设成为世界上一个富强的国家。"我们工人阶级是有志气的。我们应该积极响应党的号召，努力贯彻勤俭建国、勤俭持家的方针，并且在居民中起模范作用。我们应该积极发扬工人阶级艰苦奋斗的优良传统，为建设我们的祖国而努力！

（原载《全国职工家属代表会议主要文件》，1957年）

提倡新人情，新风气

《新的关系，新的人》一文①，报道了家属中团结友爱、互助互济的社会主义的新关系，我们应提倡这种新的人情，树立新的风气。

俗语说："远亲不如近邻。"邻里相帮，互助互济，本是我国劳动人民的优良传统。但是在旧社会里，统治者提倡的是："人不为己，天诛地灭""各人自扫门前雪，莫管他人瓦上霜"。这种旧思想也或多或少地影响了劳动人民。在职工家属中贯彻"五好"以后，"我不求人，也不帮人"的个人主义思想逐渐在克服，"一家有事，大家帮助"的集体主义思想逐渐成长了。工人高兴地说："共产党给我们带来了深厚的人情，团结互助，使我们像一个友爱的大家庭。"

的确是这样，职工家属中，互助互济开展好的地方，发扬了"我为人人，人人为我"的友爱精神，解决了许多问题：生产与家务的矛盾解决了，职工出勤率大大提高了，工人们说："有了互助，家事不愁，调到天边，也不惦念。"家属们团结互助，家庭里和睦团结，大大鼓舞了职工的劳动生产的情绪，使她们全心全意地搞好生产，在大跃进中做出成就，家属们参加社会活动与家务的矛盾解决了，她们可以安心地积极地参加社会活动，参加学习与副业生产，她们不限于小家庭的小圈子，在一切运动和学习劳动中，人人受到教育，社会主义的觉悟提高了，团结互助还大大改变了人与人之间的关系，相互关心，相互帮助的新风气树立了。家属们自信地说："只要大家团结互助，有什么困难也能克服。"

---

① 这篇文章发表在一九五八年第四期《中国妇女》杂志上。

　　这种团结友爱，互相帮助的新关系，有利生产，有利职工，有利家属，是我们社会主义社会的新人情、新道德、新风气。我们不但要在职工家属中提倡，我们应在广大妇女中提倡，使这种新思想和新风气，在社会主义经济基础上，发扬光大。

一九五八年三月

（原载一九五八年第四期《中国妇女》）

为生产服务 为职工生活服务

几年来,广大职工家属在党的领导下,为生产服务,为职工生活服务,贡献了很大的力量。她们积极贯彻五好和勤俭持家,鼓励亲人出勤高,劳动好;她们参加了厂矿企业的各种义务劳动,协助厂矿完成生产任务;她们建立了洗衣组、缝纫组,为工厂和职工拆洗、缝补衣服;她们养猪种菜,改善了职工生活;为了减少女职工的家务孩子的负担,家属姐妹们白手起家,建立了许多托儿所、幼儿园,开展了互助工作,受到广大男女职工的热烈欢迎。特别是从去年工农业生产大跃进以后,大批职工家属直接参加了国营企业的各种生产,对于增加社会财富,完成和超额完成生产任务起了一定作用。不少职工家属还积极参加了民办工业,根据各地调查,职工家属在民办工业中占60%到70%。仅沈阳市就有八万六千多名职工家属投入民办工业的洪流中,生产一百八十七种产品供应社会需要,每月产值达一千二百万元。过去家属姐妹们虽然也搞副业生产,举办生活福利事业,但多数还是在家庭范围内贯彻"五好",发挥支持生产的作用。现在她们拿起各种生产工具,生产了多种多样为发展工农业及生活需要的产品,她们发挥了智慧,学会了本领,许多姐妹还成为先进生产者,担任了厂长、车间主任和技术员。

职工家属们为了克服原材料的困难,支援工业生产,做出了很大的成绩。东北机器制造厂的家属姐妹们,以无比的热情,冲天的干劲,挖出日本帝国主义投降时埋在地下的钢铁二千五百多吨,五金十一吨,耐火砖一千吨以及其他许多物资。这个厂的家属姐妹们还白手起家办了纸袋、洗铜、木箱等卫星工厂,九个月创造的产值达二十多万元。职工家属办的许多卫星厂是专为本企业或附近的大厂矿加工的,大多数是利用大厂的下脚料做原料,使废物变成宝物。株洲机车车辆修理厂缺乏铜料,家属们就用工厂旋削下来的铜末再炼成铜锭,缺乏铜料就用废木料、碎木料来做。福建沿海的家属们利用海蚌壳和贝壳制成扣子,供应市场,这些都是就地取材、利用废物的好办法。还有的家属,利用工厂的旧工作服和手套,经过选择、洗染,将好布做成童衣,布条做成擦地板的拖把,把破布做造纸原料。许多日用小商品,如妇女的发夹、儿童玩具等都用废物做原料,既能充分利用物资,又能满足群众的需要。在职工集中居住的地区,特别是大厂矿的新建工区、矿区,林区,交通不便,服务事业的发展赶不上需要,做一件衣服要等一两个月,洗一件衣服要十多天,职工们深感不便。家属们根据需要什么就做什么的原则,千方百计地满足职工的各种生活需要。如湖南株洲机车车辆厂的家属姐妹们,组织了二百多人建成了两个制鞋厂,三个洗衣组,一个针织厂,还有打毛衣制鞋底的专业组。基本建设工地运输工人需要草鞋,她们又动员老年人办了一个草鞋厂。夏天来了又办了一个蚊烟制造厂,为了让职工能舒适地休息,开设了饮茶室和冷食铺。为了减少职工理发排队的时间,就从姐妹中挑选出十六个人去学理发。她们发现职工们需要解决什么,就很快解决什么。

为了让职工们吃得好,干劲足,做到工、矿、林区有新鲜蔬菜吃,有油吃,有肉吃,有鸡蛋吃,有鱼吃,居住在城市郊区、交通沿线、林区的职工家属们就种菜喂猪、养鸡、养鸭,大搞副业生产。安徽盘古山钨矿家属百分之九十都参加了副业生产,家家都有新鲜菜吃,还有蔬菜卖。江西耐火材料厂家属不仅养猪、养鱼、种菜自给,还收获了芝麻、油菜籽一千六百多斤,减少了油料供应不足的困难。搞副食品生产成绩最突出的是美溪林业局一二七场的职工家属。她们战胜了气候寒冷,采用集体与个人两种方式养猪,种菜,解决了林区交通不便、肉食蔬菜不足的困难。三年共养猪六百一十五头,今年有鸡鸭二千多只,种菜收入六万五千多元,除比市价低百分之三十供应食堂外,还支持了兄弟厂四十四万多公斤蔬菜。一个由一百六十名家属组织的集体农场,现在已有三匹马,十一头牛,还有大车、农具等。由于她们的辛勤劳动,已经在气候寒冷的林区,建成一个有丰富的副食品的基地了。每个参加劳动的家属平均每人每年收入四百多元,高的竟达一千多元。

家属姐妹们举办的食堂和儿童保教事业,对于新的一代健康地成长,对于减少女职工的家务劳动,使她们参加生产,提高出勤率,有很重大的作用。这些事业,补充了厂矿企业举办的集体福利事业的不足。由于企业领导充分发动群众,大搞群众运动,在群众自愿的原则下,采取了自筹自建、自力更生、因陋就简勤俭办事业的方针,房子自己盖,家具大家借,因而办得好,办得多,不易垮。男女职工们对她们的辛勤劳动,对她们捐财献物的精神非常感动,因此,对这些事业倍加关心、爱护和支持。据几个大城市统计,家属办的食堂遍及街道、里弄,与工人居住区。为便于职工、居民就食和接送孩子方便,大多数食堂和托儿所按着小型、分散的原则举办。

为了解决各类职工中的不同困难,家属们根据自己的条件和职工们的实际需要,继续开展家务互助工作,帮助同院或邻院的男女职工,包家庭里的清洁卫生工作,包烧开水,包缝洗衣服,包接送小孩,包照看病人等。家属们这种高度的互助友爱精神,使职工们深受感动。

职工家属姐妹们参加生产和各种集体生活福利事业以后,确实是起了很大的作用,但是,由于参加各种生产和生活福利的职工家属,大多数都是有孩子,有家务,文化技术水平较低,而且还要照顾家里职工的生产和生活。她们参加生产以后,怎样兼顾家务,确实是一个很现实的问题。有少数家属把孩子送进托儿所,到食堂去吃饭;但多数家属还是在家里做饭吃,在家里带孩子。一方面是没有那么多托儿所和食堂;另方面,家属本身还没有充裕的物质条件。根据这些具体情况,她们贯彻了集中生产和分散生产稍结合的方针,实行参加社会劳动又兼顾家务劳动的办法,生产的组织形式多种多样,生产的时间也是灵活运用。例如北京目前家属在生产中,采取大集中、小集中、半日集中和分散生产等几种形式。家务不重,孩子有人看管,就采用集中生产的办法,集中的好处是便于培养妇女集体主义思想,加强组织性、纪律性,便于劳动协作和技术指导,也便于管理。半日集中,分散生产就更适合家务重、孩子多,或年龄大、身体弱的妇女,使她们一边生产,一边照顾家务劳动,使更多的妇女有机会参加工作和生产。在劳动时间方面,天津市实行"六二"制和"七一"制,即六至七小时生产,一至二小时学习,做到三不误,即不误生产,不误学习,不误家务。有的地方实行半日制,或按家属的具体情况,安排好劳动时间。最初实行的时候,有些人思想有顾虑:"生产时间短了,怎样完成生产任务呢?"可是实行的结果恰恰相反,家属姐妹们因为有时间安排家务,再不心挂两头,所以她们精力充沛,心情舒畅,生产专心,钻研技术,出勤率高,质量好,生产任务完成得好。而且家属们有时间学习,提高了文化技术,提高了思想,对生产也是有帮助的。

现在也还有些民办企业,不从家属的实际情况出发,不管生产任务的松紧,像国营厂矿一样,一律实行八时工作,甚至加班加点,不但使生产与家务有矛盾,影响家属的健康,也影响男职工的休息。这样做,家属出勤率低,人在外面心在家,工效低,质量差,参加生产的人心情不舒畅,举办的事业也不能巩固提高。因此,应该根据生产需要,从家属的实际条件出发,合理安排劳动时间。同时家属姐妹们,也应该主动地安排好家务,积极地参加生产,自觉地保证生产任务的完成。

家属参加社会劳动以后,由消费者变为生产者,不仅为社会创造了财富,也增加了家庭收入,改善了全家生活,改变了一家人只依靠一个男职工担负生活的情况。根据四川、北京等几个基层单位的调查,家属们参加生产以后,家庭成员平均每人每月增加了两元到三元的收入,困难的职工,生活轻松了,一般职工们的家庭日子过得更好了。家属姐妹们,在社会劳动中,得到了锻炼,精神面貌发生了很大变化,建设社会主义的热情和觉悟大大提高,加强了集体主义思想。过去妇女们见面只谈家常、谈生活、谈吃穿;现在谈国家大事,讲生产成绩和干劲。其中进步较快的还光荣地参加了中国共产党,仅沈阳市就有一百八十六名职工家属入党。家属们树立了劳动观念,不辞辛苦,不计报酬,不嫌脏怕累,养成了吃苦耐劳的作风,对职工子弟有良好的影响。由于她们勤勤恳恳地为人民服务,把困难留给自己,把方便给予同志,看到别人生活得愉快,便感到是莫大的幸福,因而到处出现了新的人与人的关系,家庭更和睦了,邻里更亲密了。职工家属姐妹们,今后更应充分地发扬这种为群众服务的共产主义的风格,坚决响应党的号召,继续贯彻勤俭建国、勤俭持家、勤俭办一切事业的方针。在当前全国正进一步深入开展以技术革新和技术革命为中心的增产节约运动中,继续跃进,为生产、为职工生活服务得更好,为社会主义建设做出更大的贡献。

(原载1959年第十五期《中国妇女》)

庆祝群英会的召开，为提前十天到十五天完成今年工业生产计划而奋斗

　　当广大女职工同全国职工一起热烈响应党的八届八中全会反右倾、鼓干劲、提前完成第二个五年计划主要指标的战斗号召，取得辉煌成就之后，又在满怀信心地为提前十天到十五.天完成今年工业生产计划而进行着英勇的斗争，并已取得了巨大的成绩。在这个斗争中，生产更是突飞猛进，先进生产者成群结队地跨进了1960年，捷足先登者已达到了1965年，甚至1973年。一个声势浩大、汹涌澎湃的增产节约群众运动高潮，正在全国范围内持续不断地向前发展。

　　在这大好的形势下，举国瞩目的全国工业、交通运输、基本建设和财贸方面的社会主义建设先进集体和先进生产者代表大会，在北京隆重开幕了。各路英雄聚集一堂，以无比兴奋的心情向我们英明的、正确的和伟大的党和毛主席汇报劳动成果。在轰轰烈烈的增产节约运动中，广大的女职工同男职工一样的立下共产主义大志，鼓起了吞日月、壮山河的气概，发挥了高度的积极性和创造性，在社会主义建设中做出了卓越的贡献。出席这次大会的有许多女英雄。她们中间有热爱国家财产、同六个匪徒奋战的徐学惠，有以身作则、踏踏实实、带动全组六年如一日超额完成国家计划的上海国棉二厂女工裔式娟；有大公无私、帮助十二名生产上落后者达到先进水平的西北国棉一厂女工赵梦桃；有已有三个孩子的母亲十一年不缺勤、没有出过事故的大连造船厂女工方秀真；还有大胆革新，去年以四个月时间完成第二个五年计划的东北机器制造厂女工尉凤英。还有许许多多不胜列举的女英雄。全国选出了这么多女英雄人物作为职工的代表，在首都新落成的庄严的人民大

会堂里，接受党和国家领导人的检阅，这是全体女职工的光荣。这是在旧社会连做梦也想象不到的，只有在我们社会主义国家，妇女才能充分发挥她们的聪明才智，劳动人民才到处受尊敬。

我们女职工中的每个先进生产者要不断地提高自己的阶级觉悟，树立不断革命的思想，不骄傲，不自满，继续鼓足干劲，虚心学习别人的经验，进一步提高自己的技术，永远保持荣誉，使自己在增产节约运动中能发挥更大的作用，同时要进一步发扬共产主义的崇高风格，不计较个人得失，主动帮助在生产上落后的小组或个人达到先进水平。我们要懂得在六亿五千万人口的国家里，一个人犹如沧海之一粟，作用总是有限的。个人先进总是单枪匹马，众人先进才能移山倒海。如果全国几百万先进生产者都行动起来，主动地帮助别人，使自己周围的人都达到先进水平，那么，我们的生产水平就会大大提高。

出席群英会的先进集体和先进生产者的代表，以及全国各地所有的先进生产者，是大跃进的旗手和尖兵，都是我们学习的榜样。我们全体女职工要树雄心、立大志，掀起一个比先进、学先进、赶先进的热潮，学习他们工作不讲条件、劳动不计报酬的高尚的共产主义风格，学习他们的先进经验，争取思想上先进，生产上先进，为祖国社会主义建设贡献更大的力量。

全国女职工中占一半以上是去年才参加劳动的新女工，工龄短，技术低，文化低。对于她们，学习文化、学习技术尤为重要。每个新工人要勤学苦练，力求迅速掌握技术，为了学习技术，就必需刻苦学习文化。更重要的是学习先进女工的先进思想，不断提高觉悟。老女工要多对新工人进行帮助，教给她们技术，关心她们的学习，给她们讲讲旧社会女工的悲惨遭遇和英勇斗争，叫她们知道我们今天幸福生活不是容易得来的，使她们热爱新社会，热爱劳动，发奋学习，迅速成长。

我们女职工有很大一批是在服务部门工作的，这是社会主义建设事业中的光荣岗位。在这些部门工作的同志，要树立全心全意为人民服务的思想，充分认识服务性工作在国家建设事业中的重要地位。有人认为服务工作是侍候人的工作，不光荣，这是不对的。侍候庄稼，侍候牲口，侍候机器的农民和工人都很光荣，为什么侍候人反而不光荣呢？在社会主义制度下人与人的关系是互助协作的关系，是互相服务、互相侍候的关系。请想想看，没有医生和护士照顾病人，没有保育员照顾儿童，没有店员照顾顾客，还能很好地进行经济建设吗？因此，各种服务工作都是崇高的事业。我们女职工要向服务行业的女标兵、女先进人物学习。

我们广大女工在发挥生产干劲上，有一个问题需要注意安排解决的，就是现在大部分家务劳动还没有变成社会的劳动，已婚的、有子女的女工，既要工作好、学习好，又要安排好家务带好子女，当然会遇到一些困难。但是，这些困难是可以克服的。许多先进女工在这方面也为我们做出了榜样，她们在这方面的经验很值得我们广大女工学习。

全国女职工在社会主义建设中发挥了巨大的作用，但不能否认，她们在进行英勇的劳动中比男职工遇到较多的困难。我们的企业领导者，特别是工会组织，应在党的领导下，同妇联及其他有关方面密切配合加强女工工作，提高女工的政治觉悟，并给女工具体帮助，如办好食堂、托儿所，以减轻女工的家务，研究哪些工种适合女工，以便发挥女工的特长。劳动竞赛中要深入发动女工参加，技术革命和技术革新中动员技术工人给予帮助，评选时要注意评选女标兵。热情关怀女工的生活，对青年女工多加指导，教育职工群众体谅女工的特殊困难等等。

同志们，党中央又向全体职工提出新的战斗任务，就是继续反右倾、鼓干劲，把目前开展的增产节约的群众运动高潮巩固起来，持续不断地发展下去，争取提前十天到十五天全面完成今年的工业生产计划，并为明年的生产任务做好准备。这是党给我们工人阶级的光荣任务。女职工是工人阶级的重要组成部分，我们应当动员起来和男职工一起，高举总路线、大跃进、人民公社的光荣旗帜，以排山倒海的英雄气概和藐视困难的无畏精神，把增产节约运动的新高潮更巩固持续地发展下去，千方百计地提前完成和超额完成今年的工业生产计划。

我们有了1958年大跃进以来所积累的丰富经验，我们在生产上已经取得巨大的成就，打下了良好的基础，在党和毛主席的领导下，在总路线的光辉照耀下，继续鼓足干劲，力争上游，我们一定能够提前十天到十五天乃至更多一点时间超额完成今年的工业生产计划，把党的这一号召变成光辉的现实。预祝我们全体女职工在这光荣的任务中发挥更大的干劲，创造更多的奇迹，载着胜利的荣誉，豪迈地跨进1960年。

（原载1959年第十二期《中国妇女》）

《大跃进中的职工家属》序言

　　1959年10月，在中共中央和国务院召开的盛大的全国群英会上，各行各业的英雄模范济济一堂。职工家属的代表，能和职工中优秀的代表们一道，光荣地出席大会，这个事实，充分说明了自新中国成立以来，职工家属和全体职工一道，在社会主义革命和社会主义建设中，做出了巨大的贡献。

　　1958年大跃进以来，在党的总路线的光辉照耀下，职工家属的情况起了深刻的变化。随着工业生产的发展和职工生活的需要，职工家属迅速地大量地组织起来，为工业农业商业服务，为职工生活服务，她们的政治觉悟在党的教育下大大提高，一心一意地跟着党走，党指向哪里，便奔向哪里，而且大破迷信，解放思想，敢想敢干，不辞辛苦，不怕困难，不讲条件，不计报酬，忘我地进行劳动。现在凡是有劳动能力的职工家属，大部分都参加了生产和社会劳动，1958年全国增加了三百多万女职工，其中相当大部分是职工家属。在城市民办工业和卫星厂中，职工家属约占总人数的80%以上，成了一支主力军。她们白手起家所创办的一些卫星厂、加工厂，大多是利用工厂企业下脚料，废物变成宝物，使人尽其材，物尽其用，为工农业、商业生产服务开辟了一条新的途径。为了支持厂内生产所需要的义务劳动、半义务劳动，她们做到要人出人，随叫随到。为厂矿企业完成与超额完成生产任务起了积极作用。她们在劳动中不仅学会了本领，而且大大地发挥了智慧。许多职工家属还担任了厂长、车间主任和技术员，还出现了大批的先进生产者。她们已逐渐由家务劳动者变成为有觉悟、有志气、有技术、有文化、有纪律的社会劳动者了。

全国职工家属们,在为职工生活服务方面,工作得也很出色。她们在极平凡的琐碎劳动中,以共产主义的精神,不计报酬地为社会主义做出了可贵的贡献。她们热烈地响应党的号召,贯彻自力更生、因陋就简、勤俭节约、群策群力的方针,大力协助厂矿和街道举办各样集体生活福利事业,大量地发展了托儿所、幼儿园、公共食堂、缝纫修补组、洗衣房、理发所等。她们在过去邻里互助组的基础上,创建了街道服务站和家庭服务组。这些集体福利组织和服务组织完全贯彻了为生产服务、为劳动人民生活服务的方针。服务的内容真是包罗万象,服务的方式灵活多样,而且服务得又多又快又好又省。服务态度是自觉、主动,满腔热情,千方百计,无微不至的。她们大兴团结互助之风,进一步树立了对平凡劳动的光荣感,对服务工作的光荣感。通过她们的服务,使职工体会到,党对劳动人民的生活是无微不至的关怀,而且大大地鼓舞了职工的劳动热情和干劲;同时也有利于更大地发挥妇女劳动的潜力;促进了增产节约运动更广泛深入的开展。

几年来,职工家属在贯彻执行勤俭持家方面,取得了巨大的成绩,出现了许多五好积极分子。职工家属不仅在家庭生活中,精打细算,创造出各种节约用粮、用煤、用布等方法,计划开支,积极储蓄;同时她们还努力协助厂矿,挖掘废旧材料,积极支援生产;充分利用闲散地,大搞副食品生产、种植蔬菜、饲养家畜、家禽,开辟鱼池;市郊矿区和交通沿线的职工家属积极支持农业生产,成绩也都很显著。她们的这些劳动,为国家创造了很多财富,改进了市场供应状况,加强了工农联盟,同时也改善了家庭生活

她们还把勤俭节约的风尚,带到她们所办的集体生活福利事业和民办工业中去,大大发扬了我国妇女勤劳勇敢的优良传统,从各方面创造性地贯彻执行了党中央号召的勤俭建国,勤俭办社,勤俭办一切事业,勤俭持家的方针。职工家属的这些巨大的变化和成就,是总路线、大跃进、人民公社带来的丰硕果实,是毛泽东思想的伟大胜利。全国职工家属正和全国人民一道,高举总路线、大跃进、人民公社这三面光荣

胜利的红旗继续跃进,在取得了1960年的开门红的基础上,争取月月红、样样红、红到底。为此,全国的职工家属们,正在努力实现全国群英会的女代表向全国女工和职工家属发出的倡议书中所提出的各项要求:高举毛泽东思想的红旗,更加鼓足革命干劲,继续提高社会主义觉悟和发扬共产主义风格;积极搞好街道和厂矿加工生产;努力提高技术,大闹技术革新与技术革命;大闹文化革命,努力提高文化水平,学习科学知识,积极参加以技术革新和技术革命为中心的增产节约运动;积极办好集体生活福利事业,安排好家务,教育好孩子,做好生产战线上的后勤工作;继续贯彻勤俭建国、勤俭办一切事业,勤俭持家的方针。她们正用最实际的行动,为保卫社会主义建设的胜利果实,进一步贯彻党的总路线,为争取更大的胜利而奋斗。

这次出席全国群英会的有六十一位先进职工家属代表,这本小册子选择了其中一部分代表的先进事迹,它集中反映了全国职工家属从大跃进以来,在直接支持生产,大办集体生活福利事业,勤俭持家和团结互助等方面的跃进面貌和家属工作的先进经验。我们希望这本小册子能够得到广大职工家属、妇女工作者和职工家属工作者的喜爱,能够有助于职工家属工作的进一步开展。我们还希望这本小册子能够得到更广大的读者的欢迎。让我们从职工家属的这一切变化中,来体会我们伟大祖国的深刻变化,体会总路线、大跃进、人民公社这三大法宝的巨大威力,体会光荣的、正确的、伟大的中国共产党和毛泽东思想所指示的真理。

把党的政策具体贯彻到女工工作中去

本刊这期登载了北京市公共汽车公司第一保养场女工工作的经验。这个场的女工工作把党的政策具体贯彻到工作中去,做得活跃、细致、踏实、经常,切实解决女工的实际生活问题。因而许多女工都是干劲大、信心强,心情舒畅地积极劳动,很好地完成了工作任务。

从保养场的经验中,我们体会到,做好女工工作和其他工作一样,必须把思想工作放在第一位,而进行思想工作又必须克服一般化,注意具体情况具体分析,分别对待,才能取得显著的成效。

一般地说,现在女工思想上存在的问题,有些是由于对工作的意义认识不清产生的,有些是由于工作或是生活上遇到实际困难产生的,有的是由于工作和生活上缺乏经验产生的。有的问题是比较普遍的,有的关题是属于一部分人的(如青年女工、老女工、单身女工、家务重的女工各有她们一些特殊的具体的问题),也有的问题是个别的。第一保养场就是针对女工思想上存在的问题和青年女工多的特点,进行思想工作。她们组织报告会,讲形势,讲生产任务,讲如何对待工作和生活等问题。组织新老工人座谈会,通过老工人现身说法,回忆对比,进行阶级教育。通过经常的深入的谈心和家庭访问,针对每个人存在的问题,加以具体帮助。她们经常地细致地分析每个人产生思想问题的原因,与群众交知心朋友,做好调查研究工作,不是简单地批评落后,而是用同志式的帮助、启发和诱导。有的女工技术熟练程度差,服务质量不高,就组织观摩、表演,帮助她们提高业务水平,很好地完成生产任务。由于她们这样善于及时发现问题,及时解决,又善于从实际出发,运用灵活多样易于被群众接受的形式进行工作,效果很好,从而使女职工对当前大好形势、对于自己担任的工作的重要意义以及如何做好工作有了进一步的认识。

从保养场的经验中我们还体会到：做好思想工作的同时，必须切实关心和解决职工实际生活中的困难，使这项工作真正成为一项重要的政治工作。

女职工除了生产劳动以外，生理上有些特殊问题，已婚的女职工还要较多地担负着养育子女和料理家务的责任。这些问题处理得好不好，直接关系到生产。因此，对于她们在生活上经常遇到一些困难，需要更多地关心和帮助她们。工会和妇联等有关方面必须共同协作，千方百计地帮助她们解决那些可能解决的问题。不论是勤俭过日子的问题、月经纸问题、休息问题、孩子问题、家庭关系和家务问题等等，只要我们满腔热情地关怀她们，依靠群众自己力量，进行合理组织和安排，很多问题是能够解决的。有些问题还必须发动群众讨论，建立制度，教育大家共同遵守和执行。对那些当前还不可能解决的问题，只要耐心向群众说清楚，大家是能够体谅并能克服的。汽重公司第一保养场女工工作干部和积极分子，在场的党总支的领导下，正确地认识到关心女工生活和促进生产的关系，在这一方面她们做了许多细致的工作，并且建立了经常制度。例如有的女工到很远的地方去跳舞，影响休息，就组织宿舍歌咏队、说书学习小组、周末晚会等；有的年轻女工贪睡常迟到，就组织宿舍"叫班组"；女工来月经、怀孕和喂奶时，除了有劳动保护制度外，还组织司机、售票员之间进行互助；青年女工对处理恋爱、结婚和生孩子没有经验，女工委员们注意教育和帮助；生了孩子，家里没人带，就帮助安排寄托；夫妻、婆媳不和，就帮助他们搞好家庭关系；甚至有的女工不会做饭，女工委员和积极分子也教给她们做饭、炒菜……同时，女工委员也注意教育和启发女工自己解决和互助解决困难。许多问题，都体贴入微地帮助解决。女工们的切身问题得到解决后，她们深刻地体会到党的爱护，革命大家庭的温暖，同志们的热情关怀，从而，更加发挥了生产劳动积极性，并从内心受到感动，自觉自顾地积极投入女工工作,从而扩大了女工积极分子队伍,进一步加强了女工工作。从保养场的经验中,我们还体会到做好女工工作,必须走群众路线,注意发现、培养和依靠群众中涌现出来的积极分子。积极分子最熟悉群众的情况,体贴群众的疾苦,能够及时反映群众意见,同时把领导的意图贯彻下去。因而她们能够带动群众战胜困难,完成领导交给的各项任务。保养场培养了这样一批了解政策、情况熟悉、热心服务的女工工作积极分子,依靠她们,深入广泛地联系群众,工作做得深入细致,取得了显著成绩。

我们女工工作干部和积极分子必须认清当前的大好形势,认真学习领会党关心妇女的政策,把党的政策具体生动地贯彻到女工工作中去,做好党的助手。必须踏踏实实,埋头苦干,做好女职工思想工作,切实注意解决她们的实际问题,能解决必须力争解决。从而进一步调动女职工的生产劳动积极性,和男职工一起,在党和毛主席的英明正确的领导下,继续高举总路线、大跃进和人民公社的三面红旗,挺起胸膛,鼓足干劲,战胜困难,继续前进。

(原载1961年第十二期《中国妇女》)

下　篇　百年党史与人物回忆

悼向警予同志

我们在平日称向警予同志为"祖母",这虽然是"叫着玩",但是,她确实是中国共产党女同志中最努力的。中国共产党的历史上她确实是女同志中最有力的一分子。可是她不幸,最近已在汉口被残酷的军阀捕去枪毙了。我们从此失去了最有决心、最富有经验、最肯忍耐、最努力、最热情的一位革命的"祖母",我的心痛如刀割!

我只是回忆她的遗言。她在五四运动的时候到法国去"勤工俭学",回国之后,她很早便领导起中国最早的妇女解放运动,同时她一开始便和当时资产阶级倾向的妇女运动奋斗,她也曾是最早到女工群众中去实际工作的。在1924年的文章和谈话中指示我们说:"我们眼看成千累万的劳苦民众受着资本帝国主义的压迫,他们的生活像牛马,我们要为这些牛马谋解放,参加反对资本主义的运动。""我们女子应该有自救的决心,不做旧社会的奴隶的奴隶!""我们的工作要从下层贫苦民众去着手,我们不但不应该效法资产阶级妇女运动,只求个人的地位与权利,而且我们应当领导群众为群众的利益而奋斗。""我们应该要注意和参加政治运动,不能在政治糟糕的时候躲在旁边,一声不响,政局稍微稳定便跳出来大家抢权,这种享现成福的奴隶心理,绝不是已觉悟了的妇女所应有的。可是现在一般妇女对于政治问题,好像秦人视越人之肥瘠毫不关痛痒似的,虽然有表示,总不外看大家的风色,跟着呐喊。"她这些话还是在1924年写的,现在呢?她的预言都应了!国民党"党权"之下现在的什么妇女协会等等,岂不是这些出风头学时髦的小姐太太么!警予同志,在生前的论文中尚有很多有意义的主张。我现在读了她的著作在心头上梗着悲痛的哽咽简直不能动笔了。

我不能不想起她在生前的一切,她的工作比她的言论更有价值,尤其是在武汉反动之后,她在严重的压迫之下,刻苦的负起党的工作,这半年多的工作,是何等艰苦努力呵!她的模范使我自己和一般许多知识分子的女同志应当如何的惭愧。最近一年中她初在武汉担任总工会宣传部的秘书,白天跑得忙,晚上写的忙,忙得不能吃饭的时候,买几个烧饼来充饥,因她自己的努力,得到一般人的信仰。后来省委调她担任汉口市委宣传部部长,她曾出席许多工人支部,组织训练班,编了许多训练材料,每天晚上睡觉的时候,总在12点以后。武汉政府反动以后,她就更努力继续不断地做党内秘密工作,直到她被捕才停止她的工作。

警予同志在汉口法租界被捕后,由她激昂慷慨的自供,致法国领事也不敢即将她引渡到中国刽子手里去,因她一人而引起了汉口的中外官厅纠纷问题。警予同志的忍苦,谁都不能及的,所以她才配得上这样去死。她的死正是表示她对于革命的负责,对于团体的忠实,对于工作的努力呵!负责的、忠实的、努力的警予同志,与一般为革命而牺牲的同志们,一起断送于敌人之手,对于革命固然受了莫大的损失,可是她的死,确实是荣耀而有意义的。

我们在沉痛中应该记忆她生前的工作精神和遗言,完成她未竟之志!警予同志!我要狂呼你,我要为我们的死者报仇!

（原载《布尔塞维克》第21期,1928年6月15日）

回忆敬爱的导师——鲁迅先生

　　鲁迅先生虽然死了,然而他对于全中国以至全世界的一切被压迫者的友爱——真诚的朴素的友爱,永久活在每个被压迫者的心底深处。他病的消息给了我们日夜不离的重压,他死的消息给了我们深刻的沉痛,先生对于压迫者的恨,对于被压迫者的爱皆出于先生的真实,先生呵,你的真深深的种在我们的心里,怎能忘记你呵!

　　我记得在一九三五年一月初,那是一个大雪纷飞的黑夜,因为鲁迅先生有病,我跑去看他,他的消瘦和脸上阴郁的气色使我吃惊,他的手瘦得格外显现,完全与几个月以前不同。其我从那一天起时刻担心他的健康,我们围坐在火盆旁边,他不断地吸着香烟,他问:

　　"听说又有一次大破坏?"

　　我还没有回答他的问题,而他皱紧了双眉叹着气说:

　　"这许多好的青年失去了,真是中国的不幸!"

　　到这时候大家不约而同地沉默了起来,黑夜压住了我们久别重会的愉快,反在各人的心头涌上一阵说不出话来的苦痛。先生又把第二支香烟接上去,很诚恳地说:

　　"友敌应该分得非常清楚,奸细应当用适当的方法肃清出去,这些比狗都不如,简直可耻到极点了。"

　　他站了起来对我凝视着好久,他很关心地问我:

　　"听说维它在行军时的路上病死了,这消息确不确?"

　　"我没有听人说过,我想并不的确的,"这时候的我,真痛处极了,可是我不愿引起先生的焦急。

　　"他这样的身体怎么可久居在那里呢? 如果他留在上海,对于全国文化上的贡献一定不少。像他那样的人不可多得的,他是一个少说话多做事的青年。"他的眼光对着火盆凝视,有话说不出口来,又像他在回忆着什么……

他送我出房门口的时候又再二嘱咐着我:

"如果得到了确实的消息,告诉我一声,你也该小心些。"

先生的消瘦和他提出的问题给了我千斤重的担子。

从此后不能围聚的恐怖常塞在我的心头,然而我不料会这样快……

在一九三六年九月 我接到先生两封信,在第二封信的最后一段说到他不能多写字,没有力气读德文书,因为热度还未退。久望先生的消息,一旦来到了消息我应该快乐,然而消息是这样使人担心的消息,他的一切常在我的惊梦中。我常常回忆到他对于我们,不但在万分艰难时候的帮助,而他简直分担着我们所受的恐怖,他的生活与一切被压迫者连城一片了。

因为他很真实地站在被压迫者方面,他为真理而斗争,他说的是人话,做的是人事,走的是人路,自然人话不免使那些反人道的人们受着又痛又痒的苦痛。于是百般造谣诋毁谩骂侮蔑,以至通缉十年;还企图暗杀他。可是这些迫害的方法对于先生不但没有用处,而且可以得出相反的结果,因此在最后的几年内迫害者就改换了方法,认为鲁迅善于生气,把他气死最便宜。于是利用一些无耻文氓,探取挑拨离间的办法来致他的死命。他死了之后,又装着一些哀戚的颜色来哭几声;可是这些并不在鲁迅先生的意料之外,所以他的遗嘱上有这样的话:

"拖着别人的牙眼却反对报复,主张宽容的人,万勿和他接近。"

这就是他一生最宝贵的经验。鲁迅先生不是一个共产党员,但是他不怕联合共产党员来反对日本帝国主义和法西斯蒂主义。而且他深信只有联合在法西斯蒂强盗侵略下的一切被压迫者尤其劳动群众才能求到中国民族的解放,才能打倒世界上的强盗。才能恢复人类的自由。

敌人骂他得金卢布,其实恰恰相反,他常常拿出自己劳动得来的工资,甚至自己最宝贵的精力来帮助一切革命到底、对于劳动阶级忠实服务的青年。他站在保障人权的立场上来做别人不敢做的事,他尽一切可能来营救在屠刀下的中国最优秀的分子。一个个甚至一群群的青年在敌人屠刀和枪弹之下牺牲的时候,他沉痛地说不出话,他苦闷得像呆木头一样,他几乎被这些青年历年所流的鲜血痛伤了自己的心肺。而这是直接使他衰老和肺病发展的原因之一。

他实行统一战线不是开始于今,早在十年以前,他就不但不怕与共产党员实行统一战线,还与其他党派或非党派的人实行反封建反帝国主义的斗争。他的经历太多了,他经历了辛亥革命,五四运动,五卅运动,三一八运动,北伐,日本占领东北和上海的战争等等。在一次再一次的经历中,和他同一战阵中的伙伴们不断地变化,变化得使他面青眼花,在使他哭笑不得的环境里,他常说:"我有点莫名其妙了",他又说"我倒不怕帝国主义的大炮,然而我怕的倒是当我在前线应战的时候,后面的'自己人'对着我的背一枪一刀地来。"后来他也看惯了,一些冒充革命的,始终会变节,变节的始终会跑到敌人的营垒中去。这些人就是像豢养的猎狗一样,被人拉着铁链,时刻鞭打着,二角洋钱一天也会在马路上去寻人,他看见了这样下等可耻的话的故事、他站出来笑骂这些"人不像人,狗不像狗"的东西,他的眼睛更从这些经验里尖锐起来。他一个真金不怕火烧、毫不动摇的人,他愈老愈健地站在被压迫的群众里,日夜不息地都争着。他说:"我存在着,我在生活,我将生活下去,我开始觉得自己更切实了,我有动作的欲望……"因此他在国家最危急的关头,虽重病不肯放弃自己的工作,虽医嘱不肯转地休养,像他那样对于国家和人民的责任心是太不可多得了。

他恨着替日本政府出力一切团体,他联合苏联,拥护苏联,他认为苏联是中国民族解放运动中最好的朋友,他很热心地、有计划地介绍苏联文艺作品到中国,他经常地爱护被日本政府压迫的日本贫民,他深信日本的劳动阶级不愿并反对自己的政府侵略中国。他在一九三一年曾亲自跑到德国领事馆,向希特勒提出抗议——反对法西斯蒂对于德国人民的摧残。这一切都是出于他对于敌人的恨,对于朋友的爱,同时这一切出于他爱护和保卫祖国的热心。他深信援救中国民族的危机,只有条道路,就是联合与日本帝国主义敌对的一切群众,尤其是劳动群众。

因此,他相信和拥护为革命到底、为无产阶级服务的忠实者。他对于中国共产党的领袖毛泽东和苏联人民及全世界无产阶级领袖斯大林的拥护,在他死的不久以前答复托洛茨基匪徒份子陈独秀们的信里完全表露出来。

他的生活,他的思想,他的行动,他的作品,他的斗争都是脚踏实地的勇敢前进。他一直是有一定的目的的,只要看他当在日本留学时,他忽然抛弃了医学而从事研究新文化运动的动机,就可以知道了。他说:在俄日战争时我偶然在电影上看见一个中国人因做侦探而被斩,因此又觉得在中国还应该先提倡新文艺,我便弃了学医再到东京和几个朋友定了些小计划……"虽然他的计划在当时没有成功,然而他一直在失败中很虚心的积极的努力追求着中国整个民族的病根和自己为国家服务的贡献。他回国后从事革命文学,他那时候自己向自己说:"既不是直接对于'文学革命'的热情,为什么常常提笔呢?想起来,大半倒是为了对于热情者们的同感。这些战士,我想,虽然在寂寞和艰难中,那想头却不知错的,也来喊几声助助威罢——首先,就是为此。在这中间自然也不免夹杂些将旧社会的病根暴露出来,催人留心,设法加以治疗的愿望。但为达到这愿望起见,是必须前驱者取同一的步调的,我于是遵着将令。删削些黑暗,装点些欢容,使作品比较的显出若干颜色……"看罢,先生所说的遵命文学是遵奉谁的命令呢?他的回答:"不过我所遵奉的是那时在压迫之下的革命的前驱者的命令,也是我自己本来愿意遵奉的命令,绝不是皇上的圣旨,也不是金元和真的指挥刀。"(加重点的符号是尹加的)他在文艺运动上的目的即在于唤醒中国人民的自觉自卫,所以他对于中国民族的公敌,日本帝国主义及其走狗汉奸他是不肯放松的。他紧握着自己的武器在历次的斗争中磨炼,磨炼得非常锋锐,他很不屈不挠的斗争着,直到他最后的一天。他的一支笔是全中国被压迫人民最有力的武器。他是中国最伟大的文学家。

他是中西文化的锁匙,他是新旧文学的总汇,他是中国孩子们的慈母,他一生的努力完全为了"救救孩子"的目的。今国家的危机正大,而先生已然长逝,这能不令人哀痛!

先生死的噩耗传来,惊哀交集,然而我还在幻想消息不确。哪知到十一月间,在朋友处见到了国内寄来的杂志,消息证实了我的神经由兴奋而转到麻木,无可奈何读先生著作以自慰。我把先生的自选集从头到尾地又看了一遍,当我读着他作品的时候,我并不觉到先生已死,他是永久活在我们读者的心里!阿Q正传我已读了十多次,我每次读着仿佛就觉得深入其境,人物是活的,说话是真的。我回忆到当我们在监狱似的亭子间里生活的时候,谁能够像他那样地热情,一批批的书送给我们看。他是我们寂寞和患难中的知己,当他笑嘻嘻地夹着黑印度绸的书包走进房内的时候,我们充溢着说不出的愉快,等他的包袱打开时,外国文的中文的杂志呀,小说呀,笔头呀,好纸呀,还有糖果呢。这一切我从不以为是他对于我们个人的感情,而是出于他自动地对于整个被压迫阶级的同感。他对于受难的人都是一样的尽力帮助,他与被压迫者的关系太深了。有一天我对他说:"远远听见了这样慢的轻的脚步声从楼下一直送到房门口,我们在门里面听了知道这一定是到别人家去的小孩子,然而急叩着我们的房门。我们很吃惊,开了门,原来是他,默默微笑着,对面的女人也在暗笑着,似乎她也在奇怪着为什么五十多岁的老头子,还是这样的天真。"他的性格非常爽直,他与一切敌人斗争的时候,像青年一样的不肯后退,甚至他的勇气有时更比青年大些。我们时常觉得他是一个年轻人,他是一个力大气壮的战士。在日本帝国主义一方面用飞机大炮和各种方法来侵占我国的现在的环境里,使他只好天天站在前方应战。正因为如此,他的命运便时在敌人的打算中,正因为如此,他不能由前方回到后方整理他的思想来写长篇的创作。我们希望他写的中国文字史,稿未成而他已被敌人磨折死了。敬爱的导师鲁迅,你是我们被压迫者的救星,是民族解放运动的先烈,我们怎能忘记你呢？我们只有以光大先生的宝贵遗产来填罪——我们愿学着先生的对敌人的顽强，对朋友的真诚，对自己的虚心，对人格的自尊和对工作的责任心！

敬爱的尊师鲁迅永生存，永生存在我们被压迫阶级的心里。

（文尹写于一九三六年十二月九日——鲁迅先生死后的二个月）

热血重温——纪念秋白同志死难二周年

《热血》是中国共产党"五卅"事变时所特别发行这机关报,成为当时运动发展这指南。秋白同志是《热血》日报这主编者;各期社论多出于秋白同志之手笔;我在当时均曾循环诵读过。到现在已过十二週年,偶于图书馆中得到热血日报的汇刊,乘此机会重"热血",更使我回忆到当时的一切情景,回忆到秋白同志致力运动,献身运动。以领导群众,争取人民道自由解放的伟大精神;觉得这种伟大精神,不仅是我个人所当服膺,而且足为目前一切参加抗日救国战士的楷模。因书此简略这回忆,以贡献于一切抗日救国的同胞们,并纪念秋白同志。

一九二六年六月的深夜,我从参加浦东工人会议回来的时候去热血日报的编辑所。编辑所设在闸北中兴路,一间破旧的平房,窗了很低,写字台是几块木板拼起来的。三四个人正在忙着编稿。秋白同志身上的汗背心已经湿透了的,他写正好了的创刊词。在一盏不很亮的电灯下读着。他看见我跑进去,他很高兴地对我微笑,就把手上的创刊词给我看。十三年后的今天我重读着这篇创刊词我有说不出的感觉和沉痛,更加敬佩他的伟大的牺牲精神,愿意把自己的最后一滴血贡献给中国人民解放事业的精神。

他深信流血的代价,他深信将来的胜利必归我们的。创刊上说:"民族自由的斗争是一个普遍的长期的斗争,不但上海市民的热血要持须的沸腾着,并且空间上要用上海市民的热血,引起全国人的热血,时间上要用在人的热血,引起继起者的热血。创造世界文化是热的血和冷的铁,现在世界强者占有冷的铁,而我们弱者只有热的血,然而我们心中果然有热的,不愁将来手中没有冷的铁,热的血一旦得着冷的铁便是强者的末运……"在第二期上以"流血是为什么?"标题的社论中,又写着:"学生工人的血已经染红了大马路上和泥和苏州河里的水——这究竟是什么? 我们既然——对对和奋斗,抵抗外人的强权,我们应该问一问,我们的最近目的何在? 不用说这是因为日本厂主和工部局不准工人组织工会,因为日本厂主和巡捕房开枪打死顾正红,因局工部局不许学生有集会言论的自由,因为外国人要剥夺中国市民的出版自由增加码头捐,因焉外国人民经实行屠杀中国市民——总之,我们中国人这次的大奋斗,是为着争中国人民的自由和生命。这是我们流血的目的。商学工界同胞,认清这个目标坚持到底,一定要达到集会结社言论出版罢工的自由……我们要自由,要生命,要公理,要人道,必得拿血去换来。"秋白同志的这几句话,到十二年后的今天,丝毫未失效力。对的!在现时日本强盗侵凌这下,中国人民,"要自由,要生命,要公理,要人道,必得拿血去换来。"

当我们讨论反日民族统一战线问题的时候,在我们的思想里,秋白同志活了起来。他在中国大革命时代反帝运动里是一个创造反帝统一战线的思想家,实行家,还是个有力的组织兼宣传家。他在当时的一切主张和行动具有历史意义。他为要争取废除不平等条约,曾积极的号召全国同胞集中力量来对付外国帝国主义,他指出必须有实际上的统一行动,他说:"因为外国人既然以殖民地看待中国,以奴隶牛马看待一切中国人——我们当然一致起来反抗——我们既然认定根本解放中国是目的,我们当然要准备长期的斗争的致……(一)统一的组织,(二)统一的主张,(三)然后我们能有事实上统一的行动。假使我们能有统一行动,假使真正大家一致齐心,一致实行国民绝交,一致督促政府,我们的运动决不会失败的。"(热血日报二十二期社论。)

旧事实证明,五卅交涉的失败由于当时政府和一部分大商人与民众不一致,大革命的失败由于国民党与共产党半途分家。我们如果把秋白同志在热血日报上发表的文和歌曲来全部的研究,他抓住了当时的最中心的最紧急的问题——反帝的统一战线,而苦心地向各方面提出意见做艰难的解释工作,要求商会、政府与民众一致。然而他对于谁来破坏群众组织的时候,他一点不客气地指出。他在统一战线上的警惕心是异常敏捷的。例如他在热血日报第十期(巩固上海学生联合会)的社论说:"一切为帝国主义的利益做事的人,最重要而最恶毒的手段,便是来破坏我们民众的团结,学生是纯洁的勇敢的,所以他们最先要破坏学生的团结,学生是比较幼稚没有经验的,所以他们破坏学生的团结很容易。五四运动时候,学生联合会曾经盛极一时,然而后来被他们千方百计地破坏了。从五四运动以后,各地热心青年虽极力想恢复学生联合会的旧观;然而他们用种种方法障碍各校学生使大家不加入学生联合会。

这一次因为帝国主义的压迫,居然上海学生联合会由二十余校结合进为七八十余校这结合了……不是又要被破坏呢?这几天渐渐听见许多不满意于上海学生联合会的话了。诚然,上海学生联合会有些不能令人满意的地方;但果然有什么不满意,我们应当规劝他们,帮助他们谋改进的方法,不应当再在外面散布消极的使人灰心颓丧的毁谤言词。……若是令学生群众发生根本不信任学生会的心理,他能使大家不谋如何改进学生会,而发生几个学校脱离学生会的事情,那便是破坏上海学生联合会的行为了。

凡热心保护上海学生联合会的人,应纠正大家这种心理上的弱点,使一切想破坏学生团结的无法施逞其诡计。

我们要抵抗一切的侮辱与压迫,最要紧的是保持而且扩大我们民众的团结。五月卅日与六月一日这流血牺牲,若能为我们换得许多能持久的学生工人的团结,纵然这一次的交涉,未必完全胜利,已经可以为我们将来的完全胜利操左券!所以我希望大家注意保护一切学生工人的团结。"

我想把他的话与目前抗日战线上北京发生两个学生会组织的事实来对照,我们可以得到良好的教训,今天我们无论如何再不允许破坏学生和团结来减弱抗日的阵容,因为我们再也不能遭受过去那样的失败了。

秋白同志在统一战线的阵地上处处抓到群众的利益,尤其是工人阶级的利益。他爱群众,相信群众,懂得群众的心理,善于说群众要说的话,尤其是对于工人。他写过一次群众歌(《热血日报》第三期):

"世间一切靠不住,靠得住的是群众。

罢市要取大规模,坚持到底勿为动。

大家不纳巡捕捐,外国钞票不要用。

中国人帮中国人,大家勿要五分钟。

南京路上杀同胞,大家听了都心痛。

外人砰砰几排抢,我们流血染地红。

偶然死一个外国人,割地赔款负担重。

我胶华人不值钱,难道个个是饭桶。

奉劝诸君自救自,不然就是亡国种。

大家起来大家醒,全靠我们是群众。"

他又在第五期热血日报社论——工商学联合会与上海市民——中说:"我们应当知道上海工人是反抗侵略和压迫的一大势力,假使我们没有组织没有行动的自由,中国民族是永世不能得到解放的。"

于是他对于商会取消民众自己提出的要求时,他拼着命地斗争,尤其关于争取取消不平等条约问题。他在热血日报第九期《警告工商学联会委员会》的社论说:"公共租界巡捕为什么敢于任意中国人?这是因为租界的警察权在英美工部局手里。为什么租界的工部局能在中国境内行使警察权?这是因为根据不平等条约。为什么英美日本帝国主义者在杀人,中国政府不能惩办他们?这是因为不平等条约的治外法权。为什么英美日本人能在中国设立工厂?这也是因为不平等的条约。所以此项屠杀案,穷究根源,是由于不平等条约;因此根本解决也只有废除不平等条约……因为此时若不能废除不平等条约,英美日本等帝国主义者,根据这些条约拟有在中国这特权,尤其拟有租界上行政(工部局)司法(领判权及会审公常陪审权)立法(纳税外人会议)这三项直接统治中国人这特权，以钳制中国人，一切对于中国人的不平等待遇都由此特权而起，此等特权不废除，被压迫凌辱的中国人这不平等与反抗自会接踵而起，将来的流血惨剧必更甚于今日。……因为一切不平等的条约不废除，即孙中山所谓卖身契约不撕破，我们中国民族在政治上在经济上都永世不能抬头……"

他又在第十一期上《上海总商会究竟要的是什么？》社论中，痛责总商会在交涉中取消了民众提出的承认工人有组织工会及同盟罢工这权。他说："再则工商学联合会的要求，有一条是优待工人，承认工人有组织工会及同盟罢工之权，这是这次风潮的根本原因。本来工人为争结社自由权而牺牲，学生为赞助工会而牺牲，总商会却编删去一条。并且添上洋务职员薪水须照发不扣的一条时，故意不说及工厂的罢工工人。这次运动本是为中国平民的利益而反抗帝国主义的暴行的运动；结果，中国平民的利益完全没有达到！在这种情势之下，假使交涉员单根据商会的条件提出，而外人方面答应了，我们中国方面却不能使工人上工——没有理由叫他们上工那时怎样呢？……总之，这样的结果，会使工商学各界之中发现裂痕。总商会应当负此责任！"

他对于卖国的外交就更不客气地及时暴露和攻击。他对于政府代表的谈话："日领甚表好意，国际事件，甚赖各国之相助。愿国人亦分别视之，他立刻指出了这次事件起源于日人枪杀纱厂工人，五卅之后潭子湾杨树浦日人又杀伤中国工人不少，而且上海青岛日本领事受东京政府的训令，严厉处置，要青岛也杀了七八个工人。如今'中国'政府代表却来替日本人说话！这种外交代表不但是中国人格的大耻辱，简直公然作日本的走狗。"这些不仅对于当时的安福政府是恰当的，而且对于现在高唱着中日亲善秘密卖国的亲日派也是当头棒喝，这般亲日派员是"公然做日本走狗"啊！

秋白同志在二十二期热血日报上更说得清楚："假使有一部分人不论是政府，是军阀，是富商，不顾大多数民众的利益，而希图自利——以至于破坏国民的一致而失败；这部分人便是卖国害民的蟊贼，国民应当一致声讨的。"

这是秋白同志在警告着我们，在统一战线中要提起极高的警惕性，要严防"希图自利"而"不顾大多数民众利益"的"卖国害民的蟊贼"来破坏"国民的一致"，这在今日的确有极重大的意义，每个抗日救国的同志，都应当一刻不忘！

秋白同志为解放工人阶级，解放中国人民的事业，奋斗一生，最后，竟以自己和生命殉此伟大的事业。我们敬佩秋白同志的伟大，就更加悲痛秋白同志的牺牲。

我们在纪念秋白同志殉难二周年的今日，在沉痛中呼号中国人不杀中国人！南京政府当局啊！你们应该静心研究中国民族为什么到了如此危急？很明显的你们过去上了日本帝国主义以华制华的圈套，惨杀了中国最优秀的青年！磨折了十余万在狱的政治犯！我们数十万受难的家属时刻在沉痛中追念着自己的亲人！但在沉痛中还时刻都在认清谁是我们全体民族的最大敌人，我们为国不计私仇，然而我们坚决的要求南京政府应当立改前此错误的政策，以抗日为前提，与我们民众站在一起来救我们危如累卵的民族生命！立刻制止中国人杀中国人！立刻释放一切的政治犯！立刻恢复孙中山先生的三大政策，团结全国抵抗民族之大敌——日本帝国主义，而奋斗到底！

秋白同志告诉我们："我们既然认清根本解放中国是目的，我们当然要准备长期的斗争和一致"，"假使大家一致齐心""最后的胜利一定是我们的"！我们要为秋白同志的这几句遗言奋斗到底！

杜宁于秋白同志死难二周年纪念日

（原载《救国时报》，1937年6月17日第106号，第4版）

叛徒顾顺章叛变的经过和教训

顾顺章,上海本地人,曾在南洋烟草公司做工七年。在最后的几年他是在厂担任工头的工作。于一九二四年的罢工中加入共产党。入党后他担任南洋工人支部的书记,曾领导过几次南洋工人的罢工。后来他担任上海区委的工作。于一九二六年年底起,他担任训练武装上海工人的工作,即准备上海各次的暴动。在暴动之中及之后他是上海武装工人纠察队的队长。自四月事变后,他即担任中央特科工作,直到他于一九三一年四月间被捕时止。

顾顺章的特点:

1.人矮,精干,多计谋,滑头,勇敢,变戏法的技术很高明。

2.不多说话,他不曾对同志说过自己的履历和社会关系。

3.平日不看文件,开会不常说话。

4.生活浪漫。

于一九三一年三月或四月间,中央要他赴汉,为的要他去布置白区与赤区的交通路线。路线尚未布置完善,而他被捕了。他被捕之后,先把他所知道的在两湖的共党机关和军队中的关系告密。同时他供出了中央五个重要地方:向忠发的;周恩来的;瞿秋白的;中央秘书处;特科的机关。

因他的告密,在两湖的白军中的重要同志和负责同志被捕。幸而中央得报很速,在上海的重要机关预先遣移,警察们白白地慌乱了一次。但是顾顺章解京后,他积极地替国民党做破坏共党的工作,他在国民党做了剿共特务队的队长了。他的方法如下,

1.利用他的家属关系来找党找同志,但因当时中央组织严密,不

得发生效验,反在他老婆房间内被我们抄着了一封顾顺章亲手写给蒋介石的未发出的信。内容大概说"如果蒋介石相信他,他可以把共产党、第三党、取消派等等的各种组织关系——自中央到支部,一概交给蒋介石……"因此,他的叛党动机不在被捕之后,而在被捕之前。但此信尚未寄出,料他经过了一个动摇的时期。

2.他经常地利用同志们的社会关系。譬如他知道同志们家庭的关系、戚友们关系或戚友的戚友关系。他经常地布置着走狗等着。我们同志去发生社会关系或盯梢,或利用反动分子找关系。他曾用这样的方法威逼过我与秋白,但因我们及时得报,与社会关系刮断,不得乘机。他知道向忠发的老婆不是同志,并知道她是一个不懂向忠发是有共产党关系的不会戒备的人。他就利用这个弱点——他在未捕去前曾介绍一个女佣人给向忠发的老婆过的,但在老顾告密之后,向即解雇而搬了房子。可是搬了房子之后,向妻与过去的裁缝店仍旧始终发生关系。因此老顾就利用被解雇的女佣人去问裁缝店,由此而知道向搬往何处。并且老顾派此女佣人直接跑到向家。当时向即借口而从后门逃出,对妻说绑匪来了。当天中央就设法搬向妻和陈林同志妻(她与向等同住在一处)。但敌人已追踪此关系,结果向忠发即被捕。

3.利用一切被捕叛党分子,满布街头,尤其在重要交通的十字路上、电车站上,甚至小菜场上,见重要的即下手,见不重要的即盯梢。一九三三年中央军委的破坏,陈赓同志的被捕,即因叛徒们在小菜场见了陈赓之妻盯梢的结果。而陈赓之妻的被捕即在于顾知道陈赓之妻的娘家的关系,她到她的娘家去即被捕。

4.他布置房子出租,见有可疑的房客即下手。因为他知道我们同志的行动、服装等。

5.他布置走狗当旅馆、轮船上的茶房,侦察来客。

6.布置暗探到党的机关里来,特别在江苏方面。罗敦(登)贤同志的被捕,即被全总的秘书告密而致。

总之,他用很巧妙的方法来破坏我们。自然敌人得他帮助之后,破坏共党机关的方法比过去要进步得多。而我们也得到了些宝贵的教训：

1.党对于同志们思想上、政治问题上的检查很缺乏。像顾顺章所担任的工作很重要，然而他平日不看文件，不发表任何政治意见，而同志们并没有来注意这一个问题。虽然他是一个老党员，虽然他在过去执行党的决定很勇敢，但他所以勇敢的内容是什么？我们就没有加以研究。他没有了解主义和政策，他的一切工作是没有革命意识的内容。上海一般的流氓无产阶级，好勇是实在的，但是他正因为没有革命意识的内容，不能为保护自己的整个无产阶级的利益而斗争到底，甚至做了阶级的叛徒。顾顺章便是上海流氓无产阶级的典型。

2.党对于同志们日常生活上的检查很缺乏。例如对于顾顺章生活的腐化(吸鸦片甚至玩妓女)，打老婆等等的行动没有加以研究和注意，以致他借口特务工作的关系一日加一日的堕落，没有惹人的注意。然而从他的生活上可以知道，他的叛变不是偶然的。而我们的于他不好的倾向——叛变的预兆，没有加以及时的警惕。

3.虽然自他被捕后当时的中央及时地加以戒备，以致他所告密的五个重要地方无一人被捕，但是中央机关的同志还是缺乏经常的警惕，例如向忠发的被捕，完全可以避免而没有去避免。

4.虽然顾顺章所负的工作重要，但我们不应该给他知道许多不必要知道的地方。这不但对于他，就是对于一般的同志，在地下党生活时候，每个负责同志知道党的机关必须有限止的。否则，一人被捕即动摇了一切机关。

5.在顾顺章的叛变的教训里，使我们党提拔干部时必须加以质量上的选择，就是说人的质量。顾顺章是工头出身，是有极浓厚的流氓性的。对于这样的人，我们相信他必须有限度的。自然我们可以利用他的长处，但是必须警防他的短处，不能给他占据党的最重要的领导工作。

6.对于工人干部的教育工作，非常重要。特别对于有流氓性的工人干部,可以说过去对于顾顺章的教育工作,做得极少,甚至可说没有做。他入党直到出走,没有改变他丝毫的习性。如果我们对于他抓紧政治教育,特别在实际工作的政治教育,我不相信经过长期的党的生活之后不能改变他的性格。这个教训对于党有极大的意义。如果我们好好教育他,不但有可能去改变他,而经过他可以改变在他周围的工人群众,因为在上海像他一类的工人成分——流氓无产阶级成分占有相当的地位。

杜宁写于克拉奇克疗养院

一九三八年十一月二十八日

(原载《党的文献》1991年 第 3 期)

关于邵力子的履历和政见

　　我所知道的如下：邵力子是浙江绍兴人，我认识他时在 1920 年。这时候他是一个新文化运动的领袖。他那时一面担任复旦中学和大学的中文教员；另又担任上海《民国日报》的主笔。主编觉悟周刊，这刊物在当时的青年中在思想上起着伟大的领导作用。同时他与星期评论社有密切的关系。这星期评论社是开始宣传马克思共产主义的组织，都是一些在野的学者所组织的，如李汉俊、沈玄庐、戴季陶、陈望道等。不久，内部即起分化。如戴季陶等向右倾，而沈、邵、李等向左倾。可是在当时的军阀帝国主义的压迫下两方之间并没有斗争。星期评论社不久被巡捕房解散。

　　到 1923 年起于右任是上海大学的正校长，但因他多在他省工作，实际上面邵力子是上海大学的校长（名为代理校长）。在上大的国民党左右两派斗争甚烈，在民国日报馆内也是同样情形。当时邵力子与国民党的右派如叶楚昌等等在思想上不但不同，而且他常常帮助和同情我们，与我们的同志很接近。大概他在 1923 年加入党。（我不很清楚）在平日他并不参加支部会议等，仿佛他是一个特别党员。但党的决议和给他的工作他多半是执行的。

　　当时邵力子在国民党内的作用在群众中特别在一般的知识青年中有很大的信仰和影响。他当时的政见是联共联苏，改善劳动生活。在实际上他的立场完全在我们方面。因此民国日报馆叶楚昌等等暗中很排挤他。可是国民党有一部分领导人，对于他的关系尚好，特别是国民党的左派如于右任等。邵与于的关系较好。1926 年他被国民党中央党部召（这里我不很清楚），同时因叶对他的关系更坏，他就离开了上海赴广东去了。又从广东回来,有一天,中共中央找他谈话(在我家),与他谈话的陈独秀和秋白。谈的内容要他正式退出共产党,并同他说明要他退出的目的是使他直接在国民党工作,不引起对他的怀疑,使他在国民党中取得蒋介石的信任并对统一战线方面起好的作用。大意如此。当时他笑着,在我看起来仿佛他有些带误会,可是他答应了这样的办法去进行。可是他在国民党中左的作用(更因蒋介石信任他的关系他抵抗不住右方面来的势力)日显微弱。仿佛他在国共分家后担任国民党中央党部的秘书,与蒋介石较接近。从此后他一贯执行着蒋介石的意志。无论他在白色恐怖方面有时对于我们下层同志帮些小忙,可是他完全代表着反动的统治。他对于我们的关系早中断。可是国民党内部的正统派,最右的份子对他始终不能满意。经常的有人排挤他。因为他在某些问题上多多少少的带些"左倾"的作用。因蒋介石很会利用他的才能(他能写),同时他对他有把握的可以支配他。所以一直继续的用他。即使在1933(大约)年时,一方面南京政府中有人挤他,而蒋介石认为他到陕西去当主席可监督张杨,同时因他一贯缓和的态度可在上下起调解的作用。蒋介石派邵赴陕离开南京政府中央的主要目的,自然还在于蒋为要应付右派。

邵到陕西之后虽然并没有实力(无军力),可是他代表蒋介石监督张杨的作用是起了的。

他在行政上一般的说是执行了蒋介石的意志。可是因为他多少有些"左倾",对于行政上不像在南京一样受人严厉的限制,对于下层的压迫多少放松一些。他在国民党下层青年中尚有影响。他的青年大本营是复旦大学。复旦大学等因上海日本战争时被毁,他做陕西主席时复旦等学校也跟着他去了。

对于西安事变在事前他并知道。然而在事变发生时他竭力主张和平解决的一人。

卢沟桥事变后抗日战争开始的前后,他对于中共提出的抗日统一战线的主张是竭力拥护的一人。他主张联共联苏,他在中苏文化协会的行动就可以看出来。中苏文化协会在抗战前完全起着积极的反动的反马列共产主义的组织，可他参加以后这组织在抗战中改变了性质。对于苏联的关系进步起来了同时他对抗日是较坚决的一人。当恩来同志来时当我问他时他亦回答我"邵在抗战中在国民党内部他是最进步的一人。对于我们的关系也很好。因此国民党内的右派降日派都不满他的立场。要挤他。"

这次国民党要他来当苏联大使，当然一般说来表示对于苏联的关系有进步。可是目前国际环境随欧战而变动，如日本进占安南等等，而国民党内部的动摇加深是不可避免的。如邵有勇气的话在国民党的下层群众中可起相当的征服作用，甚至对于蒋，多少也有些可影响。不过邵之弱点勇气不大，他的长点他本人对共对苏联的关系比较一般的更进步。

另外还有一点在他的履历中需要补说的。他曾于1925年被国民党派来苏联当过谈判的代表。当时在孙大有一位女学生傅学文爱上了他。傅在孙大加入过青年团。可是当她在1925年前在上海时，她是孙文主义学会中的积极分子，当时她是很反对我们的。因为孙文主义学会原是反对我们的国民党右派所组织的。当我们在会场中遇到她的时候她决不放弃自己的立场。邵与她大概在1929年结婚的。可是傅学文嫁人后没有什么活动在政治上起不了多大的作用。

邵有二子，一女，大儿子叫邵燧初，留法学生，研究经济科的。他于1932年回中国当时在上海银行业中执事，现在不知道他做何事。小儿子邵子冈，曾毕业于孙大青年团员兼党员，曾在少年国际当过翻译。于1929年回国，初在团中央工作。因他与邵发生了关系，他的个性很傲，青年团中央开除了他的团籍和工作。可是他没有告密等等的行动，与父亲的关系也并不很好。因为一方面父亲对他有些害怕，另方面他当然还不肯替南京政府做事。因此父亲接受了儿子的提议给他一笔钱重新出国。先到法国，后又去德、去意。在意他为恋爱事被杀（据说）。邵之女也是留法学生，现在何处？不知道。

马尔特维诺夫同志：

关于邵力子的履历，尽我是知道的写在底下，如不清楚尚可问我。至于袁沈二位我本人并不知道详细，前项写在纸上的是沈杰英写的。她也不知其详，至于他俩是否党员？我问的结果据王翼同志说沈是新加入的党员。至于袁尚未知他是否党员。

杜宁，1940 年 7 月 8 日

杨之华致许广平书简

亲爱的广平姊！

在牢中经常的怀念你们一家人。海婴大概长得不会认识的了。到解放区的第一天，在欢迎的人群中，一位小妹妹一边叫，一边把一张纸条放进我的衣袋中，一看就知道了超妹的行踪和你的下落，于是在当晚我兴奋得不能睡觉，十年前的故事，一幕一幕的复演在我的眼前。追念故友们不免有些感慨。好在他们的血迹烈烈在人行道中。八年抗战的胜利，解放区的自由和光明，我正开始享受。我处处都在意味，意味到无数的血和力，无数人的泪和汗，历史下的种子正在解放区开着无数奇妙的鲜花。人人像蜜蜂似的忙着工作，努力建设自由幸福的乐园。可恨不自量的顽固分子天天派飞机来"拜望"我们，从此可知谁是真和平者，谁是假和平者。历史上血的教训始终为顽固分子所否认，看罢，否认的结果如何……

我的身体不算十分坏，大概比你们所想象的要好一些。亲爱的广平姊，苦难不仅压不倒我的躯体，反把我的意志和个性磨炼得更强硬了，这是可以告慰一切关怀秋白和我的朋友们的。但也不得不惭愧，被封锁的监狱生活使我在知识上落后了，与实际情况太隔膜了。这就使我不得不加紧努力学习，学习在外在内诸兄弟姊妹们十几年来在工作中所积蓄下来的经验。如蒙不弃，有以教之，妹当感激也。如见各旧友，请姊代我向他们致热烈的敬礼，并遥祝他们都健康！

在临别前我曾做关于怀念秋白的稿子，是否在姊处尚有一些保存，请姊赐复。已失去的也不知道能否复得？

建人兄嫂均此不另!

杨之华

(1946年)7月20日

(原信收录于周海婴编:《鲁迅、许广平藏书信选》,湖南文艺出版社1987年,第477—478页。)

学习杨贤江同志的革命精神

在上海妇女界联欢会上,我遇见了久别的老友、贤江同志的夫人韵
漪。她告诉我三个孩子都长大了,一个在天津军管会,一个在三野后勤
部,另一个在浙江游击队。她笑了,我也笑了,这是韵漪同志在贤江同
志逝世后十八年的辛苦奋斗中教养出来的果实,她没有被悲哀征服,她
教育了自己的孩子,她还在教育界为人民服务二十多年,她和三个革命
的后代都承继着贤江同志的革命事业,她是一个勇敢的女性。

贤江同志是大革命时代的青年导师,一个经过考验的共产党员他
主编的《学生杂志》(商务出版)为大多数革命青年所热爱。"五四"以后
的青年,有的继续革命,有的消沉以至堕落,但贤江同志给走失迷路的
青年指出了方向——无产阶级领导的民主革命的道路。当时我们常在
演讲会上,听到他庄严朴素而有力的演词,也在党的支部会上听他的发
言。上海的学生尤其是商务印书馆的工友同志得他的帮助很多。"五卅"
以后,他没有被白色恐怖所吓倒,他在困难条件下还继续他的写作工
作。他从没有拒绝过党分配他的工作,他对人的诚恳态度能使人感动,
他沉默寡言,但他一发言就能说服人,这是由于他平日很用功,努力学
习马列主义的缘故。我还记得当他病重的时候,还不断地读书,我到他
家,时常见他桌上摆着很多的书。我第二次逃难到他家时,只见韵漪哭
着,却看不见贤江同志,他已死在日本了。

这次重见韵漪,在我们彼此的交谈中不免重温贤江和秋白的革命
交情。他们时常在党的会议上讨论反帝反封建军阀的宣传工作。贤江
同志是有力的革命宣传家。我们追念烈士,只有把他们的遗业加勉自
己。他们所教育的革命种子曾经历了暴风雨,但在毛主席的正确领导

下实现了他们的理想。我们在胜利中追念着贤江同志,只有克服和冲破帝国主义和国民党的封锁政策,把革命进行到底,争取全国的解放,努力学习贤江同志的革命精神,在困难中继续考验自己。

(原载 1949 年 8 月 9 日《解放日报》)

秋白和鲁迅

秋白和鲁迅领导过文化运动故都北平,已为人民所有,秋白和鲁迅过着地下来往生活的上海亦已解放。秋白去世十四年,鲁迅去世十三年了,但是他们的事业,仍然为全国人民所悼念!

秋白是一个共产党员,鲁迅是一个革命作家,他们在事业中合作的精神和相互学习的作风,是值得我们学习的。只有集体主义代替了个人主义,只有人民大众的利益的时候,才能打破旧社会遗留下来“文人相轻”的恶劣传统。他们共同认为“唯有新兴的无产者,才有将来。”就在这个基础上,秋白与鲁迅在险恶的风浪中结成了亲密的革命的友谊。他们为革命献出最后一滴血,就是这一友谊的最高表现。

秋白以马列主义的思想方法来认识鲁迅,发现鲁迅的伟大,器重鲁迅。他说:“鲁迅从进化论到阶级论,从伟大的逆子贰臣进到无产阶级革命和劳动群众的真正友人,以至于战士,他是经历了辛亥革命以前,到现在的四分之一世纪的战斗,从痛苦的经历和深刻的献祭之下,带着宝贵的革命传统到新的阵营里来;这些革命传统对我们是非常宝贵的,尤其在集体主义的照耀之下。”他号召同志向鲁迅学习:“我们应当向鲁迅学习。我们应当同着他们前进。”在另一方面,秋白也以自己的工作,加强了鲁迅对中国共产党的认识和信任,加强他与工农结合的决心。

鲁迅敢于在白色恐怖最严重的时候与秋白来往,这绝不是普通的个人感情,而是阶级的友爱。由于鲁迅的关怀和帮助,秋白在被通缉的上海没有被捕,在逃难时不受饥饿。他亲自替秋白找房子,送书籍文具。最令秋白感动和喜欢的,就是从鲁迅那里获得外国文的文艺作品。“海上述林”译文的原著,是逃难时鲁迅送他的礼物。鲁迅自己的作品,也给予秋白极大的安慰,可惜的是由于反动的国民党的压迫,使秋白连看书的自由都没有,往往使他最宝贵的书本不及从被敌人破获的住所中拿出来,一批又一批地失去。

有一次我和秋白坐了黄包车在夜里两点钟逃到鲁迅家,因为车夫的速度有快慢,一位拉到他家的前门,一位拉到他家的后门,以至同时敲着他家的前后门。进屋后我们深愧惊动了鲁迅,感觉非常不安。但是鲁迅安然地接待我们,又一次替我们找房子,又一次送书籍和笔给我们。秋白的文艺作品,都是在逃难时产生的,这一次同样给了秋白一个写作的机会。秋白告诉我,这次要完成一个任务,他要写鲁迅杂感选集序言。他一连三天,白天装生病,在床上看完鲁迅杂感,第四天晚上就执笔写完了。鲁迅看了很满意,从他沉默的眼光和轻松的微笑里,露出了他在检讨自己思想发展的过往,诚意接受秋白对他的批判,忘记了香烟烧着了他的手指……

他们两个在一起,往往感觉夜太短。深刻的友谊的交谈,从政治到文艺,从故事到理论,从希腊到莫斯科,号骂,愉快,活泼。天亮了,彼此交换阅读写成的短作品。他们对敌人沉着的作战,使秋白忘记了逃难的紧张环境。

鲁迅虽然没有加入过党,但是他相信中国共产党非常坚决。他不但接受党的领导,而且常常经过自己的思考对共产党提出有益的意见。

鲁迅不愿和秋白离开。他痛恨反动的统治不能使秋白安居起来从事写作,同秋白痛恨"僵尸"和"戏子"不给鲁迅写小说的环境一样。秋白于一九三三年十二月底终于离开上海到苏区去。他在动身前二天,一定要去找鲁迅,在鲁迅家过夜回来。我的担心消失在他回来的愉快中。他对我说:"鲁迅和许先生睡了一夜地板,把床让给了我。"他带着微笑,表现了他的满意和抱愧。自从秋白进苏区之后,鲁迅经常念及他的安全。不幸,在一九三五年三月间,从福建传来了秋白被捕的消息。六月十八日,秋白就在刽子手的屠刀下与世永别。这一刺激直接影响了鲁迅的健康。

　　我回忆秋白，必须回忆鲁迅。他俩的不朽的战友关系，使我深深地体会到：他们的友谊不是建立在个人生活，而是建立在党和非党的布尔塞维克的共同事业和共同品质的基础上。他们的友谊是和他们对于革命的贡献同样值得我们的钦慕和学习。

　　　　　　　　　　　　　　　　［《大公报（香港）》，1949年8月25日，第8版］

任弼时在大革命中

我所知道的任弼时同志最大的特点，就是他三十年如一日，从没有计较过个人的得失，在他的心目中只有共产党的利益，只有人民的利益，弼时同志是永远地离开了我们，但是他的最优良的共产党员的品质，却永远留在他的战友的记忆里，永远留在每一个革命者的心里，永远是革命后代走向光明的路灯！

秋白同志与弼时同志在苏联东方大学生活在一起，秋白同志时常说起弼时同志的品质，他说："我们应该要向这样的同志学习！"他常以弼时同志这种革命者的品质与那些自以为是骄傲十足的"聪敏"人对比。

弼时同志回国后，一方面在中国共产主义青年团中央工作，另方面担任上海大学的俄文课。我上过他的俄文课，他的功课都是有准备，按计划进行的；他不但对文法仔细分析，还常告诉我们苏联革命的故事。上海的学生群众积极参加革命、参加工人运动与弼时同志的共产主义的宣传教育是分不开的。

在许多次团的会议里，我都能看见弼时同志并听他的报告，他要学生们组织工人夜校、把学生的知识交给男女青年工人，他还想出许多办法如何进行募捐等。当时，在上海凡有青年团员的大学，几乎都附设了工人夜校，对工人进行革命宣传。

弼时同志代表青年团出席党中央各次会议，他经常是最早一个到会的。不是看着各地来的文件，就是在阅读报章。他在会议中常常提出上海和各地工人群众和学生群众迫切的要求和解决的办法。这是因为他经常与群众发生密切的联系。他曾指导我怎样进行青年妇女工作,他很耐心地修改我们起草的文件,指导妇女运动。

一九二六年三月二十日事变以后,有一次党中央会议讨论广东省委陈延年同志对中央的政治意见时,弼时同志与秋白同志提出了与陈独秀不同的意见,指出陈延年等同志对国民党反动派阴谋的分析和今后对策是正确的,应该以此为教训来准备自己的力量。他们列举当时工人群众的思想动态,需要及时在工人和革命学生面前揭破国民党反动派的阴谋,以防再一次的事变。当时,对陈独秀提出不同意见是一件不容易的事,但弼时同志无所过虑地尽着一个正直的共产党员的责任。

一九二七年上海四一二事变教训接踵而来,蒋介石叛变革命,向帝国主义投降。当时的青年团不但起着党的有力的助手作用,而且坚决地与党内一部分正确意见的领导者一起反对彭述之的机会主义的思想。五次党的大会时,弼时同志拥护秋白同志提出的反机会主义的小册子——《第○国际还是第三国际》。

一九二七年夏,陈独秀的机会主义错误已形成危害革命运动的投降主义路线。对汪精卫无原则地让步,解散工人纠察队和儿童团,制止农民运动,在帝国主义及其走狗蒋介石疯狂的白色恐怖下屈服。弼时同志代表团中央出席党的紧急会议,提出团中央的意见书,而这意见书被陈独秀撕破践踏在脚底下,弼时同志在陈独秀的咆哮怒吼下,仍然冷静地坚定地向会议做了口头报告。八七会议后,弼时同志根据党的正确路线,在青年团内及各地党的会议上,积极做传达工作,贯彻党的决议。

当武汉政府叛变后,白色恐怖严重到极点,两湖和安徽更加厉害,但是弼时同志以实际行动为党的决议奋斗。党派他到最艰苦的地方安庆去巡视工作,不幸被捕;救出后不到六个月,又在上海被捕;二次出狱后,又到白色恐怖最严重的武汉去工作。弼时同志在失败、困难面前不肯低头,在胜利面前绝不骄傲。当时的革命虽然由于陈独秀的机会主义而遭受到了严重的失败。弼时同志是正确地执行了两条路线斗争,他纠正了当时团内某些同志的骄傲情绪并和"先锋主义"做坚决斗争。

弼时同志第二次和我见面是一九三九年在莫斯科，弼时同志在毛主席的领导下，经过了二万五千里长征，锻炼得更坚强，一天晚上，他告诉我关于叛徒张国焘反党中央的活动，和他与张国焘斗争的情形，弼时同志始终为保卫党的正确路线和党的统一而斗争。他极端痛恨不正派的个人英雄主义，他非常关心干部，他在莫斯科省下自己一部分生活待遇，帮助同志，帮助同志的家属，解决了他们各种困难。他那种虚心和蔼的工作态度，艰苦的工作作风和朴素的个人生活，多少年来在任何环境中都没有改变过。他在百忙中带着病亲自领导和动手校对中文版的《联共(布)党史》，足足花了三个多月的工夫。我们中国同志今天读的《联共(布)党史》是与弼时同志的努力分不开的。

弼时同志对朋友是真诚挚爱，对敌人是极端仇恨，坚决斗争。

我回忆到他在一九二五年为援助各国入狱革命同志组织红色救济会，曾在当时《中国青年》第七十期上发表专论和亲自布置干部和工作。

弼时同志对于自己的祖国是无限地热爱，他在一九二四年《中国青年》第五十五期《不许帝国主义动手》文上说：

"中国国民！帝国主义侵略中国，军阀武人是他们的爪牙，这不都是事实吗？几千万不关痛痒外国民众，已为我们而组织、而宣传、而反对侵略我们中国人民的帝国主义了，我们应当怎样努力呢？"

（原载本文原题为《悼任弼时同志》，载中国青年出版社1958年8月编印的《任弼时同志逝世纪念集》，收入本书有个别删节）

悼革命的母亲——夏娘娘

编者按：夏娘娘（原名黄友梅）生于一八七〇年，江苏省常州市人。于今年五月十二日因肝病逝世于北京。享年八十五岁。

夏娘娘自一九二二年起先后在中国共产党武汉市的党支部，中共湖北地委及中共湖北区委等机关，担任掩护党的秘密机关的工作。一九二六年调到上海住中共江苏省委机关。一九二七年大革命失败后，七月，上海大屠杀，其女婿赵世炎同志牺牲，环境异常恶劣，她毫不畏怯，照旧为党看守秘密机关。一九二八年春住中共江苏省委机关，被敌人捕去，因无证据，取保释出。一九二九年仍住该机关，又被捕，因无证据，且她坚不承认，拘押一天释放。一九三一年与邓颖超同志的母亲同在上海住中共党中央机关，因机关被破坏而被逐至马路上。为了保护组织的安全，不敢直接去找党的机关，故同邓妈妈流亡于杭州尼姑庵里，后来找到机关，又继续工作。一九三四年又因机关被破坏而第三次被捕。当时夏娘娘为保存党的秘密，她乘敌人不注意便将文件和照片吞吃，从此得了严重的胃病。一九三七年八月释放政治犯，与大批同志出狱。因日寇轰炸，经组织送往成都乡下，直住到日寇投降后到延安。一九四七年，因胡宗南进攻延安，随队撤退到晋绥，后转平山。一九四九年北京解放，来到北京。

革命的母亲——夏娘娘，于本月十二日晨五时十五分与我们永别了。但是，夏娘娘对我党的革命精神和对同志的伟大母爱，永远留在中国共产党员及她的孙们的心里。正如周总理在夏娘娘八十寿辰时所说："在当初能有这样一位同情我们的人，不怕艰苦危险，志愿与我们住机关是非常宝贵的！她是革命的母亲，大家的娘娘，党的光荣。"

娘娘从一九二二年在湖北住党的机关起，经过上海四一二事变；经过抗日战争，一直到解放战争胜利，她和我们在一起，度过了长期的艰难困苦的生活。她为了保卫党的利益曾三次入狱，尤其在一九三四年党的机关被国民党破坏时，由于她的忠实卫党、勇敢机警，不顾自己的健康，吞下了党的重要文件，使党避免遭受更重大的损失。但是她自己的肠胃从此受了损伤；加上几年阴暗和潮湿的监狱生活，磨折她成了残废。她虽然长期不能行动，但对革命有强烈的意志和信心。她对同志是热诚爱护的：当她见我从新疆国民党的监狱出来的时候，她像我亲生的母亲一样，抚摸我，安慰我，流下愉快的眼泪向我说："革命快胜利了。"使我深切地体会到一种伟大的母爱。她是我的母亲，她是"革命的母亲"！记得六年前，我为了祝贺娘娘八十寿辰说："您是地下工作者的母亲，用您的母爱保护我们，肚子饿了您烧饭给我们吃；同志牺牲了，留下的孩子您带领；机关被破坏了，您来顶。上海的巡捕成了您的熟人，您与敌人坚决斗争，白色恐怖，监狱和徒刑一再倒不了您的心，母亲母亲，伟大的革命母亲。……"

娘娘热爱中国共产党，中国共产党也信任她、热爱她，这就是共产党与群众紧密的联系。记得我去年在苏联梯沸里斯城一个革命的秘密印刷所中所听到的故事一样：有一位住过这革命印刷所的非党布尔什维克，在沙皇宪兵破坏机关时被捕入狱，而斯大林同志领导的党，曾派了一位勇敢的共产党员，穿了宪兵的衣服偷入监狱去顶替这位非党布尔什维克，并顶替他受了死刑，而这位非党人士出狱后即成了一个党的坚强的布尔什维克的战士。夏娘娘就是这样一个布尔什维克，正如朱总司令曾这样地对我们说过："夏娘娘十三年为党住机关做革命工作，给党给人民立下了很大的功绩。烧饭、缝洗，特别是危险时的坚强不屈教育儿孙忠于国家与人民，这是她的好品质。"

夏娘娘和我们永别了，但是她永远活在我们的心里！

（原载1954年第五号《新中国妇女》）

秋白同志的革命精神永垂不朽

——纪念瞿秋白同志就义十九周年

秋白同志牺牲到现在已经十九年了。但对我来说,这仿佛只是十九个月或者十九天以前的事。他生前那种兢兢业业、勤勤恳恳为革命事业服务的精神给了我莫大的鼓舞和帮助。这些往事都还历历如在眼前。

记得那时一九三四年年底的时候,在上海的中国共产党中央局的机关遭遇了破坏。我被一个同情革命的朱老太太,从警察特务的监视底下抢救出来,住在她的亲戚家里。她的亲戚是工人,他们介绍我进了上海杨树浦一个英国人办的鸡蛋厂工作。这时候,我每晚都和青年工人们在一起学习。有一天,一个工人送来了一本秋白同志翻译的《列宁主义概论》。那个工人告诉我说:"这本书还是在大革命时代留下来的,我们都很喜欢它。"根据工人们的要求这本书成了大家学习的课本了。后来又有工人送给我保管一只洋铁箱,并对我说:要保守秘密。原来这里面也有秋白同志的著作。从工人群众手里得到了我所熟悉的书籍,我是多么的高兴啊!从此以后,我隐隐约约地当了工人们的讲解员。可是就在这以后不久,鲁迅先生给我送来一封信,秋白同志被捕的不幸消息传来了。当时我们想尽了各种方法营救他,但是万恶的国民党反动派,不顾人民群众的要求,在一九三五年六月十八日那一天,在长汀罗汉岭把秋白同志杀害了。秋白同志曾在追悼烈士们的文章中写道:"白骨枯了,碧血殷了,寡妇孤儿的嚎哭遍及全国了!'二七'屠杀中死的人眼睛还没有闭哩!劳工的汗血还在一天到晚被榨取,贫民脂膏还在军阀、资本家、帝国主义的锅炉里煎熬……然而活着的人,热血早已沸腾,筋骨都已爆裂,我们愤怒已经达到顶点,我们不得不拼死一战,努力奋斗,铲除一切压迫剥削制度,我们像冲锋额战士一样,虽然在前线一批一批倒下来,可是后阵一批一批的前进,不到打破敌人的营垒不止。"他向工人阶级发出誓言:"继续我们的死者往前去,""工人阶级的自由要用自己的血去换来。"工人们痛悼秋白同志的心情,正如秋白同志悼念中国职工运动中的先烈一样。上海商务印书馆的工人们知道了秋白同志被杀害的不幸消息,一致愤恨地责问国民政府:"为什么要杀死这样一个有天才有学问的人?"

秋白同志死了。他在长汀中山公园就义时高唱着国际歌,严肃而且泰然地为中国革命事业献出了自己的额生命。秋白同志实现了他对工人阶级忠诚的壮烈誓言。他的崇高的共产主义品质,提高了革命队伍的战斗力量。

秋白同志尽了他毕生的力量,为工人阶级的解放事业而奋斗。

秋白同志对工人的友爱和关心,真是无微不至,在我们向他汇报工作的时候,他总是把我们谈到的工人生活情况详细地记录在笔记本上。在已收集到的他的六百七十多件著作中,没有一件不关切到中国劳动人民的利益。当反动派侵犯工人利益,损害工人权益,或对工人进行欺骗时,秋白同志总是不顾个人得失,用他锋利的笔打击敌人,进行坚决的斗争。秋白同志不仅从政治上、经济上关心工人,而且从文化上关心工人。当他在一九二〇年到了苏联以后,看见苏联共产党(时应为俄国共产党)领导下的工人,正在努力提高政治觉悟、文化水平和马克思列宁主义理论,他就想到中国工人怎样提高政治觉悟,提高文化水平的问题。从他自己学习文字的体会中,他感觉到中国千万劳动人民学习方块字的困难,他就开始研究新文字,拟出了文字改革方案的初步意见。一九二八年他又将原方案加以整理,在他整理时,他曾召集在莫斯科的中国各省市的工人同志,倾听他们各个地方的方言,研究音节,同时组织了一部分同志进行研究和讨论。后来经过吴玉章同志的努力,又在海参崴的华工群众中试办了《新文字报》。回国后,一九三二年他又继续研究这个问题,他经常对我说:"我对这个问题很有兴趣,研究这个问题的主要目的就在于解决中国几万民众不识字的问题。广大工农群众只有识字,才容易接受马列主义。"他在研究革命的大众文艺,进行劳动群众的文学革命方面,也尽了最大的努力,如一九三三年在上海白色恐怖那样严重的时候,他还经常冒险到上海城隍庙去听大鼓,藉以熟习和研究劳动人民的生活和语言。一九二八年,在中国共产党第六次代表大会不久,他把自己的政治报告——《中国革命与中国共产党》,专为工人写了一个较通俗的读本。在翻译方面,为了使广大工农群众容易看懂,他竭力提倡用白话文。在他的生命里,总是把劳动群众的利益放在前面。

一九二四年,秋白同志在党的领导下和邓中夏、任弼时同志等一起创办了上海大学,培养革命干部,为工人运动服务。他并向党建议通过各大学的党和青年团的支部,在上海各区创办工人夜校。在一年多过程中,上海创办了三十多个夜校,建立了党与工人群众的建厂联系。

一九五二年二月,上海小沙渡的工人举行了有名的二月罢工。

秋白同志号召"中国的工人阶级,中国的民族运动者,大家起来努力援助小沙渡的工人!大家应当起来力争:一、敢定外国人在中国设立工厂的限度;二、敢定最少工资及最多工作时间的限度,夜工工资,应格外增多;三、特别规定使用女工童工的法律;四、改良工人待遇,供给工人住宅、医药等;五、工人在伤亡疾病等由工厂负担保险费;六、上海市现在正谋自治,应当及时废除租界,取消工部局等类的外国政府,一切工人都应有选举权、参政权。"他接着又指出,"只有如此,中国才能根本消灭外国人剥削中国人劳动、占领中国市场的现象,只有如此中国才能跳出牛马奴隶的地位。"他揭露了当时工人们过的奴隶的生活,并且指出了斗争方向,甚至帮助工人们拟好了具体斗争的办法。他在党的帮助下动员了上海大学的一批学生,直接参加了罢工,在罢工运动中进行组织和宣传工作。二月罢工虽然扩大到四万多人,但没有得到胜利就复了工。四月十五日,日本资本家又故意停闭工厂,不许工人上工,向工人进攻。工人向资本家争理，日商资本家居然开枪杀死了工人领袖顾正红，并打伤了十几个工人。上海学生都纷纷自觉地支援罢工运动，后来便发生了"五卅"惨案。这一年六月一日，上海总工会成立了，从此上海工人有了自己的司令部。秋白同志从这是起就主编《热血日报》。他日日夜夜地工作在《热血日报》发表的文章中，不断揭露各种反动派对工人阶级施行的阴谋和欺骗，并指导着全国各地的工人运动。秋白同志为什么这么热心于工人运动呢？这主要因为他一开始从事革命活动就认识到中国革命要得到胜利，必须依靠工人阶级的领导力量。工人运动不但是一阶级的阶级斗争，而且是中国民族解放运动中的先锋。

秋白同志对各种出卖工人利益的机会主义，也进行了坚决的斗争。一九二七年上海第一次、第二次暴动失败以后，他向党提出了《上海二月二十日暴动后之政策及工作计划意见书》。这个意见书是周到而正确的，但被当时的陈独秀机会主义者所拒绝了。于是秋白同志又写了《中国革命中之争论问题》一本小册子，提交中国共产党第五次代表大会讨论。在这本小册子里他与机会主义者针分相对地提出了中国革命的策略问题，尤其是中国革命中工人阶级必须掌握领导权问题。他和机会主义分子和托匪彭述之的反动理论进行了坚决的斗争。他说："是的，斩首是中国皇帝的东方文化，是中国的家常便饭，但是我要做一个布尔什维克，我将服从真正列宁主义的纪律，我可不怕皇帝制度的斩首……"为了保卫工人阶级的利益，为了无产阶级的斗争事业，秋白同志被帝国主义及其爪牙蒋匪、托匪杀害了，但他所献身的革命事业由于工人阶级和全国人民在中国共产党和毛泽东同志的英明领导下，终于取得了胜利。

秋白同志热爱工人和工人阶级的事业，他最喜欢我穿着工人的服装，到工人群众中去工作。他平常不多讲话，可是当我参加罢工运动回家的时候，他总是问长问短。我工作中遇到困难，他就想尽一切方法帮助我，找参考书给我看，帮我分析问题。我工作中有了一点心得，他就非常高兴，与其说是我的愉快和安慰，到真不如说是他的愉快和安慰。

这一切一切仿佛都在眼前。他对我的鼓励和帮助，深刻地刻画在我的心上，使我把直接为工人群众服务，当作了最最光荣的事业。每当我和解放了的工人同志在一起开会，听到和见到千百万工人群众在建设祖国的生产战线上英勇的事迹时，我就感到无限的愉快。死难烈士们的热血所浸透了的土地上，已经盛开着新鲜而美丽的花朵。现在中华人民共和国宪法草案又公布了。建设社会主义社会在宪法草案中成为我们国家的法定目标。这不正是中国人民无数革命先烈流血牺牲所追求的目标吗？秋白同志的血没有白流，秋白同志的理想即将变成光辉的现实。秋白同志为工人阶级解放坚贞不屈的斗争精神永垂不朽。

（原载《人民日报》，1954年6月18日）

谈谈秋白同志的翻译工作

　　秋白同志从入俄文专修馆学习时期起,到一九三五年被国民党反动派蒋匪惨杀前,十六年的过程中一直热爱翻译工作。可是,在这一时期内他所处的环境是非常恶劣的。第一,因为他很穷,买书,特别是买外文书,对他来说比较困难。他在苏联当新闻记者时,将每天配给他的糖节省下来,拿到街上去换书。在两三年期间内积累了一批外文书籍,回国时也带回来了。但是接着发生第二个问题,就是在当时黑暗的反动统治下,人民没有读书的自由,也没有出版自由。从一九二四年十月十日他的学生黄仁同志被惨杀事件起,秋白同志被上海英法巡捕房通缉了。不久,搜查了他住的慕利爱路彬兴里的住宅和西摩路的上海大学图书馆,当时秋白同志从苏联带回的大批俄文书籍,本着他"知识无私有"的精神,大部分集中在上海大学图书馆,然而以他自己的心血所积累起来的书籍竟被英法帝国主义者在两小时内焚毁光了。当秋白同志在临时避难所——上海先施公司一个小职员家的三层楼的阁楼上,听到我报告这个消息之后,在他苍白的脸上显得十分镇静,他放下了笔,站起来在桌子周围走着说"书烧了,但进步的思想是毁灭不了的!"这时候,他由于痛惜而又痛恨的心情,露出了冷笑。

　　他从苏联回来后曾编译了一部《俄国革命史》,交上海商务印书馆出版。大革命失败后,在反动统治下未能发行。当时我党中央拟出钱赎回,然而被商务印书馆老板拒绝了。不幸当"一·二八"淞沪抗战发生,该书稿与商务印书馆编辑部同毁于炮火。

　　秋白同志在平日很爱他的书,他的翻译工作也常是有计划的,可是当时在他的时间表上往往是党的工作占了他的全部时间,没有可能使他进行有计划,有系统的翻译工作。虽然如此,可是他常利用生病时候翻译一些他认为必须翻译的东西,如政治的、经济的、群众运动的、党的工作的、文艺的、哲学的,只要他一有机会,总是尽一切可能去做。每当他完成译作之后,很自然地从他脸上溢出了轻松而愉快的微笑。他对我说过:"翻译可以丰富人的知识,是文化的桥梁,对中国人民大众有莫大的利益。"他常说:"翻译对我是最大的休息。"他自己热爱翻译,他也热爱别人的翻译。当他与同志和朋友谈起翻译工作,他都是很关切,而且有无限的兴趣。在大革命前,他经常提出计划组织同志在党刊上发表马克思列宁主义的译作。在大革命失败后,他第二次旅苏期间,与旅苏中国同志常常谈及翻译工作的重要性,并在业余时间或在疗养院内审阅有关列宁主义的著作的译稿。在我国第二次国内革命战争时期,由于鲁迅先生的帮助,他得到了一些小说和文艺理论的俄文原著,于是他就利用病假,每天两小时进行有计划的翻译工作,这就是《海上述林》之由来。他对鲁迅先生和曹靖华先生的翻译工作给了很大的鼓励,他对当时鲁迅先生编的《译文》非常爱护。在秋白同志给鲁迅先生的信内说道:"你的努力——我以及大家都希望这种努力变成团体的——应当继续,应当扩大,应当加深。所以我也许和你自己一样,看着这本《毁灭》,简直非常的激动,我爱它,像爱自己的儿女一样。咱们的这种爱,一定能够帮助我们,使我们的精力增加起来,使我们的小小事业扩大起来"。(《瞿秋白文集》二集九一八页)的确,多病的秋白同志精力很有限,但他不倦地辛勤劳作直到他死。他是一个很爱劳动的人,一天工作十小时以上。

秋白同志为什么这样重视和热爱翻译工作?首先他认为翻译马克思、恩格斯、列宁、斯大林的著作,以及翻译高尔基的著作就是宣传马克思列宁主义和传播革命思想的十分必要的工作,而有知识的人必须尽此责任。在他的《俄乡纪程》中,叙述了去苏的志愿。他说:"我呢?以整顿思想方法入手,真诚地去'人我见'以至于'法我见',当时已经略略领会得唯实的人生观及宇宙观。我成就了我世间的'唯物主义'。决然想探一探险，求实际的结论，在某一范围内的真实知识——这不是为我的——知识和思想不是私有权所能限制的。况且我幼时社会生活的环境，使我不期然而然成一'斯笃矣派'，日常生活刻苦惯的，饮食起居一切都只求简单节欲。这虽或是我个人畸形的发展，却成了我入俄的志愿——担一份中国再生时代思想发展的责任。"（《瞿秋白文集》一集第二六页至二七页）

秋白同志不管十月革命后苏俄怎样困难，但他认为它始终是世界第一个社会主义革命成功的国家，世界革命的中心点，东西文化的接触地。这就是秋白同志一生兢兢业业，为建立中苏两国之间思想上的桥梁而不倦的努力和将马克思列宁主义的思想方法、理论基础和在苏联实践了的先进经验介绍给中国读者的出发点。因此秋白同志不把翻译工作看成不足轻重的小事情，而是把它当作为革命，为人民，尤其是为劳动人民服务的神圣事业的一部分。他在党的领导下，没有个人打算，他不计事情的大小，总是努力地工作。他在《赤都心史》上说过："我自然只能当一很小很小无足轻重的小卒，我却编入世界的文化运动先锋队里，他将开全人类文化的新道路，亦即此足以光复四千余年文物灿烂的中国文化。"（《瞿秋白文集》第一集一六六页）

秋白同志对翻译的重视还有另一方面的意义，他给鲁迅先生论翻译的信内说："翻译——除能够介绍原本的内容给中国读者之外——还有一个很重要的作用：就是帮助我们创造出新的中国的现代言语。"（《瞿秋白文集》二集第九一八页）"宗法封建的中世纪的余孽，还紧紧地束缚着中国人的活的言语（不但是工农群众）。这种情形之下，创造新的言语是非常重大的任务。欧洲先进的国家，在二三百年四五百年以前，已经一般的完成了这个任务。就是历史上比较落后的俄国，也在一百五六十年以前就相当的结束了'教堂斯拉夫文'。他们那里，是资产阶级的文艺复兴运动和启蒙运动做了这件事。例如俄国的洛莫洛莎夫（现在通译作罗莫诺索夫）……普希金。中国的资产阶级可没有这个能力。无产阶级必须继续去彻底完成这个任务，领导这个运动。翻译，的确可以帮助我们造出许多新的字眼,新的句法。丰富的字汇和细腻的精密的正确的表现。因此,我们既然进行着创造中国现代的新的言语的斗争,我们对于翻译,就不能够不要求:绝对的正确和绝对的中国白话文。这是要把新的文化的言语介绍给大众。"(《瞿秋白文集》二集第九一八至九一九页)正因为翻译负有这样重大的任务,就不能不认真对待这一工作,也不能不在翻译工作上进行批评和自我批评。他批评了严几道的"译须信雅达、文必夏殷周"。他认为古文文言不能够译得"信",对于现在的将来的大众读者也不能够"达",同时他更严厉的批评了赵景深之流"宁错而务顺""毋拗而仅信"的欺骗读者的理论。他对普洛文学不顺的缺点也提出了要整顿自己的队伍,要有自我批评的勇气。

秋白同志不仅强调对翻译要负责,不能自由变更原文同时他在翻译工作上也是有创造性的,这就在于他提出中国社会已经有新的关系、新的现象、新的事物、新的观念,要天天创造新的字眼,新的句法,而且强调新字眼新句法的创造要遵照着中国白话文文法的公律(指语法规则——编者注),达到群众可了解和可运用为准则。他在翻译工作上也贯彻了他的群众观点和为群众服务的精神。

秋白同志对自己的译作与其他工作一样,不肯粗制滥造。他时常说给我们听:"任何工作要像蜜蜂儿采花酿蜜,下功夫,深入细致。"这几乎成了他对待任何一件事的习惯。他与鲁迅先生经常指出青年人不够用功、不够精细、不够老实的浮浅的工作作风。当秋白与鲁迅先生谈起翻译时,他曾经说:"掌握一种外国文,对用功的人要花十年,对一般的人要化十五年。"鲁迅先生根据学习日文和德文的经验,也深深有同样的体会,他当时这样回答秋白同志的:"十年也要不间断的十年!"秋白与鲁迅先生虽然与我们永别了,然而他们的精学细作的作风是永远值得我们学习的。

(原载《俄语教学》1954年第8期)

离　别

　　我和秋白同志在一起生活了十年。在这十年中,曾离别了六次,但时间都是很短暂的,不久便重逢了。最后一次,即第七次的离别是在1933年年底,当时,上海的环境对我们来说是非常恶劣的,秋白同志从1924年10月10日黄仁事变起,就被当时上海中外当局通缉,特别到最后的几年,敌人对他恨之入骨,想尽办法要毒害他,我们的生活也就更难得安宁。

　　1933年秋冬之间,秋白和我从上海北四川路底东照里的一个亭子间搬到新闸路一个前楼,又从这里搬到俄国公寓,又从俄国公寓搬到上海英租界某里的一个前楼,秋白在这样搬来搬去十分不安静的条件下,仍旧能坚持每天十小时以上的译著工作。党刊上的一些政治论文和《瞿秋白文集》内的马列主义文艺理论以及普希金的《茨冈》等,就在这一时期内写作或翻译的。他一向不肯放松时间,他热爱工作已成为自己的习惯。

　　一天晚上,有一位同志来到我家,对秋白说:"中央有电报来要你去中央苏区。"秋白毫不迟疑地回答:"想去很久了。"他沉静地点燃了手上的烟斗,问:"之华可以同去吗?"那位同志迟疑了一会,回答说:"我可以把这意见反映给组织。"第二天,那位同志又来了,一谈到我的问题时,那位同志这样回答"之华去苏区的问题,要等有人代替她的工作才能走,请你先走吧!"

　　这样决定之后,秋白大部分的时间和精力都用来整理他自己三年来在文学方面的译著,而我在工余时间,为他准备去苏区的行装。当时我担任组织部的秘书工作。有时他看见我工作忙,就放下自己的工作来帮助我。

在将要动身去苏区的前几天,他有这样一种不可遏止的愿望和要求:"我要和鲁迅茅盾告别。"他对在艰苦环境中并肩作战的友人怀着无限深厚的亲切感情,这种感情是我所了解并能深刻地体会到的,我就这样嘱咐他:"路上小心些,今晚去,明晚回来。"他听了我的回答高兴极了,在他的眼睛里突然放出了愉快的光芒。第二天晚上,他回来了。他走起路来总是轻轻地,使人不容易听出他的脚步声。当我听到开大门的声音时,心就平静下来。看到他满脸笑容地出现在我的眼前,仿佛年轻了许多,我也和他一样高兴。他对我说:"要见的都见到了,茅盾和鲁迅身体都好,海婴也没有病。鲁迅和许先生睡了一夜地板,把床让给了我。"他带着微笑,表现了他的满意和抱愧。顿了一顿,又说;"感谢你,亲爱的。"这是他在不自由的地下生活里,一旦能出去一下,回家来经常喜欢说的一句话。不多一会,他由愉快逐渐地进入沉思,不断地吸着烟,烟斗头上时而发出嗞嗞的声音,烟雾一股股地在灯光下浮动。他平日是不爱多说话的,这时好像有千言万语无从说起。我体会到他内心离别的感情,就打断了他的沉思:"我替你买了一个杯子,还有你需要用的十本黑漆布面的本子。"他就很满意地接了过去;收藏起来了,这是他平常写文章时候最喜欢用的本子。

在别离前一天,我参加了整天的会议,会场就在楼下,上楼也很方便,每当休息的时候,仿佛他等着要见我,而我也一样要见他。在我们的房里除卧铺书桌椅子以外,没有多的东西,已经整理好的一只衣箱摆在房问角落里。他的书桌向来都是非常整齐的,今天虽然多了些书和正在整理的稿子,但依然很有条理。他叹着说:"可惜《茨冈》尚未译完,来不及完成了。"他拿起稿子又放下,自言自语地说:"随身带去又不可能。"过了一会他又说:"我最遗憾的是一九三一年住在紫霞路六十八号时写成的驳斥叶青谬论的稿子被遗失了,这部稿子有七八万字,花的心血确不少,失去后再也找不回来,实在太可惜。"

我的工作是在白天,他的工作往往在深夜。在静悄悄的夜里,他弯着腰低着头伏在书桌上辛勤地工作,已成了他多少年来的习惯。但这一夜却与往常不一样,我在睡梦中不断醒过来,也不断地见到他绕着我的床踱来踱去,或者坐在椅子上沉思抽烟,安静的夜并不能安静他的心。快要天亮的时候,他看见我醒了,悄悄地走过来,低下头,指着书桌上的一迭书说:"这是你要读的书。"又把十本黑漆布面的本子分成两半:"这五本是你的,这五本是我的,我们离别了,不能通讯,就将要说的话写在上面罢,到重见的时候,交换着看吧!"

他一夜没有休息,但精神还很好。我们谈着当前的工作,也谈着离别以后的生活。我发现他一直为分别后我的生活担心,为我的安全担心,我就象小孩子似的轻松地对他说:"不要紧的,过去离别几次不是都重见了吗?这次当然也一样!"他说"我们还能在一起工作就好了!"我说:"组织已经答复我们,等找到代替我工作的人,我就可以走了,我们会很快地见面的。"他突然握住我的手说:"之华,我们活要活在一起,死也要死在一起。你还记得广东某某同志夫妇一同上刑场的照片吗?"我紧紧地拥抱着他说"真到那一天也是幸福的!"

他愈说愈兴奋了,在他的脸上充满了对共产主义事业的信心,他很坚决地对我说:"我一旦被捕,受到审判的时候,就这样回答他们:'你们不配审判我,我要审判你们!'"他的坚强的意志,热烈的感情,无形中给予我一种不可摧毁的内在力量。

这一天的晚饭比较丰富,在一起工作的同志们各出一元钱,叫了个菊花锅,买了几个苹果,大家很愉快地给他送行。夜十一点他离开了寓所,我送他出门,他尚未走到里弄口,又在白雪纷飞的路灯底下回到我的跟前。

"之华,我走了!"

"再见,我们一定能重见!"我很自信地回答他。

我又送了他一段路,一直看他的影子消失在黑魆魆的大街尽头,我才回到自己的房间,看见了他的整齐的书桌,和书桌上的笔墨钢尺。很触目的是他替我做好的半年读书计划,和准备我读的一叠整齐的书,其中有一本斯大林同志著的、他自己翻译的《列宁主义问题》。我抬头看着房间的周围,墙上挂着他穿过的一件破单衣。这一切东西很自然使我感觉到,似乎他已离开了我,也似乎他还没有离开我。当我脱了鞋子上床时,看不到那个弯着腰低着头伏在案上辛勤写作的秋白,才明白他确实离开了。

过了半个月,接到他托人带给我的一张小条子,上面写着:"我将到我们的老家,很快会看见亲兄弟,那是一个不可想象的天堂! 快来!"

当我接到这张条子时,我读完了他留给我的《列宁主义问题》,这本书使我加深了对当时白区革命与反革命斗争形势的认识。无耻的叛徒们成了蒋匪帮的狗子,积极破坏革命。从1934年五六月起,往苏区的交通断绝了,我去苏区也终于去不成。而秋白同志终于被敌人杀害了,我俩从此永别了。

二十年以后,全国人民在以毛泽东同志为首的中国共产党领导下再接再厉地取得伟大的革命胜利,树立了人民自己的政权,我在党和政府的关怀下重新看到了秋白同志的遗体。我在替秋白同志缝被、包扎、收殓感到宽慰的同时,更增加了我对敌人的仇恨和对敌人斗争的力量。当我把1935年7月申报记载的秋白同志从容就义的消息和国民党反动政府宣布的秋白同志的"罪状"拿出来重读的时候,我更深地认识到马列主义学说中阶级的仇恨到了如此厉害的程度——在反动派的布告上说:"实唉其肉寝其皮,不足以充其罪。"仿佛枪毙秋白同志还不能使敌人满足! 为此,我从秋白同志的遗骨中取出了两颗牙齿,目的是叫革命的后代记住:要以牙还牙来对付革命的死敌蒋匪帮。秋白同志在敌人面前英勇不屈的坚强意志和为共产主义事业奋斗到底的决心给予我和我们的后代不可磨灭的斗争力量,正如涅克拉索夫的诗上所说:

> 为祖国的荣誉,为信念
> 为爱感……去赴汤蹈火吧
> 去光荣地牺牲吧

你不会白白死掉的
当为事业而流血时
事业也就巩固了

1955年1月

不能忘记的日子

　　一九二八年七月间,在莫斯科举行的一个共产国际的代表大会闭幕之后,我们来自中国的女代表和在莫斯科的一部分女同志一同到了莫斯科近郊,去拜望我们仰望已久的国际无产阶级革命运动的女领袖、三八国际妇女节的发起人蔡特金同志。那天正好是一个晴朗的日子,我们带着兴奋而愉快的心情,坐汽车到了一所被绿色的松树包围起来的幽静而美丽的别墅门前,以后我们又走进了一个满种着花卉树木的院子,向导者把我们带进一间朴素整洁的会客厅,我们坐在那里等着。不久,这位白发的革命老母亲就从里面慢步出来了。她被两位年轻的女同志搀着,慈祥而和蔼地用德语向我们问候:"你们好呀!"说着便和我们一一握手。在这次的会见中,我们都感觉到这位老母亲对中国人民有着深厚的感情,对当时中国大革命所遭受的失败和正在艰苦斗争着的革命同志表示衷心的关怀。她的一言一语,都鼓舞着我们对革命前途胜利的信心,她恳切地安慰我们说,"一九○五年俄国革命的失败奠定了一九一七年十月革命胜利的基础。在共产主义旗帜之下,中国革命一定能够胜利的。"以后谈到中国妇女的命运时,她说:"中国妇女也将会和苏联妇女一样,走着同一的道路,并获得彻底的解放。"

　　这些意味深长的话,使我深深地感动。我不禁想起了中国五四运动以后,特别在上海从二月罢工起到五卅运动以后的时间里,那时在全国各大城市里掀起的蓬蓬勃勃的爱国主义群众运动,带动起了一个和无产阶级革命运动紧紧地联系起来的妇女运动。这个妇女群众的运动无疑是受着国际妇女运动影响的。我想起了中国第一次纪念三八国际妇女节,是在一九二四年的革命发源地的广东省广州市第一公园里举行的，会后，整队游行、发传单、演讲，当时提出："中国从半殖民地的境地解放出来！反对资本家对妇女的压迫！"并主张"妇女和男子应享受同等教育、同等工值、参与政治等权利"，还提出了"革除多妻制度，建立儿童保护的立法，保护劳动育儿和孕妇，革除童养媳制度，禁止蓄婢纳妾，废除娼妓制度"等口号。

从这时起，中国的劳动妇女群众运动便走进了新的阶段，她们开始以英勇的姿态在反帝反封建的国民革命运动中起着积极的作用。从此，各地妇女团体纷纷组织起来了，踊跃地卷入促成国民会议运动。一九二五年的三月八日，正是各地妇女团体选出自己的代表齐集在北京，反对当时段祺瑞御用的善后会议所拟定的国民代表会议条例的草案，在草案中关于选举权有这样的规定："凡中华民国男子年满二十五岁具有相当知识者，有选举权与被选举权。"这显然是剥夺了中国全体妇女公民，尤其是劳动妇女的政治权利。为此，各地妇女团体的代表也协同京中妇女群众开会纪念三八节，参加示威游行，并包围段祺瑞总统府（原文如此）。在大会上通过抗议书的时候，突然来了许多警察，激起了到会群众的愤怒，她们喊出"打倒帝国主义！打倒军阀政治！""同工同酬！""全世界妇女联合起来！"等口号。向当时的反动统治者示威。中国工人运动在北伐期间，仍继续向前发展，在这一基础上，各地妇女在一九二六年的三月八日掀起了更广泛的群众的革命运动。在广东的三八纪念大会上，到会群众有一万多人，还有欧洲的妇女——德国和苏联的妇女代表参加。在湖南长沙参加三八纪念会的有八百多人，并有女工参加，在会上发了九种传单。湖北、四川、安庆、保定等许多大小城市都有实际行动。在保定，妇女提出口号"我们要继承'三八'的伟大意义而奋斗！我们要全体参加民族革命运动，急速召开会议，解决国事，废除一切有碍我们妇女自由之法律！"那一年上海的三八纪念会，我也亲自参加了，那天到会的一半是妇女，还有一半是男子。记得在那次会上还邀请了一位日本劳动妇女的代表参加，在这位日本劳动妇女代表的发言中，她揭露了日本资本家如何对中国工人施行着极其残酷的剥削，她对中国工人和妇女抱着无限的同情，对压迫者表示抗议。这位国际友人的演讲，在工人中起了极大影响。在开会时，警察、包探照例在场监视着我们，但对勇敢的妇女群众，却也感到无可奈何。我们对于反动者的破坏早有所准备，预先把参加大会的群众分到华界和租界里，并向群众散发了传单，会后仍举行了游行，最后还在各个工人区域里举行了各种不同方式的演讲会，群众情绪非常热烈。

当时还有一件事使我难以忘记的，那就是我们的亲爱的向警予同志，由于她对革命运动有着无比的热情，她离开了卧病在床的丈夫蔡和森同志，从早到晚在外面奔跑、开会、演说，她的动人的演说，很受群众的欢迎，她爱群众，群众也爱听她的话。在讲话时，她没有察觉到放在衣袋里的四十块钱被小偷偷掉了，这钱是她从朋友那里借来给蔡和森同志治病的，虽然精神饱满、信心百倍地工作着。这位忠贞的无产阶级战士不幸被敌人逮捕后，在一九二八年五月一日英勇地牺牲了，她的对革命艰苦奋斗、不怕牺牲和英勇就义的精神，正集中地表现了一个光辉的中国无产阶级女战士的形象。

当我们把中国大革命斗争与失败的经过和妇女革命斗争的英勇事迹告诉蔡特金同志时，这位被中国革命事迹深深感动着的老革命家，她紧瘪着缺了牙齿的嘴唇不断地点头表示敬意。

从这些难以遗忘的回忆里，我感到我们所访问过的这位伟大的女革命家的高尚的革命品质，给予我们很大的鼓舞，而在中德人民之间种下了牢不可破的友谊。蔡特金同志多么忠诚地执行了列宁的指示："我们必须把城乡千百万劳动妇女争取到我们这边来，为了我们的斗争，特别是为了社会的共产主义的转变，没有妇女就不会有真正的群众运动。""我们必须在明确的理论基础上，发动一个强大的国际妇女运动。"（见《列宁印象记》）

现在蔡特金虽然久已离开了我们，但她的伟大的理想已经实现了，国际的妇女运动也有了蓬勃的发展，全世界爱好和平的妇女已经组织起来，而国际民主妇联的组织也成为保卫世界和平的一支重要的力量。

中国妇女已从被压迫的境况下解放出来，豪迈地与男子一起参加了社会主义建设和社会主义改造的事业。当纪念今年的三八国际妇女节的时候，在我的记忆中还活现着这位国际妇女领袖蔡特金同志的笑影，这个对中国革命抱有无限胜利信心的笑影，将永远启示着我们向着伟大的共产主义方向前进！

（原载一九五六年《中国妇女》第三期）

《〈鲁迅杂感选集〉序言》是怎样产生的

秋白同志写《〈鲁迅杂感选集〉序言》是在 1933 年四月初,地点是在上海北四川路底日照里 12 号的亭子间里。

这个小小的亭子间是鲁迅先生亲自替我们租来的。那时候,在反动统治下,白色恐怖很严重,党的机关不断地被破坏,我们经常逃难。有的时候就逃到鲁迅家里,鲁迅的家成了我们的避难所。但是鲁迅自己也正受到敌人的迫害,他的家也不是最安全的地方,所以他为我们另找了这个小亭子间。

那时候,许多与我们熟悉的朋友、同学知道我们从事革命工作,都躲避我们,生怕与我们接近会给他们带来麻烦。可是以鲁迅为代表的一些朋友不但没躲避我们,而且关怀我们,掩护我们。难道鲁迅不知道与我们来往是危险的吗?他自己所受的迫害已经够多了;但由于他相信共产主义和拥护共产党的政策,反对国民党反动派的黑暗统治,他对共产党员表现了无限的热情和可贵的友谊。

鲁迅几乎每天到日照里来看我们,和秋白谈论政治、时事、文艺各方面的事情,乐而忘返。我们见到他,像在海阔天空中吸着新鲜空气享着温暖的太阳一样。秋白一见鲁迅,就立刻改变了不爱说话的性情,两人边说边笑,有时哈哈大笑,冲破了像牢笼似的小亭子间里不自由的空气。我们舍不得鲁迅走,但他走了以后,他的笑声、愉快和温暖还保留在我们的小亭子间里。特别是鲁迅留下来的书给秋白很多的安慰。

我们从和鲁迅来往的过程中,从他的文章中,深深地感到鲁迅不仅是共产主义的同情者,而且是有无产阶级立场的坚定的战士,对革命充满热情和信心。他的特点,是有骨气,对敌人狠。当时他被通缉,黑名单上有他的名字,但是他始终站在革命的前线,勇敢而沉着地战斗。他对同志非常关切,也很严肃,与庸俗者是不相容的。当时社会上有些人对鲁迅的为人和他的伟大的作品缺乏正确的认识,甚至对他进行攻击和谩骂。作为一个共产党员,在这种情况下,应该坚持真理,应该从党的政策和革命利益出发,义不容辞地对这种现象做斗争,因此,秋白认为有必要为鲁迅辩明是非,给鲁迅一个正确的评价。

同时,秋白认为鲁迅革命立场坚定,是一贯为人民群众利益而斗争的好榜样,有很多优点值得共产党员和革命青年学习,认为自己有责任号召大家向鲁迅学习。

鲁迅与党是很靠近的,他与我们的关系非常密切。鲁迅与秋白的友谊是建立在革命的基础上的。他常常送给我们很多书,但是我们每次逃难的时候都来不及把这些看完了的书带走。我们在日照里住下来的时候,他送来很多书。秋白对我说"我感到很对不起鲁迅,从前他送的书我都在机关被破坏的时候失去了,这次我可要有系统地阅读他的书,并且为他的书留下一个永久的纪念。"接着秋白就在很短时期内编成了《鲁迅杂感选集》,并写好序言。

秋白着手这项编选工作的时候,为了避开敌人的追逐和邻居的怀疑,白天就装病,躺在床上仔细地阅读鲁迅的作品,到夜深人静,才起来伏在一张小方桌上一口气地赶着写。他一连写了几个晚上。鲁迅有一次来我们家看到这篇序言,非常高兴,带着感激的心情对秋白说:"你写作的环境比我坏得多。"不过,秋白工作起来不顾一切困难,已经成了习惯。我再读这篇《序言》的时候,想起当年鲁迅和秋白对革命事业那种高度的政治责任感和那种同志间的无比的情谊,以及鲁迅是怎样对待一个政治蒙难者,而秋白又怎样团结一个非党同志,还像昨天的事情一样鲜明,他们两人都丢开了个人的利益,为革命紧紧地团结在一起,肩并肩地对共同的敌人战斗。这种精神是值得我们深深学习的。

(原载《语文学习》1958年1月号)

赖若愚同志永远活着

若愚同志并没有死,他为革命受尽了许多苦难,但一切苦难都压不倒他对革命事业的忠贞、勇敢、坚强的斗争意志。他患肝病虽然已经很久,而且在召开中国工会第八次代表大会的时候,已经感觉肝硬化,在胸部生了一个像橄榄大摸得出的疙瘩,每天下午觉得不舒服,但是他不顾一切,没有去医院诊治,每天很劳累地坚持着工作,一直到卧床不起病况日益恶化的时候,他还关心着工作。他并没有受着死的威胁。每天他只能吃极少一点流质食品,但他对前途充满了乐观的情绪。是什么力量支持着他呢?就是一个优秀共产党员的革命人生观,他抛开了一切个人利益,把群众的利益,实现共产主义的利益,看得高于一切,自然对自己的死也并不可怕了。病魔压不倒他的革命精神,他是一个乐观主义者,他把自己的生死置之度外。

若愚同志并没有死,他是毛主席的一个好学生,执行党的正确路线的坚强者。他一贯地坚持理论学习,把党的方针政策正确地贯彻在建设时期的中国工人运动中,而且把工人群众的智慧集中起来提高到理论的水平。这几年来在总结和推广许多先进经验和领导工人运动方面,他献出了自己很多心血。尤其在贯彻工会的方针任务方面,当在实际工作中产生某些偏差或干部思想上有些混乱的时候,他能够及时地加以正确的分析、研究和纠正。这次中国工会第八次代表大会能够获得成功,是与第二次党组扩大会议的成功分不开的,而第二次党组扩大会议的文件,都是他自己亲自参加起草的,通过这些文件指出了当时工会工作的方向。他的思想领导很强,目前在中国工人群众中掀起比干劲、比先进的生产高潮,与他几年来的努力是不可分割的。我记得1953

年我和他在沈阳下厂时,他对我说过:"我要把工会工作作为我终生的事业,我愿意长期做下去。"这句话表示了他对工人群众的深厚感情,对我们的教育意义也很大。我们应当向他学习热爱劳动人民,热爱工会工作的精神。

若愚同志并没有死,他一贯地关心群众的疾苦,他经常这样指示我们:工会工作者在任何时候都要关心工人群众的生活。他还经常地关心干部的工作和生活。在医院里,当苏联专家把他腹中胀水抽出之后,他可以起来走几步,也可以坐一坐的时候,他对我说:"萧明同志病了几年实在可怜。"他说了几次萧明同志(北京市工会主席)病得实在可怜,然而没有想到自己病得可怜。当我在4月26日到他家,那时候他从医院动过手术回家,我看他行走不大方便,向他提出要一个看护来照顾他,他却再三说:"不必。"回忆他六七年以来,在工会工作中,他是多么关心群众的疾苦,而对自己很少注意。这几年他担任的领导工作是十分繁重、紧张、劳累的,他为群众的利益累坏了身体。

若愚同志并没有死,他在工作中事无大小,有问必答。当我们在工作有困难的时候,他一贯地支持我们的工作,回答我们的问题。他在每次重要发言中都强调了职工家属是工人阶级的一部分,职工家属工作是工会工作一部分。他关心职工家属群众,更关心女工群众的政治、文化上和生活上的问题和困难。有时他亲自修改我们起草的文件。1958年1月在全国人民代表大会上李凤莲同志的发言,他在百忙中还抽出时间来修改。如果说现在女工和家属工作中有点成绩,与他的直接关心和领导是分不开的。

全国工人和工会工作者失去了这样一位既能掌握马列主义和毛泽东思想,又是一位久经锻炼的领导者——赖若愚同志,沉重的心情是完全可以理解的。在2月26日我去武汉前夕,他对我说:"你们工作组先出发,我过两天即与你们再一起去湖南、江西、常州、上海。"我们天天等他,过了两个星期还没有来,谁能料到他会从此病倒。5月20日这天当我送山茶汤去到医院的时候,摸着他的额头还是热的,但再也叫不应他了……我思想上感情上发生了一种奇怪的感觉,我觉得他似乎是在繁重的工作之后在休息,他并没有死! 当走过他的办公室或在会议室开会的时候,我也依然觉得他还活着,他并没有死! 我们照常紧张地工作,把一切悲痛化为力量,我们将继续他的革命意志,鼓足干劲,力争上游,为实现多快好省地建设社会主义总路线而奋斗。

(原载《工人日报》,1958年5月24日)

她永远活在我的心里

当我从汉口火车站坐上三轮车的时候,在朦胧的月光下,心不自主地想起老战友向警予同志。记得在1927年到1928年,向警予同志在汉口担任中国共产党汉口市委宣传工作和市总工会宣传工作的时候,国民党反动派正在进行血腥的白色恐怖。警予同志和敌人进行了坚决的斗争。汉口市是警予同志被捕后在法国帝国主义公堂上展开"到底谁犯罪"的大辩论的地方,也是我与她最后握手分离的地方。

我与警予同志是在一九二四年年初认识的,那时她经常到上海大学的女生宿舍来,和我们讨论政治时事问题。在我们学校里政治空气很浓厚,但并不是所有的女同学都对政治有兴趣。例如丁玲当时在上海大学文学系念书,不但不参加各项政治运动,对共产党员、青年团员的活动还感到讨厌,她说共产党是"庸俗"的,而像她那一类的人则是"清高"的。我会要求警予同志向丁玲做些工作,促使她来参加活动,也可做一点工作。警予同志对我说:"她是典型的资产阶级自由主义者,浪漫派,无政府主义者,与共产主义相距很远,并不是我不愿向她做工作,而是她讨厌我们。让她在自己的生活中去体会吧!"警予同志对丁玲的观察和分析,真是很深刻的。

在党的领导下,警予同志一心一意要建立起各地左派妇女组织,所以她当时的精力全部放在国民会议促成会运动,动员和组织妇女参加这个运动。她的论点是:只有通过国民革命,把革命引向社会主义革命,才能解放妇女,也只有妇女自己起来亲自动手推翻反动统治阶级,才能解放自己。她批判女权同盟和女子参政协会以拥护反动统治阶极为基础,只想争取当女议员、女官的观点是错误的。

　　当时,北洋军阀企图召开善后会议,来缓和国民革命运动,以达到他欺骗全国人民的目的。这时,我党赞成孙中山先生北上,召开国民会议,以抵制他的阴谋。在党的领导下,全国各地国民会议促成会的运动,轰轰烈烈的召开了。同时,各地纷纷成立起女界国民会议促成会。孙中山先生死后,国民会议虽未开成,但是,不论城市或乡村,群众运动已经活跃起来了。在女界国民会议促成会的基础上,各大城市纷纷建立起新兴的妇女团体,有的叫妇女协会,有的叫妇女解放会,有的叫各界妇女联合会。从此出现了以工农群众为骨干的左派妇女组织。警予同志就是这些组织的组织者和领导者。

　　警予同志经常引导我们面向工农群众,为工农群众服务。当时城市女工在帝国主义和资本家压迫下,受苦最深,她要求青年学生利用一切机会创办工人夜校,不仅给工人文化上的帮助,更重要的讲解政治时事。我们根据她的指导这样做了,通过上海党的支部开办起几十个大中学校附设的夜校,从这里我们与工人群众建立起关系,而且积极参加了各次罢工运动,使女工群众逐渐提高觉悟,积极参加了各次反帝反军阀的政治斗争。在每次示威游行中,有许许多多女工群众参加。特别在"三八"劳动妇女节的前后,各地妇女团体纷纷召开集会,虽然有军警压力,但还是能够打开局面的。

　　警予同志是一个坚强的。在任何政治环境中经得起考验的优秀党员。她以共产党员的高贵品质和革命热情。努力坚持艰苦工作。她热爱党,热爱人民群众。以人民群众的苦乐为苦乐。她读了很多书,很能写交章,也很会讲演,但她并不骄傲。她是一个能上能下,能做小事,也能做大事的好同志。她在党内党外的各次会议上,各种刊物上,向全党全社会提出妇女运动的方向。提出妇女群众的政治要求。而且以自己的实际行动来贯彻工作。她的责任心特别强。她无论在严寒的冬天或酷热的夏天。为工作终日奔波。当时有许多妇女不太关心政治。在召开会议前,她一家一家亲自跑去邀请。会后又一家一家去征求意见。很多妇女为她的工作热情所感动,很多男女同志都佩服她是一个坚强有为的女性。

当全国革命胜利的今天,我重新来到汉口市。双反双比的群众运动正在热火朝天地开展着,我无论走到哪个工厂都会使我联想到武汉工人群众与警予同志有着血肉不能相离的联系。

我看到在大跃进中,工人和干部们万马奔腾的革命干劲,使我想起当年警予同志勇往前进的精神,她会像狂风巨浪中的舵手,引导中国妇女走向革命,她对革命的坚贞,和共产主义的风格,永远留在我们的心里。

(原载 1958 年第五期《中国妇女》)

忆秋白

一

我和秋白是在上海大学认识的。

一九二三年年底，我去投考上海大学。考试的地址在庆云路庆云里。我怀着激动、兴奋的心情，走进一座破旧的老式的里弄房子，只见男男女女的学生挤得满满的。我找了一个座位坐下来。坐在我旁边的是一个年轻和蔼的姑娘——她就是张琴秋同志。在这些学生当中，后来有不少都成为我们亲密的同志和战友。

一九二四年的春天到来了。从此开始了紧张的政治斗争的生活。上海大学共分三个系：社会学系、中文系和英文学系。我在社会学系学习。我很喜欢这个新环境，这里面的一些人给予我不可磨灭的印象。邓中夏同志是我们的总务长，他的头发很黑，眉毛浓而长，眉心很宽。当他抬起头来看人的时候，两眼闪闪有光。他精神饱满，做事机智果断，使学校的生活紧张而有秩序。他常常喜欢讲李卜克内西和卢森堡的故事给我们听。他是我们敬爱的一位有魄力、有毅力的革命者。

在教师中间，有轻松愉快的张太雷同志，他教我们政治课；有循规蹈矩的蔡和森同志，他讲私有财产和家族制度之起源。恽代英和萧楚女同志讲话富有煽动性，对问题的分析一针见血，并且善诙谐，常常引起同学们的哄堂大笑，新同学都爱听他们讲课。

秋白是社会学系主任，担任的课程是社会科学概论和社会哲学。第一次听他讲课的时候，使我惊奇的是学生突然加多了。别的同学告诉我，大家都很喜欢听秋白的课。除了社会学系本班的学生，还有中、英文学系的学生,其他大学中的党团员或先进的积极分子,甚至我们的好教师恽代英、萧楚女,上大附属中学部主任侯绍裘等同志都愿来听听。当时秋白上课的情况:"在庆云路上海大学旧校址上课时,人都挤满了。房子陈旧,人多了,楼房震动,似乎要塌倒下来,但是人们还是静静地听,一直到下课为止。"……后来上海大学从庆云路搬到西摩路,最大的课堂在敦厚里。

当课堂里开始安静下来的时候,我看到秋白从人丛中走进课堂,走上了讲台。他穿着一件西装大衣,手上拿着一顶帽子,他的头发向后梳,额角宽而平,鼻梁上架着一副近视眼镜,与他的脸庞很相称。他和蔼亲切地微笑着,打开皮包,拿出讲义和笔记本,开始讲课了。他的神态安逸而从容,声音虽不洪亮,但即使站在课堂外的同学也能听到。在他的讲话中,没有华丽的辞藻和空谈。同学的水平参差不齐,他为了使大家明白,引证了丰富的中外古今的故事,深入浅出地分析问题,把理论与当前的实际斗争相结合。同学们都很珍重地记下笔记,万一有人因为参加社会活动而缺了课,非要借别人的笔记抄下来,才能安心睡觉。

同学们都说秋白讲得好,内容丰富极了,有的说他有天才,有的说他很用功,也有的人根本不去想是什么理由。当时我也不懂,后来才知道了,秋白是怎样对待工作。他热爱他的工作,为党培养新生力量。

那时,秋白在中国共产党中央宣传部工作。这项工作已经够他忙了,又加上上海大学这一副不轻的担子。在生活上,他偏又碰到了不幸,他的妻子王剑虹病重了。他们夫妇俩感情是很好的,王剑虹在病重的时候,希望秋白在她的身边,不要离开她。秋白也很愿意多照顾她。一回到家里,就坐在她的床边,陪伴着她,在他的长方形书桌上,常常整齐地放着很多参考书,他就在那里埋头编讲义,准备教材或为党报写文章。从王剑虹病重到去世,我们只看出他似乎有些心事重重,与平时不同,但他从没有漏过会或者缺过课,并且仍然讲得那么丰富、生动。这时,我们对于秋白也更加了解了,但是,秋白的身世,我是后来才知道的。

　　秋白生于一八九九年一月二十九日,江苏常州市人。他的父亲信道教,长期失业,流浪山东。他的母亲是一个多子女的母亲,在一个破落户的大家庭里,贫困和苦难折磨了她一生,于一九一五年二月间吃虎骨酒和火柴自尽。人们这样责骂她"把丈夫逼走了,把祖母搬死了,不给儿子中学毕业"。其实丈夫出去找职业,久年风瘫的祖母搬杭州,和秋白离中学毕业仅半年就去无锡国民小学当校长,这都是因为一家七八口吃尽卖光、典质无物,不这样做就不能再维持生活的缘故。秋白的智慧早被他的母亲发现,她也最爱秋白。她擅诗词,爱文艺,对秋白的教育很注意,亲自讲授诗词,为了秋白进学校便利,她不顾族规,搬住祠堂。秋白有天才,但他的天才与他的母亲是不可分离的。秋白也是最爱和最能体贴他的母亲的。当他一谈到他的母亲的自尽,就沉默很久,回忆当时情景:"亲到贫时不算亲,蓝衫添得泪痕新,此时饥寒无人管,落得灵前爱子身。"母亲死后,秋白陪灵半年,稀粥难咽,孤苦极了。

　　秋白自小就用功,张太雷同志是秋白的同学,他常向我们说起秋白在小学、中学都是个优等生。他们当年对时事很关心。辛亥革命时,鼓动同学、练习刀枪,对革命满怀信心。但辛亥革命的果实被反动分子篡夺了,袁世凯丧权辱国的罪恶行为,使他们深为痛恨。秋白十四岁那年的双十节,他的故乡—常州县城各学校机关都挂红灯庆祝辛亥革命,而秋白却提了写着"国丧"二字的灯笼。这个故事证明秋白从小就爱国,从小就有见解,有勇气。一九一六年,他的舅母当了当头借给秋白川资到汉口,进武昌外国语学校,后又随堂兄纯白到北京,进俄文专修馆。热爱祖国的秋白,就在中国人民反对帝国主义的凡尔赛和约的运动中,在"外争国权""内惩国贼""拒绝签字""废止二十一条""暂死争回青岛"等口号下,卷入了一九一九年五月四日天安门集合的示威游行。由于他在同学中的威信很高,当时就被推选为俄专出席学生代表大会的代表,当第二次请愿时,全体代表三十余人被捕,秋白也在里面,但在全国学生的要求下获释了。这时候的秋白,正式参加了李大钊同志领导的社会主义研究小组。在北大图书馆,在青年会或在秋白的住所秘密集会,学习和讨论问题。一九二〇年十月十六日,秋白作为晨报的新闻记者,离开北京,到苏联去了。这个时期秋白一方面报道苏联十月革命后社会主义建设的成果,向中国人民传播马列主义思想,另一方面在莫斯科东方大学,帮助中国同志学习。一九二二年二月,经张太雷同志介绍,秋白参加了中国共产党。

二

我认识了秋白以后,觉得他和邓中夏、张太雷等同志不同。邓中夏和张太雷等同志精神愉快活泼,学生们很容易接近他们,可以常常和他们谈谈笑笑。而秋白却是严肃沉静。在讲台上,他滔滔不绝,把问题讲得很透彻,在会议上他的口才像快刀利刃,能说服人。但在平时,他不肯多讲一句废话。有人说,秋白是"骄傲的""冷酷的"。

不久,有一件事情,改变了我对他的初次印象。

在上海大学,我和其他进步同学一样,担任了很多社会工作,一面工作,一面学习。当时还是国共合作的时期,我被分配到国民党上海执行部妇女部工作,办公地址在上海环龙路四十四号。在那里,我认识了向警予同志,以后,我们就经常在一起工作。有一天,社会主义青年团上海大学支部转给我一张上级的通知,说孙中山先生的苏联顾问鲍罗廷夫妇要了解一些上海妇女运动的情况,指定我去谈谈。那时,向警予同志因事离开上海了,所以只得我去。我生怕自己讲不好,怀着不安的心情到鲍罗廷家去。

在鲍罗廷家中,出乎意外地遇见了秋白,他是来为我做翻译的。一见了他,我觉得有了帮助,心情开始平静下来。秋白以流利的俄语和鲍罗廷夫妇谈着,他们向他提出许多问题,他翻译给我听,并且教我说"你先把这些问题记下,想一想"。大家都以同志的态度随便座谈,我的拘束也逐渐消失了,后来愈说愈有劲,秋白满意地笑了,把我的话翻译给他们听,接着,他又把鲍罗廷夫人向我介绍苏联妇女生活情况翻译给我听，唯恐我听不懂，又加以详细地解释，使我初步了解社会主义国家妇女生活的真实情况。

当时懂俄文的人还不多，秋白还给其他许多同志当翻译。这工作在他说来是一件"小"工作，但他从不轻视这类"小"工作，每次都很认真地去做。从这次工作接触后，我觉得他很诚恳，很愿意帮助别人。他不但不骄傲，而是很谦虚；不但不冷酷，而是很热情。他的热情，不是浮在表面，而是蕴藏在内心，只有当人们和他在一起工作时，才能深切地感觉到这种热情的力量。一九二四年五月五日马克思诞生纪念日，秋白在上海大学的纪念会上，作了很有说服力的马克思主义的报告，他与任弼时同志还在大会上热烈地高唱《国际歌》，那种革命的热情深深地感动了台下的同学们。

在学校里，秋白是一位很有威信的导师，也是党的负责人之一，同学们都愿意把自己的要求、困难或不幸的事情跟秋白谈，取得他的帮助和指导，秋白也经常主动地找学生们谈话，了解他们的思想、学习、工作以及生活方面的情况。

有一天，秋白对我说："你要求入党的申请书，我和支部的同志都看过了，我要向警予同志与你面谈，因为我最近很忙，但我也想和你谈一次。"

我又高兴又害怕地说："我有资格加入共产党吗？你能介绍我入党吗？我知道我的水平很低，对马列主义的理论更生疏，有时你讲的社会科学哲学问题，我听不懂，这是实在的话。"

秋白说："你是青年团员，已经是党的积极分子，只要你努力学习马列主义理论，把理论与实际工作结合起来，一定能进步的。学习马列主义理论只有在实际的阶级斗争中才能领会。书是要读的，但不能脱离实际。你要是读书听课有困难，可以提出来问我，或是问其他同志。向警予同志是最关心你的，她跟我谈过你的情况。"

最后，秋白约我在一个星期日到向警予同志家里谈入党问题。

的确，警予同志是很关心我的。警予同志不是上大的教师，也不是上大的学生，那时候她担任中共中央妇委书记，是一位很有学问、有本领、有毅力，热爱革命事业的女政治家。她不讲究穿，不讲究吃，是只知道埋头苦干，以身作则的好共产党员。她不但口才好，文章也写得好，甚至连敌人都得承认她有才干。我和她除了一起工作以外，她还常到我的宿舍里来，一谈就是几个钟头，谈工作，谈工人、妇女、学生的各种情况，不断地帮助我，把我当作培养的对象。我很佩服她，尊敬她，希望自己能学她的榜样，做一个共产党员，人民的好勤务员。

星期日上午八时半，我在法租界蒲石路下了电车。这是一个春光明媚的天气，春风温暖了我的心，充满了愉快的感情。我到警予同志家里去过不止一次了，但这一次却格外兴奋和激动。

那时，党的机关没有正规的办公室；蔡和森和向警予同志的家就成为党的活动场所。我从后门进入楼下一个厢房间，很高兴地看到和森和警予同志都在家。和森同志因气管发炎躺在床上看报，警予同志坐在一旁，不高的身材，穿着朴素的短布衫、黑裙子，态度诚恳大方。我很快地告诉她："秋白约我来谈入党问题。"她站起来说："早应该这样做。"她开朗地笑了，额上飞舞着一对秀丽的眉毛，雪白整齐的牙齿，从薄薄的嘴唇里露出来了。

这时，秋白走进来了。他很关心和森同志的病况。然后，警予要我谈谈丝厂里罢工的情形。我在旁边坐下，告诉他们说，我到几个罢工工人家里去，他们把我带到"公会"办公室去了。那里很讲究门外挂着"上海丝厂同业公会"的招牌，会客室里的长桌子上，还铺着白色桌布，桌上摆着很漂亮的茶壶茶碗。后来进来一个胖胖的约四十岁左右的女人，穿着绸衣服，与工人的褴褛模样恰成明显的对照。工人们见了她，都站了起来，称呼她"穆会长"。这个穆子英是上海滩上的女流氓，显然是资本家雇佣的工贼。而这个"公会"也不是工人自己的组织。最后，我还发表了自己的意见，认为今天首要的问题是工人应该有自己的组织。

秋白接着说："你们的工作应从底下做起，钻到群众里面去，少与这些资本家的走狗打交道，同时要把工贼们的阴谋诡计在群众面前及时揭露，使群众不相信他们，而相信工人群众自己的力量。"

警予同志说："今天来说，我们的工作还没有基础，在妇女们既没有文化，又不懂政治的时候，只好用社会上惯用的结拜姊妹、交朋友的方式进行工作，然后逐步建立工会组织。"

和森同志也指示我们要站稳工人阶级立场，并且向我讲了西欧资本家如何以欺骗手段利用工贼来缓和工人的斗争。

当谈到我的入党问题时，秋白对和森同志说："你身体不好，多休息。"和森同志站起来，他是个高个子，比较瘦。他沉重地呼吸着，走到门口，躺在躺椅上继续看报去了。警予同志那发亮的眼睛在注视着我。秋白抽着香烟，诚恳地说："我和警予同志都愿意听听你入党的动机。"

我叙述了个人的道遇，党和团对我的培养、教育，以及我对党的认识和献身党的决心。警予同志是知道我在生活上的挫折的。秋白听完我的话，冷静地分析了我的思想认识，并且解释和阐明了列宁主义对于无产阶级政党——共产党的定义。最后，他说："没有共产党，就没有真理！你要求加入共产党是完全正确的。我愿意介绍你入党。"

警予同志培养我已有半年了，虽然在入党表上没有写着她是介绍人，但实际上她也是我入党的促进者，有力的帮助人。当她听到秋白同志的这几句话，忽然活泼起来，紧紧地拥抱了我。

三

一九二四年十月十日，天气好极了。清晨，一些同学和我邀秋白到半淞园去散步，打算玩一会儿，再去参加上午十时在天后官召开的群众大会。

开会的时间快到了，大家一同上了电车。在电车上碰到上海大学的一位同学，他悄悄地通知我们，租界当局勾结国民党右派、无政府主义派，收买了地痞流氓，准备捣乱今天的大会。我们得到了这个消息，当即要秋白回家去，由我们先去看看动静，再打电话告诉他。秋白同意了，下车回家工作去了。

大会刚开始,台下一阵混乱,一声呼啸,只见流氓们跳上台动手打主席团了。上海大学学生会早准备了一批人保护主席团,但仍被有武力的流氓们打伤了好多人,伤势最重的是黄仁同志,我们急忙把受伤的人抢救下来,黄仁同志已经神志不清,失去了知觉了。我们雇了汽车,把受伤者送到宝隆医院里。这时我们又得到消息,反动当局要恐怖手段逮捕共产党员,秋白的处境也很危险。

晚上,支部派我到医院里看黄仁同志,医生告诉我,他的生命已经无可挽救了。

过了午夜十二时,夜深人静,一间小小的病室里,只有我和黄仁同志两人,他躺在白被下面,一动也不动,我不断替他擦去从鼻孔里、从嘴角里流出来的鲜血,正在这时,突然,秋白出现了。

"他怎样了?"秋白一进门,就急切地问。

我把医生的话告诉了他。

他俯下身来,摸摸黄仁同志的额角,小心地揭开被子,察看受伤的身体,轻轻地呼唤着黄仁同志的名字。但黄仁同志仍然阖着眼,似乎沉沉睡熟,不能答应了。

秋白把两手插在大衣袋里,站直身子,沉思着。最后,他答应我天一亮就把棺木、寿衣送来,他就走了。

黄仁同志的死,使国民党右派和无政府主义派大为高兴,而这时,上海英法巡捕房已下令通缉秋白同志,并且搜查了他的住所慕尔鸣路彬兴里和西摩路上海大学。当时秋白已避难在先施公司职员孙瑞贤同志的家里。巡捕房没有捉到秋白,便把他的《向导》等报刊,和他在苏联节省了自己的白糖换来的俄文书籍搜去,付之一炬。那天巡捕房还带走了在上海大学图书馆值班的学生李炳祥。包探问李炳祥:"瞿秋白在哪里?"得到的回答是:"我在书报流通社工作,可不知道瞿秋白是谁,更不知他在哪里。"

秋白的秘密住所是在北四川路底兴业里一号的三层楼的阁楼上,我是经常去和他取得联系的人之一。当我报告说,他的家和学校被搜查，书报被烧毁的消息时，在他的脸上，我看不出一丝慌张的神色，他轻轻放下手中的笔，站起身来，冷静地在桌子周围来回地走着。最后，他停下来说："书烧了，但是进步的思想是毁灭不了的！"

四

一九二四年十一月，我与秋白结婚了。我们的生活是幸福的，美满的。

我是一个离过婚的女人。我与以前的丈夫有一个女儿，那便是独伊。我的离婚，受到当时人们封建思想的反对，他们把我的孩子当作私有物，不允许我看见我的女儿。我在上海时常想到女儿，不知她生活过得怎样，长得多高了。我渴望着看到她，秋白很能理解这种母亲的心情，他同情我，安慰我，并且在一九二五年的春天，帮助我抽出一个空，回乡下去看孩子。

到达家乡的时候，天已经黑了。我独自一人走到过去公婆家里。我过去的公公知道了我的来意，突然沉下脸来，冷酷地说："我不能让你看她。"并且不再理我了。我痛苦地走出了他的书房，在厨房门口，碰见了他的大姨太太。我们过去关系很好，她听说了我的苦处，便说："别作声，我带你去。"我们悄悄地穿过几个厅院，大姨太太推开了一间侧屋，在暗淡的油灯光下，我看见了心爱的女儿，她正在玩玩具。我抑制了心中的狂喜，轻轻走到孩子面前，她玩的正是我从上海买回去的玩具呵！孩子天真地对我说："妈妈，我告诉你，我的妈妈死掉了。"她那两颗黑黑的眼睛，不住地看着，又拿手上的玩具给我看："这是妈妈买来的。"

"独伊，我的好女儿，我就是你的妈妈。"

"不，"孩子固执地说。"我有两个妈妈，一个是你，一个在上海死掉了！"

我掉下了眼泪。是那些人欺骗我的女儿，说我死了，但是天真无邪的孩子，看见了我仍然认识我是她的妈妈。幼小的心灵，弄不清这回事，把她想象成两个妈妈了。

我亲了她，但是不得不很快地离开了她。

在我离开上海的第二天夜里，秋白曾经不安地到火车站来接我，但是没有接到。又过了一天，我才回到了上海，他从我的神色中，已经知道这一次去，并不是很顺利的。秋白懂得母亲心灵上所感到的一切，他比谁都了解我，他想尽一切来安慰我，他把《安娜·卡列尼娜》的故事讲解给我听。他说："你过去在婚姻上所遭遇的不幸，一时不能见到孩子，这一点和安娜·卡列尼娜相同，旧的社会制度窒息了多少人们的心灵呵！但是你处的时代和安娜·卡列尼娜的时代完全不同了。你一定会得到你的幸福，你一定能够看到你的孩子，也一定能够和你的孩子在一起生活。"

不久，又写了一首长诗给我，痛斥了黑暗的旧社会，并且表示，孩子有着光明的前途，我一定爱护她，一定会比她自己的生父更负责任地培养她，教育她，使她将来在社会上发挥她的力量。我感到秋白是如此细腻深刻地了解我，我为他这种无私的爱和高尚的人格所感动，也相信他的话会实现的。

每当我想到我的女儿关在那阴森的房子里，过着完全不适合儿童身心健康的寂寞的生活，我的心就痛得皱缩起来。我一定要孩子回到我的身边，秋白很同意。我们又抽了一个时间，两个人一起回到我的家乡。在我母亲家里，我们想了一个办法：派人把孩子偷出来，然后抱回上海。

那天，秋白和我站在一座山上等着。等了好长时间，才看到孩子出来了，大姨太太和照护孩子的人跟随在后边。我高兴地把孩子抱在怀里，孩子的两条小胳膊也紧紧地搂住我的脖子。正在这时，突然奔来两个大汉，一阵风似地把孩子抢走了。他们走得那么快，谁都追赶不上。我们眼巴巴地望着被抢走的孩子，孩子在大汉的手里挣扎着，哭喊着妈妈。我止不住哭起来了。

我和秋白冷冷清清地从河边走着，一路上默默无语，我第一次也只有这一次看到秋白流下了眼泪。

五

回到上海以后，我不知为什么在工作中增加了干劲和勇气。而秋白由于被敌人所通缉，已经不能公开地到上海大学教课了，他把更多的精力投入了党的地下工作。

我们住的房间很窄，摆了些不可少的家具：床、桌、椅之外，就只有很小的一块空地了。秋白时常就在这一小块空地上打着圈子踱步，或者坐在椅子上深深地吸着烟，有时，他拿起笔来，出神地咬着笔端。这种神情，我已经见惯了，知道这是他正在苦苦思索问题的时候，也就不去惊动他。而他呢？在这样的时候，全神贯注在写作之中，四周的景色、声音已经影响不到他了。秋白写文章的习惯是不打草稿的，在思想成熟后，提笔就写，一动手写，就像瀑布一样地直泻下来，其势不可挡，是那样迅速和猛烈，非一口气把文章写完不可。《中国国民革命与戴季陶主义》的小册子，就是在一天一夜内产生的。

那时候，党以上海大学为基础，在上海各区开办了好些工人夜校。这些工人夜校大部分设在有党的支部或国民党左派活动分子的大学、中学内，课室是现成的，教员是义务的。我执行党的指示，也参加了工作。秋白是很关心工人夜校的，他对于工人有着浓厚的感情，常常要我把了解到的情况告诉他。我和上大的同学们在工作中遇到困难，或是不能解答工人群众提出的问题时，就去请教秋白。他虽在工作非常紧张的时候，也一定停下来答复问题，并且有时指定书本，和帮助收集材料，教给我们有系统有计划地编课本解答工人的问题。

二月初，我们接到上海地委的紧急通知，要我们派人组织罢工委员会，领导工人起来罢工。学校支部派邓中夏、刘华、郭伯和和我等几个人到了潭子湾工人俱乐部，和李立三同志一起工作。我有机会参加工人运动，秋白很是高兴，他最喜欢我穿起工人服装到工人群众中去工作，他说："我们的爱情就建筑在这里。"每天晚上，他都在等着我回到家里，听我讲述一天的工作情况。刘华同志原来是中华书局的学徒，原名刘剑华,考入上海大学后,还是半工半读,他常做抄写油印工作,生活很艰苦。秋白经常找他谈话,帮助他解决工作中的困难问题,关心他的生活,常常娶我送些钱给刘华同志用。有一次刘华同志感冒了,还要我买了白松糖浆给他吃。并且经常告诉我:"他是工人阶级的优秀分子。"

二月罢工从二月九日持续到月底,由小沙渡的内外棉十一个厂蔓延到同兴、日华及杨树浦的大康等纱厂,罢工人数共四万人左右,我第一次看见工人阶级强大的力量和严密的组织性、纪律性。无论在组织纠察队,或者交代具体任务时,工人们那种爽快、不讲价钱、坚决服从工会的精神,使我深为感动。我把自己的感受告诉了秋白,他说:"你才知道工人阶级中有无数的天才吗? 苏联掌握政权的就是工人阶级,他们战胜了国内外的敌人,正在迅速地建设自己的国家。"他接着又说:"的确,工人学习起来比知识分子进步快得多,在斗争中他们是最坚强的。"

这时,日本资本家勾结国民党反动派,关闭工厂,停发工资;日本海军陆战队上岸了,日本第一遣外舰队"对马号"开回了上海。小沙渡中国警察奉令武装解散工人的游行队伍,鸣枪轰散工人集会。大批的中国军警和租界巡捕武装围攻手无寸铁的民众,逮捕和拷打工人。敌人的残酷的镇压,使二月罢工没有得到胜利就复工了。

二月罢工失败后,我们在潭子湾召开了工人大会,提出"反对东洋人打人"的口号,工人群众对日本帝国主义的暴行十分愤怒。大会正开得轰轰烈烈,突然有大批军警和马队向会场冲来。邓中夏同志一看情况不对,急忙做手势叫正在台上讲话的李立三同志下来。立三同志立刻混杂在群众中,避开了警察。但却有二三十个工人被捕走了。中夏和立三同志躲避在附近一个工人的家里,等警察走了以后,就出来组织工人商量对策。当时工人情绪激昂愤慨,纷纷提出包围警察局,要求释放被捕工人,虽然明知道这样做会有不利,但不能拒绝工人的要求。中夏同志提议派代表去,大家一致同意了。在讨论代表人选的时候,立三同志要求去,中夏同志认为认识立三同志的人很多,作为代表不妥当,白色恐怖又很严重,中夏决定自己和工人代表们一起去。果然不出所料,到了警察局,中夏同志和工人代表们被捕了。

我把这件不幸的消息告诉秋白,他十分焦急不安,在我们住的客堂前楼小小的一角地方踱来踱去,那天晚上通宿没有睡好觉。第二天一早,他就叫我化装成家庭妇女,到外面去探听消息。在大街上一家茶馆的门前,我和看热闹的人站在一起,看到一队警察,押着工人代表们走过来了。他们排成一队,戴着手铐。在他们中间,我看到了中夏同志,他勇敢而镇定地走着,脸上还浮着从容的微笑,充分表现了共产党员视死如归、大无畏的英雄气魄。

这次中夏同志和工人代表们被捕,在群众正义的压力下,不久就被迫释放了。直到这时,日夜焦虑的秋白才放下了心。

"五卅"运动爆发了,秋白接受了党的指示,创办《热血日报》。

《热血日报》社的地址在宝山路某里的一个客堂里。设备很简陋,中间放一张白木长桌,四周摆着几条长板凳。六月四日,《热血日报》创刊号出版了。秋白全力投入这项工作,热爱这项工作,《热血日报》四个字就是他亲笔写的。工人群众提出了很多问题,秋白就在他主编的《热血日报》上每天回答他们的问题。当时天气很热房间又小,他忙着写社论,编辑新闻,并且亲自编排、校对,直到付印出版。到了晚上,他要听取记者们的汇报,组织他们写稿,还一定妥我汇报工人群众的情绪,白天还要向干部们做报告。他的身体非常坏,但他不肯休息,常常工作到深夜甚至天明。每当发现了重大的问题,他要亲自找工人谈话,核对材料,然后才把新闻发出去。他的工作是那样紧张,我从来没有看见他这样兴奋过。他吃饭很快,我们往往在吃饭时相互见面。他说:"这样工作比在大学讲台上有效得多。"这句话他逢人就说。我也告诉他"我参加工作,也比在课堂上进步快了。"

有一次,秋白到工人住区去,看见有一个工人在看《商报》,他向秋白诉苦说:"没有适合工人看的报纸,现在的报纸都看不懂。"因此,秋白在编《热血日报》时,文字力求通俗,使工人能够看得懂、喜欢读。《热血日报》的文章篇幅不长,通俗有力,有它特殊的风格,旗帜鲜明,对敌人的批驳毫不留情。

《热血日报》出了二十四期,就被反动当局封闭了。但是,《热血日报》已经在工人群众中留下了深刻的印象。

秋白除在工人中进行宣传教育工作,还重视在工人群众中培养积极分子,发展党员和团员。他常对我说:"我们党内,工人出身的党员太少了,现在面临这样伟大的运动,再不发展,到什么时候发展呢?"他又具体地指导我:"你在工人中要深入地了解他们,具体选择发展党的对象。怎样才是党的对象呢? 不要以为能说会讲的就好,马上就和你接近的人就不错,不要看形式,要看他的品质,仔细地观察他是否为大家的利益着想,斗争中是否坚决。要特别注意老工人和技术工人,他们是全厂的钥匙。"

六

一九二六年春天,我接到中央同志的委托,要我强迫秋白同志进医院休息,因为他吐血,不顾自己的身体,带病坚持工作,已经继续两个多月了。当我把中央的命令告诉他的时候,他笑了,深切地感激同志们对他的关心。他对我说:"很想有一个较安静的地方来实现我的心愿——针对当前中国革命中几个重要问题编译几本值得参考的丛书。"他高兴地拿起一只小提箱,把需要用的参考书、文具等等放在里面。

党为了他的安全,特请了一个可靠的医生,设法在宝隆医院里找了一间单人病房。秋白进了医院之后,我几乎每天去看他一次。在头两个星期中,他完全按照医生的嘱咐躺在床上不起来。但他很想了解社会思想现状,开了一张书单子,要我到四马路上的书摊、书铺里到处寻找。我把他需要的书买来,他一个晚上就读完了。后来,我几乎隔一天上一回书铺或书摊,四马路的小书店成为我很熟悉的场所了。

到了第三个星期,当我到医院去看他的时候,他仿佛在家里一样,弯着腰坐在椅子上,兴致勃勃地一页一页地写起来了。他不觉得自己是一个病人,还把自己订好的工作计划给我看,对我说:"中国共产党员连我在内,对列宁主义的著作读得太少了,要研究中国当前的革命问题,非读几本书不可。我想将俄国革命运动史分成四部分编译出来这些都可作为中国革命之参考,非常重要的参考。

他抚摸着俄文原著,用坚决的口吻说,"如果客观环境允许的话,我必定在最短期间完成这个心愿。"

我看他说的那么高兴,也很赞助他:"这个计划对我们这些知识贫乏的青年有莫大的帮助,我一定尽可能帮助你完成这个计划。"这时,我想起我家有一个善良的、对秋白像自己亲生儿子一样的董妈,就对他说:"不仅我帮助你,还有好董妈很愿意为你尽力的,她善于料理我们的家务,又会节约,熟悉你的生活习惯。"

秋白幸福地微笑了。"对,我们的好董妈常在小菜场上买一束价钱便宜的花,插在花瓶里,或买几个铜板的茴香豆、豆腐干,用一只碟子装着放在我的桌边上,晚上她还削一些荸荠、甘蔗给我吃呢!她确实是我们的母亲,我们也应该很好地关怀她。"

接着,我又劝他:"你的计划回到家里再说。你现在的任务是治疗你的病,同志们不允许你不关心自己的身体。"

秋白凝视着窗外,双手撑在桌子上,用低沉的声音对我说:"我和彭述之等对革命政策上有不同的观点,我想编译这部俄国革命运动史,对于党内干部会起些帮助作用。农民问题已摆在面前了,因此我先编译这一部分。"秋白在党内的思想斗争中,始终是采取说服人的有效方法来帮助同志。他走到床边,揭开一块白竹布,从小提箱内拿出他在一个星期内写得很整齐的复写成两份的薄纸手稿,把其中的一份交给我带回家。这时,他又恢复了轻松愉快的心情,手指着复写稿笑着说:"这是医治我和我们同志最上等的贵重药品呀!"

从此以后,我每天去医院,都带回他的产品。带回他的手稿是我最愉快的事,也是一桩使我很担心的事情。他写作的速度是使人难以想象的,虽然是带病工作,在两三个星期内已将俄国革命运动史的第一部分《俄国资产阶级革命与农民问题》编译了三分之二。

秋白从医院里回来,不出所料,更重要的工作打断了他的计划,只好把编译工作搁下了。八月间,秋白到了广州,在毛泽东同志主办的广州农民运动讲习所讲课。秋白在讲《国民革命中的农民问题》中,指出当时革命成败的关键,就在于能否解决农民问题、土地问题。秋白说:"在事实上,谁能代表工农利益,谁能给工农以政权,那末谁就能够解决农民问题。必须要压迫地主,打倒地主势力,才能获得农民群众,革命的基础才能巩固,才能排除帝国主义在中国的权力。如果怕农民组织的强大,怕农民暴动而畏缩,不敢提出为农民利益的政纲,不实行为农民利益的政纲,必定因此不能得到农民的拥护,且要受农民的攻击和反对。总之,中国国民革命是要解决农民问题,土地问题,用各阶级的联合战线和工人阶级的领导来斗争,才能得到胜利。秋白还在百忙之中,挤时间继续编译《俄国资产阶级革命与农民问题》,终于印成小册子出版了。其余几部分,因为一直忙于其他重要工作,而没有能够完成计划,这是秋白所遗憾的一件事情。

七

一九二七年二月间,上海工人第二次暴动失败了。

那天晚上,秋白穿了一件深灰色的袍子,告诉我今天晚上要开一个中央和区委的联席会议,听听区委同志关于暴动情况的报告。

在这个会议上,大家听了身材魁梧、性格活泼的罗亦农同志和沉静、稳重的赵世炎同志的报告,分析了当前的形势,研究了工人群众的情况,大家的意见是由总工会发出复工命令,准备第三次武装起义。那天晚上,秋白睡得很迟,第二天写好了一个给中央的书面意见书——《对上海二月十二日暴动后之政策及工作计划意见书》提交给特别会议讨论。会议上对暴动问题讨论得很热烈,决定从广东调来两位同志,调周恩来同志加强军事上的指导,调陈延年同志加强江浙区党委的领导。

上海像一座巨大的火山,就要爆发了。英勇的上海工人,在中国共产党的领导下,胜利地进行了第三次武装起义,占领了上海。为了对资产阶级的策略问题,对工人力量的估计问题,对上海当时政权的组织问题等等,秋白与陈独秀、彭述之有分歧的意见,秋白就在一两个星期中,整理出自己的意见,这个意见就是《中国革命中之争论问题》的小册子。当时我在上海总工会工作,每天晚上回去读他一天里完成的手稿。这些手稿对我的思想、工作有很大的启发,使我认识到阻碍工人运动的原因是党内右倾机会主义。我看完手稿以后,他总喜欢问问我工人运动的情况;有时候他约罗亦农、侯绍裘同志在一起谈谈。他的这本小册子,对中国当时的革命运动起了很大的作用。秋白写完这本小册子以后,便奉中央命令,离开上海,到武汉去了。我不断地写信告诉他上海的情形,秋白来信要我谨慎地工作"革命前途远大,但革命道路不是一帆风顺的。"

果然,蒋介石利用了陈独秀的机会主义,篡夺了工人阶级的胜利果实,开始了"四·一二"大屠杀。那天晚上,我接到从中央转来的一个从武汉拍来的电报:"秋白病垂危,立即动身到汉。"并且收到一张长江轮船的船票。我只得提着小提箱,告别了上海,告别了战斗的工人阶级。

到了汉口我按照指定的地点,找到门牌号码,走进一座楼房。里面人很多,他们帮我把行李搬到楼上一间厢房里,告诉我:"这是秋白同志住的房间,他出去开会,中午回来。"说完,他们不等我说话,很快就走了。我心里直纳闷,既然可以开会,应该身体很好呀!

突然,熟悉的脚步声传入我的耳朵,秋白提着皮包上楼来了。他没有病,看起来比在上海活泼多了。我带着高兴的口气责备他。"为什么给我'病垂危'的电报?公私灾祸一齐来到,从四月十一号一直到现在压得我透不出气来。"

秋白没等我说完,就说:"这是组织上关心你的安全才出这个主意。"

党对我父亲般的爱护,立刻转变了我的情绪,我深为自己为党工作得太少而感到惭愧。

秋白脱下长衫,挂在衣架上说:"我们离别一个月的过程中,革命进展比一年还多。"他以极迅速的动作,从抽屉里取出几本文件,"你冷静下来,不要被革命高潮冲昏头脑。"他拿着毛泽东同志著的《湖南农民运动革命》的小册子对我说:"人人应该读几次,这是一篇好文章,你必须读。"忽然,他又以一种不愉快的语气说:"我们至今还没有自己的党报——日报,你看,这样的好材料,却不准宣传,真岂有此理! 如果自己有党报,该宣传的还是要宣传。这样重要的事情,至今还不能解决。"

我感觉到,他似乎对什么人不满。后来我才知道,秋白责备的人就是坐镇中央宣传部的彭述之。原来,秋白到武汉之前,毛泽东同志著的《湖南农民运动革命》的小册子,曾在《民国日报》上发表了一部分,便被彭述之等机会主义者停止登载。秋白到了武汉之后,很重视毛泽东同志的著作,与彭述之进行了斗争,他亲自加上序言,以党的名义出版了单行本。

秋白最后说:"你好好研究这几本小册子,这是我在武汉与你见面的礼物。"

一九二七年四月二十七日,中国共产党在武汉武昌小学的礼堂内举行第五次全国代表大会。当穿着长衫的陈独秀做报告时,代表们很注意地听着,希望他对过去的错误有所检讨,对当前的局势进行明确的分析,然而他们失望了。会议休息的时候,罗亦农走到秋白的面前,咧开嘴吐出"糟糕"两字,秋白抽着烟,长久地沉默着。

下午开会的时候,每个代表的座位上发了一本小册子:《中国革命中之争论问题》,瞿秋白著。代表们都在翻着小册子,在第二页中间写着"第三国际还是第〇国际?"下面写着"孟塞维克主义",看见这几个字,代表们笑眯眯的,也有人当场出声地笑起来——这是身穿灰布长衫,戴一副白丝边近视眼镜的恽代英同志。代英同志一边笑,一边用手帕擦着鼻子,说:"这个标题写得好,写得尖锐……"而陈独秀则很不满意,彭述之附和着说"这是见了鬼。""见鬼",这是彭述之的口头禅,他在主席台上一口咬定中国没有民族资产阶级:"民族资产阶级就等于似有似无的鬼……"秋白在散会时说:"彭述之承认资产阶级是有的,不过是'鬼',而不是人,这真是彭述之的有鬼论。可是只和'鬼'联合,而不要和人——工农联盟,把革命的领导权双手供奉给'鬼',这真是见了'鬼'!"

秋白与机会主义者针锋相对地提出了中国革命的策略问题,尤其是中国革命中工人阶级必须掌握领导权问题,为了保卫工人阶级的利益,为了无产阶级的革命事业,他与机会主义分子与托派彭述之的斗争是十分坚决的,他说:"斩首是中国皇帝的东方文化,是中国的家常便饭。但是我要做一个布尔什维克,我将服从真正列宁主义的纪律,我可不怕皇帝制度的斩首。

八

一九二八年,秋白要和我到苏联去,我们想把女儿独伊一同带到苏联,组织上批准了。到了苏联,秋白和我忙于工作,便把独伊送进了幼儿园,每逢周末去看她。

秋白知道独伊爱吃牛奶渣,每隔一星期,秋白从共产国际机关下班回来,路过店铺子,总不忘记买一些回来,带到幼儿园去给独伊吃。

后来独伊调到另外一个幼儿园,这个幼儿园是在离莫斯科较远的一个小城市即依凡城。我们去看她,要坐一夜火车。星期六晚上我们就睡在火车里过夜,并带着星期日吃的食物。在车厢里,有不少像我们一样的父母。

早晨,我们走到幼儿园的时候,孩子们排了队出来,唱歌欢迎父母,接着又表演节目给父母看。父母带来的食品玩具都放在一起,大家一起吃一起玩。然后由父母分别带领自己的孩子出幼儿园,秋白和我带着独伊到附近的森林中去。这是我们最幸福最愉快的一天,我们充分享受了天伦之乐。在这一天中,秋白是高兴的,活泼的,使他忘却了工作的紧张与疲劳,他和孩子痛快地尽情地玩着。夏天,我们在树林里采蘑菇,秋白画图和折纸给孩子玩;冬天,地上铺满了厚厚的雪毡,秋白把孩子放在雪车里,他自己拉着雪车跑,故意把雪车拉得忽快忽慢,有时假装跑不动了,有时假装摔一跤,用手蒙了脸哭了起来,这时候独伊就向我叫起来："妈妈,我跌一跤不哭,你看好爸爸跌一跤就哭了。"秋白一听这话,放开了手,哈哈大笑。孩子也很高兴,拍手大笑。笑声震荡在天空中,似乎四周的一切也都为我们的欢乐而喜气洋溢。

我见秋白这样爱护独伊,心里有说不出的高兴。秋白无论在我和独伊或其他人面前,总不使人感到独伊不是他亲生女儿。独伊从小没有感到秋白不是自己的亲爸爸。当秋白因病住在列宁疗养院时,还经常给独伊写信;

独伊,

我画一个你,你在笑。为什么笑呢?

因为你想着:

你是好爸爸和姆妈两人生出来的。

(画独伊牵着一只兔子)

小独伊:

你会写信了——我非常之高兴。你不病,我欢喜了。我很念着你。我的病快要好了,过三个星期我要回莫斯科,那时要来看你,一定来看你。我的小独伊。再见,再见。

好爸爸

秋白还写过这样一首诗;

小小的蓓蕾,

含孕着几多生命,

陈旧的死灰,

几乎不掩没光明。

看那沙场的血花灿烂,

经过风暴之后的再生。

谁道是无意中的赤化?

却是赤爱的新的结晶。

有一天,来了一位苏联同志,他是中文博士,是一九二一年秋白来苏联时的朋友。他给秋白送来两个抄本,说是秋白过去留在他家的研究拉丁字母的笔记本。从此,秋白经常和林伯渠、吴玉章同志组成自愿集合的小组研究中国文字改革问题。并写成了《中国拉丁化字母》的小册子。秋白在列宁疗养院时,在给我的信中说:"我最近又常常想起注音字母,常常想起罗马字母的发明是很重要的。我想同你一起研究,你可以帮我做许多工作,这是很有趣味的事,将来许多人会跟着我们的发端,逐渐的改良,以至于可以适用于实际工作上去,使中国工农群众不要受汉字的苦,这或许要五十年、一百年,但发端是不能怕难的。我们每人必须找着一件有趣的大部分力量和生活放进去的事,生活就更好更有趣了……"

在疗养院,秋白的精神受到了一次重大的震动,苏兆征同志在国内死了。

一九二七年在武汉起到兆征同志离开苏联前,秋白与兆征同志经常在一起商量工作。兆征同志对待工作非常严肃,一丝不苟,每在斗争重要的关键,环境越恶劣,他的工作越坚强,同志间合作的越好。兆征同志在莫斯科患肚痛病,秋白曾劝他割了盲肠以后休息一个月再回国,可是兆征同志鉴于国内革命正处任艰难的条件下,十分需要他回国工作,终于回到了上海,不久病发,来不及急救而死了。秋白在给我的信中说:"昨天接到你三封信,只草草地写了几个字,一是因为邮差正要走了,二是因为兆征死的消息震骇得不堪,钱寄到的时候,我都不知道(三十元已收到)。"

"一九二二年香港罢工(海员)的领袖,他是党里工人领袖中最直爽、最勇敢的,为何我党又有如此之大的损失呢? 前月我们和斯大林谈话时,他所关心的问题,是如何地切合于群众斗争的需要;他所教训我尤其是'八·七'之后是如何的深切。"

"我党的老同志,凋谢得如此之早呵,仿佛觉得我还没有来得及做着丝毫呢!"

此后,秋白常常带着责备自己的口气说:"我没有坚持说服他留在莫斯科,是一个不能挽回的错误。"

秋白从疗养院回到莫斯科,工作更加繁重了,身体也更坏了。有时候,他睡到半夜,从床上跳到窗前,从他的口里不断流出口水。我在这种情况下,非常着急。但张国焘明知秋白的病情,却坚决不愿分担党分配给他的工作,并且在莫斯科孙中山大学进行宗派活动。有一次,全体学生在大礼堂开会,张国焘竟公然支持个别破坏分子,主张采用游行请愿方式对待苏联共产党。当时秋白也在主席台上,他看穿了张国焘和坏分子的阴谋。在这紧张的关头,他挺身而出,对大家说:"我代表中国共产党反对张国焘的主张,在无产阶级专政的苏联,采用这种方式是犯原则性错误的。我们不能这样做。"绝大多数学生是好同志,他们拥护秋白的意见,礼堂里爆发了一阵热烈的掌声。在那天晚上,秋白和中夏、和森等同志,与张国焘在小型代表团会议上展开了一场剧烈的斗争。

从国内上海传来了一个惊人的消息,彭湃同志和杨殷等四位同志被国民党杀害了!秋白的健康情况很坏,他感觉到"我只有丝毫的精力支持着自己的躯壳",每天工作十小时以上,但由于从这件不幸消息中所产生的对敌仇恨,他仍在深夜写了《纪念彭湃同志》的文章:"上海来的电报,告诉我们,有四位同志被我们的敌人枪毙,这是使我们非常之痛心的消息啊!而且彭湃同志,也是四个里面的一个。这是一件痛心的事情,不早不迟的发生在兆征同志死了不久之后啊!……"秋白叙述了彭湃同志战斗的一生,和他对革命事业的贡献,最后写道:"彭湃同志已经死了,这是中国共产党和中国革命极大的损失啊!"

"中国的反革命——国民党,军阀,豪绅资产阶级,现在正对着中国工农的领袖的尸体,欢呼祝贺呢!可是,你们这些反革命的统治阶级,你们且慢高兴,你们是灭绝不了我们的彭湃同志、杨殷同志的。你们杀掉我们一个彭湃,一个杨殷,中国的无产阶级是会在自己的斗争中去栽培出无数的彭湃,无数的杨殷来送你们的终!我们的责任,是要完成彭湃等同志开头做了的事业!"

在纪念彭湃同志的小册子里,除却秋白写的纪念文以外,还附着彭湃同志一九二四年海丰农民运动的著作,他对这个著作和对一九二七年毛泽东同志的湖南农民运动的著作有着同样高的评价。他要求旅苏同学多读这样的著作,学习毛泽东同志和彭湃同志深入群众的工作作风,并称他们是当时群众运动最好的模范和领袖。

九

在六届四中全会上,秋白受到了"左"的教条主义宗派主义分子的打击,被排斥于中央领导机关之外。秋白在被打击之后,仍继续做了许多有益的工作(主要是在文化方面)。从这时到一九三三年的一个时期,他在上海同鲁迅合作从事革命文化运动。

秋白与鲁迅共同认为:"唯有新兴的无产者,才有将来。"就在这个基础上,他们在险恶的风浪中结成了亲密的革命的友谊。鲁迅敢于在白色恐怖最严重的时候与秋白来往,这绝不是普通的个人感情,而是阶级的友爱。由于鲁迅的关怀和帮助,秋白在被通缉的上海没有被捕,在逃难时不受饥饿。鲁迅亲自替秋白找房子,送书籍文具,最令秋白感动和喜欢的,就是从鲁迅那里获得外国文的文艺作品。其中有些是曹靖华同志要鲁迅转秋白的。《海上述林》译文的原著,是鲁迅送他的礼物。鲁迅自己的作品,也给予秋白极大的安慰,但由于反动的国民党的压迫,使秋白连看书的自由都没有,往往使他最宝贵的书来不及从敌人破获的住所中拿出来,一批又一批的失去。

有一次,我和秋白坐了黄包车,在夜里两点钟逃到鲁迅家,因为车夫的速度有快慢,一个拉到他家的前门,一个拉到他家的后门,以至同时敲着他家的前后门。进屋后我们深恐惊动了鲁迅,感觉非常不安。但是鲁迅安然地接待我们,又一次替我们找房子,又一次送书和笔给我们。秋白的文艺作品,都是在逃难时候产生的,这一次同样给了秋白一个写作的机会。秋白告诉我,这次要完成一个任务,他要写《鲁迅杂感选集序言》。他一连三天,白天装生病,在床上看完鲁迅杂感,第四天晚上开始执笔写一连几个晚上写成了。鲁迅看了很满意,从他沉默的眼光和轻松的微笑里,露出了他在检讨自己思想发展的过程,诚意接受秋白对他的批评和鼓励,忘记了香烟头烧着了他的手指。

秋白和鲁迅在一起,往往感觉夜太短。深刻的友谊的交谈,从政治到文艺,从实际到理论,从希腊到莫斯科,轻松,愉快,活泼。天亮了,彼此交换阅读写成的短文。他们对敌人沉着的作战,使秋白忘记了逃难的紧张环境。秋白对鲁迅的评论——《鲁迅杂感选集序言》,增强了革命文艺战线的力量。秋白所以对鲁迅能够做出那样恰当的评论,除了他有坚定的无产阶级立场,明晰的马列主义观点和高深的文艺修养外,还由于他与鲁迅有着极为亲密的阶级友谊,真正知己的关系和相互批评的革命精神。鲁迅曾给秋白一幅亲笔写的立轴,上面写着:"人生得一知己足矣,斯世当以同怀视之。"

在这个时期中,秋白与茅盾的来往也是比较密切的。有一天,茅盾来到我们家里,与秋白谈《子夜》的初稿,秋白很高兴地结合大革命时候的实际的群众运动,两湖农民斗争情况,畅谈他对《子夜》的意见。他们还没有谈完,我们的住宅因别的机关遭到破坏而受牵连,茅盾就把秋白带到自己家里,同住了一个时期。

秋白就在这短短几华中,在严重的白色恐怖的威胁下,在地下的流浪生活中,把自己的心血放进新文学中去。秋白这时期文学上的作品大多收集在后来由鲁迅编成的《海上述林》及其他的文集中。秋白在文学上的贡献主要表现在四个方面:马克思列宁主义的文艺理论和文艺批评,大众文艺的理论和实践、苏联文学的介绍和翻译,以及他自己的创作。

十

一九三三年秋冬之间,秋白和我从上海北四川路底东照里的一个亭子间搬到新闸路一个前楼，又从这里搬到俄国公寓，又从俄国公寓搬到上海英租界某里的一个前楼，秋白在这样搬来搬去十分不安静的条件下，仍旧能坚持每天十小时以上的译著工作。党刊上的一些政治论文和《瞿秋白文集》内的马列主义文艺理论以及普希金的《茨冈》等，就在这一时期内写作或翻译的。他一向不肯放松时间，他热爱工作已成为自己的习惯。

一天晚上，有一位同志来到我家，对秋白说："中央有电报来要你去中央苏区。"秋白毫不迟疑地回答："想去很久了。"他沉静地点燃了手上的烟斗，问："之华可以同去吗？"那位同志迟疑了一会，回答说："我可以把这意见反映给组织。"第二天，那位同志又来了，一谈到我的问题时，那位同志这样回答："之华去苏区的问题，要等有人代替她的工作才能走，请你先走吧！"

这样决定之后，秋白大部分的时间和精力都用来整理他自己三年来在文学方面的译著，而我在工余时间，为他准备去苏区的行装。当时我担任组织部的秘书工作。有时他看见我工作忙，就放下自己的工作来帮助我。

在将要动身去苏区的前几天，他有这样一种不可遏止的愿望和要求："我要和鲁迅、茅盾告别。"他对在艰苦环境中并肩作战的友人怀着无限深厚的亲切感情，这种感情是我所了解并能深刻地体会到的，我就这样嘱咐他："路上小心些，今晚去，明晚回来。"他听了我的回答高兴极了，在他的眼睛里突然放出了愉快的光芒。第二天晚上，他回来了。他走起路来总是轻轻地，使人不容易听出他的脚步声。当我听到开大门的声音时，心就平静下来。看到他满脸笑容地出现在我的眼前，仿佛年轻了许多，我也和他一样高兴。他对我说："要见的都见到了，茅盾和鲁迅身体都好，海婴也没有病。鲁迅和许先生睡了一夜地板，把床让给了我。"他带着微笑，表现了他的满意和抱愧。顿了一顿，又说；"感谢你，亲爱的。"这是他在不自由的地下生活里，一旦能出去一下，回家来经常喜欢说的一句话。不多一会，他由愉快逐渐地进入沉思，不断地吸着烟,烟斗头上时而发出嗞嗞的声音,烟雾一股股地在灯光下浮动。他平日是不爱多说话的,这时好像有千言万语无从说起。我体会到他内心离别的感情,就打断了他的沉思:"我替你买了一个杯子,还有你需要用的十本黑漆布面的本子。"他就很满意地接了过去;收藏起来了,这是他平常写文章时候最喜欢用的本子。

在别离前一天,我参加了整天的会议,会场就在楼下,上楼也很方便,每当休息的时候,仿佛他等着要见我,而我也一样要见他。在我们的房里除卧铺书桌椅子以外,没有多的东西,已经整理好的一只衣箱摆在房间角落里。他的书桌向来都是非常整齐的,今天虽然多了些书和正在整理的稿子,但依然很有条理。他叹着说:"可惜《茨冈》尚未译完,来不及完成了。"他拿起稿子又放下,自言自语地说:"随身带去又不可能。"过了一会他又说:"我最遗憾的是一九三一年住在紫霞路六十八号时写成的驳斥叶青谬论的稿子被遗失了,这部稿子有七八万字,花的心血确不少,失去后再也找不回来,实在太可惜。"

我的工作是在白天,他的工作往往在深夜。在静悄悄的夜里,他弯着腰低着头伏在书桌上辛勤地工作,已成了他多少年来的习惯。但这一夜却与往常不一样,我在睡梦中不断醒过来,也不断地见到他绕着我的床踱来踱去,或者坐在椅子上沉思抽烟,安静的夜并不能安静他的心。快要天亮的时候,他看见我醒了,悄悄地走过来,低下头,指着书桌上的一叠书说:"这是你要读的书。"又把十本黑漆布面的本子分成两半:"这五本是你的,这五本是我的,我们离别了,不能通讯,就将要说的话写在上面罢,到重见的时候,交换着看吧!"

他一夜没有休息,但精神还很好。我们谈着当前的工作,也谈着离别以后的生活。我发现他一直为分别后我的生活担心,为我的安全担心,我就像小孩子似的轻松地对他说:"不要紧的,过去离别几次不是都重见了吗? 这次当然也一样!"他说:"我们还能在一起工作就好了!"我说:"组织已经答复我们,等找到代替我工作的人,我就可以走了,我们会很快地见面的。"他突然握住我的手说:"之华,我们活要活在一起,死也要死在一起。你还记得广东某某同志夫妇一同上刑场的照片吗？"我紧紧地拥抱着他说："真到那一天也是幸福的！"

他愈说愈兴奋了，在他的脸上充满了对共产主义事业的信心，他很坚决地对我说："我一旦被捕，受到审判的时候，就这样回答他们：'你们不配审判我，我要审判你们！'"他的坚强的意志，热烈的感情，无形中给予我一种不可摧毁的内在力量。

这一天的晚饭比较丰富，在一起工作的同志们各出一元钱，叫了个菊花锅，买了几个苹果，大家很愉快地给他送行。夜十一点他离开了寓所，我送他出门，他尚未走到里弄口，又在白雪纷飞的路灯底下回到我的眼前。

"之华，我走了！

"再见，我们一定能重见！"我很自信地回答他。

我又送了他一段路，一直看他的影子消失在黑魆魆的大街尽头，我才回到自己的房间，看见了他的整齐的书桌，和书桌上的笔墨钢尺。很触目的是他替我做好的半年读书计划，和准备我读的一叠整齐的书，其中有一本斯大林同志著的、他自己翻译的《列宁主义问题》。我抬头看着房间的周围，墙上挂着他穿过的一件破单衣。这一切东西很自然使我感觉到，似乎他已离开了我，也似乎他还没有离开我。当我脱了鞋子上床时，看不到那个弯着腰低着头伏在案上辛勤写作的秋白，才明白他确实离开了

过了半个月，接到他托人带给我的一张小条子，上面写着："我将到我们的老家，很快会看见亲兄弟，那是一个不可想象的天堂！快来！"

十一

一九三四年底，一个大雪纷飞的黑夜，因为鲁迅有病，我跑去看他。我从大陆新村的后门进去，走上熟悉的楼梯，在二楼的房间里，我看见鲁迅坐在火盆边烤火，他的头发、胡子很长，脸消瘦得厉害，眼睛深陷了进去。他的清瘦和脸上阴郁的气色使我吃惊。我坐在火盆旁边，问他

身体好一些了没有？他并没有回答我的问题，却问我："听说秋白在苏区病死了，这个消息确实否？"我告诉他，我没有听到什么消息，恐怕不会吧。他要求我："把消息打听清楚后告诉我。"他又关切地嘱咐我；"你自己也应多加小心。"后来，我写信给他，告诉他秋白并没有牺牲。

从这以后，机关被破获的越来越多，苏区的交通也断了，困难更多了。为了鲁迅的安全，我决不再去看他，到了第二年一月，我的住宅也被搜查了，在上海的机关几乎百分之九十以上被破坏。有一位住在机关的老太太把我从搜查过的机关中接了出来，在她的亲戚家碰到了杜延庆同志，他要急救一位同志出医院（因为机关破坏被牵连到医院）但没有钱，我就写信给鲁迅，从他那里取来五十元，帮助了一位同志就没有被捕。我和杜延庆等商量为了隐蔽自己，并在工人群众中建立党的组织，我和杜延庆同志在群众的帮助下，都参加了生产，我投考英商班达蛋厂去作工。不久，我知道鲁迅在找我，叫我赶快去拿信。我因为自己去他家不妥当，托了一位工人代我去取回来信。信是从福建寄给鲁迅的，大概的意思："我在北京和你有一杯之交，分别多年没通消息，不知你的身体怎样，我有病在家住了几年，没有上学。二年前，我进同济医科大学，读了半年，病又发，到福建上杭养病，被红军俘虏，问我做什么，我说并无擅长，只在医科大学读了半年，对医学一知半解。以后，他们决定我做军医。现在被国民党逮捕了，你是知道我的，我并不是共产党员，如有人证明我不是共产党员，有殷实的铺保，可释放我。"信尾署名是"林其祥"，这里秋白暗示他当时的入狱情况和口供。

秋白被捕了！怎样才能搭救秋白？怎样才能多知道他的情况，再和他见面？我一面工作，一面想尽办法找铺保。整夜整夜地睡不着觉。杜延庆也和我同样地奔忙着，设法找铺保。终于，我找到牧师秦化人，他说他有一个开旅馆的朋友，答应为秋白作保。在这时，周建人先生又拿了秋白给他的一封信给我看，信中写他在上杭被捕，在狱中衣单薄，夜间很冷，食物又少，受冻受饿，管监狱的告诉他：如有殷实铺保或有力的团体可以保释。看了这封信，我亲手给他做了两条裤子，鲁迅又一次送来了五十元给秋白用,我把这钱连同铺保一起从邮局寄去了。

第二天,报上以巨大篇幅登载了秋白被捕的消息,我一看报,知道秋白不能活了,马上派人去看鲁迅先生。那人回来告诉我,鲁迅木然坐在那里,一言不发,头也抬不起来了。后来周建人先生来看我,说鲁迅转告我一个消息,当秋白被捕后,国民党在南京召开了中央高级干部会议,讨论究竟要不要杀死秋白。蔡元培提出来像秋白这样有天才的人,在中国不可多得,主张不要杀他,但戴季陶等国民党反动分子坚决要杀害秋白。

过了几天,有一个人跑到我母亲家里,说秋白有信给我哥哥和我,我哥哥不在上海,这两封信,他一封也不肯交出来,只说秋白"自首"了。我妹妹跑来找我,我心里已经明白了,对她说:"秋白决不会自首,那是个坏蛋。你不能再到我这里来。"并告诉她,如有可能,最好把两封信骗下来。

第二天,我妹妹拿来秋白给我哥哥的信,信上写着:"我的事想你们在报上已看到了,我要和你们永别了。之华是我生平唯一的知己,或者她也被捕,我知道你们是不会知道她的下落的。但我要留最后一封信给她,想你们也没有办法转给她,那么,就请你们投寄给叶圣陶先生作为写小说的材料吧!望你们保重。"

秋白给我的最后一封信,那个坏蛋始终不肯交出来,并无耻地欺骗我母亲说:"秋白自首了,他要我亲手交给她,这封信不能由你们转交。"他拿着那封很长的信,在我母亲眼前晃了晃。

我相信秋白,正像秋白相信党一样。我记起秋白在白色恐怖严重的时候,我们常常谈到被捕和死的问题。秋白说:"我们的不自由是为了群众的自由,我们的死是为了群众的生。""被捕在革命中是难免的,反真理的人不配审判为真理而斗争的人,到那个时候真理要审判反真理的敌人!"秋白是一个坚定的共产党员,决不会背叛他的信仰的,虽然我渴望看到秋白给我最后的一封信,但是,我不能上敌人的当,终于拒绝去取秋白这封最后的也是最宝贵的信。

十二

秋白和我们永别了。为了真理,为了共产主义事业,他英勇地献出了自己的生命。

后来,在延安,在晋绥,在太行,在晋察冀,直到进了北京,遇到了许多过去和秋白在一起的老同志,从他们那里,我知道了一些秋白在苏区以及被捕牺牲的情形。

秋白到达中央苏区瑞金后,担任中央工农民主政府人民教育委员兼苏维埃大学校长。那时兼任苏维埃大学副校长的徐特立同志对我说:"秋白同志对教育工作十分负责,苏维埃大学直接负责人是我,但他关心政治教育的每一课程,和每一次学习讨论。他那样衰弱的身体,在十分艰苦的生活环境里,由于他认真工作,一切困难他都忘却了,精神上十分愉快。"

真的,有不少同志告诉我,秋白在苏区是很愉快的。当时中央各部门相距三五里至六七里路,相当分散,秋白学会了骑马,经常穿着我做的一套衣裤,戴着我亲手制的绒线帽,扎起裤角,骑一匹黑马奔驰,同志们见了都很欣喜,说:"秋白同志年轻了,完全变了一个人,多么活跃!"他非常诙谐健谈,使人感到亲切,同志们都喜欢到他那儿去。他住的房间,用床隔作两间,一半算是办公室,一半算是卧室,有时他发着烧,还坐在床上,滔滔不绝的谈问题,有的同志说"想不到那么严肃的秋白同志,竟这么和蔼可亲,平易近人。"当然,生活在自己的政权下,踏着自己的土地,呼吸着自由的空气,心情怎能不变呢?

秋白的生活和大家一样,是很艰苦的。敌人对苏区的"围剿"和封锁,苏区的粮食和日用必需品是很少的。为了支援前线,后方的油盐少得很。徐特立同志回忆当时的情况说:"当时粮食是按人分配,每人十四两到一斤四两米,为克服困难,每个党员和群众都自动节省粮食。我是一日十四两米,秋白同志吃多少我不知道,只知道节约委员会批评教育部节约得'过火'。有一天我到教育部去了,他留我吃饭,说某同志送给他几两盐,请我吃一些有盐的菜。"邓颖超同志很关心秋白,送几个鸡蛋或几张糖饼给他吃,而他总是拿出来请客。

在长征前,秋白以为自己也和大家一样,会参加长征的,他整理好自己的行李。但组织上决定他留下来,在后方隐蔽工作。为了和老同志话别,秋白请了李富春、蔡畅、刘少文、傅连暲等同志吃了一顿饭。在饭桌上,大家心里有许多话要说又没有说出来。沉默中,秋白举起一只酒杯向大家说:"这酒杯是之华在白区临别时给我的。"秋白的神色很黯然,默默地与同志们握手告别了。

长征出发时,徐特立同志经过沙洲坝,去看秋白。时间很匆促,两人没有多谈。秋白预见着长征有许多困难,便把自己的好马和强壮的马夫换给徐特立同志了。徐特立同志说:"当时我们都以为红军出来不久必仍回苏区,我和秋白同志在此永别是我意料不到的。"

因为负伤而留在医院里的陈毅同志,第二天碰到了秋白,问他为什么不走。陈毅同志爱护秋白,愿意把自己的马给他,劝他赶紧追上去,跟着队伍出发。秋白告诉他组织上决定自己留在后方。秋白说:"我服从组织的命令。"

一九三五年二月中旬,秋白和邓子恢、何叔衡等同志,由几十名武装保护离开了瑞金,化装成老百姓,来到福建省委所在地。到了这里,他们才知道还要到汀杭中心县委,然后,子恢同志去永定县,而秋白将经潮汕前往上海。走了四五天,至水口五里桥小径牛庄岭附近,天下雨了,一行人便到一个老乡家里去休息。这时,忽听得两声枪响,有人出去探望,被民团发现了。秋白等立刻离开老乡家里,过羊角溪上山,到了山顶。这时,伪保安第十团团长钟绍葵已派了四连武装部队围住了山。秋白对子恢同志说:"为着苏维埃,流最后一滴血是光荣的。"后来,子恢同志提议突围,由何叔衡同志先混下山,子恢同志最后下山。何叔衡同志在乱枪下被打死了。秋白因不能走路,被敌人捉住了。子恢同志是本地人,熟悉本地情况,逃出了险境。

秋白被捕后,没有暴露他的真面目。第二天,他被戴上手铐脚镣,送到上杭县匪部监禁一月余。鲁迅和周建人先生得到他的信,大概就在这时写的。这时他还有一线生存的希望。

匪三十六师师长宋希濂这时收到蒋介石的电报,说秋白已被匪三十六师逮捕,要他即时把讯核情况上报(据说,从秋白离开苏区时,就有托匪向蒋介石告密)。宋希濂这时还没有发现秋白,就决定各团把俘虏的姓名、俘虏地点以及相貌特征分别详细造册,送到师部。敌人从表册上看到"林其祥"是江苏人,四十岁左右,军医,人单瘦,谈吐文雅,以形迹可疑被捕,由于听说"林其祥"在苏区人民教育委员会工作过,便将他送到福建长汀匪三十六师师部。

据说秋白被解到长汀后,曾被敌人讯问用刑多次,都没有暴露。后来,匪徒发觉在被囚押的人中,有一个十七八岁的陈姓青年,曾在中央苏区人民教育委员会当过收发,因而想出一条诡计,设法使陈姓青年与秋白骤然相遇,以观察他们的表情,辨别到底是不是秋白。

这天,匪徒把秋白带到一间房子里,又秘密使人把陈姓青年带来。陈姓青年迈进门槛,突然看见了秋白,脚步骤然停住,脸上露出惊异的表情。匪徒奸猾地说:"原来你们彼此都认识么?"秋白马上从椅子上立起来,哈哈笑着说:"这算是演了一幕很滑稽的戏!"随又说:"我的事你们都知道了,不必再问。"

蒋介石命令他的匪徒,千方百计引诱秋白,劝秋白投降,写"反省书"。秋白坚决地拒绝了匪徒们一切威逼利诱,他说:"我为了党、为了人民,应把革命坚持到底。"再来劝他时,他就岸然回答:"人爱自己的历史,比鸟爱自己的翅膀更厉害,请勿撕破我的历史!"

在这期间,秋白写了许多诗词和一本《多余的话》,都被匪徒们拿走了。有一个敌人的军医请秋白在他于狱中所拍的照片上题词,秋白写道:

> 如果人有灵魂的话,何必要这个躯壳!
> 但是,如果没有的话,这个躯壳又有什么用处?

这并不是格育,也不是哲理而是另外有些意思的话。

瞿秋白

一九三五年五月

摄于汀州狱中

这几句话,表现秋白有高度乐观的共产主义人生观,只要对革命有利益,个人生死完全可以置之度外,永远地忠实于党的事业。

敌人用尽了一切手段,丝毫不能摇撼秋白坚贞不屈的革命气节。蒋匪下令:"劝降不成,就地枪决。"当匪徒们拿出蒋匪的电报给秋白看时,秋白只淡然一笑:"为革命而死,是人生最大的快乐。"并说:"一个革命党人很难得一个休息的机会;被捕监禁,不过是暂时的休息,'死'才是给他一个安静的长期的休息。我们革命党人的哲学,就是鞠躬尽瘁,死而后已。"他们听了,也不禁脸红耳赤,肃然起敬。

在执行死刑的前一天晚上,秋白依然笑容满面,一如平日。第二天——六月十八日,匪徒们在长汀公园设了一席菜饭,请秋白午餐。秋白吃罢饭,引吭高唱《国际歌》和《红军之歌》。然后,他慢慢步至刑场,神色不变。临刑前的一刹那,监刑的一个国民党员笑问秋白:"如果杀尽了共产党人,革命便可成功了。"秋白笑着说:"共产党人是杀不尽的。没有共产党人,革命是不会成功的。"说完,秋白走到一块草坪上,坐下来,点头微笑,对刽子手们说:"此地很好。"

枪声响了。

下午,秋白被埋在长汀西门外罗汉岭盘龙岗。

(此文是在业余时间随想随写的,很不成熟。在文字上,南新宙和周晔两同志也出了一部分劳动,我在这里特致谢意。)

——作者

(原载《红旗飘飘》第8集,1958年)

怀念革命诗人柳亚子

——为纪念柳亚子先生逝世周年而作

　　杰出的革命诗人亚子先生离开我们已经一年了。他那种对旧时代敌人的仇恨和对创造新社会的革命志士的热情，却伴随着他的不朽的诗篇，永远留给后人，象苍劲的松柏一样万古长青。

　　亚子先生是中国共产党人的老朋友。记得在1926年前后大革命的日子里，我们在上海常在一起开会，当时他就很靠近共产党，跟共产党合得来。他比我们这些年轻的共产党员、共青团员年龄高，但他经常和我们一起战斗。他亲近我们，我们也亲近他。他曾邀我去参加吴江国民党县党部举行的孙中山先生逝世周年纪念会，他在这次会上所做的拥护共产党的演说和他后来长期和共产党站在一起为革命努力的行动，烙印在我的心坎上。1946年，我从新疆回到延安，在枣园的客厅上看到亚子先生的诗，很想快些能见到他。终于在1949年3月17日夜，在石家庄附近的火车餐车上突然见到了。这是阔别多年后的相见，我和亚子先生都感到又高兴又沉重，很久说不出话来。高兴的是北平解放了，国民党反动派的政权已经日薄西山，全国人民翻身的日子到来了，沉重的是多少共同熟悉的革命志士已经捐献了自己的生命。我和亚子先生当时不禁回忆起同一件事，那就是在1935年4月，我在上海为营救秋白而请他帮助的事。他知道无能为力，用铅笔写一张条子给我说："接来信，怅然。孙夫人被监视，我亦一样。心有余，力不足，事与愿违。千万保重身体……"寥寥几个字，流泄着他的内心因为帮助不了革命友人所感到的何等遗憾和痛苦。我一直感激他在患难中不忘旧友的情谊。这次在火车上相见，他流着满眶的热泪。到北京之后，隔了二

天,他就送我几首亲笔写的诗,其中一首说:

太息王丞相,无由救伯仁。遗书问真赝,热泪总酸辛。犹见偕亡史,相怜后死身。恩私何以报,尽瘁为斯民。

诗里的真挚感情,是令人感动的,同时也表明诗人有志于为人民事业鞠躬尽瘁。

亚子先生一生大部分处在旧社会的压迫之下,在精神生活上受到反动派许多折磨。所以在他的诗词中怀着对旧社会牢骚满腹,响亮着他一生不平之鸣。可惜他的健康不容他多活下去,不然的话,他以他的火热的感情、豪迈的才气和卓越艺术修养,他将能够为今天令人鼓舞的新时代写出更多灿烂的诗篇!

写于亚子先生逝世周年纪念前夜

(原载《光明日报》,1959年6月21日)

杨之华同志谈萧山农运

一九二一年下半年，沈玄庐（定一）叫我到萧山办"农村学校"。浙江萧山的农民运动，就从这个"农村学校"开始。"农村学校"（小学）设在萧山衙前沈玄庐家，经费也由沈家负担。教员都是浙江师范学校出来的进步学生，有宣中华、徐白民、唐公宪和我等（后来宣中华、徐白民都是浙江党的负责人）。与这个学校有联系的，还有一个"继之小学"，这是一个周姓地主祠堂里办的学校，吸收本族子弟上学，在性质上写"农村学校"不同，但"继之"的教员中比较进步的，则与"农村学校"的教员很接近。

"农村学校"从一九二一年创办，至一九二三年我离开该校止的情况是这样的：

"农村学校"只吸收农民子弟入学，学生书籍、纸张全由校方免费供给，学生一百余人，逐年增加，全校分五班，学校里讲一些工人运动和农民方面的问题。"农村学校"的教员，还经常对农民宣传减租减息、抗捐抗税的道理。一九二二年"五一"节时，农村学校利用民间风俗，给农民发了一种糕，在糕的上面印有"五一纪念"等字样。一九二二年夏，农村学校发起搞了一个全浙江夏令营（地址借用春晖中学，该中学校长经享颐，当时思想较进步）。集中浙江小学教员一、二百人，宣传马克思主义，系一个"马克思主义研究会"的性质的训练班。到年假时，又办了一个"小学教员教学研究会"，性质与前者相似。

一九二二年年底，萧山衙前乡及附近的农民，举行了一次抗捐、抗租示威活动，有一二千人参加，这次运动，主要是由小学教员领导的。农民领袖李成虎，在运动中被捕，死于狱中（现在衙前还有他的纪念碑)。李死后,我们为他开过追悼会。这事发生后,农民有点害怕,从此我们也只能教我们的书。

浙江成立共产党的组织,我记不起在那一年。一九二一年至一九二三年间萧山农村学校和农民抗捐抗税等活动,并没有共产党和青年团的组织在进行领导,但可以说是共产主义知识分子在进行领导。我于一九二二年到上海,参加社会主义青年团,不久即回萧山,继续当教员,在教育界方面,宣中华等与我在一起仍有一些活动。

(编者按:此稿系陈修良同志提供的。据注:曾经杨之华同志本人过目。原载《浙江文史资料选辑》第 13 辑,1979 年)

文尹回忆录

两个待遇

因为我是一个女孩子,所以一家人之中,除母亲来注意我缠足之外再没有替我打算别的了。虽然请一位家庭教师,然而我是例外的没份,因此我就比哥哥自由一些。他在幼年有奶妈管束他,他被管束得像一个姑娘一样,后来就有先生来监督他了。我呢,每早起床母亲就来替我缠足,先把一丈长的包脚布拆开来,我的脚抖动了,仿佛全身觉得不舒服,很自然地眉毛紧锁了起来,母亲立刻递过一个白眼来,仿佛她暗示我,警告我,不准我反抗。

"妈妈,小脚趾旁边的血看见吗?肉烂了呢,我痛……"我哭了,不敢作声地哭了,我的脚又缩了一会。

"我小的时候,着实要烂得厉害,要好看,要不听公婆的骂,总得熬熬,动着叫痛,哪会小呢。脚上又不是血是红蜡烛油……"她不但没有一点怜惜我反而咕哩咕噜地咕了一大套。她很耐心地拿白矾粉撒在每只脚趾缝内再将红蜡烛油涂在烂肉上,又把布紧紧地包起来,还拿针线来缝好,之后就开始疼痛。我的脚发热,痛得简直不能走一步。

为了这件事我恨他,我还恨别人,因为我痛的时候去请求她们带我放松一下,不但没有得到允许,反而去告诉母亲,于是又一场骂。后来我就想了另外一种方法,缠完了脚就到书房门口去哭,哭得那位教书先生不耐烦。他虽然有五十岁左右的年岁,然而他似乎比起母亲来要开通得多,他对母亲说:

"外边女子已经不行缠足,把她解了罢。"话虽说得很轻,但是效果倒是蛮大。因为母亲对于先生很客气的，先生说了她觉得很不好意思。之后，她替我解开了，然而这是出于不自愿的，简直是恨我而解开的。缠过的脚如果很快地解开就非常之痛。这时候不但是痛而且要看白眼，还不只看一次，看一天，实在难受。过了几天她高兴了，又来替我缠脚，缠了再哭，哭了再解，解了再看面孔，这样我的痛苦不断的了，而脚始终缠不小了。别人都叫我"脚像菜刀的毛姑娘"。我喜欢跑到田野去拔官司草，拔了来同别人吃官司。我还常常跑到附近的村庄里去，挨家挨户地闯人家。回来的时候，麦糕呀，豆呀，鸡蛋呀，装满了衣兜，这些东西都是村子里的农家妇人送给我的。哥哥在书房里听见我的脚步声立刻想了法子偷偷地跑出来。

"喂，给我点吃罢……"他的声音很轻，头向后看着书房门，很狼狈的样子："快些！……先生要来了，快些，快些！"我并不拒绝地给了他，然而心里有些不平。"你每天有好东西吃，细糕细点都是你的份，你为什么不肯分些给我吃呢"……然而过了一忽儿也就忘记了，不过我时常羡慕他，时常对别人说：

"哥哥有福气，因为他大了，有麻雀，我再过一两年也会有麻雀，也会像他一样的有福气……"这些话我在六七岁的时候时常对别人对自己说的。我看见别人笑我，我就生气，因为他们的笑声和眼光里，仿佛包含着阴毒的讽刺，所以我总不喜欢在家，只要父母不闹架，那我就到处乱跑，后来别人都叫我"野大姑娘"。这些绰号慢慢地传到母亲的耳朵里，她动了气，只要我一回家，她总没有笑脸对我的。我还是照样地跑出去，可是我怕回家。有一次我在外面烫坏了手，知道回去不得的，后来别人送我回去，讨了一场打。从此把我关进了书房。这并不是要我读书，而是要我坐监狱。哥哥有书、有笔、有砚台，而且一切都是新的，连衣服也是新的，而我都没有，只是孤零零地坐在墙角落里。也没有人来理我，我不敢作声地哭了几天。后来先生给我一本三字经，一天教我两句，而母亲对先生说："女人用不着读书，野不过，关关够了。"既然这样，自然先生对我一切从宽，对哥哥就不然。看野眼，不写字，不读书，只要他的举动不照先生的意思就要听骂声，一个不小心，就"拍"的一下，他常常被先生打的。我进书房零碎算来也有一年，但是不识字也不写字，只唱完了一本三字经，一本百家姓。总之在家里和在书房里都是一样的看我不起，不要我正经读书的，例外的"优待"也是侮辱我之中的一件事实。我也被先生打过一次。这并非为了我的读书而是为了哥哥跑到施粥场去（这是所谓每年必做的"慈善事业"）。施粥场离家约有半里。先生在那里找到了哥哥，就把他倒拔辫子拖回家，他在路上拾了一根棍子，沿途打来，打到书房来的时候，我在里面听见了棍子声，哭声，叫声和先生的愤怒的骂声。之后看见鲜红的血从哥哥的头部手部流下来。哥哥双手拜着先生，哀求先生，我忍不住急得又哭又求："先生！不要打他了，宁愿打我罢！"立刻在我的头上重重的棍子鞭打了起来。我双手捧着头，于是手上也出了血。地板上的尿流成小河似的。在当时倒也并不觉得羞耻。从此，我恨死了这位先生，母亲和父亲到第二天还备了香烛要我和哥哥去认不是，据说他还是我们的太先生，要特别敬重他。我可不愿再去敬重他了，还想驱逐他出去。结果，我的哥哥还去下了跪，逼他去的。两年之后哥哥进了本县高小学校，而我呢，依然做着"野大姑娘"。

父母

人人都说人在幼年时代是最快乐的，我也竭力地想着那时候的我是否像人们所说的一样，然而没有，一件都没有。这也许因为我的家庭是"肃俗"的，我差不多一直在父母之间的恶劣的感情之下长大的，一家人之间，父亲和母亲或者伯父和伯母，在一切来往着的人与人之间似乎只有仇恨。往往为了极小的事情，就相互猜忌，生气，拍桌，打架。我讨厌、烦恼、受惊，然而我无法逃避。我不满意一切人，我在他们或她们之间除了贪心、狠毒、谎骗之外再也找不出什么。在那时候，我没有大的幻想，只有一个希望：也许使我离开这里要好些，然而我不知道到哪里去才好。

我们的远亲陆伯伯常到我家来,他是一个茧商。我的父亲因为他的关系也做起这行生意来了。利用祖父的遗产把几所原来租给别人的茧行收回来。每到春天就"开秤收茧",先是自己拿出本钱来,后来范围扩大兼做"抛茧生意"——就是从上海的洋商那里拿了钱直接送到乡下收买农民的茧子。我很记得一包包的现洋从上海运去,两个人一担,这样的有几十担,"哼子呵子"挑上岸来,两旁有带着枪的兵士押送。于是乎镇上就热闹了起来。我也时常跑到茧行里去玩。"开秤"的时候,行里面的人很多,有先生们(职员)"看茧的"工钱最大,其次是"秤茧"的,大手和副手,再其次的是供茧的工头和男工,还有许多"剥茧的""拣茧的"乡下女人和年青的姑娘。自然她们的工钱比别的人要少得多。这都是每年一季的临时工人——"茧市"完了结束了,他们又得另外去找饭吃。鲜茧上市的时候,我的父亲大忙而特忙,一面管理茧行里的总的事务,一面要招待从上海去的朋友。母亲也一样的忙碌——她每年都喜欢养蚕,而且养得很多,有些茧子卖到茧行里去,有些拿来做丝,做丝工人也是从外边雇了来的。乡下人每到年底的时候一个个的来求我母亲,"兜揽生意"——其实是预先贱买自己的桑叶,十元、廿元的借去,这叫作"完叶"。乡下人要钱用的时候,他们顾不到明年桑叶的贵贱以及自己养蚕的准备了。只要立刻钱拿到就轻松了。母亲似乎装出不大愿意的样子。然而乡下人像饥饿的猫一样跟来跟去,跟进跟出地缠住了她,可怜的苦求着:

"太太,定了四担罢,先付一半钱"。

"今年要钱的时候是这样好讲话,到了明年剪叶的时候又要'欧支疙瘩'了。又要差地保来追叶,真讨厌,我没有钱定叶,今年的丝价又不好,我的丝还搁在那里呢!"

"太太!量大福大,看穷人面上,定一点罢,如果明年叶剪不够,或者叶不好,那我就来替你白帮蚕忙……"他露出发黄的牙齿强作苦笑地说。

"没有钱,没有钱,你看家里开销这样大,老爷一点也不管,甚至也来逼我要钱,那里我是钱庄银行呀？我实在没有钱。"她摇着头管自己坐下来做针线。

"你太太,一向是照应穷人的,年底里总肯救个把人的,这世做人好,下世还要好,便宜点,定了几担罢,多多少少。"

母亲虽然不是钱庄,也不是银行,但是她身边要拿出几十块钱还是有的,并且她早已把这笔定桑叶的款子准备得好好的了,她不过想定到更便宜一些的桑叶,所以她对于每一个来苦求的人,总是左不答应,右不答应,要逼到最低廉的价钱才答应,而且敲钉钻脚地要拿他们的抵押品。

她在春天蚕事一起,忙得拼命的了,甚至几夜不睡也不要紧,对于蚕比她的子女还要爱护,叫它"宝宝",不准任何人说半句不吉利的话。她除了蚕事之外,还要"抢着"父亲行里的工作,她不许父亲把蓝袋给别人去缝,一定要他拿回来叫我和其他女相人来练,缝一只可以拿一角大洋。她告诉我："在家里做做并不丢脸的。"她的私房就这么积蓄起来,瞒头按脚的去放高利贷。

祖父是米商,"心善志高"的。他有两个儿子,三个女儿,我的父亲是最小的一个,自小就宠养惯的,不知在什么地方学会了吸鸦片,他简直是家庭里的王太子,种花木,养金鱼,骑马,打鸟,生气的时候就同母亲争闹。他很要面子,对人不肯小气,于是用度很大。祖父死后,他与大伯父争夺遗产,分家就足足分了三年。自从他做茧商之后,每年一次到上海。上海人的消费的方法他都学到,嫖堂子呢,据说是"生产的来源",非嫖不可,非有"应酬"不可,以至于非讨小老婆不可,于是在上海设立"公馆"。他的生意由开茧行而进到办丝厂,这是和朋友合股的。他本是一位土少爷,并不懂得生意经,常常受别人的欺侮,上别人的当。钱从家里就川流不息地往外流,自然在市场上中国丝又竞争不过洋丝,而较小规模的丝厂的生产品也不及大丝厂所出的货物。总之,年年蚀本,年年卖沙地,沙地不但出卖给别人,而且被钱塘江吞没了许多。后来他懂得生意经,但是已经到了破产的时候。父亲是这样,而母亲,她的"哑子吃黄莲说不出"的灾祸也来到了。因为她用了几年的工夫把放在农民手里的零碎债,渐渐地讨回来,渐渐地集中在一作坊里,每年收利较多也较便当,然而那位作坊主人突然逃走了。于是弄得全镇的女人们——有的是当老妈子的,有的还是小孩子——大小债主都弄得死不得,活不成,既丢了自己的"生命线",又不能在自己的丈夫面前说出口。这都是所谓"私房"呵。这样一来,才知道那位作坊老板是个专收女人"私房"来营业的。这个消息很快由乡里传到了上海,而父亲也知道了。父亲回家自然大发雷霆,而母亲只得沉默泣。自然镇上的那些时常来哀求母亲的穷人幸灾乐祸地微笑着——应当笑,笑得很好。

家庭的破产,已经在我离开父母之后。而我的幼年生活却在周围的烦恼、吵闹、互相怨恨和谎骗之中过去了。当时的印象似乎是这样:每个人应当贪心、狠毒,应当压榨别人,然而又应当慈善、怜惜,受另外一些人的压榨……这些所给我的,只有恐怖,惊慌,可怕的黑暗和莫名其妙的重压。此外,还有什么呢? 所剩的,是父亲的少爷式的痴呆,母亲的放高利贷的"热情",总算和我没有什么缘分。

我的读书

我的读书完全是出于偶然的,有一天那位陆伯伯又为了生意到我们这里来,他看见我,对我的母亲发了些议论:

"从前我同你一样反对女人读书的,可现在我在外边跑跑,觉得世界不大同了。女人读书自然也有点道理。至少对于自己的丈夫有些帮助。我的女儿最小的一个,已经进了学校,在杭州。我劝你对猫姑娘的嫁妆可不必急于去预备,倒是送她进学校,较有益处呢……"

母亲绉了绉眉毛,慢慢回答了他:

"是的,说起她读书,我有些懊悔。不是从前在家里请了教书先生吗,那时候,我没有打算给她读书,现在那么大了,还不会写字,就是识的字也极少。你伯伯说的话很对。不过要出远门去,还要过一条钱塘江,我实在不大放心。你伯伯也知道我的胃气病全靠她在旁边看护的。自然为了她应该去读书。将来嫁个好丈夫也是我家的面子。"

我在旁边听了他和她的议论,无目的地笑了起来,仿佛有些奇怪——怎么我也会被他们注意起来了? 这是我第一次感到幸福。陆伯伯时常拖着清水鼻涕,死板地捧着水烟筒,吸烟,说话老气。我一向有点讨厌他的,可是今天不同,似乎在我的视线中渐渐对他发生了一种敬意和好感。是的,他关心我,然而同时使我害怕。因为自己的年龄不小了,还不会写自己的名字。别人说的许多进考场的故事,立刻在脑海中演出了许许多多的恶鬼,过意地作弄人,一件一件地在我的眼前飞了过去。也许我是女人,鬼和人一样地看不起女人,马马虎虎的像从前我进书房一样的容易罢。于是我又好奇地要求母亲:"姆妈,让我去试试看,我要同陆家姐姐一起去投考。"

母亲居然答应了我。陆伯伯接着说:

"要去,要立刻预备,铺盖衣箱,要自备。后天小女就要同着几位亲友过江,已经约好,不能改期。你明天先来我家可一起动身。"

这样快,离开母亲,不得不使我害怕。我的受苦的母亲,她将要失去那个时刻能够安慰她的人了,自然她同我都相互的沉默了些时候,她哭了,我呢,担心着……

她在平日屡次地受着父亲的磨难,屡次地受别人——邻居、本家的极可耻的侮辱和讥笑:因为她从父亲那里没有得过一点儿的爱情。她在年轻的时候爱上了自己的情人,在这件事情上什么人也不会体谅她,甚至她最亲爱的自己的儿子,也会骂她,用极巧妙的字句暗暗地刺她;就是我自己,在当时虽然可怜她,但是也以为她是个"有罪"的女人。她在痛苦,不自由,受着不可耐的压迫,侮辱,嘲笑的生活里,曾经自杀过多次。是的,如果没有我,她早就离开了人间。我不放心离开她,就为了这个问题。可是在那样的环境里,我对谁去商量呢! 甚至对于母亲也不能说出半句关于这件事的话呵。况且父亲讨了妓大大。别人都说父亲是应该的。一切父亲的浪费都归罪到母亲身上,其实每亲何尝痛快地爱着了自己心上的人。她的情人早被环境所驱走了。留下的，只是痛苦、烦闷、忧虑、压迫、侮辱。她默默地流泪，一颗心挂在隔着几座长城的人儿身上。我每次都亲眼看见的。她曾经被逼回娘家，又被娘家逼到庵堂。那时候她身边没有钱，自然庵堂也不会欢迎她。父亲把我和哥哥同她隔离，有一天我偷偷地把母亲临走时留下的九块大洋托人带到庵堂去，被父亲知道了，痛骂了一场。然而有什么办法使我不记挂那个受苦的母亲呢。特别在夜要到来的时候，黑暗吞没了我似的。我害怕，我孤独。哭着，睡熟了，忽然惊醒起来。母亲呢？没有她的影子，也没有她的声音。我费尽了力，哀求父亲去接了她回来；她回来了，又时刻逼她去自杀，还说她死了棺材也不配困，丢到海里喂鱼。

母亲回来了，她带了些奇怪的东西回来：葫芦形的银牌，上面刻着她的名字，新取的。她去拜了师，拜了寺院里的和尚做师父。还有几串念佛珠，念佛珠上有些金和银做的小元宝和小葫芦。此外还有一块圆形的银牌，有短链条，上面还有个别针。据她自己说，这是由外婆家的一位朋友介绍她进了一个革命党，还花了几块钱。最初仿佛她很宝贵这些东西的，后来这些东西丢在装废物的抽屉里，我可以随意拿来当玩具。

母亲的青春就这样埋葬了。我呢？我却拍拍翅膀，迎着我的青春飞出去了。

然而究竟进哪一个学校呢？自己不知道，父母也不替我打算。只有靠着陆伯伯的女儿的关系找寻适当的处所。陆伯伯自己，也是一个外行。她的女儿也靠着莫家的几个姊妹的帮助和支配，她们已经算是顶呱呱的师范生了，年龄比我大来有限。第一天我同了陆姑娘到莫家去，就听到了几句轻视我的说话，仿佛我的年龄不小了，也有十五岁，但是还不会写字。问我识得字吗，我自然说不识。问我叫什么名字？小名'阿猫'难听，就说我的学名还没有取。这话引起了大家一阵笑声。我着了慌。之后，大家在上城去的路上商量好先到初等小学去报名。

报名是要名字的,他们临时替我取了一个。到投考的那一天,我急得早饭也吃不下,但是还装着吃了一点。陆姑娘也是第一次去进城里的学校,她在乡下的学校里读过书,似乎学校的章程很熟悉。她泰然地领了我走进课堂。白粉可以在黑板上写字,我是第一次看见。女校长在黑板上写了些字,说了些我不懂的大道理,走出去了。于是我那卜卜地跳的心少许定了些。陆姑娘管自己在卷子上写着,我侧了头低低地问她:

"黑板上写的第一个字,我不认识呢。"

"怎么说话的'说'字都不认识呢!"

我的头上仿佛被棍子重重地打了一下,但是仍旧急得非问明白不可:

"姐姐,告诉我,这究竟要我做什么?"

"说水,是题目,要你做文章,快些写罢。"

"说水""题目""文章",在脑子里滚来滚去地滚着,但是莫名其妙。坐着,看着,眼睛几乎像个六十岁的老婆婆一样,愈看愈糊涂了。先生进来了,看我一字不写,奇怪地问我:

"半点钟过去了,怎么还不动手写呢?"她说的是杭州本地话。

"我实在不懂——"又硬又土的乡下话。

"那末你填圈儿罢。"

填圈儿? 填圈儿? 怎叫作填圈儿? 但是不好意思再问,自己急着,自己骂自己:"呆虫!"

先生写了几个字,又在字的底下画了几个圈,就跑去了。我心里放松了一些,但是又怕吃陆姑娘的钉子。没法,还是勇敢地问了她,她已经写了半张纸的字了。她侧了头绉了绉眉毛说:"怎么填圈儿也不懂吗? 再比这个容易是没有的了。"

"不是我从来都没有看见过,做文章倒还听见别人讲过,填圈儿……"

陆姑娘笑了,不是好意思的笑。她拿过我的卷子写上:

"风〇〇,风甚大;雪〇〇,雪花飞。"

之后,她把纸移过来用笔头指着:"这里写上你自己的名字。"难题又来了，自己的名字"阿猫"不能写的，况且"猫"字也写不出，学名"华"字也写不出。

"姐姐，我写不出……"十分地难为情。

她就把纸拿过去，发恨地写上了我的学名。

从此，她对我的态度改变了。我俩都是寄居在莫家的，每天早上去，晚上回来。莫小姐是住宿的，星期六才回来，我的周围仿佛有条河似的隔离着。说一句，看一眼，接触着的是陌生，是冷冰，生活寂寞。自然我只怨自己不早读书，没有丝毫恶心怨别人。每天回到寓所管自己温习功课。我是一年级生，陆姑娘是三年级生。高班的同学很少同我说话。同班的小朋友都比我矮。他们也一样地排挤着我，当我是个乡下姑娘，他们和她们的这种有意识地看人的"知识"从他们自己的"时髦"的母亲们那里得到的，所谓富贵人家的教育。他们的天真被市侩的环境吞没了。

这个小学到第二年就因为经费的缺乏关了门。校长就把我同陆姑娘介绍到一个职业学校去。又要经过考试。呵，难关又到了。我学过的算术是加减乘，填圈已经学会，并且填得算好的了，可是文章不会做。一进职业学校的"老场"，看见许许多多生人，坐者，写着，看看黑板上写的粉笔字："说妇女职业。"算题是小数的加减乘除。有很多题目，我的胆量似乎比以前大了，并没有先前那么怕了。写了题目之后乱七八糟地写了一行十六不学。写的是什么可忘记了。算题上的小数点一概丢了。结果第二天在榜上写出了我的名字，在"句儿"之上做"句兄"——就是倒数第二名。这自然又是一桩可耻的事，难免听些亲戚们的讽刺话。然而这对于我有很大的帮助，使我不得不在生活里去找寻应该懂的新的知识。两年以后算毕了业。向来不管我读书的父亲到处宣传着我的成绩，仿佛他在替我"复仇"似的。这些虚荣对于我有什么益处呢。毕业以后因为校长的要求，因为父亲不愿我往别处求学，所以仍旧进了母校。两个月以后因病请假回家，在回家期内飞来了一个罪恶深重的灾祸。病好回校，是和哥哥回去的，先把行李送进学校，然后再从学校到亲戚家住宿一夜，预备抽一天来玩玩，哪知道回校以后满城风雨地议论着，当时我还以为议论别人的事，后来因为我的"知己"对我的态度骤变，我怀疑了。第二天校长着人来叫我，就似乎有什么预觉似的，觉得这不是好事。校长的面色发了青白，眼光也不同了，沉默了片刻。她从抽屉里拿出几封拆过的信丢在我面前：

"你看罢，信从哪里寄来的呀？"

"不知道，我只有家信，此外一向不同别的通信。"我拿过信来看，里面签的名并不认识，正在奇怪，正在讨究信的来源。校长又说了起来：

"吓，不知道，里面写的是什么！你昨天到那里去过了夜？"

"先生，我敢做何不敢说呢？说谎是可耻的，你不信任我，我何必对你有多的解说。"

过了几天我的堂兄到杭州来，顺便来看我，但是学校当局禁止我会客。同学们仿佛也在怀疑我似的。据说，我进校的那一天，我去亲戚家，去购物，都有暗探跟着我，亲眼看见我同男人走在一起。因此我更想见一见堂兄，说个明白。但是无论如何不肯答应。我气愤，我要求校长自己去见一见究竟来会我的人是谁。校长出去了，我也不服从地跟在她后面。她要求看堂兄名片，恰巧他身边又没有，于是她又怀疑。我难受，我哭了。一面想同校长决斗一场，一面想把那个不相识的男人找到咬他几口，然而到哪里去找呢？况且全校布满着黑暗的空气，同情我的一个都没有，我又想起了一位姓金的同学，她聪敏多才。一个男子师范的学生同她写了几封情书，为了这个缘故，他俩都被学校开除了。据说那个男学生回家之后就自杀了，而她也正在过着那种悲哀的生活。几天以前，我还接到金同学的信。她的生活、精神、前途，受到旧社会里各种各样的攻击。现在我自己也受着同样的刺激。我决定再不能容身在这个环境里，还是自动地离开它罢，之后我进了省立第一女师，学校一样的黑暗，拆信和不自由反而更加利害，仿佛我在那时候也没有什么大的奢望，换一个环境也是好的。贤母良妻的教育，一天九小时的课程，死板用功的方法，弄得我的简单的头脑更麻木了。一天天的这样过去,读到三年级的时候,适值闹事的年头。上海和各地闹着抗日抵制日货。各种刊物飞进了我们的学校。我也时常接到《星期评论》,可是大部分的同学还是整天地捧着课本死读死背准备月考。看起来,那些飞来的刊物与她们没有什么缘分。四年级的同学为文凭而努力,不敢参加任何违背学校的事情。预科和一二年级仿佛被监视被欺骗所束缚住了。三年级生其中一部分跃跃欲试企图着些什么。我们的领袖姓濮,她短小,老练,很会说话,也会干事,她一向反对教会从教会学校里出来,来到这个师范不过一年光景。她系一只老母鸡,带领了全班同学出去游行。仿佛全校的教师时刻注意着我们,禁止我们,不大说话,说起来死样活气的校长养着日本式的胡子,是留学日本国的。他像老鹰似的张开两只翅膀在二门口拦阻我们。无效,大家从他的翅膀底下一个个逃了出去。动员了,分小组,往各处演讲。我被派到城外,在那里:有个火车站,有饭店,有茶馆。在茶馆里坐着许多小工、挑夫、轿夫,还有那些闲人。我们的小组有五人。有的爬上了桌子开始演讲了,旁边有人笑着,仿佛他们奇怪女人爬上桌子。第一个说完下来了,底下几位小姐——城里的小姐们之间互相推着,似乎怕难为情,结果逼上了凳子,身体像虫一样地扭动了一会,笑眯眯的,右手拿着雪白的手帕掩着嘴唇,低低地柔和地仿佛在教室里考试唱歌似的说了几句,听众们有的等待着发急了,有的笑着。幸而那个外省同学痛快地去讲了一通,但是材料仍旧单调得很,说来说去是二十一条条件,苦力们之中的一个指着自己的破衣服说:

"是呀,哈哈……我们穿的倒全是土货,买日货的是他们!哈哈哈……小姐……你的爱国布罩衫里面那红色的发亮的衣角怕是日本货吧?哈哈哈……"

"是的,这是旧的,还是三年前买来的料子……"小姐这样的辩护着。

"吓,三个月以后怕要熬不住……"有一个脸黄黄的苦力从鼻子里喘出吓的一声。

第二天出发,以前穿洋货的人,一概换了衣服。这是"五四",我能够记得清楚的,就是那位赤脚的苦力讲的几句话以及他讲完之后在场的苦力们的一种深沉的眼光和带刺的鼻声!

(本文由杨之华女儿瞿独伊提供,《瞿秋白研究》第12辑)

文尹回忆录之二

无题

结婚后我与××(指沈剑龙)的情爱已经到了难产的时期。希望成为虚望。一片热情投入在冷潮的浊海里,被蹂躏着,被折磨着,过着不得已的生活,等到肥而美的孩子落地的时候,我只有含着酸心。泪儿凝视良久,自言自语地说道:

这是生活的滋味
一阵痛
一阵怨
痛只痛爱成了怨
怨只怨社会的黑暗
但愿我自已不将

污秽传给你
但愿你不是一个
父母的掌中珠
数不清的母泪
洗不清的血腥
靠只靠你自己的创造和斗争。

伊儿,你何不幸!

当你落地一声叫

定好了父母离婚的预兆

你在娘肚里原是爱的结晶

到了世界上已是爱的牺牲

你的哭声剧震了产母的心

暖和的娘肚

冷酷的世界

你暂时都不能了解

产房黑暗

血腥充满

这是人间的生活

当孩子在三早的一天含嗍着我的奶头时，我的心理上的痛苦甚于生理上。我受不住这样的滋味，将我原有的健康完全损伤。在一个这样难以度过的产期里，满月到接生的李医生那里去的时候，他夫妇俩已不认识我是谁。他们惊奇而带同情地安慰着我，然而诊治"心病"的药在世界上还没有人能够发明。

我在产前已把孩子的名字定好了——叫作独伊——这是我的誓言，其意我不再与他生第二个孩子。这是理智的结论。然而我的情感跟着我模糊的人生观，还没有把候望变成为完全的绝望。一方面想着丢开他和孩子去做工，甚至做娘姨也可以，但同时还会跑到妓院里去寻找他，守候他，似乎觉得还有挽回的余地。可笑的幻想又给我延长了一年多的痛苦，直到他要我"滚"的时候，才毅然地决定了。我在未决定前，曾遇着这样一位青年。他（即陈公培，又名无明）是因反帝被法国当局驱逐出境，押回中国的。由朋友的介绍，与玄庐（即沈玄庐）结识，暂住玄庐家。这时候我适从上海生产后回家。他在几个月的生活里，似乎认识了我的处境，对于我发生了各种希望。然而我自己的幻梦像蛛网般地笼罩着,我不能接受他的希望。我也不能爱他而接受他的爱,使他失望。爱郁像疯狂般的与我斗争,而终于无用,飘流他省而去。然而他留了我后来行程中的一盏明亮的路灯。他在未去前曾介绍我许多朋友,这是1922年夏,并且介绍我入了SY (SY,社会主义青年团的英文缩写,中国社会主义青年团创建于1920年)的组织。

我记得第一次他介绍我的朋友就是秋白的未来爱人王女士(指王剑虹)和王女士的知己冰(指冰之,即丁玲)。他和她们都是湖南人。她们并不是SY组织里的人,然而她们是脱离家庭的解放了的女子。我穿着一件粉红色的纱衫,黑纱裙子,与那青年同进一个黑色□(此处原文不清)门。在客堂里席地而坐的几位女友,穿着短裤和露臂的背心,捧着碗,吃着面条,笑呵呵地迎着我们,似乎她们见了男人一点不拘束的。我就惊奇她们这样装饰,不避男人的眼光去加一件外衣。我与他们彼此交换问姓之后,我默然地坐在一只屋角里,而她们用着生疏的眼光时常飘到我的全身,从头到脚。这里我与她们之间的思想、生活、习惯,实隔着遥远的距离。她们比我先进得多,我奇怪她们的行动,也正像她们奇怪我的一样。似乎她们的眼光使我不能多坐片刻。是1922年的时候……

然而因为生活的折磨,失望的警告,于1924年初春,使我不得不离开农村小学和我的家庭,再求学海上,寻找旧友,得望道(即陈望道)先生的介绍,考入上大(即上海大学)社会系读书。我的主观的痛苦和客观环境的要求,似乎我应该走上社会运动的道路,接受校内外义务的工作,使我的脑筋一刻不休息。因为一休息,就会痛苦到牛角尖里去。我应该自拔,不该自杀。于是我就开始参加丝厂和烟厂的罢工。从此我自身的痛苦与一般女工们的痛苦联系了起来。我藉着显微镜的力量,把一切现象放大了。这里看到资本家和军阀官僚帝国主义的压迫,以及被压迫者的各阶层的联合反抗。群众运动使我不孤独了,使我的生命似有所依靠,使我积极地参加各种斗争。

我入学不到几个月,校内国民党左右派的冲突一天利害一天,学生中、教研员中大概分为三部分,其中两部分的人时在学生会议上发生对立的现象。在七月间,不知为了什么问题——我回忆不起来——施存统先生辞职。学生会派我和其他三位同学到存统先生家去挽留他复职。他与秋白同住一所房子。我们把挽留的职务做完后,顺便去问候秋白爱人王女士的病。我们早已远远地听到了尖利而悲惨的呼声。等我们轻轻地走进病房,一个瘦小得奇怪的病人在床上躺着,但不时的将上身强力地弯曲举起,她用自己的双手要求拥抱秋白,并时时吻他,不断地叫他。而他很慌乱而苦恼地弯手去抱她,也发出同样悲惨的呼声。汗与泪混在一起从他头上点滴的流着。旁边娘姨和她们的朋友都现着沉默而惊骇的脸容。王女士的身上已没有一点肉,只存了一副骨骼和骨上面包着的一层薄皮。可怕又可怜的病人叫着:冷,冷……要开水,开水。热水不断地在她头上泼,然而她说还要热一点的,热一点的,简直把开水滴上去,她都不觉热,只觉冷。狼狈的秋白捏住了她的手不断地流泪,似乎他的眼光里含着形容不出的忏悔和祈求。绝望已笼罩了他整个思想。我们只无话可说地呆立了许久,听着王女士的声音一点点地低下去,看着王女士的力气一点点地退下去,最后她没有可能再举得起她的上身或她的手。她像烧完了油的灯火一样,渐渐地灭了下去……

再过一忽儿,秋白撒开了她的冷手,把他自己身上已经浸透了汗的一件白汗衫从头上剥下来丢在地上,站在屋角里,双手盖着眼睛悲伤地痛哭着。我们的眼光丢到死人身上,又丢到他活人身上,感动得站立不住。整个屋子里的人都寂静了下来,只有凄然的哭声沉浮在空气中。我们四人怅然地步行到校里,走进饭堂里,捧起饭碗又丢下饭碗,似乎肚子一点不饿……

在生前的王女士仿佛与我的联系绝少而谈话也不多。我算起来一共见她五次面。第一次已如上述;第二次也为了学校事去她家,只见她在房里哭泣;第三次在马路上碰见她;第四次她已躺在病榻上。这一次她曾问起我的生活,交谈了一些。最后一次,她的眼光已经无暇亦无力来顾及我们身上了，但是她留着给我一个这样清楚的惨死的影儿。而这一个影儿与我出于意外的紧紧地联系了起来。

秋白曾告诉我有过这样一件事：

"在1924年三月间一个晚上，我从外面回去，她问我'你今天到哪里去了''我到鲍夫人家去替××去当翻译'，'××以后那样的女人，你一定会爱她'。"

哪知道在后来真的应了她的话。不但将她已得到的爱人让了给我，使我得到十年爱的幸福，无限的，而且她还将她自己不愿见他死的痛苦也赐予了我，无限的。

我现在在无限的痛苦中，回忆着她和他的生前事，读着她和他生前的日记和书信，这都是现实生活的过去，这都是爱之诗意，也都是思想之谜语。

他俩的结合虽仅半年，然而半年的甜苦滋味在遗笔中一一存在着。我含泪提笔将它一字不改地照原文录下，以做纪念。

（原文以"无题"，收录《秋之白华：杨之华珍藏的瞿秋白》，第240—248页）

杨之华的回忆

五四运动时，我正在杭州女子师范三年级读书。那时，沈玄庐在上海，时常寄一些进步书刊给我。杭州学生接受新思潮，是"五四"前不久的事。杭州学生参加五四运动的，有女子师范和男子师范。这两个学校的学生，家庭经济较困难，比较其他学校活动得厉害些，但参加者多半是三年级学生，因为预科、一、二年级同学年龄较小，怕事，四年级学生将近毕业，怕丢了文凭，都只有少数人参加。我们在运动中，曾经到拱辰桥茶馆做过演讲。男子师范教员中，沈仲九（国文教员）、刘大白、陈望道较进步。女师学校当局则很封建，我们学生来往的信件都受检查。

五四后，女师学生办一刊物叫《进步》。施存统他们在男师办刊物叫《非孝》。《非孝》出版时，我们女师同学都看，但我们对施存统的非孝主张，并不赞同。

一九一九年（应为1920年，编者注）年假，我去上海《星期评论》社。这个社当时有：陈望道、李汉俊、沈玄庐、戴季陶、邵力子、刘大白、沈仲九、俞秀松、丁宝林（女）。施存统也在一起几个月，他后来去日本了。李汉俊是该社的思想领导中心，那时，他和日本、朝鲜的共产党方面都有联系。李汉俊和陈望道整天在社里的编辑工作，那个编辑部很像个样子。那时有不少外地学生到上海来找《星期评论》的领导人，多半由戴季陶和沈玄庐接见。《星期评论》里，人人劳动，人人平等。像油印传单等工作，大家都动手，我也在其中做技术工作。相互间直称名字，大部分女人剃光头，像一个尼姑。丁宝林是绍兴女师的教员，有学问的。一九二〇年上海染织厂罢工，《星期评论》社支援罢工，用汽车沿马路散发传单七千多份,染织厂、印刷厂工人经常来来往往。

《星期评论》在全国学生群众中很有影响,学生和工人经常有很多人投稿。一九二一年被封。《星期评论》被封后,大家也就散了。《星期评论》社的一部分人,曾和社外的李达等成立共产主义小组。那时,我没参加。大约是在一九二○年的秋天(或冬天)一个夜里,玄庐、秀松等十余人从外边回来。我听见戴季陶在屋子里哭。第二天,我问发生了什么事情?他们告诉我,昨天在一个地方成立共产主义小组,戴季陶怕违背孙中山的三民主义,当时就拒绝了,哭的原因一方面发生内心动摇,自己的言行不一致;另方面,受不起大家的批评。那时,共产主义小组的名称,大概是"马克思主义研究会",还没有叫"共产党"。俞秀松、邵力子、沈玄庐都参加了这个研究会。

我到《星期评论》的目的本是为了去苏联学习,李汉俊曾对我有很多帮助。他带我去日本、朝鲜的进步朋友家,他还介绍我到一位俄国朋友那里学习俄文。而戴季陶劝我去德国不去俄国。当《星期评论》社被封,大家逃走,而我在上海进了一个教会学校,叫"女子青年体育师范",暂作避居。这是基督教在上海吸收内地女青年,进行宗教宣传活动的学校。我为了便于在学校进行思想工作,特邀陈望道到这学校教国文,他成了我反对奴化教育的后盾。张曼云也与我同班。后来为了反宗教宣传活动,我就被开除了。

一九二一年下半年,沈玄庐叫我到萧山办"农村学校"。浙江萧山的农民运动,就从这个"农村学校"开始的。"农村学校"(小学)设在萧山衙前沈玄庐家,经费也由沈玄庐家负担,教员都是杭州师范出来的进步学生,有宣中华、徐白民、唐公宪和我等(后来宣中华、徐白民都是浙江党的负责人)。与这个学校有联系的,还有一个"继之小学"。这是一个周姓地主祠堂里办的学校,吸收本族子弟上学,在性质上与"农村学校"不同,但"继之"的教员中比较进步的,则与"农村学校"的教员很接近。"农村学校"从一九二一年创办,至一九二三年我离开该校止的情况是这样的:

"农村学校"只吸收农民子弟入学,学生的书籍、纸张全由校方免费供给。学生一百余人,逐年稍有增加。全校分五班。学校里讲一些工人运动和农民方面的问题。"农村学校"的教员,还经常对农民宣传减租减息,抗捐抗税的道理。一九二二年"五一"节时,"农村学校"利用民间风俗,给农民发了一种糕,在糕的上面印有"五一纪念"等字样。一九二二年夏,"农村学校"发起搞了一个全浙江夏令营(地址借用春辉中学,该中学校长经亨颐当时思想较进步),集中浙江小学教员一、二百人,宣传马克思主义,像一个"马克思主义研究会"的性质的训练班。到年假时,又办了一个"小学教员教学研究会"(?),性质与前者相似。一九二二年年底,萧山衙前乡及其附近的农民,举行了一次抗捐、抗租示威活动,有一二千人参加。这次运动,主要是由小学教员领导的,农民领袖李成虎,在运动中被捕,死于狱中(现在衙前还有他的纪念碑)。李死后,我们为他开过追悼会。这事发生后,农民有点害怕,从此我们也只能教我们的书。

浙江成立共产党组织,我记不起在那一年。一九二一至一九二三年间萧山"农村学校"和农民抗捐抗税等活动,并没有共产党或青年团的组织在进行领导,但可以说是共产主义知识分子在进行领导。我于一九二二年到上海,参加了社会主义青年团。不久即回萧山,继续当教员。在教育界方面,宣中华等与我在一起仍有一些活动。

一九二二年我在上海时,曾去过"平民女学"一次,看见丁玲穿一件夏布背心,男男女女坐在一起,我有点看不惯,觉得太随便了。

沈玄庐家里原有很多土地和房子,他的母亲当家。他时常说不向农民收租,说从农民身上得来的钱,应用到农民身上。辛亥革命时,他花了一些钱;以后,《星期评论》和"农村学校",也用了他不少钱。他是共产主义小组的发起人之一,曾参加过一九二五年的第四次党代会。有人说他在发起共产主义小组后不久即行退出,不符事实。沈玄庐于一九二五年参加国民党的西山会议,叛变了党。一九二九年,宣中华就是他搞死的。

邵力子退出党，是我们党作的决定，因为当时国共合作，国民党内部分左、中、右三派（汪精卫为左派，蒋介石为中派，戴季陶为右派）。当时，我党为团结蒋介石，劝邵力子退出共产党，以便转变蒋的思想，但结果并没有做到，反被蒋拉去，而邵离开我们更远了。

"上海大学"的前身，是个野鸡学校，因闹风潮，为我们党中央所接收，把全部学生包下来。"上大"在名义上是国民党办的，所以由于右任担任校长，各系主任也是各方面的人，这是一个统一战线的组织形式，但内部思想斗争很激烈。这个学校，由我党中央直接领导，邵力子为副校长，邓中夏主持校务和教材，瞿秋白任社会科学系主任，陈望道任中文系主任，何世桢（国民党右派）任英文系主任。

"上海大学"对当时革命运动起了不少作用。一九二四年上海"全国学生总会"的负责人余震鸿、李石勋、何成湘、郭伯和（都已牺牲）等，都是"上大"学生。上海各界妇女联合的情况也如此，我当时就在这个联合会担任主任。那时各地妇女组织名称不一，有的叫"妇女解放联盟"（大约在上海），有的叫"妇女解放协会"。国民党也搞了几个妇女团体，叫"女子参政协会""女权同盟会"，政治上与我们又联合又斗争。在工人方面，我们有几个俱乐部，一个在沪东，一个在小沙渡，还有一个在吴淞。李立三、恽代英、邓中夏等同志时常去演讲。我党和国民党左派在上海各学校里办"平民夜校"。我在一九二六年进行一次调查，上海有这种"平民夜校"三十六个。我们在"平民夜校"里，发展党员，向工人宣传。一九二五年二月罢工就是从"平民夜校"学生中开始，了解纱厂内外工人的生活和斗争的情绪和情况。当二月某日罢工时，我校支部派了邓中夏、刘剑章（刘莘）、杨之华（杨章）等参加做组织工作。那天傍晚，在一个广场开群众大会。晚上，开罢工工人代表会议。当时的领导人是邓中夏和李立三，告工人宣言是立三同志起草的。第二天，就组织男女纠察队了。顾正红死后，大开追悼会，搭六个台，都是工人自己上去演讲，工人力量很壮大。邓中夏同志为了保护工人和李立三，自己挺身与几个工人在一起当工人请愿代表，曾被捕过一个短时期。

"五四"时,瞿秋白到上海活动事,郑振铎曾经告诉过我。那时,瞿秋白时常和李大钊同志来往,参加开会,开什么会则不知道。他到莫斯科去,是否北京共产主义小组派他去的,不清楚,但从他文章中可以看出,他去莫斯科的目的是很明显的。瞿秋白的堂哥哥是个反动政府里的外交官,他从苏联回国后,他的堂哥哥就给他找了一个反动外交官的职位,瞿秋白非常气愤,第二天便跑到上海去了。到上海后,继续编《新青年》。后来,中央派他和其他几个同志一起办上海大学。一九二五年双十节,国民党右派和无政府主义者殴打我党人员,瞿秋白从此不能公开进行工作。不久,"上大"被封。校址又从英租界西摩路搬到中国地界闸北去了,但秋白还秘密去"上大"指导党团的活动。

中共莫斯科支部:一部分留法勤工俭学学生,到莫斯科学习,成立支部。据我所知,一九二二年已有莫斯科支部。瞿秋白在一九二二年时曾任东大助理教授。王若飞、任弼时、罗亦农、萧劲光等同志,都是莫斯科支部早期的成员。一九二三年时,支部里六十多人。详细情形可向肖三同志了解。我是一九二三年才去莫斯科的。

一九五六年九月

王来棣记录、整理,经杨之华本人审阅、修改

[原载中国社会科学院现代史研究室、中国革命博物馆党史研究室选编:《"一大"前后:中国共产党第一次代表大会前后资料选编》(二),人民出版社1980年,第25—30页]

在哈尔滨护送"六大"代表的回忆

中国共产党第六次全国代表大会于1928年6月在莫斯科召开。

会议之前,"六大"代表都需要到莫斯科去。当时在上海的"六大"代表所走的路线是经过大连、哈尔滨到满洲里,然后越过国境线,再到莫斯科。为了避免路上出问题,当时决定代表们分期分批地走。我记得第一批是秋白同志,第二批是周恩来和邓颖超同志,我是第三批走的。当时东北的白色恐怖也很厉害,特别是大连,在日本人占领下盘查得很严。据说,前两批"六大"代表在大连都遭到盘查和扣押。周恩来同志在受到盘查时,敌人曾公开质问他是不是周恩来。当时周恩来同志编了个周××的假名字,并说他叔父在黑龙江省,他是找他叔父去的,这样才蒙混过去。为了避免敌人的怀疑,周恩来同志还真的到黑龙江他叔父那里去了一次。同我一起走的有三位代表,有李文宜(罗亦农的爱人),还有两位男同志,一个是四川人,另一个是湖北人。我们到达大连也受到了盘查。敌人扣押了我们一天,反复地追问我们的来历。当时我们很紧张,唯恐敌人知道我们的真实情况。最后,敌人问我是不是贩卖人口的(因为当时我带着我七岁的女儿),我才放了心。我说:"她是我的女儿,你们不信,可以验血型。"敌人信以为真放了我们。这一天我们都没有吃到饭。我们上了火车,列车上也戒备森严,奉系军阀的士兵走来走去。我们怕说话出问题(四个人的口音不同,又都是南方人),所以也不敢在车上买东西吃,把我的女儿饿得哇哇直哭。一直等火车到了长春,天黑下来了,我们才在车站上买了几盒"旅行饭"吃。

到了哈尔滨,我带着孩子住在道里江边公园附近的一个同志家里。这家只有夫妇二人。这时候,因为哈尔滨地下党组织做护送六大代表的工作有困难,组织就临时决定我留在哈尔滨帮助做这个工作。因为我带着孩子便于掩护。当时哈尔滨负责护送"六大"代表工作的交通联络员,是一个汉语讲得很流利的朝鲜族同志和其他同志。每个代表抵哈后,都是由他先通知我,然后我到公园或其他事先约好的地点和代表接头,并找个地方住下,对外就说我和来人是"夫妻"。当时为了避免敌人的注意和检查,我和每个来的代表住的地点并不总是一个地方,有时在道里区,有时在道外区,但大部分是住在同志家里,有时也住在旅馆。在我到哈尔滨最初落脚的那个同志家里,也曾和代表住过。记得那是个平房(或许是一楼),代表睡在里边床上,我和女儿睡在地板上。我住在这里,平时是不上街的。因为口音不对,怕出去惹麻烦。所以当时吃饭都是由同志给买回来吃。因此,有时买饭不及时,我女儿就饿得直哭。

在哈尔滨,护送"六大"代表的工作,我只是临时做了一个多月,整个工作,哈尔滨地下党的同志做了许多。1928年5月,我最后一个离开哈尔滨,6月份到达莫斯科时,会议已经快要召开了。

(本文是根据杨之华同志1964年4月1日的谈话记录整理的,整理人李宏君)

杨之华同志访问记

一九六一年三月二十八日下，我去中华全国总工会访问杨之华同志，为的是归还不久前向她借的瞿秋白同志手绘山水画原件，并顺便请她谈谈秋白和鲁迅的一些往事。杨大姐的秘书王以明同志向我介绍说："杨大姐今年六十一岁，是总工会党组成员、女工部委员，还担任中华全国民主妇女联合会副主席。"在一间宽畅的办公室里，杨大姐热情地接见了我，并愉快地回忆了秋白同志在上海时的情形。杨大姐说：

"秋白和我在上海住过不少地方，其中要算在谢旦如家住的时间最长，有一年多。我们刚去时，为了减少麻烦，谢旦如在报上登了一个余屋招租的广告。后来谢旦如从紫霞路迁居毕兴坊，我们随着也搬过去。当时，谢旦如是一个同情革命、爱好文艺、比较正派的人。至于其他住址，则都是住不上几天就要换一个地方。后来住的东照里十二号亭子间，那是鲁迅特地为我们设法租来的，租金非常贵，要三四十元一月。记得二楼前间住的是一家日本商人，楼下住的也是日本人。秋白在这里写《〈鲁迅杂感选集〉序言》的时候，他白天装病，躺在床上看鲁迅的著作。晚上进行写作，终日不出门。为了避免别人怀疑，我在门口生一只小炉子煎中药，以此说明房内确有病人。那时，鲁迅每天必来看望秋白，他来大都是吃过中饭的一段休息时间，也有几次是吃过晚饭来的。鲁迅送给秋白不少书，以他自己的作品为多。东照里与鲁迅住址大陆新村很近，走几分钟即到。至于东照里十二号的房东，她是一个很精干的广东人，瘦瘦的身材。矮矮的个子。我们用的家具全是借用她的，记得有小衣橱、八角形小台子，四只凳子等。过了一些日子了，我们觉得老是不出门不大好，于是决定到鲁迅家住几天。临去前，我们把几本俄文书放在一只小箱子衣服的夹层里,然后把箱子放进小衣橱内。到我们回来为时候。房东实然对我说。外面坏人很多,有强盗,有共产党,有贩卖吗啡的。还说,有'小条子'的就是共产党,你要注意。她说,如果我发现这样的人,一定要报告巡捕房。这些话时我很惊奇,我怀疑房东是否已经看到了我们的俄文书。房东还要我同她一起到日本人家里去查看有没有'小条子',我推托有事没有去。为了这件事,我们就不住在这里了。之后。好像是报到一个党的机关里去了。"

"前些日子,许广平同我谈起鲁迅写的'人生将一知己足矣,斯世当以同怀视之'诗句的事情,许广平问我:你还记得否,那时鲁迅写了这两句诗贴在你们住的亭子间的墙上的。许广平提问后,我们就谈开了。谈的结果是:当时鲁迅请秋白写几个字,秋白写了这两句诗赠给鲁迅。后来,秋白也请鲁迅写几个字。鲁迅照着秋白写的诗句回赠给了秋白。"

第二天下午,我应约来到杨大姐的住处。在休息室里,杨大姐向我询问了上海鲁迅纪念馆的工作情况和谢旦如同志的近况,我一一做了汇报。杨大姐说,她和许广平同志等因事将于下月赴沪。我说欢迎杨大姐来鲁迅纪念馆指导工作。谈话间,杨大姐取出保存了近四十年的她和瞿秋白同志在苏联时的留影给我看。这些八英寸大小的照片是非常珍贵的。在征得杨大姐同意后,我于次日上午将七八张照片全部交照相馆翻拍成底片,照片翻拍完毕,原照即归还杨大姐。现在,这些翻拍的底片,完好地保存在上海鲁迅纪念馆。

1961年3月30日记录
1985年6月18日修改

(原载《纪念与研究》第7辑)

后 记

党中央多次强调,共同富裕是社会主义的本质要求,是中国式现代化的重要特征。什么是共同富裕呢? 共同富裕是全体人民通过辛勤劳动和相互帮助最终达到丰衣足食的生活水平,也就是消除两极分化和贫穷基础上的普遍富裕。共同富裕是全体人民的富裕,不是少数人的富裕;是人民群众物质生活和精神生活双富裕,不是仅仅物质上富裕而精神上空虚;是仍然存在一定差距的共同富裕,不是整齐划一的平均主义同等富裕。

中国自古以来就有着对共同富裕的朴素追求,先贤孔子也提出过"不患寡而患不均"的看法。儒家经典《礼记·礼运》就有过"大道之行也天下为公"。 早在春秋战国时期,管子就提出"以天下之财利天下之人"的主张;到了晚清,太平天国运动就提出"有田同耕,有饭同食,有衣同穿,有钱同使,无处不均匀,无人不饱暖";孙中山早期的革命纲领也包括"平均地权""节制资本"的主张。也就是说,自古以来,共同富裕就是我国广大民众的企盼和追求。

中国共产党在诞生之初,就提出了要"消灭阶级,消灭剥削、消灭压迫,实现共同富裕的大同世界"。新中国成立以来,我们党不断丰富共同富裕的内涵。1953年10月,党中央把"共同富裕"的概念写进了《中共中央关于发展农业生产合作社的决议》。改革开放时期,党中央提出:"贫穷不是社会主义,共同富裕是社会主义的本质特征;鼓励一部分地区一部分人先富起来,先富带动、帮助后富,最终达到共同富裕。"世纪之交,党中央深刻总结了我们党的历史经验,提出了"三个代表"的重要思想,共同富裕仍然是其核心内容之一,特别强调:"制定和贯彻党的方针政策,基本着眼点是要代表最广大人民的根本利益,正确反映和兼顾不同方面群众的利益,使全体人民朝着共同富裕的方向稳步前进。"进入新世纪,党中央提出科学发展观等重大战略思想,核心是"以人为本",就是要"尊重人民主体地位,发挥人民首创精神,保障人民各项权益,走共同富裕道路,促进人的全面发展,做到发展为了人民、发展依靠人民、发展成果由人民共享"。进入新时代,党的十九大报告提出的2035年目标和2050年目标,都鲜明地体现了改善人民生活、缩小差距、实现共同富裕的要求。

应该说,继续"做大蛋糕"和"分好蛋糕"大力推动高质量发展,不断促进共建共享,是新时代交给共产党人的必答考卷。2021年,中央和省市区对建设共同富裕提出了更清晰、更高远的思路和目标,中共中央、国务院正式公布《关于支持浙江高质量发展建设共同富裕示范区的意见》,杭州市提出要"争当浙江高质量发展建设共同富裕示范区城市范例",萧山区提出要"高质量打造新时代共同富裕新标杆"。对标省市区要求,瓜沥镇提出要"打造共同富裕镇域样板",因为瓜沥有"精神基础、物质基础和先行基础":

瓜沥有精神基础。富裕的对立面是贫穷。30年前,或者更早的时候,东片老百姓是很吃苦的。像现在这个季节,萧山人、瓜沥人都还是"一只裤脚高、一只裤脚低"地在剥绿麻、抓"双抢",插秧、种地、割水稻,勤勤恳恳种好承包地;沙地农民搞些萝卜干、梅干菜,里畈的老百姓养些鱼虾水产。这个背后体现的是瓜沥老百姓肯吃苦、敢创业的宝贵品质。正是在这样的勤劳致富的年代,瓜沥涌现了朱重庆、王永虎、王鑫炎、项忠孝这样一批创业创富的带头人。正是在这样拼搏奋进的时期,大家把瓜沥叫做"小上海"、把塘头叫做"活码头"。经过一代一代的艰苦奋斗,瓜沥形成了"围垦"精神;形成了历尽千山万水、吃尽千辛万苦、说尽千言万语、想尽千方百计的"四千"精神;形成了抢上头班车、抢抓潮头鱼、抢开逆风船、抢进快车道的"四抢"和敢与强的比、敢同勇的争、敢向高的攀、敢跟快的赛的"四敢"精神。这些都是瓜沥先闯先富的精神基础。

瓜沥有物质基础。瓜沥有126.9平方公里的土地,74个村社,近30万人口,规上工业企业300余家,各类实体企业3000余家。2021年瓜沥在全国千强镇排名前35位,财政总收入达到23亿元,规上工业总产值突破426亿元,这已经相当于中西部经济中等水平的县区级城市水平。当前瓜沥的城乡居民收入倍差是1.33:1,这个数据是全区乃至全市靠前的,这说明瓜沥的城乡发展是较为均衡的。

瓜沥有先行基础。瓜沥的小城市试点马上要进入第五轮了,前后11年培育,这些年来瓜沥争得了全国文明镇、全国重点镇、全国发展改革试点镇、全省美丽城镇样板镇等一系列"国字号""省字头"的光环。瓜沥已经启动了5个批次的美丽乡村提升村建设,梅林、航民、七彩、东灵等村社已经形成阶段性成果,生态环境、数字治理和改革创新也走在全区前列。这些都说明瓜沥推进共同富裕是有先行优势的,要进一步发挥优势,加快打造镇域样板的步伐。

瓜沥将从老百姓最有成就感的产业经济、城市能级、公共服务、平安建设和文化事业等五个方面着力,打造新时代共同富裕的镇域样板。其中,文化共富在"共同富裕"中起着决定性作用、是关键变量,也是"共同富裕"最富魅力、最吸引人、最具辨识度的标识。

物质富不是富,精神富才是真的富。作为共同富裕的样板镇,瓜沥在文化共享上要做到两手抓,坚持八个字。一手抓"瓜沥文化"。瓜沥是千年古镇,要做好挖掘和传承,总体上要依托"一山一水"(航坞山和昭东水乡),要做好"两寺三街四名人"的文章,围绕白龙寺、地藏寺发掘文化潜力,改造提升坎山老街、塘头老街和党山老街,发挥好汪辉祖、任伯年、杨之华、沈云英等历史名人故里的优势,同时要进一步做好许氏南大房、萧中旧址周家祠堂、东沙战备粮仓,以及各个名人故居等各种遗址遗迹的修缮维护工作,创新继承萧山花边、萝卜干等非物质文化遗产。通过保护好、传承好、弘扬好这些瓜沥文化标签,建成共富路上瓜沥人的精神家园。

在共同富裕的时代考卷面前,只有不忘初心才能答卷,担当作为才能解题,负重奋进才能得分。为庆祝中国共产党建党101周年,中共萧山区瓜沥镇党委政府委托杭州师范大学周东华教授团队,合作编撰了《文以载道:杨之华集》一书,供"四史"教育之用;不忘初心使命、秉承红色基因、打造共富样板,也以此纪念从瓜沥走出的好女儿、优秀共产党员、探路"共富"先驱者之一的杨之华。

姚鉴　周东华

2022年7月1日

《文以载道——杨之华集》

正文页眉校订

《文以载道——杨之华集》正文双页码页眉处现有表述"文以载道——杨之华文集"应为"文以载道——杨之华集",特此校订。